中国当代诗人访谈录

崔丽娟 编著

ZHONGGUO
DANGDAI SHIREN
FANGTAN LU

山西出版传媒集团 北岳文艺出版社

·太原·

图书在版编目（CIP）数据

中国当代诗人访谈录 / 崖丽娟编著. -- 太原：北岳文艺出版社, 2025.3. -- ISBN 978-7-5378-7051-1

Ⅰ. K825.6

中国国家版本馆CIP数据核字第2025MS4066号

中国当代诗人访谈录
ZHONGGUO DANGDAI SHIREN FANGTAN LU

崖丽娟 / 编著

选题策划 刘文飞 范　戈	出版发行：山西出版传媒集团·北岳文艺出版社 地址：山西省太原市并州南路57号 邮编：030012
责任编辑 范　戈	电话：0351-5628696（发行部）　0351-5628688（总编室） 传真：0351-5628680 经销商：新华书店
装帧设计 张永文	印刷装订：山西人民印刷有限责任公司 成品尺寸：170mm×240mm
印装监制 郭　勇	字数：463千 印张：28.5 版次：2025年3月第1版 印次：2025年3月山西第1次印刷 书号：ISBN 978-7-5378-7051-1 定价：99.00元

本书版权为本社独家所有，未经本社同意不得转载、摘编或复制

自序 /

我理解的访谈：诗歌发生学

崔丽娟

2024年"五一"假期结束，当我将这本《中国当代诗人访谈录》编辑合成到一个文档准备发给北岳文艺出版社的编辑老师时，字数统计一栏显示近四十万字，我瞬间明白它沉甸甸的分量。历时三年的工作在这一刻竟使我产生某种疑惑：像我这样一个诗歌研究的外行，在没有任何学术机构支撑、没有任何经费支持的情况下，哪来的底气和自信进行这项工作？究竟是谁在推动我开展这项工作的呢？

此时此刻，难以掩饰内心的感激之情，我要特别感谢两位"贵人"：一位是清华大学教授、诗人、批评家西渡；一位是四川的诗歌网络平台——"南方诗歌"的主编胡先其。是他们促成我在"南方诗歌"开设《崔丽娟诗访谈》栏目，更是他们的热情鼓励和支持，才使这个系列访谈持续进行，并扩大到目前的规模。

首先，说一说缘起。这个诗人系列访谈缘起偶然。2021年10月底，我联系西渡准备做他的访谈。西渡是2021年"第六届上海国际诗歌节"的受邀嘉宾。为配合媒体做好上海国际诗歌节宣传，我向"澎湃新闻"编辑报备选题计划，同时把访谈提纲发给西渡。11月初，选题通过，我和西渡约定等他12月初来上海后当面细聊，完成访谈。结果，那年因为疫情原因，西渡最终没能从北京来上海参加诗歌节活动，我们就商议改成书面笔谈，11月底，西渡把完成的书面访谈发给我。上海国际诗歌节期间，西渡的访谈《诗是宇宙的语言》按计划顺利在"澎湃新闻"发表了。这是我做的第一篇诗人访谈，接下来的一段时间里，该访谈纷纷被各种新媒体平台转发，没想到竟有近一百万人次的点击率，诗歌访谈在当下受到如此广泛关注确实让我吃惊，既受到鼓舞，也颇为振奋。

2021年12月，西渡荣获草堂诗歌奖，并去成都参加颁奖活动，胡先其召集四川诗人哑石、凸凹、李龙炳、老房子、桑眉、敬丹樱，还有三峡大学文学与传媒学院的刘波教授等一起宴聚。后来，胡先其告诉我，这次见面的一个主要目的是和西渡商量怎么进一步打造好他主理的"南方诗歌"，并邀请西渡作为该平台顾问。正是他们的这次见面促成我在"南方诗歌"开设《崔丽娟诗访谈》专栏。至今，我微信里还收藏着胡先其的这段话："看了您对西渡的访谈，我突然萌生一个念头，拟在'南方诗歌'开设一个诗人访谈专栏，请您来主持怎么样？初定一个月做一期，连续做三年，共三十六期，访谈对象我们一起商量决定。"胡先其还抱歉地说，"由于'南方诗歌'刚创办，才起步，无力给访谈嘉宾支付稿费，作为栏目主持的访谈者自然也没有任何报酬，纯属友情客串、义务劳动。您是否愿意？"

当时，我的第一反应是，我的学科专业是历史，虽然自己也写诗，但对当代诗歌并无系统研究，要做这样大规模的系列访谈难度很大，有没有报酬倒是其次，关键是如何做好。于是，我回复他说："我曾长期在上海文化广播影视集团下属新闻媒体做记者、编辑，深知要做好任何一个访谈，提问者必须要花大量时间阅读文本、查阅资料、做足功课，只有充分了解和熟悉访谈嘉宾的创作背景情况，才能有针对性地设计好相关问题，提问到位才能调动嘉宾的参与兴趣，他们才能敞开心扉，做出精彩的回答。如果不熟悉、不了解访谈嘉宾，困难和挑战可能有点儿大。我先试试看吧。"

这个对话表明，当时对选择哪些嘉宾进行访谈，如何做好访谈，能不能做好访谈，以及能不能如期完成三十六个访谈，我确实信心不足。后来，在西渡的建议和指导下，我拟定了一个初步名单，嘉宾中既有诗人，也有诗人兼批评家。后续联系嘉宾、约定访谈时间、访谈方式、设计问题、内容质量均由我自己把控。系列访谈由此提上日程，三年里它占据了我大部分业余时间。

其次，说一说过程。方案基本确定之后，我立即着手各种准备。准备工作包括阅读嘉宾的诗歌文本和评论文章、拟定访谈提纲等案头文字资料，和嘉宾一对一沟通具体细节,以及联络媒体推送访谈、向刊物推荐发表访谈等几个环节步骤。

三十六人的名单里的访谈对象至少一半我有过接触,尤其上海的三位诗人陈东东、王寅、胡桑,我很早就认识。我经常参加王寅策划的在上海民生现代美术馆举办的"诗歌来到美术馆"的活动,与参加活动的嘉宾西渡、张桃洲、雷武铃、冯晏、叶辉、凌越、蒋立波等有过面对面的交流。翟永明、臧棣、陈先发、姜涛、蓝蓝、熊焱等则在上海国际诗歌节的活动现场见过面。后来,有一些嘉宾到上海参加其他诗歌活动、学术研讨会或因私来沪时得以见面,如李南、周瓒、王东东、一行、李心释、哑石等。也有我赴京出差有过一面之缘的敬文东、冷霜。部分访谈嘉宾虽然尚未谋面,但都有微信联系。当我陆续向拟访谈的诗人们提出访谈要求时,得到了绝大多数诗人的热烈响应。但每位嘉宾完成访谈的速度很不一样,当我发出访谈问题给对方时:有些诗人十天、半个月就完成了;有些诗人事多忙碌,一个月、两个月、三个月也基本完成了;由于各种原因有几位诗人用了相对比较长的时间,半年、八个月、十个月,还有耗时一年、一年半才最终完成的。有一个现象很有趣,越到后期,受访嘉宾越重视,回答问题越谨慎,有个别嘉宾甚至两年后回头要求重新斟酌修改,可见其认真程度。访谈过程中来来回回多次沟通确实比较考验双方的诚意、耐心和意志,鉴于有些访谈问题的时效性,因嘉宾没有及时完成,我不得不调整、修改甚至更换问题,也有些问与答没有达成共识而经商榷后撤去。由于嘉宾分散全国各地,难有面谈机会,这个系列访谈一律采用书面笔谈形式。经过努力,最终这些访谈呈现出来的文本都是我想要达到的效果。

本书收录的访谈以受访者年龄为序进行排列,受访者的简介也依照受访者提供的简介为基础进行编辑整理。所收录的访谈根据出版规范,进行了详细的编辑加工,部分段落进行了适当删减。前面提到,最初商量的是三年访谈三十六人,但是访谈过程中存在不可控的变数,有七位预设的嘉宾由于工作等各种原因不得不遗憾地未能进行访谈。因此,我后来对最初那份名单略做调整,并增加了几位访谈嘉宾。

本书共收入三十九位诗人的访谈。其中,"50后"两位,"60后"二十二位,"70后"九位,"80后"五位,"90后"一位;男性三十位,女性九位。访谈嘉宾的年龄跨度有三十多年。这些诗人可以说相当程度上涵盖了中国当代诗坛的中坚力量，显示了中国当代诗歌的创作活力。在访谈时，诗人们结合自身写作和人生经历，围绕诗的本质与形式、诗与世界、诗与心灵、诗与爱情、诗与生活、诗与生命的多重关系，展现了他们对题材、主题、风格、语言、修辞、个人身份和人生经历等内容的深入思考，对心灵幽微世界的隐秘揭示，对生命存在意义的严肃追问，对当代中国社会生活的独到见解，呈现出诗歌文本以外丰富而重要的面相。读者也许可以借此一窥中国当代诗歌发生的秘密。细心的读者会发现，有一些相似或相近的问题在不同年龄段、不同性别的访谈对象那儿激起了不同的反应，由此可以看出诗人的代际差异和性别差异。这也是我的一个小小目标，希望这些访谈多少能够反映中国当代诗脉的传承、变构、创新、发展的轨迹，呈现中国当代诗歌历史、地理、社会、美学的分层和结构。概言之，呈现出中国当代诗的丰富性和差异性，并为预测中国当代诗的未来走向提供风向标。

再说一说效果。这个系列访谈推出以后受到诗坛广泛关注。除"南方诗歌"不间断连续推送每一位嘉宾访谈外，自2021年12月西渡访谈开始至2023年12月陈先发访谈结束，"澎湃新闻"在两年间推送了十一位嘉宾访谈，据反馈，点击率最高的是对北京大学教授、诗人、批评家姜涛的访谈《诗歌批评浓郁紧张的氛围，有助于激发写作和解读的新向度》，他的观点引发业界热议，该访谈最终点击率超过一百万人次，其他十个访谈点击率均接近一百万人次。纸媒方面，截至2024年12月，《诗潮》杂志共发表了九个访谈，在所有纸刊中给予了最大力度的支持，并向我发出2025年做第二期诗人系列访谈的邀请。《作家》《中国文艺家》《诗刊》《诗选刊》《诗林》《扬子江诗刊》《当代·诗歌》《草堂》《江南诗》等也都选发了部分访谈。此外，这些访谈还被中国作家网、中国诗歌网、龙源期刊网等平台转发。一些内刊、民刊及学术公众号、自媒体公众号等纷纷联系授权刊发或转载，受访嘉宾自己的文集在出版时也多把自己的访谈收录书中，如姜涛、冯晏等。《诗刊》副主编霍俊明夸张地说，《崖丽娟诗访谈》做成了"现象级"品牌。很多业界人士表示，完成这种规模和深度的诗人采访肯定是需要耗费很长时间和很多精力的，非常不容易。这些访谈为中国当代诗坛或学界留下了一份鲜活而珍贵的第一手资料，必将成为研究中国当代诗人和诗歌创作的重要基础文献，具有显而易见的史料价值。

回头来说一说做访谈的初衷。当初我之所以有动力坚持完成这个系列访谈，与我自己的人生阅历、兴趣爱好、专业特长多多少少有些关联：比如注重史料价值得益于我学的是历史专业；比如注重访谈提问技巧、沟通效果则与我的记者、编辑职业经历密不可分；我自中学阶段开始喜欢诗歌，数十年前就学习写诗，近几年又兼事诗歌评论工作，使我处于角色互换状态，或自观或旁观或反观，更容易发现其中的问题和要害。访谈的初衷归纳起来无非以下几条：一是，自己在写诗过程中和很多业余写作者一样遭遇瓶颈，有困惑和疑虑，希望得到专业人士的答疑解惑；二是，希望为读者欣赏中国当代诗歌提供多维度、多角度、多向度的思考启迪；三是，希望为致力于专业诗歌写作者提供较为深入的可资借鉴的经验；四是，希望为中国当代诗歌研究者提供一份珍贵而稀缺的文献。令人欣慰的是，我做完这些访谈之后最大的收获是和很多受访诗人成为朋友，他们对我的诗歌写作和评论工作给予的建议、指导、帮助，的确让我受益良多。

对访谈对象年龄结构的简要说明。一些读者疑惑为何访谈对象中竟然有二十二位是"60后"，人数超过本书其他年龄阶段的受访者总和。这主要是出于个人偏爱。要说理由也有：一是，本人是"60后"，我们的青春都浸润过20世纪80年代诗歌"黄金时代"的洗礼，对相似的成长环境、社会背景、文化氛围比较熟悉，有天然的亲近感；二是，"60后"的中国当代诗人目前仍是中国当代诗坛的中坚力量，他们的作品精进、诗观成熟，影响力覆盖中国当代诗坛的方方面面，在推动诗歌实验与理论探索上的建树和贡献有目共睹。因此，对他们进行集中访谈，既能体现中国当代诗坛的成就，同时也能映照中国当代诗坛的诸多问题；三是，"60后"的中国当代诗人处于承上启下的位置，对其经验得失的剖析和借鉴，对后来者有激励与推动的作用。

当然，不可否认，当今诗坛的年轻一代有较好的学历、文化修养和专业素养，崭露出的才华和锐气令人欣喜，也颇值得期许，但尚处在有待成熟的状态，需要假以时日进一步检验和更大范围地深入观察。倘有机会，或许我将来会把访谈关注点逐步后移至"70后""80后""90后"等。还想要说明的是，很多"50后"的中国当代诗人的访谈早有珠玉在前，在没有新视野和新思路的前提下，我没有把"50后"的中国当代诗人作为主要访谈对象。这不过是我个人不愿拾人牙慧的一点儿自尊表现,并不意味着对这些诗人创作成就的忽略和轻视。

最后,我要郑重表达我满心的谢意。如果说,阅读是将消逝的时间保存在记忆中的一种方式,那么,作为访谈者最大的愿望无疑是希望这本访谈录能被更多喜欢当代诗歌的人们所阅读,并通过他们的阅读使我们这个时代的诗歌记忆得以鲜活地保存下来、流传下去。为此,我要向所有玉成此书的人们表达我由衷的谢意。

衷心感谢西渡在繁忙工作之余对我不吝赐教,每当我遇到困难,都是第一时间向他请教,而他不厌其烦,对我有问必答,热情相助,不仅给出很多建设性意见,而且为我牵线搭桥。

衷心感谢胡先其的提议才让我起念。三十九个访谈也是他亲自操刀一个不漏地发表于"南方诗歌"。后来,他还聘我为该平台特约编辑。

衷心感谢所有接受访谈的诗人在百忙中挤出时间完成少则数千字、多则上万字的访谈并无私奉献自己的真诚、见识、学问、智慧,殊为难能可贵。

衷心感谢王家新、耿占春、霍俊明、沈苇、钱文亮五位诗人、评论家的肯定和大力推荐,我将溢美之词视作是更高的激励。

衷心感谢北岳文艺出版社副总编辑刘文飞和责任编辑范戈,没有他们的支持认可和辛勤付出,就没有本书的面世。

同时也要衷心感谢我的家人的理解和包容。这三年,我疏于家务劳动和陪伴照顾家人,业余时间几乎全被这项工作占去,想来确实心生愧疚。但愿本书的出版同样能给他们带来一份欣慰和喜悦。

由于个人时间、精力、能力、水平有限,更囿于本人学识、视野,还有很多优秀的中国当代诗人未能如愿访谈,难免遗珠之憾。

诚请方家和读者批评指正。

2025年1月1日　定稿于上海

contents
目录

001	钟　　鸣
013	翟永明
023	冯　　晏
034	陈东东
042	森　　子
054	海　　男
060	清　　平
073	王　　寅
083	臧　　棣
097	李　　南
109	叶　　辉
115	哑　　石
126	池凌云
134	蒋立波
147	西　　渡
157	桑　　克
165	麦　　芒
175	陈先发
188	蓝　　蓝
198	周　　瓒

210	雷武铃
229	敬文东
239	朱　朱
244	周伟驰
258	姜　涛
269	李心释
284	张桃洲
294	凌　越
304	冷　霜
317	伽　蓝
331	张伟栋
342	杜绿绿
353	一　行
369	熊　焱
379	胡　桑
394	王东东
404	李　浩
414	杨碧薇
434	李海鹏

钟鸣，1953年12月生于四川成都。毕业于西南师范大学中文系，诗人、评论家、随笔作家。著有随笔集《城堡的寓言》《涂鸦手记》等，诗集《中国杂技：硬椅子》。曾获东荡子诗歌奖评论奖。

每个诗人的梯阶不同
——钟鸣答诗人崔丽娟

崔丽娟（以下简称崔）：钟鸣老师，您好。您博学多识，不仅诗写得非常好，对古史金石收藏之类也颇有研究，此外，对传媒学、伦理学以及当下社会现实语境等诸多问题也颇为关注。我们访谈主要是针对诗歌领域提问，当然诗歌本身的问题也会涉及很多方面。

钟鸣（以下简称钟）：某个角度看，应该说，诗和所有方面——人的、自然的、语言的、历史的、神话的、政治的、世俗的、过往的、意识或潜意识的、遗忘的或正发生的都有关系，离开这些，恐很难说诗——就像哲人说的，诗总体顺应世界时代的命运。所以，在我看来，诗无所谓领域。个人嗜好、兴趣只是生活的梯阶而已，人人因机缘不同而不同，既不改变人类总体命运，也不增加或削减诗的存在感，就这点而言，诗最不具职业形态。

崔：这倒引起了我额外的一点儿探究兴趣，顺便问问——这本来不是什么问题的，您对诗人身份是如何看待的？

钟：这让人想到海德格尔发问"贫困时代诗人何为？"具体说来，我倒更赞同艾略特的看法，诗人并不能单独地具有完全的意义，——这对自大狂是不小的打击，事后的重要性以及读者对他的鉴赏，就是鉴赏他和以往诗人的关系，对汉语诗，还得加上"翻译的外国诗人"，没有什么"单独评价"，只有相互影响间的比较，逻辑的本质是由"从A到B"形成的，许多人喜欢扮演生而知之、童子功之类，于是，在事实之间构架了谎言和笑话，诗人喜欢掩饰的也正是这点，有违历史语境和美学批评的原则。艾略特自身，其作品，就构成了后来人的相同认知，前人的影响、误读，由他自己事先点破，极为明智，因为后来的批评，公认现代诗歌的"制造"正是始于他。这个话题有些复杂。

我一向反感故弄玄虚，肤浅扮深沉，尤其在混淆不堪的语境，强调"诗人身份"易生滑稽感。不过，我可以简单谈谈自己的真实感受，这是我打一开始写诗就心生疑惑的事情。我常纳闷儿，倘若命运作弄人，就自己所经历的时代、语境，一个人没成为街头混混、小偷、商贩、武弁，早早结婚生子的小市民、宅男、办公室小生，或官僚，或教书匠，混得好，没准儿混个什么院士……那已是万幸了，倘若兴趣所致，还能写写诗，憧憬点儿什么，那真是万幸！我并无糟蹋其他职业的意思，而是讲个人机遇。

但这并不足以让我们错觉天赋、高士、有神眷顾一类，恐怕连古典时代的"逍遥派"都算不上。记得亚里士多德的《诗学》或《修辞学》，把诗人和泥瓦匠相提并论，更不消说，柏拉图的不屑，好玄言，危言耸听。我们的孔子，虽视诗为"雅言"，却有许多条件，信、义，"笃信好学，守死善道"……先决条件都强调的是品性，广义的伦理，今人喜欢用"普世价值"，非关职业。再瞧我们曾喜爱过的诗人，荷马是残疾人、也是航海家，波德莱尔是街头革命浪荡子，认为自己是迷宫，向多种可能性开放，即他"尝试"的著名内涵，固化诗人职业。爱伦·坡、乔伊斯都是地地道道的穷人，狄金森乃剩女，史蒂文斯、艾略特、卡夫卡（我一直视他为诗人）都在银行或保险公司推销过金融产品……哪来的诗人身份或职业呢！

诗涵盖了"有教无类"，都不过是在业余时间，生存之余，由枯燥乏味的生活培养出一丁点儿灵感，不断地消失，然后重现，和"不间断的过程"恰好形成巨大的反讽。汉语语境一个人要扮演天才、先知、大师是很滑稽的，鲁迅针对"取彼者"很早就已讽刺过,更不消说为"解放意识形态"洗礼的一代,自觉其意识结构——即循环的社会思想体系中个人神话的诗家少之又少,热衷符号、调和、不断地设计"新人"形象居多,1949年后,"新人"是有特定内涵的,汉语新诗有这个特征,不仅仅是"辞达而已"的问题。

或正因为这点,我更看重单独一首诗偶然形成的诗意性,萤火虫似的,其他时间,你则身处"黑暗",什么也不是,我曾说过一首诗的自足,词语一次性使用(一首诗的构成性词语只对其自身有效),都基于这点,见有诗家"翻箱倒柜"地沿用,并未明白我的意思。所以,诗人不必非端起个架势,就一生的时间而言,写诗只占很少一部分。源源不断的灵感,都是扯淡,连科幻电影也比我们敏锐。许多人为了证明这一"职业"的存在,一方面要靠体制结构;另一方面靠的是"制造",说透了,即"诗歌装配线",本雅明说得文雅些,称之为"复制"。蝇营狗苟之人,往上流动钻营的路数,自戕文化的背景,一代人乏反省,能有多少灵韵呢?"制造诗"——甚至制造诗人本身,或相关神话,就像莎士比亚剧中常出现的一个词,"喇叭奏花腔",这是当代诗一大特征,形容化批评一无所知,乃因批评也溺于"换了术语的宏大叙述"。

靠"灵韵"写诗的,恐绝于20世纪40年代,在我们这代,只有部分诗作或很短一点儿时间沾了过去的灵光。然后,多半是拾人牙慧,和现实的存在感"联姻"。当代诗人,无论写得"多好",只要细读,都不难察觉此隔膜。汉语里,谁都明白"联姻"的内涵,牺牲个性,或某些特征,并行而破坏,捉襟见肘。每个人都可以体验此轨迹,想想这种文化进化的尴尬。

用曼德尔施塔姆的话说"笼罩在国家粗糙的紫红袍,寒碜如同苦行僧的布衣"——就我们的语境,此"布衣"大可分类,有边缘化的广场舞类,有江湖类,有西洋镜类,也有伴随政府督导的文化产业,高唱传统,若小儿诵《论语》,穿的是对襟衫。瞧瞧各种背景的出场,有经费资助的朗诵会——最典型的口号:文化搭台,经济唱戏,甚至领了红包像模特儿似的在T型台上走猫步。这都是真实发生过的。一首纯粹的诗,如何侥幸生成,还真有名堂。

崖:对了,正好说到一首诗的生成,我很想知道您发表第一首诗是什么时候,如何评价自己早期的写作，诗歌于您意味着什么，您受过哪些诗人的影响？刚才诗人身份的问题您已做了解释，那么，就写作类型而言，诗和随笔，您更看重哪一种？

钟：在 20 世纪 80 年代，恐还有官方、民间之分。在民刊，我的第一首诗应该是《飞鸟》，之前大学写的不算，刊于《次生林》。在官刊，我的第一首诗是《白蝴蝶》（同刊还有几首），刊于《星星》。就诗歌的时代背景而言，20 世纪 70 年代末至 80 年代，正是社会变革之际，自然而然，诗歌也随之起了变化，更多的是社会意识的变化，而非诗歌语言形式的变化。那时概以朦胧诗称之，许多人不知，"朦胧"之争，实际从新文化运动和新诗并进的时代就开始了，许多资料我在《旁观者》叙过。白话诗与欧美现代诗的接地气，实际上，比 20 世纪 70 年代、80 年代更自然，也更深刻。所以，20 世纪 80 年代的朦胧诗更多是旧话重提，百废待兴，恢复元气，摭拾旧学，并非全新的势态，这点，搞批评的和史家从未曾厘清过。另外，恢复高考后，学院新诗和民间的诗，比如《今天》和各地民刊所载（交叉不尽相容），有异曲同工之处，也颇有差异。那时，因社会运动的兴起，人们的注意力在与政治运动濡染更近的文学活动。

这是政治革命的后遗症，在那些年出风头的诗家，难逃此语境。觉悟时代与自我可以告慰的少之又少，用曾子的话说，即哀矜勿喜。

我自己的情况较特殊，虽注意到北方的朦胧诗，但在大学图书馆，读到的更多，范围更广，包括引进的港台版、原文版，抄录了不少笔记，况又服过兵役，走南闯北，对 20 世纪 40 年代、50 年代的旧译偶有濡染，特别是波德莱尔的作品，试笔也早，故觉得"北朦胧"仍缺新意，没有脱胎换骨，格调甚至远不及 20 世纪 40 年代诸家。所以，对我风格、语感直接起催化作用的不是朦胧诗，而是外国诗，主要是史蒂文斯、卡明斯和艾略特的作品。在大学，我曾把艾略特的《大风夜狂想曲》译成了《风夜吟诵史诗》，后来，还写过首《垓下诵史》，延续的就是这个标题。而《飞鸟》则采取的是卡明斯式的短语、快速切换、抽象，形式上更奇特。这些经验，让我觉得当时的朦胧诗索然寡味。

总体说来，对我而言，诗和随笔只是写作的样式而已，在写作实践方面，两者的内在气质，我并不加以区分，我写随笔常涉诗歌，不光内容，主要是观察联想的气质，也常用诗去处理随笔题材，很能说明问题。这和身份没关系，文学所有的形式，都基于想象力和独创，不在于分行不分行，我的写作，一直遵循的就是独创性，用旧时代的话说，即"文学要有发明"。对于那些低劣的偷鸡摸狗的诗，我是很讨厌的，因博阅见识广，一眼即可识破，不屑于一读。

诗歌对我而言，就是延续人之作为人的特性：思想、想象力、独创、不雷同、不轻易把自己归类。熟悉我作品的人，应看得出这点。文若其人。

从另一个专业的角度看，比如"同一性"，诗人只要未脱离人类社会，使用的是人类的语言，英语也好，汉语也罢，独特都是由相同意象生成的，否则就没有交流，"影响的焦虑"这个话题引人思考，或许所有诗人所写无非是同一首诗。诗若为交流，用的一定是相互理解的符号，所以，某种程度，又可说，诗了无新意。许多所谓的"新"，无非信息不对等。

在中国，诗歌应助长"君子感"，而非"小人感"。想想看，为名利的虚无"座次"，好诋毁、耍手腕、残害同类者，"自戕文化"的推手，如何能创造"人文"之诗——无论是东方还是西方，在古典意义的人文精神看来，最大的自然奥秘，或神和上帝关联的都是人，撒谎者侃侃而谈"曼德尔施塔姆""多元性"，会是种什么样的反讽！就像斯坦纳讽刺的那种人（纳粹），早晨边喝咖啡，边听莫扎特或贝多芬的音乐作品，甚或读一段荷马或荷尔德林的作品，然后便去集中营上班，杀人。就文坛胆色，恐更多是"蔑人不见血"。好形容比喻的诗人最懂这个词的社会学含义。一个诗人，身份"暧昧"也是很讨厌的。大家应该知道我说的是什么，我的摄影、诗义都勾勒过一个哲学或社会学的主题：陌生人。

崖：诗歌与时代的关系非常密切，诗歌讲究雅、纯、美、浪漫，似乎与现实应该离得远一点儿，如果对时代介入太深，有可能随着时代变迁，作品中的某些东西会消失，比如诗中描写的生活场景不复存在，很难引起后代读者的共鸣。您有丰富的创作经验，依您之见，诗歌与时代之间有没有一个恰当的契合点？

钟：这些看似简单的话题都很大，很囫囵，每个方面怕都要写本书来阐释，幸好世界文学和批评汇拢起来都有范本，不用我再啰唆。

这里，比如雅、纯、美、浪漫，都是形容词，但凡形容，便很难纳入定量叙述，比如"求雅"，就得先说清"雅"，限定在什么范围内，是语言的还是风格的，是内容的还是气质的——这都还得涉及表面和实际之分,写诗为雅,出场粉头扮雅,为人行为却一塌糊涂,谎话连篇者,大有人在。夫子时代就有"君子儒"和"小人儒"之分,要说文体风格,光《诗经》就有大雅、小雅、变雅之分。在我看来,如今,写诗和行走社会两分,诗成了意识形态化的特殊阶层样式,已不能拿传统的一套来分析了。如今货币数字化和网格化时代,"堆积"和"分类"也衍为修辞模型,军事打击称之"精准打击",常理,伪装也会更深,要辨好诗如同辨好人一般难,更不消说不变的标准了。

至于诗和时代的关系,我这样回答吧:只要一个人存活于社会和流行的语言之中,他写了什么,笨拙的也好,精明的也罢,圆满的也好,抱怨的也罢,虚伪的也好,诚恳的也罢,都和时代发生了关系,文如其人。历史学有一种观念,现代社会全面碎片化,每个人都是瞎子摸大象,恰好,每人所涉,都是社会学事实的某一部分,只要他有所叙述,有行为发生,都无可避免地汇入整体性,或历史性。所以,可以说,人人也都是自己的现象学、历史学——"人人"的前提,即暗示,争取自由者,必尊重他者自由,人人都有免于谎言之害的权利。否则,就没法理解"人人"的范畴了。滥用也并非不可能。瞧,形容化时代,并非来去无影,所有语言方式都难逃命运的乖舛。诗人千万不要高估了自己和时代的关系。

这是我的基本看法。

一言以蔽之,一个诗人只要活着,呼吸着,反应着,被动的,主动的,逃避的,介入的,成功的,失败的,有无立锥之地,流畅艰涩毋论,写不写也没多大关系(有时,写多了还是件坏事),他和时代自然就有了契合点。条条大路通罗马,人皆卑微却通史。新文化时期,就有人提倡"吾手写吾史"。个人与时代的关系,或历史之书写,首在祛魅。诗歌界的迷信,在反现代化方面,隐蔽而猖獗,这个契合点,只因电讯时代的边缘化影响不大而被忽视。

"写诗即圣"的超然感,早就失效了。

崖:您在大学读书期间,除中文系的课外,似乎更喜欢逻辑学和行为主义心理学,诗集《中国杂技:硬椅子》是您行为主义心理学的一个样板案例。还有,您的摄影也很棒,这不纯属个人爱好吧?可能更是您分析、观察世界和社会的视角或窗口？

钟：首先是个人爱好。我属于恢复高考后，首批入校的77级学生。那时大学教育尚在恢复，或难以恢复，想想看，记得教材还有油印的，老师水平参差不齐，谈不上什么教育质量，但大家学习的热情却很高，因为多数人入校年龄偏大，积累了不少社会经验，有的自己就是老师，和后来的大学生不太一样。自学蔚然成风，都不太指望老师能讲什么。尤其现代文学，还是左右翼的套路。好在那时出版有所弥补，经典名著蜂拥而至，父母都在书店排队帮孩子买书，其壮观程度，后来不复存在。再就是图书馆，有不少旧典籍可以借阅。老师讲得好的，大家也爱听，比如普通逻辑课，我们学校的苏先生就讲得很好，引起了我的兴趣，而且，以前乱读书也碰过逻辑学一类。由逻辑学，又牵出心理学，因为读了斯金纳的行为主义心理学，小白鼠关在笼子里搞出一套说法，所以兴趣大增。恰好又读到新批评家瑞恰慈的《科学与诗》，更以为诗坛是个"老鼠笼子"，我写过随笔《鼠王》《卡夫卡的动物园》，里面有许多象征、暗示，都指向这个人为的迷津。由于科学与诗的引申，我又扩展阅读，涉猎社会学。那时还谈不上精研，但却为我后来识别人之行为和语言游戏带来更丰富的框架、眼力。自己的写作，也都有格外的指涉、溢出，比如我的《中国杂技：硬椅子》。

摄影的兴趣，是因为我的毕业论文选题是有关杜甫诗歌方面的，所以想实地考察一下他的出川路线，便由母亲资助买了台折叠相机（二三十元钱）。我一直走到奉节县、滟滪滩、夔门、长江口，体味杜甫所言"夔府孤城落日斜"的意境。自此以后，摄影自然也就伴随生活成了我的偏好，但没特别强调过，反助他人成功过。我的《涂鸦手记》就是一部摄影随笔，社会学的趣味更大。我没有像摄影家似的玩摄影、玩器材，只是随缘，偶生兴致，带了相机，拍摄了好几个主题。后来我知道格瓦拉、拉金都喜欢业余摄影，便特别释然。摄影和诗是两种最容易结合的表现形式。

崖：有人认为20世纪80年代的诗歌"黄金时代"存在误读成分。请告诉我，您最真实的感受是什么？

钟：在我看来，根本不存在20世纪80年代的诗歌"黄金时代"这样的事，文学盛事和社会特定时期的进程相关，与诗人的心迹有关。诗歌、诗人，犹如爱丽丝通过"全球化"的兔子洞漫游奇境，一番语言的神话混淆后，发号施令，轻浮有余，调适而苟且，本质未及——依然是意识形态的羞辱之战，变通角色，多皮毛附焉，焉知祸福？

如果，非要说诗的"黄金时代"——只有一个条件，得像齐泽克说的，完成意识形态批判的任务：祛魅，要从表现为单纯偶然性的事物中分辨出隐藏的必然性，用我们的话说，即由表及里，但多数诗人和批评者，只见了腐叶上的毛毛虫，玩点儿性格怪僻，或语言机巧，摭拾西方皮毛，固然也涉现代、普世、正义、美丽、女权、上帝等主观一类，朗朗上口，跟现代化命名和实施一样，模仿、同化、矫饰，尚有几分，骨子里却是旧时代之宗法，至多保持和现代性的"联姻"关系，想搭顺风车，消费一只爱马仕皮夹和文化之反观时尚乃两码事，各种观念的混淆，平行现象，让我们的社会和文学不知所云，远远达不到德勒兹所说的"生成"，生成是双向捕获，不是帕斯卡尔形容的"在河那边"。单纯改变工具技术，用新术语，挂羊头卖狗肉，穿了西装，剪了辫子，摘了玳瑁眼镜，仍培养不了公民社会的眼光和交往伦理，有何用！大的语境若此，诗怕也好不到哪里去。只要看看那种"无政府底蕴"和"技术膜拜"，而又非要扮演精英的诗人，奉行语言至上，和政治追捧的文化至上同框，随时随地制造流行符号，蛊惑大众，"引车卖浆语"变成了"下三烂""脱裤子朗诵"，用蛮横、无赖精神充斥反叛运动，扮雅的人更多，烘托"现在诗"（可以发明这个词）之合理性或标准，其思想基础依然是"上层建筑""顶层设计"一类在文学领域的变种，时刻造就"高人"和"标准"（民间制定"标准"极为可疑，颇似武界的"华山论剑"，没准儿即"文化代理人"），还有个更明显的特征，即据"高明"（话语权的另一替身）而处处下意识地贬低民众和他者，而不是协调阶层对话，也无真正的悲悯之心，这种"超现实感神话"是文学极内在的语境。

所以，有时一说"诗人"，就让我想到那种集体无意识的夸饰、事后聪明以及拙劣地把自身神秘化，通过故事、谎言一类，擅用骑墙修辞和意识形态的神秘化协调一致。从诗人不断强调"方法论"甚嚣尘上就能够看出，汉语陷入"制造"的绝境，包括我说的"装配线"，依然是因为诗人想扮演"预言家"。在古典主义者眼里，诗歌一直和神话关系密切，"精神违约"的时刻颇多，这种投机多数时候是下意识的，所以，也不难理解，读者常常也不买账。想想波德莱尔的"——虚伪的读者——我的兄弟和同类！"这句话，就不难明白"双向捕获"的含义，诗和社会、读者、政治、个人、语言，永远形成的是一种悖论关系，甚至是反讽关系。没有这种关系，也就很难说"现代诗"，更遑论"黄金时代"。

崔：自20世纪90年代以来，所谓"知识分子写作"与"民间写作"，"学院派"与"口语诗"似乎是老生常谈的问题，这当中有严格意义的划分吗？

钟：不客气地说，这些划分都是典型的虚假意识、伪命题，不在我的兴趣范围内。伪命题何来严格的意义？史学、考据学内的"自由之人格，独立之精神"，也要比这具体有意思得多。在"以言行事"严重分裂的社会，庸人（欠缺人文精神的人，只对物质和日常事务感兴趣的人）常常取代这些身份、角色，或拥有社会组织赋予的所谓的话语权，如专家、获奖者等的话语权，还有众所周知的货币、市场，这些彻底改变社会伦理的"客观力量"，知识转为"商品"，"娱乐"和"意识形态"连带的批判在欧美社会早已不新鲜，阿伦特就警告过"存在着把《哈姆雷特》当娱乐产品兜售的特殊类型的知识分子"。有趣的是，前些年，我正好就张枣的诗写过篇批评《哈姆雷特乐府本事》，就是想探讨这方面的问题。其实，我的《旁观者》和许多诗篇，都有叙及。这里，就懒得再费力气去谈这些过气的"口号"了，稍有现代阅读经验的人，都知道知识分子在"启蒙异化"中扮演的角色，精英与现代威权平行，没有此前提便自归类为知识分子，只能表明无知。

崔：就诗歌而言，语言与思想、形式与内容、逻辑与想象、音乐性与画面感……诸如此类之间关系的处理对一首诗的完成起怎样的作用？灵感、激情、经验、知识、想象力……在诗歌创作中哪一个因素更重要？

钟：我认为烤一个面包，饕餮好食者，完全没必要分解其过程、细节，嚼在嘴里的感觉，最直接、最重要。用"摩洛哥香料"统称如何？我去摩洛哥旅游时，阿特拉斯山脉耸立在那儿，震撼了我，让我激动不已——并非因为其乃非洲著名的崇山峻岭，而是我20世纪80年代就写过首《日车》的诗，竟然有"阿特拉斯肩扛的天空"这样的句子,语言、思想、形式、内容、逻辑、想象、音乐性和画面……全蕴含其中。三十年后,我才由具体空间感受其舆地之美,唯证明诗性乃命运。摩洛哥的旅游产品中,最丰富的是海洋古生物化石,然后是各种香料,我都买了,不为物质、纪念,而为记忆。本雅明《单向街》中最让我惊讶的一段文字是《墨西哥使馆》,最亮的刺点(罗兰·巴特语)不是使馆工作人员、僧侣或文件,或宗教仪式,而是镏金佛像和玛雅神像,灵感、激情、经验、知识、想象力……全在里面。我有许多年的时间就是在搜集这些玩意儿中度过的,没有去想什么是语言、什么是思想,"通灵"很适合解释这点。

崖:您的诗歌批评文章极富洞见,给人启迪,比如最早评论张枣的那篇《笼子里的鸟儿和外面的俄尔甫斯》就给人留下深刻的印象。2016年,您还获得东荡子诗歌奖评论奖,做诗歌批评时,您坚持什么原则?

钟:我一贯的感受是,诗歌也好,批评也罢,任何一个写作者,谁都可以尝试。没有谁会认为,批评者只能写批评,诗人就只能写诗,一旦跨界,便惊若天人!一个人可以吃中餐,也可以吃西餐,也可以同时吃,不是吗!某种程度上讲,写诗容易,写文章难,这不是什么秘密,人人心知肚明:诗可以跳来跳去,未弄明白也可以写得貌似明白,天花乱坠,容易遮丑藏垢;相对而言,文章因受上下文制约,逻辑、前提、意图性,叙述之清晰与否,表达生动与否,论述过程,切换,摆在那里,玩不了多少花招儿,平庸无趣。因此,写得好诗,不一定就能做好文章。诗歌批评基本上是传统腔调,有的,即便玩了些术语,掸了些花子,剥开意识,万变不离其宗。弗莱所言"生殖般的复制",我看是存在的。有时,批评恐怕比诗还更需要无功利性。

你提到我写张枣那篇《笼子里的鸟儿和外面的俄尔甫斯》,确实对我自己也很重要,并非写得好或不好,而在于,那是张枣还活着时我写的,我就一窥其妙处、语境,诉诸文字。他过世后,称兄道弟,套近乎的不少,叙之伟大有之,蛊惑神秘有之,误读有之……利用过一言不发的也有,疑惑贬低的也有,怕都不及余一语来得深切——因为,人活着时,面对面道出自己的看法、评价,最见勇气、心境、水平,远胜"死无对证""无从说起"。大家应明白我说的意思。其实,张枣过世后，我就一直在写篇更全面叙其诗艺的《哈姆雷特乐府本事》，现已完稿了，想通过他叙一代语境，同时，倡自己归结的"感知诗学"，叙其特征，析"灵韵写作"和"字词化写作"演变背景。这篇文章有许多层面，行文放弃一切"风格化"，连行也懒得分，只存"语言流"，瞬息即永恒，与"感知变化"吻合，阅读难度很大——其实，并非要别人去"读"——传统意义的读，中国人已读了百年，腻烦了，也够了，而是"感知"。算下来，写这篇文章怕也有十多年了，最后能不能出版都是问题。为了啥？——为了阐释，亡者何以是这代人中有意识偏离"宏大叙述"拉开距离最远者，内在抵抗"剥夺语境"最剧者。

批评没什么原则，一言以蔽之：有话就说。批评首在眼力，吹捧文章不在此列。叙述之真实也是一个条件。再就是有多少材料就说多少话，哄哄外行的玩意儿太多，形容化批评，漏洞百出，犯的是常识性错误，倘若混为史料，贻害匪浅。

崖：您博览群书，阅读对您写作产生很大影响，社会文化语境的变迁以及自媒体的兴起对诗歌写作及其传播方式均带来根本性改变，您也有自己的公众号"象罔"。您喜欢读纸质书还是电子书？您关注年轻诗人吗？是否倡导年轻人多读诗多写诗？

钟：任何写作的人，都离不开阅读。我喜欢读偏书、怪书，尤其旧译，保留了许多版本，电子书满足不了。旧译的质量很高，关键在于那时翻译所用的汉语，历经新文化的改良，更丰富、灵动，词语典雅、紧凑，而且微妙，与现在使用的汉语不同，比如，狄更斯和陀思妥耶夫斯基的小说，我一直喜欢读旧译。早期读翻译诗多些，比如旧译的密茨凯维奇（波兰诗人）和波德莱尔的作品，尤其后者，《恶之花》中献给雨果的《天鹅》，让我七窍生辉，对我影响不小。媒介改变社会和文化至深，今天大家都领教了，但对媒介两面性的认识还远远不够。可以说，诗界中，我怕是最早接触传播学并融入写作的，20世纪80年代初随"第三次浪潮"热，就读过维纳的控制论，麦克卢汉的《传播工具新论：人之延伸》（港台版）。欧美思想，如何转换东方社会的语境，"辟新境"最考验人，甚至决定着国家命运，近代日本社会较中国社会就更成功，这基本是共识。至于融入写作，同理，不是搬弄几个术语就解决了的，比如，感知的混合性因媒介之混合而生成，我的随笔和诗都有表现。最重要的是媒介带来进步，也带来疏离、破坏，"反环境"最具现实意义。

今天利用现代媒介塑造乌托邦是我们社会的一大特征，不了解这点，也就不了解电讯时代的风险。奥威尔的《一九八四》已不能囊括东亚社会的现存特征，但基本看法是对的。媒介更多改变外在的行为方式，但思想意识之结构，却停滞不前，现实不断给予验证。诗歌江湖也不例外，它并非什么桃花源。现在是信息过剩，我更看重传统阅读。"万变不离其宗"怕是最该引人怵惕的。记得格哈德·里希特有幅油画，画的就是某领袖拈花微笑，我看，这个反讽是成立的。可惜，诗歌界更为严重的"拈花微笑"没人写。可见积重难返。

对于年轻诗人，若我说关注，会显得虚伪，若说不关注，也并非事实。青年诗人好的作品、活动，余都主动写过评论、评语、勉励的话，没有任何润笔费。从我拙作摘取"油头"发挥出去不吱声的也大有人在，诗国之国光改造，不是一两代就能完成的。

于文学，我有一个总体认知：一个时代有一个时代的文学，每个人真正了解、彻悟的还是同代语境。何况人的兴趣，广泛而自由，苛求老头子们去热爱青春文学，有些幼稚，毕竟文学兴趣不是向日葵。基本上，我相信青出于蓝而胜于蓝，但也未必，哪一代人更幸运，还说不清楚，让社会进步自然得出答案，岂不更好。各代感知不同，使命不同，语言也在不断进化。当年随革命而兴的白话文诗，除非为研究，能读之挚乳营养的很少。在过去，为文学奔走相告，一字千金，都有可能。而今天，人人都有充当十分钟的文化名人的可能，一国之文学，总是在遗忘和记忆中交替进行。大致上，人到了一定年纪，兴趣就会转移，没人会对年轻一代重蹈我们的谬误而欢欣鼓舞的，都有调适的过程。自我认知，何须老一代的说穿、指手画脚。

善意地来看，我不希望年轻人多读诗，矫揉造作的玩意儿太多，应根据自己的兴趣进行阅读。花匠、面包师都可以成为诗人。在一个错误的语境中，反希望年轻人多干些别的事，积累见识，或于写作更有帮助。当一个内行，比盲目地在那儿玩语言游戏更有意义。只要你写得足够好，内心足够丰富，诗神便会跟你如影随形。

翟永明,1955年5月生,女。诗人、编剧、散文作家。著有诗集、诗文集、散文集、文论集等多部作品。作品被译为英语、法语、荷兰语等发表出版。曾获中坤国际诗歌奖、美国北加州图书奖翻译类图书奖、上海国际诗歌节"金玉兰"大奖。

诗歌也会选择属于它的读者
——翟永明答诗人崔丽娟

崔丽娟(以下简称崔):翟姐,您好。2019年第四届上海国际诗歌节时,我们见过面,您是那届"金玉兰"大奖获得者。2020年第五届上海国际诗歌节,您受邀作为嘉宾出席活动,我们又见过面,感谢您在百忙之中接受我的访谈。从20世纪80年代开始,您除了诗人身份之外,还不断跨界到音乐、戏剧、绘画、书法、摄影领域,并经营文化品牌"白夜",做得风生水起。确实,在某种意义上,诗人指代的恐怕是更为综合的艺术活动者的身份。我们也看到,不少诗人的确是有意识地跨界,与音乐、戏剧、绘画、书法、摄影等各个艺术门类进行交流融合。您对诗歌纯粹文本的深掘与综合艺术互相渗透而呈现出的多元化融合趋势有什么具体感受?

翟永明(以下简称翟):丽娟你好,谢谢你关心我除了诗人身份之外的跨界创作。我认为当代诗人的思维开阔度要比传统诗人更广。当代诗人的视野被大大地打开了,他们关心的事情也更繁杂,并不仅仅局限于自己的写作或自己的诗歌这一部分。并且,诗人大多不是专业的,大家多是业余的,在其他领域有所涉足的现象也并不奇怪。同时这也说明诗人有综合能力或者说是尝试探寻去驾驭其他艺术的能力。

写诗四十余年以来,我一直在关注诗歌之外的其他领域。从20世纪80年代开始,我的活动范围就不仅仅是诗歌圈。也许这一直是成都这个城市的特点,20世纪八九十年代的成都诗歌圈比较小,各个圈子里的创作者互相都认识,彼此对对方的创作也持续关注。从20世纪80年代开始,诗歌就一直跟艺术走得很近。20世纪80年代的星星诗会,就有很多诗人也有很多先锋艺术家参与其中。在国外,先锋艺术和先锋诗歌就一直是走在一起的。诗歌和艺术都具有一定的前卫性和先锋性。两者无论是在思想上,还是在观念上都兼备相对超前的性质,因此在观点上也非常接近。只是一些人选择画布、另一些人则擅长运用笔和纸的区别。

所以我很早就做过策展人,写过艺术评论。但是我并没有进入艺术圈,我还是更享受诗歌创作和诗人圈。开"白夜"之后,我确实有意识地把诗歌与音乐、戏剧、绘画、书法、摄影等艺术进行跨界融合。一来,因为我希望"白夜"的活动更多元,更具挑战性;二来,我希望我的创作也是如此。希望通过与其他领域的融合,能够对我的诗歌创作有刺激作用。同时对另一艺术领域的关注,也会打开我的视野,让我的思维和感知更加敏感和开放。我个人还是更偏爱诗歌,这是我最习惯、最自然的表达方式。

崔:20世纪80年代《女人》组诗发表以后,您的诗歌写作似乎以"黑夜意识""女性意识"令人瞩目。这么多年过去了,您的诗歌写作题材不断拓展,风格不断嬗变,语言也在实验中更替转换成熟,因此,您被评论家誉为"编织词语和激情的诗人"。您如何看待诗歌语言的使命,自己如何保持对语言的激情和敏感?

翟:当《女人》组诗发表以后,诗歌批评界认为我的这组诗是女性诗歌的发轫之作。我的诗歌写作似乎就与"黑夜意识""女性意识"紧紧连在一起了。但是之后的《静安庄》,我自己觉得有一些改变;当我1986年写的组诗《人生在世》完成后,诗风就已经有了很大改变,里面充满一种反讽的味道,朋友说有一种"略带夸张的嘲弄",这组诗里面写了很多我的朋友,也有叙事性。紧接着1988年的《称之为一切》也是组诗，是一组类家族式的写作。但大家是1986年之后才看到《女人》组诗和《黑夜的意识》，评论界也才开始讨论女性诗歌。

我的写作在20世纪90年代有很大的变化，从《十四首素歌》可以看出来跟我20世纪80年代的写作不同，它不仅仅从个人的女性角度来展开，也从更广阔更大的女性写作的范围来扩展主题。有了"白夜"之后，我的写作与现实更接近了。

有一段时间我对写作有一点儿厌倦，我希望不要重复。不是重复别人，是不要重复我自己。我觉得如果我一直这样写下去，可能写的诗跟我20世纪80年代写的诗差不多。所以，诗歌写作题材不断拓展，风格不断嬗变，语言在实验中更替转换，都是为了保持对语言的激情和敏感，挑战自我。通过新的语言方式来表达诗歌主题，也包括对现实的戏谑与嘲讽，用独特的视角来看待现实的更多问题。有人说我早期的诗歌语言非常有震撼力，隐晦、富有美感。后期常用日常式的语言，形式丰富，但语言就很淡，看起来很淡，需要更好地理解才能去把握其中的一些微妙的东西。诗歌语言的使命就是用不同方式去处理你对现实的理解，不同的语言使用就会有不同的使命。当然我知道，可能很多人更喜欢我20世纪80年代的诗歌，那些比较隐晦、比较神秘的修辞可能对他们吸引更大。但时代在变化，现实中的语言也在变化，我更愿意与时代一起去探索今天的语言，并用之处理今天的经验。

我后来写作《蜻蜓之眼》时，就有朋友说，想不到你对网络语言如此熟悉。那是因为我一直在关注时代语言的变迁，并将其改造为己用。

崔：我们不妨更深入一点儿来进一步探讨诗歌语言问题。一方面，语言是工具，是载体；另一方面，语言的内涵与外延又会衍生出多义性。那么，语言值得信赖吗？据说《变成孩子》是您在意大利小镇写下的一首诗，当时，您受语言不通的困扰，觉得自己好像变成刚出生的孩子回到生命之初用心感受世界的状态。我很好奇：您更重视语言本身还是更注重技巧表达？

翟：我对语言有一个比较开放的理解。可能在20世纪80年代，我的写作有点儿拘谨，我觉得有些事可以进入诗歌语言，有些东西不能进入诗歌，所以20世纪80年代我的写作对语言的限制比较大，也就是限定了语言的外延。20世纪90

年代以后，我对语言的理解好像比以前宽泛，我觉得没有什么东西是不能够进入诗歌语言的。我对自己最大的挑战就是：希望可以用任何一种生活的、书面的或者是世俗的语言来表达我的思想。任何语言都可以经过诗人的特殊处理成为一种诗意的语言，能够构成诗人写作中新的一种语言方式。所以，其实20世纪90年代到2000年之后，我有的时候是故意要做一种试验，比如说非常日常的语言或者是新闻报道式的语言。举一个例子，我曾经写过一首关于楼盘的诗，基本上全使用报纸上的语言，比较完整地把报纸上的广告语用到诗歌里面，除了第一段和第二段之外，中间都是广告语的文体。这个方法后来在《随黄公望游富春山》里，也被我使用了一次。我把台北故宫博物院关于《富春山居图》里的风水提示，改编成了诗。我觉得这是一个新的尝试，我希望诗歌的语言能够有所扩展，因为毕竟我们面对的现实是比较丰富的，所以我们的写作也需要我们丰富起来，我们对语言的处理也可以更加自由。

另外，我认为处理诗歌语言的能力其实就是诗艺的技巧。而语言传达出来的正是我们的思考，也就是你说的语言承载的内涵。

崖：您如何理解诗歌的当代性？前面您提到有了"白夜"之后，使得您的写作与现实更为接近。那么，现实生活与诗歌写作之间于您而言一定是一种正向的推动关系吧？一个人作品的丰富性跟哪些因素有关？

翟：我理解的诗歌的当代性，就是诗人怎样在他所处的时代里用诗歌语言来处理他所理解的现实。犹如杜甫当年处理他所面对的现实。

诗人必须面对的：一个是现实中的现实，一个是诗歌中的现实。

无论是怎样的一种现实背景，不管是否有激烈的战争，我们的现实都一样潜藏着各种矛盾和冲突。我们身边总会发生着这样那样的大事件，社会也未能完全搭建起一个绝对稳定的结构，我觉得诗人作为拥有最敏感触觉的群体，应该跟他们所在的时代有最近的接触，也就是说，诗人应该是最早觉醒和发问的一拨儿人，把最激烈的矛盾和现实用擅长的艺术表达方式表现出来，让更多人看到、听到、感受到，然后去追问事物最核心、最深刻的部分，而不是把一切当成与写作无关的现实。写作的来源方式是各种各样的。只要你肯花心思去观察，总会找到自己的渠道来了解这个社会。读书看手机是一种比较浅的了解现实的渠道，但它也会让你了解现实生活本身的意义，哪怕是你在街头听见的琐事，也会给你的写作带来动力。

一个人作品的丰富性跟他关注现实的维度是有关的，跟他思考的问题以及对这些问题的敏感度也有关。当然，最重要的是他对这个世界一直充满好奇心。

崔：对您前面说的这句话我深有同感："有一段时间我对写作有一点儿厌倦，我希望不要重复。不是重复别人，是不要重复我自己。"在漫长的写作生涯中，当疲惫和焦虑产生时，您如何克服厌倦情绪以保持创造力？源源不断的写作灵感从何而来，接下来有什么具体写作计划？

翟：我觉得最好的创作肯定是要控制的，包括灵感也是需要控制的。最重要的就是把它控制得恰到好处。其实我写散文、画画儿、摄影，做其他的事情，都是为了让我的写作打得更开。写散文后，写作文体上会有比较大的变化，这是我所希望的。

其实我是比较深地受传统文化的影响，就包括我说的控制，比如中国的绘画，就是控制的产物，如果你没有很好的控制，就很难画出很好的画儿来；书法也是这样，无论是写草书还是什么，你是在控制之中，才能得到一个最好的作品。我想我很多的写作方式、思维方式还是受中国传统文化的影响。当然，我过去读的中国传统诗词是影响我最深的，也包括中国传统文学理论、词话、章回小说等所有我读过的都在影响我。尤其，我现在会更多地去看一些中国古代绘画，并从中得到很多启发。这个启发不是对我诗歌写作有直接的影响，但是会对我的思维方式产生影响。比如，我看到一幅特别好的古代绘画，就会留意它是在什么地方留白，什么地方特别抛洒，什么地方会特别细腻，这些东西对写作来说都是很有启发的。

我的写作一直延续到现在，是因为我对自己的创作始终有一种新的期待，换句话说，也许我对自己的作品并未真正满意过。我也不喜欢重复写作，因此我始终饶有兴趣地在这个写作领域里寻找变化。此外，我总是从别的爱好中获取灵感，所以我较少产生过厌倦情绪并不感到疲惫和焦虑，如果有这些情绪出现，我就放下诗歌，彻底地投入摄影或绘画中，直到写作冲动突然出现。

写作四十余年后，如果还想有新的突破其实很难，所以暂时还没有什么新的具体的写作计划。此外，我的写作也总是与我的生活连在一起，所以，如果生活发生变化，也许新的写作方向就出现了。

崖：您在诗歌上取得的成就让我十分羡慕和佩服，在此想请教一个可能算是比较傻的问题吧：写作诗歌有途径或窍门可以教授吗？初学者可以从哪些方面获得诗意和进行诗艺磨炼？时有听到读者抱怨现代诗过于注重意象、隐喻、象征，从而导致晦涩难懂，产生阅读障碍，作为诗人，您为此纠结过吗？

翟：我没有在学院待过，所以不确定我的感觉是否准确。不过国外大学都有创意写作课。我们熟知的诗人普拉斯和塞克斯顿都曾被前辈诗人教授过。在国内，一些诗人也曾上过鲁迅文学院，我想他们也都承认这种学习对他们有过帮助。但对于初学者，我认为最重要的还是阅读，阅读好作品，这一点能够决定你的起点和品味。也许正是要从别人诟病的现代诗过于注重意象、隐喻、象征，导致晦涩难懂这一点去入手，去了解诗人为何要使用意象、隐喻、象征，为何会造成晦涩难懂。不管你是否会那样去写作，你都应该去了解什么是诗艺，好诗的精髓是什么以及你可以去写这样或那样的诗，但同时你得知道诗歌是有各种各样的表达方式的，有各种各样的流派，你完全可以自由地去表达，而不需要在乎任何标准。

我曾经写过被别人认为晦涩难懂的诗，也写过很直白口语化的诗。我不希望我的创作有所谓的风格，无论是画画儿、摄影都是这样。一种风格的表达会把我框死了，让我失去创作的动力。而挑战不同的表达方式、不同的风格是让我对创作始终保持激情的方法。我不纠结别人怎么看待我的诗，我也接受有人会觉得我写得很差。每个人对作品有不同的口味，不仅仅是读者选择诗歌，诗歌也是会选择属于它的读者。

崖：有诗歌写作经验的人深知，短诗写作可能更多凭灵感和激情，运气好的话，可能很快写出一首好诗；长诗写作非常消耗时间，更考验心力和耐力。您如何看待长诗和短诗写作？写《随黄公望游富春山》这首诗时，觉得哪些东西非常重要又难以把握?

翟:我写过一篇关于长诗写作的文章,这里也可以分享一下我的观点:我没有把我的长诗,定位为那种通常人们认为的史诗或是里程碑式的长诗。我认为:长诗其实不仅仅是表达某个宏大的题材或铺排的内容。长诗当然有一种磅礴的力量——那么大的容量、那么丰富的内涵、那么持续的推进。在我看来,长诗也可以像一次没有终点的长途旅行,或者说终点可有可无的长途旅行。在旅途中,我们可以看到沿途各种各样的风景。短诗则可以看成一次短途旅行,它快去快回,着重于某一处特别迷人的风景,或一次日出、一次日落,某个特别触动你心灵的情景,或一刹那的契合。有点儿像我们看一出歌剧,或仅仅听一首咏叹调一样,是不同的感受和享受方式。

我写《随黄公望游富春山》这首诗,就相当于一次长途旅行,我想象自己在一次游观山水的长途旅行中,边走边看,边行边吟,不考虑什么时候结束。你可以深入地去看风景,也可以驻留在那儿,当然,还会继续跋涉。写长诗,给我的感受就是:你可以觅路寻途,去考察和摹写一座孤峰背后,无数的山脉或风景。从个人创作的角度来讲,我们可以通过一首长诗,架构出关于某一个主题整体的结构,将各种语言的、文学的、想象的层次铺展开来。

短诗当然更依赖灵感和瞬间的激情,甚至运气。但有时候,短诗也是需要架构的,也是需要反复斟酌、反复修改的。一首好的短诗是非常考验功力的。

崖:读您的《编织行为之歌》《三美人之歌》《时间美人之歌》等作品不断感受到您创作视域的多元与变化以及掌控词语的独特功力。您认为,好诗标准有哪几条?还记得自己在哪里发表第一首诗吗?有没有过记忆深刻的挫败感?对自己的哪些诗作还比较满意,有没有自认为的代表作?

翟:我从小就喜欢诗歌,中学时就开始断断续续地写一些诗。真正开始写作是大学毕业之后,我不太喜欢自己的工作,就把更多的精力放到了诗歌上。至于第一次发表作品的时间,我不太记得了,好像是1981年发表在《滇池》上的。我都没信心,是朋友拿去发的,我大学期间写的。所以在写作《女人》之前,我已经在刊物上发表过一些诗歌了。后来,我在工作和生活上遇到很大的困境和痛苦，于是在那时写下了《女人》。但刊物再也不愿发表《女人》这样的诗，于是《女人》组诗在抽屉里待了两年，直到被《诗刊》发表出来。但是在后来的一段时间里，又被拿出来批判。不过要说挫败感，就是整个20世纪80年代我都没有一本诗集被出版，但当时好像也不沮丧，因为习惯了那个年代的论资排辈。

我曾经说过，《女人》不是我最喜欢的诗，但却是对我最有意义的诗。每当我重读《女人》时，我都会惊讶那种混乱的激情和狂野的表达，并知道一点：无论我现在如何判断它，我再也不可能写出那样的东西。如果非要说一个代表作，我想说《随黄公望游富春山》。当然，《静安庄》《十四首素歌》以及诗集《全沉浸末日脚本》也是我比较满意的。

说到好诗，首先，表达真实情感的诗歌肯定打动人，还有你写的诗歌表现了比较普遍的经验，但是别人尚未找到合适的方式表达出来。也就是表达了他人未能说出的经验。另外，将诗歌最独特的语言方式、最有创造性的语言结构综合起来就是最好的诗歌。

崖：您在新书《天赋如此：女性艺术与我们》中指出，女艺术家们或许有意无意会突出女性的自我表达，隐喻对社会既有规则的质疑。记得1998年，您与周瓒等同道就创办了女性诗歌刊物《翼》。作为女性诗人，不管是认同还是反感，"女诗人"身份总会被鲜明地标识出来。那么，您会特别注意自己的女性身份意识吗？性别差异最有可能会在哪些方面体现出来？毫无疑问，当代中国诗坛女性诗歌是一道靓丽的风景线，俨然形成当代女性诗歌谱系。

翟：如何理解女性写作，现在仍是一个问题。批评家评论时，总喜欢归类，比如"80后""90后"写作、"第三代"、女性诗歌。很多女诗人不喜欢这种分类，总会强调"超性别写作"；女性艺术家也如此。当然，我自己也经历过这样的阶段。因为女性作者面临那样的焦虑："女性写作"的标签，或多或少地遮蔽着女作家的才华，她们感觉到被归类到一个较低层次中。所以试图挣脱它、超越它。

从20世纪80年代写《女人》开始，我写作已经三十多年了。三十多年以来，我并非只写跟女性有关的诗歌。我大量的诗歌与现实有关，与别的主题有关，与当下社会问题有关，甚至与未来有关，或者与环保有关。我的诗歌不仅仅关注女性，也关注多层次的现实。但外界往往用女性身份来定义我的全部写作，这种看法自然源自我是女诗人，以及很多评论家更愿意从女性话题去解读女作家。现在的许多人不太会花时间真正去关注一个人全部的写作，更多是看评论家如何解读，因此而存在误读。媒体更容易如此，不太容易做出自己的判断。搜索引擎的诞生也助推了这种影响：不是深入研究，而是简单粗暴地下一个定义、贴一个标签。

现在对我来说，比较明确的是我希望我能超脱身份的束缚。遮蔽也好，身份标签也好，对我来说都不重要，我自己的写作才是最重要的。女性议题、女性意识，一直时隐时现地伴随着我的创作。我也不介意别人给我贴一个"女性写作"的标签。我写什么样的作品与我是不是一个女作家这样的身份，没有太大的关系。我自己想要写作的、我个人面对的世界对我来说最重要。

我觉得男性对一个事物，包括对艺术作品的观察，多是站在比较宏观理性的角度，从整体构架、艺术史、艺术形态、各个文学艺术体系的角度来探讨的。而女性则并不完全依据这种方式，她们可能更多的是依据一种"润物细无声"的方式：更细微、更感性的一种顿悟。我个人比较愿意关注自身的感受，更注重艺术品本身带给我的冲击感和触动，而不是仅仅将作品放在某一个框架里来考察，这个观察的过程更注重作品本身自带的艺术感，也是最直接、最自然、最可靠的观察方式。

崖：您游历过的地方不仅限于国内，而且足迹遍布世界各地。您的作品被译为英语、法语、荷兰语、意大利语、西班牙语、德语、阿拉伯语等在上述语系国家发表出版，并获得国际诗歌奖。您觉得国际视野给诗歌创作带来了什么影响？哪些外国诗人对您影响较大？通过旅行收获哪些经验？

翟：我虽然年轻时游历过许多国家，但多数都是纯旅行，体验和沉浸于新鲜的事物带给我的刺激。我从不在旅行途中写诗，我觉得诗歌是需要沉淀的，至少对我来说是如此。我觉得游历是一种发现，也是一种探寻。其实我20世纪80年代出国之前，我游历过国内许多偏远地区，许多穷乡僻壤。那种游历也给我带来许多经验，我愿意说正是年轻时到过国内的很多地方，然后出国去了不同的国家，这两种游历经验加在一起，才能勉强称为多维度视野吧？都不能算作国际视野。

但的确这种经验对我的创作和对我的思维有很大的影响。至少让我在思考任何问题的时候，不会落入一种单一的认知；也让我的诗歌创作主题具有更开阔的方向。至于影响过我的外国诗人，我觉得从20世纪80年代之后，被翻译成中文的国外诗歌的作者，差不多都对我有过一些影响。对我有着持续影响力的是叶芝、玛格丽特·阿特伍德以及艾略特。当然，这种影响也是一种综合性的以及流动的。随着时间的转移，这种影响也在渐渐变淡。

  我觉得作家或诗人都应该多旅行，所谓"读万卷书，行万里路"是有根据的，它会让你把纸上旅行和路上旅行的经验综合起来，形成你自己独立的价值观和文学观。

冯晏，1960年4月生，女。诗人、随笔作家。20世纪80年代开始诗歌写作并在国内外发表作品。著有《原野的秘密》《镜像》等作品。曾获多种诗歌奖，诗歌作品先后被翻译为英语、日语、俄语、瑞典语等多种语言文字。多年来，深入数十个国家旅行、写作、演讲。

写诗是对揭示和隐藏的辨认
——冯晏答诗人崔丽娟

崔丽娟（以下简称崔）：冯晏老师很高兴有机会访谈您。您是一位优秀诗人，您的诗歌具有鲜明的个人辨识度。查阅资料做访谈功课时，我就想到千万不能给冯晏贴任何标签（当然包括性别标签）。因为从20世纪80年代开始写诗到现在已经持续四十多年，似乎没听到您归属任何流派，或者有什么团体色彩，都是一个人在自由写作，特立独行，这是您的诗观还是性格使然？

冯晏（以下简称冯）：可能是我的家庭经历使我在写作初期就走上了比较孤独的一条路。这条路与在学院接受系统教育多少有一些区别。那些大学同学师友之间比肩交流相互影响的早期经历我都缺失。但好处是我成长在一个知识分子家庭，从小接受的家庭教育模式让我养成了精神需求的重要来源就是读书。同时，由于我童年接受的是类似私塾的教育，从童年起就有类似写作的教育。阅读、思考和动笔也是写作基础。我的课外阅读，童年围绕古典诗词，就像现在的家长为小孩子补课那样。青春期开始我的阅读基本是围绕我爱好写作的个人兴趣。我对个人的生命现象始终充满神秘感和好奇心。医学、科幻、哲学以及文学类的书籍一直都是我逛书店必去的区域。书店从国营逛到私营。20世纪80年代中后期，我的阅读选择基本就转移到了西方经典，那时我已开始像淘宝一样寻找被翻译过来的西方思想了。从二十岁之前开始写诗到现在，是阅读引导我在先锋诗歌写作的方向上一直走到现在。朦胧诗阶段受到身边人影响最早的应该是顾城，他的一些小诗，词语里充满了超现实主义意味。比如"黑夜给了我黑色的眼睛，我却用它寻找光明"。这些句子中的空间意象当初像刻刀一样深入在我对词语的好奇中。经过几十年的写作，近年来，我似乎又回到了最初那份对超现实主义风格的偏爱上。

写作是个人的事。对认知好奇所以养成不断对自己提问的习惯。语言和词语里的未知充满了生命的秘密以及认知的主观性。写诗是对揭示和隐藏的辨认，通过知觉抵达词语的真理。

"诗观"和"性格"在诗人的写作风格中是相互渗透。诗人的早期写作都会带有经验不足的盲目性，语言中的情绪只会让性格显露出来，对于词语深度没有任何好处。但伴随着经验的复杂化形成，去掉情绪，写作方法转移到发现词语在功能上所具有的更多可能性上来。是观念在支撑诗人持续写作中摆脱自我重复，不断发现语言中的全新自我。写诗就是围绕语言、认知、观念和方法进行创作。而时代的审美却一直随社会发展、演变不断地调整。当下写作，对词语的力量和内涵的追求已经不仅仅是新奇的问题，历史与现实在不同位置上的相互突破对语言随时都可以构成新的期待。写作没有捷径，语言的准确和细节对诗人的要求涉及的领域越来越宽阔。自从当代哲学从注重真理的结果走进注重抵达真理过程的语言哲学时代，法国等一些当代哲学的语言也越来越接近于诗歌。就像巴迪欧所说："始终在知识与真理之间、认知与思想之间做出区分，这只是诗的事业潜在的基础。于是，我们已到达这样一个转折点，即在这里可以将哲学交付于诗。"那么在知觉中寻找真理也是诗歌语言所包含的哲学部分。

当今的政治其实也正处在语言政治阶段。是复杂或者无序在不断给语言的精确意识提供反思。

崖：您对诗歌的深入思考和自我坚持特别令人感动。您获得过多种诗歌奖，出版多部诗集，前后比较起来发现写作变化其实还是很大的。这种改变是来自诗歌的发展需要还是您自身写作的变革需要？2020年1月中国人民大学文艺思潮研究所和《作家》杂志社召开"冯晏诗歌研讨会——词语无边界"，很多诗歌批评家对您的作品进行研讨，如何理解"词语无边界"？

冯：我前后写作的变化来源于个人认知的变化。年轻时写作靠经典文本的影响，现在的年轻诗人对于词语在写作中的有效性使用比我们这一代诗人要早成熟许多年。认知的提升就是超越成果，超越科学，一部分也属于神秘主义。这些发现也都可以体现在艺术观念上。激发诗人想象力的重要能量来源还有诗人的历史意识。人类对认知领域的探索也同样关联着诗人对语言的探索。经典永远是未来经典的铺路石。我们没有理由不相信诗歌写作的未来存在着没有被发现的更具有当代性的方法和观念。就像科学始终无法攻破的对人类意识研究存在的难题。假如有一天人类的认知可以进入三维或者多维世界了，诗人写作的预言性被时间应验的密度越来越大，或者说，有一天你跟外星人可以近距离交流，你的诗歌语言突然被外另一个系统植入了呢（开个玩笑）。但是未来世界，神秘主义的一些内容或者虚拟中的一部分随时都有可能改为真实存在，就像超现实主义一些绘画的创作方法，从对宏达意象的想象力变为可用技术制作，这种革命有时只需瞬间。

法国哲学家波德里亚说"是虚拟在思考我们"。而对写诗，这些后现代理论又何尝不是通过诗歌写作在超现实与现实之间转换的呢。作为成熟诗人，寻找灵感并不是主要问题，只要经验足够丰富，原野上灵感的野花遍布。挑战写作最大的问题对于我还是寻找新方法，方法并不是观念，而是针对词语、语调、节奏、传统与现代、历史与未来这些元素在你写作过程中重新找到的位置。是意识重构，不同观念的互渗性随时需要体现在观念的细节之中。一个诗人掌握的写作方法越多，杂糅万物的技能越卓越。发明新方法，以及实现艺术审美的有效性，对于诗人都是一生的挑战。

诗歌评论是诗人对自己写作的反观，具有对自己作品主观认识局限性的意外审美收获。所以一篇评论首先对作者本人充满诱惑。当然对读者而言可以收获更大的启发。非常感谢中国人民大学文艺思潮研究所和《作家》杂志联合举办的这个活动第一届选中了我的诗，一个诗人能集中看到不同评论家同时对其作品进行评论，这在国内外都是难得的机会。"词语无边界"就是发表对词语功能在诗歌写作中的一种认识，也像"宣言"。

崔：您视野开阔，阅读涉猎范围甚广，尤爱读哲学书籍，诗歌和哲学在您这里似乎获得一种相互启迪、相互提升的力量。诗歌如何完成对日常经验的深度挖掘和富有哲理的表达？

冯：我所了解的诗人，阅读涉猎的都比较广泛。我也跟一些诗人朋友经常交流，是阅读决定了文本，还是文本在推进阅读？毫无疑问写作需要阅读。至于我喜欢阅读哲学或者思想类的书，一方面是爱好的侧重，我认为读书喜好的类型也是先天和性格使然（如果不是作为学者为了某项目的研究）。另一方面，我在后期诗歌写作中思考比较多的还有词语的功能性，隐喻是个传统手法，在当下写作中也在慢慢进化着其原有的内涵。针对一些问题的写作能想清楚不等于能在写作中完美表达。写作通过对现实隐喻的思考也是语言不断被打开的一种途径。语言的轻松和沉重，"有用与无用"，就像"入世和出世"的宗教人生观，都是审美或者伦理需要包容的存在。

面对未来的写作，寻找方法永无止境。而当代哲学，比如一些法国哲学家，他们许多著作在阐释理论的过程中本身就更注重发现观念和语言品质，与诗人的思考离得越来越近。写诗在发现词语新功能方面对语言贡献是最大的，语言哲学也在引领人们对事物认知表达的细节意识，语言要关注到对词语的解析。这与之前的精神分析哲学相比诗歌写作又向词语细节的精密性要求推进了，似乎要实现在每一个词语的内部找到真理。也可以说是要词语在自身的内涵中找另外的存在。但是在这样的体系融入下，对传统诗歌价值的重新审视又为审美提供了新视角。我们可以由此去思考传统作品那些被审美忽略的价值。

写日常经验是诗人当代意识中的一部分，围绕当代意识，超越历史与已有观点提出"超越真理"的新概念是一样的。写诗具有随时被引发语言新的想象力的魅力，让未来在天边思考着传统。

谈到诗人的"视野"，这个词涵盖了许多可说或不可说的，就像"眼界"其内涵由浅入深，带着诗人的精神历史和即将呈现的新表达。解决写作语言的深度如果没有思想提炼知觉，语言就无法走出表面化。

崖：对于诗歌写作而言，现在是最好的时代，还是最坏的时代？您对当下性写作、历史性写作、未来性写作如何理解？

冯：写作面对的当下、未来和历史是互相渗透的同一个议题。历史本身就是未来的，而当代也是历史的。在当代写作中对历史意识的处理方法一直是当代艺术观念所面对的非常重要的部分。当下的一些文学理论对此依然在预判新的写作态势，比如提出"历史想象力"的观点等。历史在每一位当代诗人心中都有不同的姿态，诗人的历史观在词语中的位置依靠的是诗人的思想和观念，类似以细节的方式进行预言。历史在艺术未来中的呈现也与语言的不断创新在未来同样具有神秘性。科学也是解开一个谜的同时也创造出了更大的谜。

对于写作不存在最好与最坏的时代，但可以从写作的隐喻性使用看出一个时代所处的复杂性以及体制走向。历史意识在当下写作中也是承载隐喻手法的重要元素之一。诗人的历史意识可以在诗歌写作中避免个人主观性创意带来的晦涩。可是一些现实问题或许又正在加重晦涩。

崖：尽管诗歌被边缘化，有人对诗歌颇有微词，但有识之士不断通过举办学术交流、讲座、朗读会、分享会等活动扩大诗歌的影响。2021年6月12日您作为"诗歌来到美术馆"的嘉宾在上海民生现代美术馆与读者分享自己的诗歌，参与这些诗歌活动意义何在？

冯：诗歌写作与诗歌活动对于我来说完全是两个不同领域。写作是静态，对于诗人，写作除了写出好作品，其他都属于消遣。消遣是被诗人写作"边缘化"的生活部分，写不出好的作品应该说就没有消遣的理由。诗歌写作在世界各地都不属于可以被大众用来消费的，只有作品中的一小部分可以用来作为"鸡汤"。对词语研究所涉及的精神现象和认知部分本身就是远离大众的。精神现象和潜意识等隐秘一些的艺术呈现对大众来说本来就不具有审美消遣的意义。比如艺术观念中的超现实主义跟大众的普通审美在当下其他国家也是很难沟通的。寻找到语言中所蕴含的更多复杂性这是推进人类文明进步所需要的，教育并不需要从行业的尖端入手，而外行也不具备参与评判行业尖端研究的资本。

至于朗诵会等方式的诗歌活动对诗歌作品推广的同时其实也是在给作品寻找真正的读者。好的作品所赋予社会的审美教育那只是诗歌写作的其中一部分社会效益。精神现象或者潜意识等隐秘一些的艺术呈现的确是诗人之间相互交流写作的内容之一，普通读者读不懂也是正常的。当下的信息复杂化已经可以构成提醒每个人要准确找到自己的位置去发表讲话了，就像写诗，首先达到词语安放的准确，接着是词语在其位置上存在的力量、透彻性、思想深度，还有其中所蕴含的历史观等。

被一些有文化品质的诗歌活动邀请，我都愿意参加。面对面与读者交流，把多年来的写作经验分享出去，我觉得尤其对年轻的写作者来说应该有一定意义。阅读的间接经验需要直接经验的配合和启发，面对面交流，这与旅行在路上所获得的直接经验，道理是一样的。

崔：灵感、激情、经验、知识、想象力……哪一个因素对于完成一首好诗更为重要，对写诗而言最有挑战的是哪一条？

冯：这些问题前面都说到了一些。灵感、激情、经验、知识、想象力……这些对于年轻一些的诗人来说应该都是必要的创作条件。但对于像我这样写了四十多年诗歌的诗人来说，如果还停留在这些层面的思考，就可以停笔不写了。

崔：您先后随父母迁居包头、武汉，又随母亲定居哈尔滨，据我了解，现在您有时也住珠海和北京，可以说生活体验跨越了东西南北。对地域性写作有何特殊体验，居住过的哪一座城市对您的写作影响比较大？四十多年来写作遭遇过创作瓶颈吗？保持创造力方面有什么经验。

冯：不同城市或者国家的生活经验对于写作都属于是奢求，经纬度、气候的体感、不同的民族风情、饮食风味、服饰风格等的变化都可以构成一个诗人在知觉变化中文化比较的直接经验。总体来说，我更喜欢大都市，所以，也一直思考关于时尚元素与写作的关系。这些经验对于写作的丰富性和处理复杂性方面同样具有阅读无法解决的教育和认知的开启。犹如诗人庞德所说"诗是一个种族的触须"。不同地域的生活体验，我只是在一些经历上恰巧收获了一部分资源。意象被丰富也是词语资源的一部分。处理复杂事物在写作中需要诗人拥有词语不同体系的储备。生活的直接经验也是实现语言在写作中准确性的一种依据。

记得我父亲在武汉居住那些年，我每次回去他都为我做排骨炖莲藕。直到现在，我每次买菜都会看莲藕是否新鲜，或买上两节。不同城市的生活潜藏在一个人身体内的喜好对于写作也丰富了潜意识的语言，文化比较本身就是在处理复杂性。时势越来越考验诗人处理语言复杂性的能力。这其中不仅是审美问题，还有情感，以及辨别事物是与非的立场等。

每一座城市的生活对于我的写作都有审美的补充，这些补充主要还是一座城市的风格以及自然环境。如果涉及更加个人精神化的就是在每一座城市留下的情感。亲情、爱情、友情。有快乐也有悲伤。这些也构成了我作品中一些词语和意象中的历史或者隐喻部分，用词语怀旧也可以帮助诗人修复在某一时段生活中丢失的存在感。

创作低谷和高峰期一般来说在写作者的每一阶段都有不同的曲线，比如2022年从年初开始我在写一组叫《位置》的组诗。本来计划写三十个自然段，一直写得很顺利。当上海疫情的信息让我陷入了焦虑情绪之后，注意力就再也无法集中在写这组诗上了，这组诗最终只写了二十段就结稿了。

写作遇见瓶颈跟情绪被困扰又是另一回事。我的写作遇见瓶颈最突出一次就是写《航行百慕大》。那时我从百慕大旅行回来就一直在想怎么写这首诗，由于整个情绪都是让我想写一首长诗，但所储备的词语和表现方法都遇到了挑战。激情通过理性处理需要一段时间，场景的宏大、奇幻与情节缺失又让我陷入表达的难度，把语言中被调动的潜意识落实进现实，给超现实主义想象力的偶然性语言找到诗意逻辑，这些都是难度写作中要面对的。所以这首诗完成的时间比较长，但是，围绕其思考对陌生经验的处理让我获得了类似一种写作的训练。越过瓶颈获得一片天空的主观体验过程有一种不可言说的独特记忆，相信每个成熟诗人都有过这种类似经验。

崔：东北的优秀诗人在中国诗坛是一股不容忽视的力量，在此我就不一一点名了，你们之间经常交流吗？您如此高产，平时写作有什么好习惯？

冯：生活在哈尔滨对于写作是幸运的。哈尔滨的欧洲异域风情本身对于写作者就是一种诗意教育。还有不同于国内其他省份的四季，生活在这里的我所熟悉的诗人几乎都写过雪，情感透露的大多是迷恋。雪对于生活在哈尔滨的人仿佛是独有的存在，尤其是当万物枯竭的冬季如期而至，那是一份季节带来的洁白的惊喜。雪不同于大海，对其所在纬度永恒的固守。而雪花瞬间的到来那份惊喜将永远赋予诗人美好的想象力，想象力对于诗人本身就是期待。银色世界其实就是诗人被赋予的幻觉空间。每当想到这些年我在这座城市的诗人朋友，影像中都带着一份不同季节诗意的回忆。一份偏远孤独感带来的交流的温暖，有优秀诗人诞生于这座城市似乎是一种必然。可以说我也是在这些诗人朋友之间的交流中成长至今，我们一起做沙龙，编著一些精致的小诗集丛书，留下了一幕幕温馨的写作互动的场景。在这里，我学到的最有价值的习惯或许就是对待写作如教徒般付出认真和虔诚。

我的写作习惯在没有特殊事情的条件下，基本每周都有诗作，但是书几乎每天都读。当然比不了我的一些朋友每天都写。我习惯清晨写作。有时也在午后。写长诗或者组诗虽然时间不能保证完整，但是一个作品基本在同一段时间之内完成。包括修改时间也是集中在本首诗的创作情绪中。

崖：您的作品被译成英语、日语、俄语、瑞典语等多种语言文字。您经常在国外游历，多年来已深入世界数十个国家旅行、写作、演讲。这种国际视野给诗歌创作带来什么影响？您前面提到的《航行百慕大》和《加勒比海日出》《阿赫马托娃的厨房》是我非常喜欢的几首诗。评论家敬文东对《航行百慕大》有非常深入的分析，请择其一谈谈您的创作经验。

冯：疫情进入2022年，把我从一个只顾展望的人变成了开始怀旧的人。好像一个退隐的人只靠回忆守护着生活。回过头来看，如果没有前些年在国内外的旅行经历，我的一些作品就不会诞生。这些作品不仅一些读者喜欢，我自己每次看到有评论提到其中的名字也被感动。这份感动主要还有对世界让我大开眼界的感动，有被大自然宏大的视觉震撼过程中认知被提升的感动。在路上的奇遇对于艺术家不仅是对创作的启发，更重要的是在意识或者认知上新的洗礼。历史给人类留下最深刻的记忆部分是废墟，而对于生命来说，最深刻记忆应该是疼痛和被震撼。

表达生命被震撼的诗歌写作，最难整理的部分是激情和冲动。这样的写作对诗人语言的理性素养是一种考验。间接经验一定比不上眼睛和心灵在现场所亲自感受到的更丰富和准确。当经过情绪和激情的理性化处理，让知觉从寂静中找到的语言就是一首诗的目的。旅行可以带一个诗人去感受——走进北极圈、抚摸原始和荒野，直视沙漠、云朵和驼队，思考生物与细胞等。大自然本身就是传奇，通过旅行进一步树立起对大自然的虔诚也意味着像树立宗教意识一样增加对待词语的虔诚。语感、语调、节奏等有关的写作技巧在大自然的启发下也会随着表达的需要而丰富起来。有时，写一首难以表达的诗比平常写作要面对更多的艺术思考。在路上，有时莫名其妙地就增加一份对社会的责任感，比如，从你真正爱上大自然，你就更加关注生态。

《航行百慕大》《阿赫马托娃的厨房》这两首诗的写作过程，我在其他访谈中有过叙述，评论家敬文东教授对我的《航行百慕大》在他的专题讲座之后又有过近两万字的书面评论，在此就不重复简述了。《加勒比海日出》这首诗的来源是在2018年我和美国女作家师云志去波多黎各的加勒比海航行中获得的。写这首诗给我的感觉可以用"诗在写我"来形容。在船舱里被日出之前的殷红色突然惊醒，跑到甲板上，一个人孤独地面对天空和大海，看日出为我而升，天地苍茫，空间唯我，细胞与宇宙碰撞并融合在一起，有种孤独被超越了的感觉。整个的日出过程都进入了我的诗歌写作，这种情况在我的写作经历中很少。这首诗带着我的超现实行为记忆，对我来说，整个过程和语言都充满了神秘主义色彩。一个诗人在路上的写作，是大自然与感知的相互书写。也可以说是宇宙在塑造未知的另一个自己。那时的你或许才会突然相信"人是植物"这一理论。你的认知随时可能发生巨变，通过太阳、空气、水、沼泽地、悬崖、暴风骤雨、海沟意识、丛林法则……当一个人真正处在生命像一个细胞一样微小的现实感受中，你周围的一切都属于超现实主义的存在。作为诗人或者艺术家，遇见被震撼的经验是创作的幸运。你会发现之前你读到的所有书，甚至遇见的爱情也都只是你喝下的一罐可乐。巨大的神秘随处包围着你的虚无感。思想只有在这样的时候可以谈到无用,你的潜意识会瞬间爆发式地在意识中繁殖。那时,人可能才会真正感到精神是超越生命的。

崔:您的世界旅行经验特别让人羡慕,"诗与远方"对很多人来说是梦想,您怎么把梦想变成了现实?写作是作者与世界的对话,通过旅行,您收获了哪些"在路上"的体会?

冯:"远方"对于诗人来说就是通向自然或者宇宙之路。"诗与远方"这个词语应该隐含着梦想与行动的融合。对于写作,生活、旅行与阅读是三条平行线,而写作是在平行线之间织网。远方是诗意的象征,神秘性对词语的诱惑隐藏其中。"在路上"有一种机遇的偶然性也关系到词语的未知。旅行对于写作是针对阅读和信息等间接经验的不足感而生成的一种逆反冲动。所以,"在路上"这个词语本身就包括在写诗之内。意象与思想面对面,用真实修改虚无。每当提到"诗与远方"我总是能想起美国垮掉派的代表作家凯鲁亚克的《在路上》,我的个人旅行有一部分在美国开车穿越各地的回忆,这些回忆也总是能让我借此加入进一些经典作品的历史呈现中。

多年来,我的确先后在许多国家旅行居住过,反复开车漫游最多的是美国和澳大利亚。远方给诗人带来的不仅是人文和地理,更重要的是思维视角的多重性,当一个事件你可以从不同角度,或者说不同纬度变换着去思考时,那么你发现的真理就可能比站在一个视角所发现的真理更具有客观性。远方的魅力在于无限,人的认知进步一定是从文明到超越文明,所有的艺术创作都应该是围绕超越在寻找通道。引用法国哲学家加塔利谈"混沌互渗"观点的一句话:"混沌互渗的皱褶过程就存在于使混沌的潜能与最高级的复杂性的潜能共存之中。"其实这就是写诗在认知领域里的状态。"写作是作者与世界对话"这句话所指向的是内在精神之间的互动。

在路上可以捕捉到震撼精神世界的意外,每一个诗人面对现实反射在意识中的语言都是独特的。就像艾略特写《荒原》与史蒂文斯写《坛子轶事》中的田纳西荒野之间的差异。

我喜欢过的国外诗人每个时期都有调整。对有些诗人的喜欢转瞬即逝,没有反复阅读的冲动。而西方可以指导现代性写作的一些经典大诗人，全世界的诗人似乎都在反复翻译、阅读他们的作品，我也一样。比如奥登、艾略特、米沃什、策兰、史蒂文斯等。如果从我个人的阅读兴趣中选择，还有一些超现实主义写作的诗人作品，我也是反复阅读的，而且随时都能引起找来书重新读一读的冲动，比如赖特、默温、马克·斯特兰德、勃莱等，除了这些诗人还有许多标签不太明显的诗人也都属于自己私下特殊喜欢的。只要不断阅读，除了经典，对其他优秀作品的喜欢每个人都无法简单地说清楚，阅读的喜欢有时是循环，有时又从一个人跳到另外相关联的一些人。有时从一个国家的诗人转向对另一个国家的诗人。我对哲学家作品的阅读也一样，有时从一本著作的阅读开始喜欢，随后去买他的所有书。每时每刻都在关注新的发现，这也是行业内诗人共同的特点，只是关于前沿性或者有陌生感的作品选择在不同诗人审美中所存在的差异一直非常大。

每一部被时间留住的经典作品都是复杂精神现象史中的一份，是雕刻在时间上的花纹。每进入一个新世纪，历史就会又增加几笔雕刻，同时也会抹掉几笔。

陈东东，1961年10月生于上海。著有《夏之书·解禁书》《流水》《海神的一夜》《陈东东的诗》《组诗·长诗》《略多于悲哀：陈东东四十年诗选（1981—2021）》等作品。现居上海和深圳。

能够激发我的肯定是好诗
——陈东东答诗人崔丽娟

崔丽娟（以下简称崔）：陈东东老师您好，作为"第三代"著名诗人之一，您一直活跃在当代诗坛现场，属于那种可以持续不断写作的诗人。如果从1981年您开始写作算起，您已经持续写作四十多年，长期写作如何才能克服倦怠情绪，保持旺盛的创作状态？

陈东东（以下简称陈）：这真不好回答——这就跟要我谈一下怎么到现在还活着一样简单，也一样麻烦。那属于共同经验的方面不必说，属于特殊经历的方面，说了对别人又没什么用，用不上。而且，我的创作欲望实际上不旺盛，也没有有意识地去保持，没有保持的方法可以讲。

我想起有一本对十个诗人的访谈录，其中也有我参与的一篇问答，提问者加在前面的小引里说我"始终坚持知识分子写作……"这跟实际情况颇有些出入。其实我"始终"都不会勉强自己，更不摆那种"坚持"的姿势……至于贴我"知识分子写作"的标签，跟贴在这里的"第三代"诗人之一的标签，给我的感觉也差不多——前几天我还在和敬文东的一组问答里说起："我1981年开始写诗，当时正读大学一年级，我的出发点跟 1982 年在西南师范学院桃园打出'第三代'旗号的那些大学生诗人几乎是一样的，这是我没有不同意被归入'第三代'诗人的原因。但我又觉得这个名头于我不适，那是因为关于'第三代'诗人，后来有许多讲究，有些显然应该把我排除在外了……"

写诗之于我个人，首先甚至仅仅是一种内在的需求，心理层面的和生理层面的需求——一个人的心理状况也是其生理状况的一部分吧。所以，在这个最基本的层面，写诗之于我个人，就像吃喝那样，对饥渴和美味的追寻在获得满足后就暂时为止了。只有参加大胃王锦标赛的吞咽运动员才要保持旺盛的状态，克服倦怠的情绪，才必须坚持，以期最后夺取竞技的胜利。而我从不是那种场合的一员，不在场子里，也不在场边做喝彩加油的观众。

崖：您的诗歌一直为人称道，备受赞誉，2019 年您获得"第十七届华语文学传媒大奖年度诗人"。我注意到，您在 2018 年、2019 年各有两本诗集出版，四本诗集的集中出版无疑对当代诗歌写作具有某种示范作用，《流水》是您的诗文集，《海神的一夜》是您的短诗集，请问自己满意的有哪几首？对了，您的长诗《喜剧》极富戏剧化场景，显然与短诗不尽相同。那么，您创作长诗和短诗各有什么体会？是否可以结合自己的创作总结一下您认为的好诗标准？

陈：我不在这里专门推荐自己的某几首诗，大概是想让人去读我诗集里的每一首诗；另一方面，则是我并不能确定有我写得最满意的诗。我一直都在改来改去自己的诗，很可能并非真在往好的方向改，很可能改还不如不改，但这么去改，一定因为我一直不太满意自己的诗。顺便说明一下，我的修改是基于原先成稿的，对那首诗之"怎么说"的修改，哪怕推倒原先成稿重来，也是重新"怎么说"一回，并不涉及对原先成稿诗作"说什么"的改变，不同于某位前辈诗人让人疑惑的，在"说什么"的层面上改写或添写自己过往特殊历史时期一些诗作的情形。

我的长诗和短诗写作一直在交替并进。爱伦·坡的《诗歌原理》一文"认为长诗并不存在"，"坚持认为'长诗'这种说法绝对是一个自相矛盾的用语。"他的理由："诗之所以是诗，仅仅是因为它可在启迪心灵的同时对其施予刺激。……但由于心理上的必然，所有刺激都很短暂。所以这种使诗成其为诗的刺激在任何鸿篇巨制中都不可能持久。"那么在他看来长诗其实是拖长了的短诗……依此当然可以说，他以为的这般长诗并不成立。然而长诗一向就存在并且成立，从古到今的例子可以随口说出一长串来——要之，它们并不是爱伦·坡指认的被拖长的短诗，而是不同于短诗的另一种诗，应该说长诗跟短诗属于不同的两样文体。短诗也许更侧重诗歌语言施予的刺激，长诗的力量则跟它的装置结构、筑造架设大有关系。短诗更纯粹于诗，长诗总是愿意跟相对于诗的诸如神话、宗教、历史、故事、传奇、小说、戏剧甚至论文等等体式结合在一起。组诗也会形成长诗的那种样式，有人说组诗是假长诗，但它的确可以是有别于短诗的另一种诗体，一种堆积木般的能够复杂多样、结构万变的长诗（但丁的《神曲》其结构也可以视为堆积木般的有序堆砌，并推进着），就算只是把几首短诗放在一起的组诗，其叠加和布局，也会给出不同于分别阅读那几首短诗的新的张力。我曾比方说写短诗是跑步，写长诗则是在骑自行车，外加从诗歌之外借来的别的文体器械锻炼……你提到我的诗文集《流水》就是这样，这个诗文集从古琴曲《流水》中借用不少灵感，如：布局方面、内容方面甚至语言方式。有人曾打算将《流水》改编成现代舞，我想改成清唱剧或皮影戏也都会很有看头。又比如我1994年的长诗《喜剧》，它的那种场景化，适合做成一出音乐剧，也的确有人跟我聊过这方面的设想。

关于什么是好诗，最好不要有统一标准，实际上也不可能统一标准，答案必然因人而异。我觉得能够激发我的肯定是好诗——无论它们是否以文字的形态呈现。

崖：臧棣评价您的诗歌是"汉语的钻石"，钟鸣也说您"对词语冒险的兴趣，显然大于对观念本身的兴趣"。诗歌语言高度精练，在您这儿，语言技艺占据非常突出的地位，语言的作用在诗歌中不仅仅是表达，更是一门高超的艺术。您是否可以为读者简单归纳几点自己诗歌的语言特色？通过语言媒介，您如何让读者在审美中能够感受到诗艺的力量和诗意的愉悦？

陈：诗作将在读者那里引起什么样的反应，说到底是写作者本身对自己的写作之期待。我不止一次引用过桑塔格的那句话"永远不要考虑读者，只考虑文学"，我觉得这真是想得明白也讲得明白——写作者要考虑的是文学对你的写作之期待：你正在写作的那个作品，期待着被你前所未有地诞生出来——而且，实际上这才是最大限度地考虑了读者。所以，大概，我很少去想"通过语言媒介如何让读者怎样怎样"这种事情……我忘了我的写作初衷和动机里是否有过这样一个明确的目的性，也忘了自己在写作的过程中是否朝这方面做过什么——想不起来了说明我当时没有故意或刻意于此，至少留不下故意或刻意于此的印象了……而回头拿自己写下的那些诗做这个题目的分析研究，肯定尴尬荒唐……并且那根本不应该是我的事情，不应该由我自己来再创作。去归纳自己诗歌的语言特色，我其实也做不到——还是不要归纳，一首首去写，去让人读就好。

崖：四十多年来，您和当代诗坛很多重要诗人保持深厚的友谊，也是一位特别珍视友情的人，我读过您不少唱和诗。2020年、2021年您编的《春之祭：骆一禾诗文选》和《星核的儿子：骆一禾纪念诗文集》相继出版，显然也是对故友的深情怀念，请介绍这两本书的编辑情况。20世纪八九十年代您办民刊有声有色、参与诗歌运动风生水起，请谈谈您的诗歌往事以及与诗人之间的交往情况。

陈：我一向将那些唱和诗跟别的诗歌同样看、同样读，当然也会特别去留意这种诗怎样处理友情、人情、人际关系间的应酬之类，挺有意思的。我自己写了这样的诗，估计也会被那样看、那样读，比如你就讲了一种看法。

海子和骆一禾分别于1989年的3月底和5月底离世，第二年我编印过《倾向》诗刊的"海子骆一禾纪念专辑"，三十年后受委托编了一本《骆一禾诗选》，再就是近些年编的挺厚的两本书：《春之祭：骆一禾诗文选》和《星核的儿子：骆一禾纪念诗文集》。这中间碰到很多困难，很多阻碍，很多曲折，无奈和妥协，书的内容方面留有不少遗憾，就不一样样细说了，反正算是做了点儿事情。还有其他诗歌往事以及与诗人之间的交往情况的介绍，会很啰唆，按下不表。

我想说一下你说的"有声有色"和"风生水起"——我觉得这两个词语不适合我。真要是能够"有声有色"，用北方土话说，"那敢情！"；可是千万别"风生水起"，真这么着了我想我会瞧不上自己——在这么不堪的人世，你还弄得"风生水起"的，像话吗？我会告诉自己离"风生水起"尽量远一点儿。传说有个外国诗人很严肃地认为自己的读者超过三百人，就表示他的诗太俗不可耐了，这听上去也难免有另一种市侩之感，不过"风生水起"，那敢情太可疑，太着急同流合污了……

崖：在回答第一个问题时，您认为若将您归入"知识分子写作"跟实际情况颇有些出入，其实，"知识分子写作""民间写作"等提法确实可视作老生常谈的问题，时过境迁，您认为现在还存在这个壁垒吗？您对诗坛现状如何评价？主要存在哪些问题？对现代诗发展走向有什么样的预判？

陈：这些我都不太关心，有些对于我算是假问题或假话题，比如你说的"知识分子写作"与"民间写作"，还有什么"壁垒"。这些应该是弄媒体的、搞评论的、做研究的，还有混诗歌饭的会比较有兴趣吧。我知道一定有些诗人在这方面浑水摸鱼了，那倒并无不妥。诗人去到自己的场域，就诗歌和诗人话题（哪怕无关紧要甚至伪劣）怎么胡说、怎么玩闹都不为过，不妨观赏。但我不喜欢这种搞法，也真的学不来这么搞。至于对现代诗坛的评价，找问题，预判发展走势，如何才算理想，我更是缺一套炒股预测专家那样的说辞。这基本上是为一连串全国性或国际性诗歌研讨会准备的议题，我最烦最怕那样的要为此发言的会，真到了场面上就只好耍赖，无语……在此借题发挥一下，我大概瞧不上玩弄把控和收买伎俩，给诗人们布置诗歌任务的官府作为；还有不懂装懂又习惯造假添喜，扯出泛娱乐化的诗星做节目，为之戴上很有点儿反讽效果的高帽子的媒体推送；还有教授们冬烘的诗歌课件、研究选题、项目和论文；还有批评家们像要将百米赛跑规则制订给漫游者那样严肃地为诗歌开会；像要鼓动和指导美食家辟谷那样向诗人发出倡议，发表用心良苦且很有权威感的断言和雄文……真的，别太闹猛了。我只能预判我还会继续写，写成什么样要等写出来才知道。

崖：我们俩都生活在上海，都感受到2021年有一部沪语电影《爱情神话》大热，沪语小说也有一些优秀的作品（比如《繁花》），被改编拍成电视剧。似乎听闻您倡导用上海话（沪语）写诗？在您的公众号上看到最近推送了很多地方诗，从国内到国外的地名都有，在这方面您有什么具体创作计划吗？

陈：你"听闻"的估计照四川人的说法就是"不存在"——我并未"倡导"。

不过我的确试着用上海话写过几首诗，最初是写了一些"沪俳"。照上海人的说法，只是"写写看"，还没有很像样的成品。我正在写的一系列地方诗并不是沪语的，它们有不少我在写作它们的过程中渐渐为之建立起来的规制，在此还不便明确（我自己都还不够清晰）。我的计划是写六十首地方诗，完成一本叫作《地方诗》的诗集。我也正在写两三部长诗，希望它们也会以两三本诗集的样式呈现。

崖：您轮流在深圳和上海两地居住，异地流动的经验对创作视角有影响吗？诗意对一座城市、对个人生活有什么样的影响？深圳和上海是有诗意的城市吗？对上海诗人、广东诗人（深圳诗人）群体写作地域特点有什么深切认识？

陈：前一个问题，我的答案是肯定的。而诗意对城市、对个人"有什么样的影响"却难厘清，在此应可以借用苏东坡那句"只缘身在此山中"。我近十年写的诗，里面会有些"影响"的影子吧——肯定有的。而"上海诗人、广东诗人（深圳诗人）群体写作地域特点"，听上去像个比较研究的课题，我没有特别关心过，真要谈的话需要先收集足够的资料，并且，尽管我对两边都有接触、都有经历，但也是"只缘身在此山中"，反倒会弄不明白。

崖：您的诗意象独特、蕴含哲理，您怎么看待诗歌和哲学的关系，如何处理诗歌与现实的关系？"诗就是生活"，诗歌对您的生活意味着什么，成为诗人是您的安身立命之本吗？您大学毕业后曾在体制内工作过一段时间，是什么原因促使您离职专事写作的？

陈：哲学方面，我所知太少，可以说并无哲学修养、哲学训练。以我浅陋的看法，被专门化了的哲学大概是一门学问，一些理论会拿诗人和诗来理论，来做哲学的学问。诗呢，关涉人的方方面面，而且跟语言脱不了关系，那么它免不了去处理哲学方面的材料。我记得卢克莱修的《物性论》就是用诗体写成的，老子、庄子的著作，也不妨视作诗。诗和哲学，关系很密切。

说到诗跟现实的关系，好像很复杂，反正已经有很多议论，七嘴八舌的，我也插个嘴学个舌——我想说，诗刚好是一种现实，当一首诗问世，它也就成了一个现实；所谓"处理诗歌与现实的关系"，大概就是将呈现为语言的世事万物之类的现实介入诗，接纳进诗，成为诗，以之介入现实，让现实接纳，成为新现实。

我越来越同意"诗就是生活"这样的说法，你问诗对我的意味和是否是安身立命之本，都能从这个说法里找到答案。

我大学毕业后上了十三年班，后来离职的原因有好几个，其中有一个就是讨厌开会，感觉开那种会很妨碍写东西，因为心情不好了，东西就写不好。

崔：我们发现，很多好诗人也是很好的批评家，或许，很多好的批评家的诗写得也不错，诗歌写作和诗歌评论双轮驱动，相互提升和促进。最近看到您解读您上海师范大学的同学陆忆敏的三首代表作《Sylvia Plath》《对了，吉特力治》《美国妇女杂志》确实大受启发。有人认为，越来越多的诗人写作诗歌评论是因为对诗歌批评的不满足。您怎么看？

陈：你说的我同意一半。我的观感是：很多好诗人也是很好的批评家，但没有一个"好的批评家的诗写得也不错"，当然，不好的批评家的诗就更差了。至于我怎么看待诗人写作诗歌评论，我差不多也像你说的那样去看。而我自己，只是喜欢读点儿诗，所以我在文稿里只是写一些自己读诗的感想体会，算不上批评。我也没想过要去做批评，而是从一个诗人返回普通的诗歌读者，去感受、去赞赏诗歌。我当然不会想要去冒充批评家。

崔：诗歌作为一门特殊的综合语言艺术，灵感、激情、经验、知识、想象力……在诗歌创作中哪一个因素更重要？您关注现在的年轻诗人吗？年轻一代的诗人，一般有较好的学历、语言、文化修养，但尚处于有待成熟的状态。对他们的创作，您有什么建议？

陈：你说的那些都很重要，都最重要。尽管在具体的每一次不同的写作中作者有可能偏重于此或偏重于彼，但从理论上讲，那些因素之于诗歌写作缺一不可，而且我觉得还不够，还得有点儿别的什么东西才行。既然诗歌关乎世事万物，那就没有哪种因素对诗的生产是不够重要的。

另外，我当然读年轻诗人的诗。在我自己还很年轻的时候，我就已经喜欢读同我一样年轻的诗人们的诗，之后又会去读比我年轻得多的诗人们的诗，这种喜欢直到现在，没什么改变。其中一个原因大概是，很大程度上，我觉得自己跟年轻的他们仍然没多少两样……我觉得自己远未达到那所谓的成熟——最成熟（然后腐烂）更是让我害怕——时不时去读年轻诗人的诗，很可能也是我有意无意地避免和拖延烂熟掉自己的一种方式。宁愿生涩然而新鲜……这句话或可以拿来跟我的年轻同道共勉。

森子，1961年12月生于哈尔滨呼兰，主要从事诗歌、评论、散文和绘画创作。1991年与友人创办《阵地》诗刊，主编《阵地诗丛》。著有诗集《背叛》《闪电须知》《平顶山》等，散文集《若即若离》《戴面具的杯子》等。曾获刘丽安诗歌奖、苏轼诗歌奖等奖项。

诗人必须成为语言里的"我"
——森子答诗人崔丽娟

崔丽娟（以下简称崔）：森子老师您好，作家、诗人、评论家丁东亚说："对森子诗歌的解读，无疑是一次冒险，同时也是一种对别具一格的新诗写作的探索。"的确，很多年过去了，我还记得当初读到您给诗歌批评家耿占春的那首赠诗《细草间》的其中一句："我们给古诗涂清凉油／在他的眼皮下放一桶清水"。"给古诗涂清凉油"给我一种很惊艳的感觉，您是怎么写出这样的好句子的？

森子（以下简称森）：感谢青年作家、诗人丁东亚，他写我的那篇评论从一稿到最终定稿再到发表，大概间隔了十年时间，真是费心了。您提到的这首《细草间》写于2004年3月，2003年到2004年可以说是我诗歌写作的一个分水岭，主要是我与20世纪90年代的诗歌写作告别，从心理到写作实践上初步完成这个仪式。这首诗与我在20世纪90年代以叙述风格为主的诗作有着很大的不同，主要是语言方式——诗的推进器不一样了。今天回头看，我当时是放下了对自己来说得心应手的叙述风格的写作，从而走上了一条窄路（在一些诗友看来是个死胡同）。虽然，叙述性（叙事性）非常重要，甚至可以说叙述性诗歌在20世纪90

年代的成就非常突出，可我却认为我个人的写作不能局限在这一块，我还有我自己要走的路——也许是一条走不通的路，我只管走就是了。写诗对我来说主要是体会心灵和语言及世界的微妙关系，写作就是一场持续不断的特殊行动，冒险是必须的，体会写作本身的魅力也是必须的。

您提到的这些句子是在写这首诗的时候十分具体的语言引力场中萌生的，我并不完全清楚有哪些意象和词语会进来，当它们出现在诗中时，我会加以确认、取舍。今天我的写作也依然保持着这种意外，只是今天我的把控能力比那时要好一些。在我个人的诗歌写作中，我并不完全掌控语言、掌控诗的走向，很多时候我是与语言合作。诗歌写作对我来说最大的魅力就在于我并不能完全把控它，如果我能完全掌控它，也就没必要写了。诗最好的状态就是意识、语言始终处于形成之中，趋向于完成的一种未完成性。就这首诗的句子来说，语言/诗的神经末梢作用最大，我只是最终赞同诗应该这么写，这包含诗自身的动作与抉择，作为合作者我很欣慰。另外，需要说明的是，写这首诗不是对诗人和诗歌批评家关系的注释，只是因为我很尊重占春兄，他眯着眼睛笑起来的时候像羊那样和蔼、充满善意……诗中倒是涉及一点儿新诗与古诗的关系，这是另外的话题。

崖：我们接着上面那首赠诗《细草间》继续聊下去。我国古代文人一直有互赠诗文的优良传统，沿袭至今仍看到诗人之间的酬唱，对这一题材您怎么看？您对题材的选择基于什么原则？写作时，是主题先行还是依赖灵感的降临，换言之，对您而言，灵感写作还是技术（技艺）写作更奏效？对于初学者有什么建议？

森：投我以桃，报之以李。诗人间的友谊以唱和的方式来表达是很好的，以唱和的方式来追慕先贤就更加美妙，譬如苏东坡对陶渊明……这一题材是有佳作的，比如杜甫写给李白的诗；当代诗人臧棣给朋友们的赠诗也值得关注，他也是这一领域的劳模。诗人之间的酬唱多少有点儿高手过招儿的感觉，这是善意的竞争，也会刺激、激发诗人的创作欲望。这类酬唱只要不流俗、不应付就可以接受。

近二十年来，我很少选择具体的题材进行诗歌写作，但回头看或准备出诗集时可能要做一些分类，就大类来说可能聚焦于现实、日常生活和自然方面的诗作要多一些，如果依据内在性细分则是：生与死，自由与时间，爱，忧伤与愉悦等。

写作时，我很少会主题先行，我的诗多数是无主题的变奏。另外，我的写作也不依赖于灵感，或许应该这样说，我是凭感觉、凭我还能写——凭我和语言/诗的合作关系进入诗歌创作的，而且每次写的时候，我和语言都是要相互打量的。另外，重视技术不仅是对心灵的诚实，更是对感觉的诚实，后者更为重要，因为用言语捕捉感觉困难重重，没有技术上的精益求精，没有准确的表达能力，想抵达诗之真是不可能的。如果没有对诗的语言形式炉火纯青的追求，所谓诗的境界就不要说了。杰出的诗人一生都在打磨、锻造自己的技艺，你的活儿不好也没脸将自己的作品拿给人看。您所说的灵感，有则有，没有就没有，这不是追求可得的，有时，真的全凭运气。也许，我早就跨越了依靠灵感而写作的阶段。我相信诗艺（自我训练），诗相信我与它合作的诚意，我与技术的关系是相互打磨的关系。

对于初学者，我好像也不能给他们什么建议。非要啰唆一句的话那就是：好好与诗相处，与语言（母亲）密切相处。

崖："好好与诗相处，与语言（母亲）密切相处。"说得真好！这不仅是对初学者的启发，更是您长时间积累写作经验的真知灼见。对了，您强调诗人应该具有"无边的想象力"，除此之外，还有哪些能力是诗人应该具备的？

森：我十分看重想象力在诗中的作用，但我已不记得我在何处、什么文章中谈到"无边的想象力"了。就诗而言，想象力是无边界的；对诗人来说，想象力是有边界的，在写作中，你会体会到这种极限的压力，这种迎面而来的挑战。2014年，我写过一篇文章《谁决定了你想象的边界？》，我认为，对中国诗人而言，对汉语文化的了解程度划定了他想象力的边界。

在我看来，世界是想象出来的，生活也是想象出来的，而且在想象中还有变幻莫测的现象发生，譬如社会图景、火山地貌、外太空等，都是想象力的产物，也是想象的飞驰之地。我曾经说过，没有想象力连生活都不能继续下去；还曾经说过"想象力的胜利才是诗的胜利"。今天，我可能就不会这样说了，诗无所谓胜利，也不是被翻译过来的里尔克式的挺住……诗歌可以意味着什么，什么将要发生，但胜利的概念不该出现在对诗的凝视之中。

就具体诗歌写作来说，只有在语言之中我们才可以谈论想象力，这样说即想象力是语言的产物；语言产生了人、社群、文明，想象力也是一种文明现象。而按照曼德尔施塔姆的说法，诗人是文明之子，他也是想象力最突出的孩子。

诗人仅对世界有想象力是不够的，他必须对语词有想象力，对诗的声音有想象力。我还写过一篇短文《想象也是一种声音》，这里摘录一段：

"一般来说人是语言逻辑链条、意义生产的俘虏……人也是意义论的工具。然而声音包含了无意义，或者说未加辨别、含混的意义……诗歌要保全、留下的是声音中可解和不可解的部分，也是自由和无序的部分，诗歌的声音并不是要消灭无意义、无序，而是尽可能理解、保存它们，因此诗歌的形式秩序是给予无序以肯定的位置与空间，而不是剥夺，其实也无从剥夺。我在一首诗里曾经表达过'对无意义保持敬畏，由衷的'。这是诗引导我所做的选择，当时我并不完全明白，但它扩大、加深了可解释的程度与范围，诗歌创作就是给予不同的声音，哪怕是你反感的、一时不理解的声音也要提供必要的空间。"

除想象力外，写诗可能还需要具备敏锐的洞察力、理解力、鉴别力，包括综合能力、转化能力……特别是转化，这个带有宗教意味的词十分重要。由转化到蜕变，用生物现象来说即蝉蜕、蝶变等，而蝴蝶又是超级变态狂（非贬义），不如此它就只是一只虫子，不会掀起美丽的风暴。

崖：对于新诗的当代性这一提法好像有不同的观点。我读过您前几年写的《在变异中创生：新诗写作的当代性特征》一文，现在您的观点有变化吗？在此，仅作为学术层面的观点探讨，该如何理解先锋、实验、超现实、后现代这些现代诗歌常涉及的诗学观念（概念）？

森：当代性有可疑之处，这需要辨析。当代性确实是不稳定的，一直处于流变之中，也许正因为它的未完成、不可轻易定论才更有意思。我谈"新诗的当代性特征"主要是明确诗人在"我的时代——唱出——自我之歌"，而不仅仅是个继承者，在前辈诗人的阴影下。

我理解的当代性是将过往的历史，不同年代的人物、事件、思想纳入当下的视野审视、考察，没有这种辨析和包容性便不可能提炼出当代性，当代性指的不是同时代人，或者说不仅仅是同时代人，而是不同时代的人的同在，其悖论和差异正是当代性的特征。我对当代性一直保持思考的兴趣，但目前还没有重新写一篇文章的打算。

谈当代性就免不了要谈到现代性，也有观点认为当代性被包含在现代性的概念之中。古典失范之后，现代就已经萌生（产生），按照列奥·施特劳斯的说法，现代性是伴随着生存危机而来的，那种典雅的、慢节奏的生活，人们再也回不去了。现代生活伴随着各种各样的焦虑和问题，从现代文学艺术的诉求来说，现代性就是尽快、加速度地驶向未来（带有死亡的气息）。随现代性而来的是标准化、数字化、虚拟化，人也成了概念的人，带有商品价码的人，人们关心的是你的身价——月收入、年薪多少，人的价值被标价（出售、待售），而康德所强调的人的尊严却被放置在一旁。以上这些虽然说的是现代性，其实也是当代性，它们很多时候是重叠的。

对于先锋、实验、超现实、后现代这些概念，已经有不少文学理论读本对其进行阐释。这么多年来，我们的写作与思考都免不了要赶这样那样的时髦，我本人也经历了这样的过程。其实，这些概念已不新鲜，只是我们还有创新的热情，借用而已。七八年前，我在郑州纸的时代书店做过一次讲座，主题就是对先锋诗歌的辨析。准备这次讲座时，我将先锋的历史源流、先锋诗歌、先锋文学的概念、思潮等大体浏览、梳理一遍后，深感自己不能随便地说自己的写作与诗歌观念有多先锋，更不能轻易地说自己是先锋诗人了。

先锋诗歌、先锋诗人在中国的功用可能重在分类，倡导中国诗人所理解或寓意、心向往之的先锋精神，并以此区别、隔绝另一类尚未被现代性启蒙的写作者。

我对自己说要老实些，写作可以大胆，但要说自己的诗有多先锋，这还真不是作者本人说了算的。另外，西方先锋派、先锋或前卫艺术运动给我最重要的一点启示是，不管你反这个、反那个，革这个的命、革那个的命，最终如果你不能反自己、不能革自己的命，那都是骗子、流氓和欺世盗名的伪革命，这是鉴别先锋、革命与否的一条铁律。

文学和艺术观念的翻新也是与创作相伴的常事，诗人和艺术家总需要吹吹新鲜的风，搞些新奇的仪式，以获得新感受、新刺激和创作的动力。我认为这个可以有，可以不停地发明新词、新概念、新主张，不停地玩下去。

崖：刚才您谦虚地表述"要说自己的诗有多先锋,这还真不是作者本人说了算的"。但确实听到很多批评家称赞您是当代知名的实力派先锋诗人,您的诗有很强的辨识度,其中,隐喻是一个明显特征,如,《闪电须知》《落叶,1／4拍》,"闪电""落叶"这些形象都是一种隐喻或象征,这种隐喻式思维透出您对现实独特的关注和思考。讲究修辞是另一个特征。请问在语言和修辞上您做了哪些探索?

森：首先,一个诗人应该是独特的,在语句上、意象上或转换——跳跃方式上,要有一套带有自己标识的东西,甚至是动物、植物性气息、分泌物的东西。表达的独特性是非常重要的,但仅此还不够,你还必须成为诗语里的"我",读者阅读时的"我",世界的"我",这就需要在写作中"去除我",信任语词,信任他人,与世界同在。这个"我"需要一个大的翻转,成为你,成为他。看似这是个语言的游戏,实质是你须理解游戏精神中认真地玩是尤为重要的,你写诗可能并不产生多大的意义,是意义在产生和消耗你,产生你与语言互动、合作的关系。

有不少人谈到我诗歌中的隐喻特征,其实,我也没有过多地追求隐喻式的表达和思维(也许以前曾经追求过吧)。哈罗德·布罗姆说,隐喻是一种结构,而不仅仅是方法和手段,它是一种防御功能。我个人的体会是,隐喻可以防止语言、思想的水土流失,使其营养保存并秘密地转化,生成一种新的诗歌能量。另外,我还把每个隐喻都视作城堡,我像打量堡垒一样打量我的防御体系,防御前人或别人甚至是自己使用过的比喻。

除隐喻特征外,还有些人认为我属于十分讲究修辞的诗人,因为在他们的诗观里他们是贬低修辞的,随他们怎么说,我该怎么写还怎么写。在我看来,这个世界就是修辞性的,不隐喻、不修辞何以通达不在一条路上、不在一个语言波段、频道里的你。

写诗几十年了,我对诗有挑剔,同样,诗对我也从不客气。在具体的写作中,我听从语言的召唤,听从诗对我提出的具体要求,我也尽可能地去满足它们。这样说,诗和语言才是我所发明的读者,同样我也是它们忠实的粉丝。

我与语言／诗是合作关系,无论我如何做、如何写,都要征得它们的同意,如果我有幸超出了语言、超出了诗,我想这也是诗和语言乐意看到的,它们不能总是那么回事,它们也可以不是那么回事。在诗语里没什么不可以,也没什么是不可能的，主要是看你有多大能力去做。

写作对我来说，就是语言的变形记。另外，我也乐意看到这样的现象发生——在我的写作中，语词认不出它自己。

崖：自20世纪80年代开始，各种民刊极大地推动了中国当代诗歌的发展，从某种意义上理解，当代诗歌史就是民刊史。1991年您发起并主持诗歌民刊《阵地》，后来又主编出版《阵地诗丛》十余种，影响广泛且深远，团结和培养了一批优秀诗人，迄今他们还活跃在中国诗坛。请谈谈当时办民刊的氛围。进入移动互联网时代，诗歌传播变得便利而迅捷，对纸质刊物的冲击无疑是巨大的，现在民刊情形如何？

森：20世纪80年代末，平顶山的七八个诗友经常聚在一起煮酒论诗，当时我和朋友们就筹划着办一份有着长远追求目标的诗歌刊物，后来，我给这本刊物取名为《阵地》。于是就在1991年印出了《阵地》第一期（创刊号），作者有蓝蓝、海因、冯新伟、罗羽、老船、高立学等人。第一期出刊没过多久，评论家耿占春也加入"阵地"，并提供了新的动力和办刊建议。三十年间《阵地》出刊十期，出版《阵地诗丛》十种，在诗界产生了一定的影响。这一切离不开当初的这些本省本地的诗人朋友，离不开海因、耿占春的合作与合力。后来，我一个人办刊的时候，更是离不开国内诗人朋友的鼎力相助。再到后来，也就是进入21世纪，又有张永伟、简单、高春林、田桑、田雪封、邓万鹏、朱怀金等人加入，《阵地》的队伍又壮大了。从写作成长的视角上看，《阵地》为这些诗人提供了"发表"的平台，使他们的优秀作品得以展示，并与最出色的国内诗人交流，共同为汉语诗歌做出自己的努力和贡献。从感情的视角来追忆，是他们的成长和优秀作品使《阵地》更为出色。不过呢，美好和不美好的时刻都过去了。我对自己说，少陷入回忆，往前走就是了……

网络对民刊有一定的冲击，对官刊也有不小的冲击。但总体来说，诗人们在网络上的活动还是属于民间性质的，互联网有互联网的优势，它比民刊更迅捷、更普及、更便利。但确实，现在办民间诗刊与20世纪八九十年代不同了，一是因为发表（或展示）的渠道多了，二是民间诗刊与官刊的界限已经有些模糊，这部分是当初我们办民刊为之努力的一个结果，还有就是——因为民刊（也应该加上网刊）改变了二三十年间的中国诗歌史。

目前，办刊的方式已经多样化，比如微信个人公众号同样可以视为民刊的延续、变异或发展。还有就是一些比较有实力的民刊已经用公开书号出版，甚至还发稿费，设立诗歌奖，自然不可与我们当初办刊的窘迫相比。但办刊的意义则是另一回事，很多意义是特定的时代赋予的，也是众多民刊和民间诗人努力争取来的。我认为民间诗刊还可以继续办下去，关键是你要有很好的思路和谋划，在这个时代找准刊物的定位，另外，也要有资金的支持和保障。

崖：诗歌艺术与绘画、音乐、电影等艺术一样讲究意象、意境、声音、画面感，这些元素（要素）既体现当代性，也形成一种相互共生的语境，互为启发。作为诗人、画家，您的诗很有画面感，也有自己的语感节奏和旋律，在处理诗与画的关系时，您如何做到诗中有画、画中有诗？诗歌如何通过塑造形象来表达思想情感，您更喜欢画家身份还是诗人身份？

森：有诗人、读者提过这个问题，我也早就表达过我的观点：诗中无画，画中无诗。我不是要故意反对苏轼，与古典的美学趣味作对。因为，在我看来，诗就是诗，画就是画，它们因不同而独立存在，我更欣赏它们之间的差异，对它们的相似性不做过多的解释。在我心目中，诗与绘画还有音乐都是我的至爱，它们同样重要，只是我在某一项上投入的时间、精力和感情更多一些而已。

我年少时酷爱画画，最后专门学画，完全是个人的选择，家庭并不支持，我是经过抗争才走上学画之路的。绘画最重要的作用是为我打开了一扇进入世界的大门，那是不一样的景观——缤纷的艺术社会，我最初对世界的认知就与热爱绘画相关。我自1981年就开始订阅《世界美术》，除了上大学到参加工作有几年没有订阅外，这个订阅习惯一直保持到今天。除这本刊物外，另一本我订阅时间比较长的刊物是《世界文学》。我本人又很喜爱听音乐，尤其是纯音乐——古典和现代音乐，我个人认为音乐比绘画更接近诗。

我曾经在一所师范学校的美术专业教过几年中国美术史和西方美术史等课程，教材、教案都是自己找，自己准备的，但现在差不多全忘光了。我个人的艺术倾向是现当代的,虽然我也无比热爱古代和古典艺术。我曾经发过这样的感慨:一个当代人不能欣赏或理解他同时代的诗或艺术,这是多么让人遗憾啊!他只能欣赏隔代的诗或艺术,这等于他对自己生活的时代没有感觉,更是对他亲身经历的否定。

我愿意在无意识中体会诗与绘画共生的语境,我不愿意在这个问题上做量化分析——"哪一些来自绘画,哪一点来自音乐……"我更愿意与它们神秘地相处。

现在,我有时间画些画儿了,我还是把诗和画儿分得很开,诗是诗,画儿是画儿。比如,我外出到山里写生,自然要画一两幅习作,不仅如此,回来后我还要写一首或两首诗,可它们不仅是艺术类型的不同,在表现方法和对题材的发掘上也大不一样。我认为,差异才是文学艺术的基本共性。

我多数时间是个写诗的人,再有闲暇的时候是个画画儿的人……无论怎样切换身份,诗还是占据主导地位。

崖:写作近四十年,您不断突破自我、探索语言的边界,要想成为"诗坛常青树"该如何克服创作瓶颈不断创新?写诗并不能带来丰厚的经济回报,以前有人问,写诗是您的生活方式吗?您是怎么回答的?如果现在再问同样的问题,您又作何回答?后悔成为诗人吗?

森:好像年轻时在写作上有过遇到瓶颈的感觉,大概有那么一两次吧,感觉到自己写诗到了一个关口,有些徘徊不前。这二十多年就没有遇到过真正的写作瓶颈,感觉什么都可以写,越写路越宽了……

创新是写作的自我要求,但也不能天天提,只是值得为之努力,因为创新是要讲环境和条件的,光有勇气也是不行的。必须先创造环境和条件,必须有高科技——云计算。所以说创新不是那么容易的,需要长期大量的精力投入和不懈地工作,就是说你的写作必须持之以恒,数十年如一日专注于此。一时看不到写作的成果和好的反响也属于常态,如果创新都那么容易,也就不必提它了。

我以前曾经说过,写诗需要养,你首先要养得起诗。通俗地说,就是先将自己的生活和工作安顿好,这样你才能拿出一定的精力投入到诗歌写作中。我当然也希望仅凭写诗就能够养活自己,那当然好啊!可是,这几乎不能如大多数诗人所愿。

现在，我是几天不写诗就会感到难受、空虚，不让诗折磨折磨自己浑身都不舒服。写诗，思考诗，每天都会占去我的大部分时间和精力，无论看到什么，首先想到的就是诗，即它与诗是什么关系？可以说写诗就是我的生存方式，这绝不夸张。

我不后悔走上写诗这条路，以前也没有后悔过，以后更是没时间后悔了。感谢诗歌！这是我想说的话。

崖：这个问题可能向诗歌评论家提问更为合适，但是我还是想知道以诗人视角，您对当代诗坛现状如何评价，对未来作何预判？看一些诗歌活动报道发现您经常和年轻人一起策划举办诗歌分享会，您会特别关注"90后""00后"这些年轻诗人吗？

森：我是个写作者，一般不对诗坛现状发表什么议论。您在这里提到的未来应该是指诗的未来吧，我好像也没啥可说的，说了也都是空话和套话，没意思，我还是喜欢关注具体的诗和人。

这里，就调侃一下未来。关于未来的说法有很多种，若是按照后现代的玩法，未来是不是已经过去了？或是过时了呢？还有，你要在流逝的时间中确立一个立脚点：现在，如此你才能谈论未来与过去。要是这样呢，那未来和过去就包含在现在之中。如果没有现在这个点，我都不知道是什么支撑我们说出这些话，现在——最攸关的是"我"，这或许就是当代性吧。因此，我就斗胆说一句：诗——重现在，轻未来。所有我们能想起来的诗（历史）都处于现在时。

大概二十年前，我写过一篇短文《等到我的写作过时》，那时我说"等到我的写作过时"以迎接作品自己的时代，现在我不会这样说了，因为我的作品现在就没产生什么影响，根本就不存在过时不过时的问题，我太高估自己了，自我许愿自己一个未来。现在我的看法是，即使是《致百年以后的你》的作者茨维塔耶娃也是重视现在的，如果没有现在，她也没有什么可对未来读者说的。

我愿意同年轻人待在一起，一起聊天，谈谈诗也很好。我对他们没有什么特别的要求和建议。我在他们这个年龄段的时候，没有他们这么优秀。当然，他们之中如果有人愿意写诗，愿意拿出一部分精力投入诗歌，我会对他们另眼相看，并尽可能提供一些写诗的经验给他们，也会用稍严格的眼光看他们的诗作。我希望他们能够写出他们这个年纪的青春诗，不要像我们这代人那样带有更多的失败感和沧桑感，不要同我们的命运一样，几代人压缩成一代人，那就太可悲了。我愿意看到他们抱有更多的乐观精神、张扬自身活力，开启属于他们自己的时代和诗风。

"90后""00后"这些青年诗人里面，写作风格上与20世纪60年代、70年代、80年代的诗人相近的，很快就会得到承认和接受。从传承来说这是好事，可从期待的角度来看却未必是好事，我希望他们与我们拉开距离，当然这很难，对诗的评判标准也需要改变。

崖：您如何用新诗表达自己的思考和情感？如果读者对现代诗的隐喻觉得晦涩难懂不好理解，作为诗人，您纠结于读者的感受吗？现代诗主观意象太多是否构成阅读障碍，在处理写作难度与降低阅读难度方面，您有何良策？

森：说来挺奇怪的，我在散文或随笔中流露自己的感情和思想要稍多些，诗中自然也包含思想和感情，但却不是以此为主。也许是因为思考和情感都让位于诗的纯真，它们转化为火焰和空气，成为诗的氛围和基调。

诗人首要考虑的是与自己的内心合拍，如此才有可能与读者的心灵共鸣。诗人与读者的关系一直被谈论着，却好像从来也没有解决过什么问题。诗人呢，可以考虑读者，也可以不考虑读者；读者呢，可以阅读某位诗人的诗，也可以不读他的诗。诗的邀请应该是自愿的，邀请函一直在，读者读不读是他自己的选择，诗人写不写、写什么样的诗也是他自己的选择。我想说的是，读不懂是读者的权利，他可以抗议、不屑于读这类诗作；而晦涩是诗的权利，它不苟同于对诗的流行的看法。一般来说，诗人们不会有意为难读者、专门设置阅读上的障碍，诗人为求真而写作，具体的写作对象复杂、变幻多端，必须集中精力奋力一击或一跃，诗也愿意邀请读者进入或体会这最刺激人心的一刻。从理解的层面来说，读者可以埋怨诗人为什么不降低一点儿写作难度以满足他的阅读与接受能力，诗人无法为自己辩护，事情就是这样的，不过诗的邀请函一直在那里，什么时候阅读诗都是可以的。不是说诗人没有时间等待读者,而是诗人理想化地想要创新读者。我尊重诗的读者,在某些时刻,我就是他。

还有,写作难度不是说提高就能提高,任何诗人都不会放弃提高写作水平的机会,可能问题不在于写作难度和阅读难度的高低,而在于诗歌文化的塑造,尤其是在新诗这一块,还有很大的空间可以做事。普及诗歌文化也不是一句话就能普及了,即使是在有诗歌传统的国度里也依然是困难重重。作为诗人自己不用过多地考虑读者,还是好好考虑考虑自己的诗吧,是不是写得足够好,足够杰出,即使放在诗歌传统的脉络里依然能够站得住脚?这才是真正对得起时间,对得起读者。

在写作中,那个客体的世界实际上正向内心转化,或者说,世界扮演了我的角色,我与熟悉或陌生的我对话,同我的分身术对话。

海男，1962年1月生，女。毕业于鲁迅文学院·北京师范大学文艺理论研究生班。作家、画家。著有跨文本写作集、长篇小说集、散文集、诗歌集九十多部，多部作品被翻译成书。曾获刘丽安诗歌奖、中国新时期十大女诗人殊荣奖、中国女性文学奖等奖项。

让诗的灵感从飞翔的想象力抵达现实
——海男答诗人崖丽娟

崖丽娟（以下简称崖）：海男老师您曾荣获中国新时期十大女诗人殊荣奖、第三届中国女性文学奖，被誉为中国女性先锋作家之一。请问在创作中您有没有特别注意自己女性身份意识？女诗人在写作上有何优势？

海男（以下简称海）：在写作的意义上完全没有必要划分。然而，性别又是存在的，就像太阳和月亮的关系，它们以白昼和黑暗不同的色泽揭示了宇宙间的另一个奥秘的存在。性别是这个世界的冲突和矛盾，也是它们之间用其身体的不同感受力，必须经历的故事。我在写作中会忘记我的性别，然而在语言的使用过程中，却不知不觉中产生了女性主义者的立场和审美。

崖：除了上述以女性身份获得的奖项外，您还曾获得1996年刘丽安诗歌奖、2005年《诗歌报》年度诗人奖、2008年《诗歌月刊》实力派诗人奖、2014年获第六届鲁迅文学奖（诗歌奖）、2021年又以《金丝猴国家公园》获得第二届"猴王杯"华语诗歌大奖赛特等奖、以《抵达之美》获第六届"中国长诗"奖。有些诗人似乎以写长诗见长，但也有一些民间诗社倡导以"短、浅、美"为审美标准，您如何评价长诗与短诗写作？

海：写作长诗就像写一部长篇小说，它除了需要时间之外，还需要语境的延伸。何谓长诗，当然是需要具备行数的长诗，我最喜欢的长诗，就是但丁的《神曲》，但在艾略特的《荒原》《四个四重奏》中，我同样读到了长诗的结构。长诗就像小说家写长篇小说一样，第一，需要时间和身体的健康。第二，需要持久地将一个故事、将一个诗学问题延续下去的能力。第三，需要激荡你内心语言符号学的广阔话语。这三者是我写长篇小说和长诗的经验。短诗就像云南大地上的山涧水，从无数的根须中涌出，去寻找河流再汇入海洋平川。

陌生而开阔的语境让人读第一句就情不自禁地想往下读。好的诗歌就像白云悠悠载着你的身心做一次虚无缥缈的旅行，也可以落在地上，栖息于大地。

崖：的确，一首好诗让读者享受到情怀与智慧交织的愉悦，同时体会到思考与发掘的意义。如果有人质疑现代诗用隐喻和意象表达思想情感会造成晦涩难懂，太直白又容易影响诗意，那么，诗人如何通过语言媒介让读者感受到诗艺的力量？

海：诗歌就是语言中的梯形符号，它只可能是需要诗歌阅读的群体才可能被阅读。有些诗歌是留给未来的，每一个有理想的写作者都会写一部未来之书。写作时如果过多地考虑读者群，首先就已经偏离开了自己的内心。沉思于符号，结构于大地草木万水千山者，需要找到钥匙，无论是铜锈或金属，在写作者身边，都是蹉跎的时光。一个没有用内心历经沧桑者，无法迷离于时间。我们讲人类的故事，就是在苍穹之下成为黄沙弥漫中的一粒尘沙。我的读者如果能喜欢上我的作品，同样也需要一个寻找灵魂的过程，如果一本书能让读者在不知不觉中寻找到自己的故事和人生，那么，这本书就是一个造梦空间。

崖：诗歌以情绪意念并伴随心理趋向或自我意识而引发读者的共鸣、思考和认知，语言陌生化表达更容易使诗人独具标识。您一直进行跨文体写作：诗歌、小说、散文……对您而言，多种文本之间对写作产生关联影响吗？

海：写作包含了广大的语言结构学，如果按常规来划分，才有了小说、诗歌和散文。我从十七岁就开始纸上写作了，我发表的第一个作品是短篇小说，后来才开始写诗歌、散文。在我之后的阅读中，发现许多影响过我使用语言的作家都是诗人和小说家，比如：普鲁斯特的长卷本《追忆逝水年华》从头到尾都是诗体小说，如果将其中的每一段分行而排列，就是诗歌。还有博尔赫斯，他的诗歌中有小说的细节，中短篇小说中有诗歌的抒情寓意，散文中有诗学的韵味。还有米兰·昆德拉，他所有的作品都体现诗学那种飘忽不定的结构学。他是一位才思非常丰富的作家。还有纳博可夫，除了是一位诗人外，他的作品中同样弥漫着诗的节奏。作家置身于时代背景中的所有情绪，产生了不同的语境。

我的写作中有三种文体，但它们是互为融合的。

崔：新时代诗歌既要展现个人风貌，更要展现时代风云。好的诗歌应该有自己的精神维度、思想深度、历史厚度。写作是作者与世界的对话，您如何处理诗歌与现实的关系？如何用新诗来表达自己的思考和情感？

海：忧郁和激情是我的常态，是我写作和生活的乐谱架，我在上面弹奏着因天气季节和社会所产生出的变幻莫测的东西。语言中的不确定或飘忽感越强烈，就越能揭开一幕幕烟火人间的时间之谜。真实的时态属于神性，是无法穿透的。相比坦言或呈现，我更迷幻于隐蔽中的神秘语感，一个故事一个人的语言，在无穷无尽的宇宙中，只是一个个被你梦见的隐喻而已。我曾说，我消失在我该消失的地方，我出现在我该出现的地方。这世上没有人可以替代你去承担责任和幻想，这是两个不同的世界。慢慢地燃烧吧，就像在我的南部高原，我的裙子上挂满了荆棘和野生的花朵。

崔：您平时只喜欢阅读纸质书籍吗？您选择阅读诗歌的标准是什么？

海：互联网带来了更多人对纸质书的遗弃，这一直是我生活中为之抵抗的。从年轻时代就读纸质书，这个习惯保持到了今天。而且我对不同版本的纸质书总是不停地收藏。每天阅读，分好几个时段，根本就不习惯读电子书。纸质书不仅在书屋、床上、客厅，也会随同我去旅途。箱子里有一本书，还有纸质的传统笔记本，便于用手绘钢笔画，写杂记。而纸质书仿佛就是灵魂，伴随我的身体出入任何地方。另一个原因，一个写作者写书、出版，就更热爱纸质书了。

所有的书，小说、散文、诗歌都意味着你要与语言相遇，阅读仿佛是一场场相遇，为什么相遇？世界上的书籍太多了，人短暂的一生是无法读完全世界所有图书的，人一生遇到的事和人，都是上苍安排的。阅读诗歌同样是一次神秘的相遇，首先，诗歌必须迷失我的感官和触力，然后迷失我的意念、思想和行为，迷失我的时光，只有这样的诗歌会勾引我往下读，就像爱情，就是一见钟情，如果没有此基础，任何东西都只是陪衬而已。

崖：阅读对您创作产生什么影响？您毕业于鲁迅文学院·北京师范大学文艺理论研究生班，会特别关注诗歌评论吗？

海：云南是一个地域变幻最为丰富的地方，我从小就在自然生态不同的经纬度中成长并阅读。我十岁就开始了阅读，我的写作完全是从自然史中演变而出的，没有任何人教会我如何写作。对我影响最大的是青春时代阅读古典中国诗词，它们培养了我早期的诗学境遇。后来，几乎是在疯狂中阅读外国文学，20世纪80年代是一个理想主义者生活读书的时代，也被称为后理想主义者的时代。我们正值最美好的年华，同时遇上了最好的时代。科技还未加速，互联网还没有走进人们的生活。人们崇尚读书和劳动，追梦者不畏艰辛。阅读改变了我的命运，正是纸质书让我拥有了书架、枕边书。每个闲暇的时刻，我都在饥饿地读书，于是，我个人的阅读史出现了普鲁斯特的《追忆逝水年华》，这部七卷本是作家写给未来的，有些书之所以永恒，是因为作家创作时，从身体到灵魂都激荡着浩瀚的宇宙之光。正是这些伟大作家的光芒，让我热爱上了阅读，并长久地沉迷于他们所创造的语言中。

除了诗歌、小说外，我偶尔也写一些评语或评论，罗兰·巴特和本雅明的文学理论对我影响很大，我更喜欢罗兰·巴特的《恋人絮语》，本雅明的《发达资本主义时代的抒情诗人》这样的文体。正如本雅明所言："迷路是一种艺术，而且不是一门简单的艺术，生活中，我很晚才学会了这门艺术，它实现了我的梦想。"

崖：诗歌作为一门特殊的综合艺术，通过语言营造意境和画面感，您是诗人，也是画家，对色彩很敏锐，您的服装斑斓多姿，画风色彩绚丽，在处理"诗"与"画"的关系时如何做到"诗中有画""画中有诗"？云南有怎样的诗歌传统氛围？独特的地理环境对创作构成什么影响？

海：我绘画已经很晚，2014年才开始绘画，尽管如此，我从小就生活在调色板般的云南高原，云南的山山水水引领我进入色域之旅。诗画无界，两者在此相遇，构成我画布上的又一个小世界。

云南有丰厚神秘的自然地貌和人文景观，在上千年的多种民族文化的迁徙之路上，祖先们发明了可以吟唱的歌谣，以此礼赞生死轮回，同时将大地万物奉为内心的诸神。他们在战乱中逃亡，寻找新的安居之地。所以，每一个云南的民族都有他们独特的歌韵和农耕歌谣，直到现在，只要你进入一座村寨，村民们都会给你唱敬酒歌，以此欢迎你。云南充满了真正的魔幻现实主义，人们用歌舞祭祀谈情说爱。我从小就生长在这样的土地上，各种语系的声音影响了我的写作。

崖：您一个身份是云南师范大学特聘教授，海男工作室在特定的时间对大学生们开放用以交流读书写作，请介绍一下具体情况。

海："90后"的诗歌有着这一代人更年轻的体验和探索，他们成长并置身的时代，将让他们经历高科技互联网下生命的另一种困惑和意义。

我的工作室在没被疫情影响之前，一般是每周五开放。工作室有书籍、茶水，我喜欢跟年轻的大学生们在一起的美好时光，我们不仅谈文学，也会谈人生，学生们会谈到他们的故乡，从小读书生活的地方，甚至也会谈到他们的恋爱。每次跟大学生在一起，我们都会有非常新鲜的话题，中午一起到学生食堂吃饭，偶尔也会叫外卖到工作室共分享这个时代的潮流。与他们在一起，我们分享着人生，探索着这个世界的危机和矛盾，同时也感悟生活与读书的美味关系。

崖：福克纳在接受《巴黎评论》采访时说，做一个作家有三个条件：经验、观察、想象。有了其中两项，或有时只要有其中的一项，就可以弥补另外两项的不足。在诗歌创作中，灵感、激情、经验、知识、想象力……您认为哪一个更重要？

您遭遇过创作低谷吗？长期写作中如何保持持续的动力和旺盛的创作欲望？您著述甚丰，有什么经验可以与读者分享？

  海：白昼消磨着我们的忧郁，就像被褥衣物只要被日光曝晒总有一种太阳的味道，这味道有时像浆果味儿，有时像枯草味儿，有时像晒干的柴块味儿。云南的阳光炽热，哪怕是冬日。这是一个魔幻的版图，只要有阳光，哪怕多虚无，总能找到现实，回到你的栖身处。一个作家如要持久的写作，对我而言有三要素：其一，永不丧失对虚幻力量的追索和践行，一个空想者，只会让一朵云从眼皮底下消失，只有跟随云去变幻才会寻找到广大的云絮，神秘的踪迹。其二，永不丧失享受孤独并与此生活在语言中的能力。一个迷失在语言深处的写作者，才会融入你的时代和你身后的历史和未来的时空。其三，永不丧失对一个人内心世界的追究和熔炼魔法的时间历程，所有的作品都需要写作者历尽人生的磨难，才能抵达你的长夜和光芒。

  在诗歌创作中，灵感、激情、经验、知识、想象力……这些都重要，但所有这些都依附于个人主义者的想象力之上，一个充满想象力的人才会充满激情。而所谓的灵感则是从飞翔的想象力中抵达的现实。我从未有过创作低谷，从年仅十七岁就开始了写作，它已经完成了低谷区，因为语言就是面包、土豆和空气，也是我的白昼和漫长的夜晚。

清平,本名王清平,1962年3月生于苏州。毕业于北京大学。著有诗集《一类人》《清平诗选》等,随笔集《远望此地》。曾获刘丽安诗歌奖。

诗歌没什么道理可讲,或讲一点儿歪理
——清平答诗人崔丽娟

崔丽娟(以下简称崔):清平老师很高兴有机会一起聊聊诗歌。您自20世纪80年代开始诗歌创作迄今已四十年,成就和影响力显而易见。我们开门见山吧,我要问的第一个问题并无新意,但是我认为您的见解值得我重视。请您说一说,相较于20世纪80年代,当今诗歌究竟是越来越边缘化了,还是呈现欣欣向荣的景象?这些年您坚持什么样的诗观?

清平(以下简称清):"边缘化"和"欣欣向荣"这两个词,在心理学层面,都有激将的味道,就是诱使人去反驳争辩,而且是抬杠而非讲理式的。另一方面呢,有关诗歌的几乎一切,也的确没什么道理可讲,至少没有公理可讲,所以这两个词,又是合乎诗歌描述的普通逻辑的。一个时代,或一个年代的诗歌总体状况,对它的基本判断,相对理性的结论,总是由少数后来者做出的,而这少数后来者,又基本会被庞大或相对庞大的后来者推挤到"边缘"。文学史也好,诗歌史也罢,只在极少数时候会站到"少数后来者"一边,也就是说,我们读到的大部分教科

书或综合文学史专著上对过去时代诗歌状况的描述，无论"欣欣向荣"还是"边缘化"，大都来自"庞大后来者"（不一定本身人多，而是代表的人多），而对"庞大"，诗歌和诗人的本义，均是无法信任的。

20 世纪 80 年代的诗歌，总体来说，做的主要是恢复的工作，从题材、手法、方向、修辞等各个方面看莫不如此。当时的诗人，包括很多后来越写越出色的诗人，并不清楚这一点，这是过去漫长的异常时局所造成的感知障碍，是时代本义的一部分。20 世纪 20 年代到 40 年代，中国诗歌的一度辉煌不得不成为他们急于去重新攀登的高峰，而更多真正顶尖的世界诗歌、世界诗人，还来不及进入他们的视野，或者即便偶尔被他们接触到，他们暂时也还理解不了真正的奥妙所在。20 世纪 80 年代，虽然也出现了少量优异的诗人和作品（如海子、臧棣、陈东东等人的诗歌），但诗歌写作整体的恢复性特质并不受影响，即便从上述几位优异诗人的写作看，独创性虽突出，综合性却显然不足，而诗人的综合能力、诗歌呈现的综合感染力和辐射力，是衡量诗歌成熟度和诗艺高度的最重要的尺度。

近些年，尤其近一两年，我差不多没有了诗观。前几天我刚跟人说起，汉语中有一些词语——如果不是大量词语的话——是无聊又霸道的，用到它们，并非具体描述出什么问题，而是它们本身就带来问题。我当时看到一个人们常用的俗语"五十步笑百步"，大家都拿来用，却很少有人去想这个短语本身是不是很荒谬，至少语义范围太大，根本形容不了任何限定性事物。这个诗观是另一种荒谬：逼迫你把对诗歌的一切方面都阐述一遍，而其中实际上很多方面你无须去想，另一些方面则是怎么想也想不清楚的。

崖：对于一位真正的诗人而言，其实不管外人如何评说诗歌，他的内心一定有自己坚持的东西。您为什么写诗？是为自己还是为他人，为当下还是为未来？有没有后悔自己成为诗人？

清：诗歌对于个人，首先是宿命，其次是命运的一部分（必须区分宿命和命运）。它在一个人身上出现，来自天性又并非由天性所决定，而是生命霸权的综合结果。"把诗当作生活方式"或"把诗歌视作生命"，大部分时候，或对大部分诗人，都只是一种夸饰的表述，并且效果较差。不过也真有少数诗人从认知到行为都是这样的，虽然我举不出任何具体诗人的名字。

很难说我为何写诗，至少很难笼统地说。过去很长时间里，我大致是顺着惯性写，所谓有感即写。大约十年前开始，我进入有意识的写作，就是感到要把诗歌写成什么样子，往哪个方向去写。近三四年，诗歌对我的重要性愈加明显，我远远地感到了我能写出容纳量大而又可与时代共振，并且能够独立于前行者和后来者的诗歌。换句话说，我觉得我的写作能对诗歌这个无穷延续的时间样本有所贡献。这样，似乎就有了某种使命感揳入了我个人写作的重要性。

好的诗歌，必定是为未来写当下，而所写当下、所为未来，也必定不是通常理解的范畴，简单说，要大得多、庞杂得多。在我看来，诗人并无职责，有的只是内心道德律和诗歌律的驱动，一种半自然半社会的混合写作冲动，和对此种冲动的节制与利用。说到底，诗人是一种不由自主的自我对抗型选手，即便从某个作品看似乎担当了道义或其他，实际从发生学角度或心理学角度看，他担当的只不过是对"诗歌"和"我的诗歌"的双重维护，这样的维护很多时候仅出自本能，极少数情形下，也会受外力的催迫，对于诗人，这也并不损害写作的正当性，但被催迫情形下写出的作品，确实更多失败的风险。

我觉得，极少有诗人会后悔自己成为诗人。从诗歌的精神本质来说，世俗生活的一切不如意都与诗人身份无关，尽管很多时候貌似相关。另一个角度看，诗人写到一定边际后，他的诗人身份越来越少与生活对立，越来越与生活相洽，实际上，它已很难单独存在于生活之外。所以，后悔自己成为诗人，差不多意味着后悔自己生而为人。

崔：从20世纪90年代起，智性写作似乎占据诗坛主导地位，有一种观点认为，进入主智时代后，更强调叙事性和日常经验的书写。我看到有评论说您不在隐喻和意象的空翻腾挪上多做文字游戏，而是尽量让语言打开生活原样的窗口，刻录下生活原味的侧面。那么，您是如何把握"诗与思"的关系，换言之，诗歌如何完成对日常经验的深度挖掘和富有哲理的诗意表达？

清：首先，认为我"不在隐喻和意象的空翻腾挪上多做文字游戏"多少有点儿误会。文字游戏我的确极少做（偶尔还是会做），但隐喻和意象，我在写作中很重视它们——准确说，我不敢轻视它们，因为这是诗歌的基础。打个比方，"的""地""了""已"等，经常会拖累一行诗或一节诗，十分烦人，但谁敢轻视它们？你只要写诗，就没法不用它们。有时我恨不得整首诗都没有这些烦人的虚词，实际当然做不到。隐喻和意象在诗中也差不多——尤其意象往往让我特别烦恼，以至我因为讨厌这个词而宁愿用物象来替换它，有时也能起到一定作用：毕竟物象是可以无"意"的，在心理层面可以感到有更多选择的自由。隐喻比之比喻，已经过滤掉一些烦人的因素，因此是可以稍微放松对待的。从更宽阔的视野看，隐喻对于一首诗的必要性超出了风格和技术范畴，在相当程度上，它是诗歌筋脉的重要构成。这个展开讲，一堂课也讲不完：它同时与诗歌的原始性、现代性、未来性相关。

"让语言打开生活原样的窗口，刻录下生活原味的侧面"，这个我很少能做到。此类评述听起来更像针对小说或写实主义诗歌的。虽然我偶尔也会写大致如此的诗，但我主要的写作兴趣和风格并非这样。在我大部分诗中，或多或少对现实的描摹只是片段，它们很快会牵引出隐喻和影射，而它们同样又会牵引出对自身的质疑或反驳，如此转折又转折，才构成一首诗并联而非串联的诗意。这好像同时也回答了上面的最后一问："诗歌如何完成对日常经验的深度挖掘和富有哲理的诗意表达？"是的，无论日常经验是什么，多丰富或多贫乏，无论它们有着强大的表面诱惑，还是貌似干巴巴的缺乏弹性，"深度挖掘"和"富有哲理"均不重要，对它们真正有效的诗意榨取，一定是牵引与转折。

崖：您的写作题材涉及广博的领域：天体物理学、数学、心理学、博物学、玄学……显示出您渊博的学识、丰沛的知识结构，或许与您在出版社做编辑的职业素养长期积累有关。您写于2015年的《天下人：帽子》从自然现象转换到社会现象，似在批评社会上某种怪现象，这也可能只是肤浅的理解。《端午》《孔子》《诗经》《尼安德特》等诗从现实写到历史，从中国联想到外国。读您的诗能切身感受到对于社会生活的精确揭示和对于历史现实的深刻思考。当诗歌介入现实或抒写历史时是否才能更好地表达思想情感？

清：童年起我对自然科学即十分着迷。自然科学的另一端必定是世界的终极问题：时间的无限和人类的有限之间，究竟还有着什么样的世界真相、人生奥秘？这也是我的诗歌无论怎么变都摆脱不了"限度悖论"尾巴的原因，有时真觉得无趣又无奈。心理学和哲学，大学时代我才开始感兴趣，它们远不如自然科学重要，启发性也低得多，但它们提供方法论的便利，尤其对诗歌写作来说——一首诗出发点和视角的多向性、几行诗中间的颉颃互诘等，往往由它们提供最为有效。心理学的映射、共情、意识代入等，哲学的物我多元、思在因果等，对单调诗意、老套修辞都具备良好的免疫力。上面说的这些，与我的编辑职业关系不大，倒是把它们综合起来，对我审读判断稿子中的知识性错误颇有帮助。

《天下人：帽子》是一首比较杂的诗，是从对人类某些共趋行为的归纳出发，引出对人性表面趋同性和个体差别性之间精神弹性的批判与疑问，落脚点在时代与个人精神的互相影响上，绝非"批评社会上某种怪现象"那么简单。《孔子》《诗经》《尼安德特》大致可归为"近类"诗，写作时间也比较接近，勉强可说是我的"少作"，它们和2015年写的《端午》略无相似之处（"从现实写到历史，从中国联想到外国"这样的表象构不成真正的相似性）：前面几首诗大致都是借古讽今，带一点儿个人叛逆想象，而《端午》的核心，是从美好引出的哀痛与悲悯，是同一时空的反差联想。它与前面几首诗，还有一个写作发生学的大区别：《端午》从开篇到结尾并无一个明确的主题，诗歌文本的自由度很高，而另外那几首，几乎都是主题先行的结果。

"诗歌介入现实或抒写历史"，基本上不值得讨论。写一首诗，无论介入现实还是抒写历史，大部分时候都只是策略性选择，与个人技艺特点或风格相关，而并非现实或历史本身有多重要。说开一点儿，现实或历史对诗歌写作的重要性已经被夸大得太久，降降调门儿，没有坏处。至于"更好地表达思想情感"，在我看来与"诗歌介入现实或抒写历史"并无因果关系，两边是各自独立的。就我自己的写作而言，近年我已很少去想"更好地表达"，而是希图更弹性地表达、混沌地表达，甚至，更矛盾地表达，只有这样，诗歌才能生成新的元素，扩充新的疆域。也因此，"思想情感"在我写作时，也愈来愈难以分辨，多股诗意拧成麻花，除非掰碎，否则就是一个混合体。这里牵涉到"诗歌文本生长性"，就是在一首诗、一类诗中，诗人的选择意向并非总是最有效的部分，有时候你写下的诗句，你的修辞、结构、转折、退让等合起来，形成它们自己的生长方向和元素，而这些诗意的增生、诗域的扩充，是不受诗人主动掌控的，但只有出色的诗人才能在自己的写作中为"诗歌文本生长性"提供可能。

崖：的确，一首好诗很难武断切割或进行单方面解读。长期以来有一种认知，诗歌既为文学又为艺术，它是时间的艺术，与绘画、电影、音乐、戏剧等艺术一样讲究意象、意境、声音、旋律、节奏感、画面感。您在回答诗人、批评家冷霜的访谈时说："在诗歌节奏和韵律上，我是最多经验，也最多苦恼的，有太多的可说，但又似乎说多少也解决不了实际问题。"这如何理解？

清：抱歉先与你商榷一下：诗歌与绘画、电影、音乐、戏剧等艺术差别太大，难说"一样"。而"讲究意象、意境、声音、旋律、节奏感、画面感"，很可能只在用来描述古典诗歌、真正现代诗歌出现之前的诗歌时，才比较贴合。现代诗歌，尤其后现代主义之后的当代诗歌——我指那些真正一流的诗歌——对诸如意象、意境、声音、旋律、画面感都不太在意，尽管这些元素或多或少会出现在诗中，那只是诗句自然带出，并非刻意营构。唯独节奏，是没有诗人敢轻视的，它是一首诗在形式上是否成立、诗意能否有效传递的关键，在一定程度上，它也是诗歌整体进化的关键：未来、现在、过去的诗，形式上的最大差别就是节奏。可以说，它是诗歌形式元素中极少数历久弥新者。任何时候，它都是判别一位诗人写作技艺程度的重要尺度——对节奏的创新能力、取舍能力、适配兼容能力、综合掌控能力，有时甚至超出了形式范畴，而关涉到诗人对诗歌的整体领悟。

几年前我在回答冷霜提问时说的"最多经验，也最多苦恼"，经验主要针对节奏，苦恼则主要针对押韵（不自觉的押韵），后一方面在那篇访谈里谈得够多，这里不再赘言。有关节奏的经验，我个人比较庞杂，最重要一点，是每当企图做出大的改变时，担忧与兴奋会同时出现，自然兴奋更强烈一些，而担忧则更容易被证实。节奏求新总是免不了时常出现的冲动，稍微成熟些的诗人却大都不愿轻易去迎合，因为他们深知对一首诗的成功来说，最重要的是节奏适配和兼容，和自己业已养成的熟练掌控，而绝不是节奏创新。节奏创新的失败率很高，除非有相当的成功把握，一般来说不值得去冒险。我跟他们稍微有些不同——诗歌的活力比一首诗的成功对我更具吸引力。尤其近几年，我对孤立一首诗的成功与否越来越不在意，或者说越来越不放在写作重视的首位。因为对诗歌活力的看重，也因为对节奏变化的心得愈积愈多，我几乎每写三到五首诗，就忍不住要试一下新的节奏。不过有一点儿讽刺的是，有时我以为是新的节奏，写完后过一段时间却发现，几年前或多年前我早已用过了，又或是，在别人的诗歌里看到了相似的节奏。这几种情况，并不能让我沮丧，至少打消不了我继续尝试新节奏的念头，因为我知道诗歌的活力就是这样一点点试探出来的。在我看来，十首漂亮的诗，也抵不上一首活力充沛的诗——当然后者必须具备基本的诗歌有效性。

崖：您似乎颇受外国现代诗的影响，在新诗处理古典传统与西方技法的经验上，您是如何借鉴古典想象、寓意来表现当代经验的？

清：当代经验是我们今天写作的核心，就像也曾是杜甫写作的核心、惠特曼写作的核心一样，在大致可远望的未来，也会是那里的诗人写作的核心。但当代经验在今天，其复杂、混合程度，其包含的信息和知识量，其要求的道德反省与价值判别，和杜甫、惠特曼们的当代经验有着天壤之别，自然也和我们无法先知的未来同行们的当代经验截然不同。我们只能凭借此时此地的当代经验去写作，在我看来这已经很幸运了——如果说杜甫、惠特曼们写到了他们时代的极致（实际不可能），那我们至少可在写作资源上"战略俯瞰"他们的不足与缺失，从而，至少在诗意生成的多个方面获得他们永远无法达到的便利，写出更加丰富、广阔的诗歌。

中国新诗的概念诞生于百年之前。从惠特曼、瓦莱里们写作现代诗歌开始，不知道有多少国家的诗歌发生了巨变，比如印度和日本的诗歌，甚至惠特曼和瓦莱里自己国家的诗歌，都出现了迥异之前的气象，却并未出现"印度新诗""日本新诗""美国新诗"这样的概念。中国出现"新诗"这个概念，是因为写诗所用语言的反差太大，相当程度上，新诗指的是新语言诗，也就是用现代汉语写的诗（当时也称为白话新诗，实际不如"新诗"这个概念准确）。多年前我就在一些场合表示过，"新诗"这个词早该停用于对当代诗歌的描述了，它已成为一个历史词语。因为新诗初现时夹在中国古典诗歌和西方现代诗歌中间的难堪境地，而推论后来逐渐成熟的现代诗歌,甚至百年后还拿来论述、质疑当代中国诗歌,真的是既幼稚又业余,严重缺乏对诗歌本质、诗歌进化和诗歌发生学的认知。当代中国诗歌业已稳定的成就,早已远离了实验和摸索,每一位出色的诗人,都已踏上自己的自由写作之途,他们想做并且相当程度上有能力做的,乃是创新和扩展,其中少数佼佼者,差不多已写出了未来之诗,就是再过多少年由未来同行去读,也依旧可以赞赏的诗(传统诗史诗评称为经典之诗)。

我20世纪80年代初写诗(那时还在高中),中国古典诗歌和西方现代诗歌对我都不构成影响,当时直接影响我写作的,是20世纪30年代至40年代的中国现代诗,具体说,就是艾青、戴望舒及新月派,甚至郭沫若等人的诗。另一些出色的现代诗人的作品,如穆旦、冯至等的诗,都是后来才接触到的。我的起点低到什么程度呢?就是读到北岛、顾城、芒克的诗后,整个人都傻掉了,觉得真是好牛啊,自己怎么写也不可能写到那样的程度。我真正勉强可读的诗,都是20世纪90年代后写出的,那时已读到包括史蒂文斯、博尔赫斯、里尔克、瓦莱里等一大批顶尖诗人的作品,对诗歌写作的题材处理、节奏掌控、修辞运用等有了初步的心得,就此而言,我早年的写作的确受西方现代诗歌影响最大,而中国古典诗歌,仅有限的几位诗人的诗句和襟怀偶尔出现于我的写作过程。不过现在回头看,都那么遥远了。我现在的写作,或近年的写作,基本是一种"推开式":无论中国古典诗歌、西方现代诗歌、当代中国诗歌,都是我推开的对象——完全推开做不到,推开一半也未必能做到,但"推开"构成我写作意志和内驱两方面的积极因素。当然,它也不可能不带来虚妄的骄傲,对我本可达到的写作高度积聚下扯力。

所谓借鉴、引进、古典传统、西方技法等,都是诗歌史描述需要的概念,与真实的诗歌写作关系甚小。当然,诗歌史描述的需要,或诗歌评论的理论性需要,都是正当的需要,只不过真实的诗歌写作并不在实际层面有求于它们。

崖:1983年您考入北京大学,亲历了北大诗歌写作氛围最浓厚的时期,北大是新诗的母校,那今天我们该如何理解北大诗脉的精神源泉?您的大学同学臧棣、麦芒等都是非常优秀的诗人,臧棣还获得了第八届鲁迅文学奖。您那篇《臧棣:万物就很难精准》中有这样一段话给我留下深刻的印象:"臧棣和我都来自这'热忧'的20世纪80年代，我们人生的青春之途、我们的写作，都从那儿开始，了无荣耀而疑云层叠。今天回望，似乎除了时间刻度的命中注定外，没有什么能够从那迷雾里捞出来确认……"显然，您是一位念旧、珍视友情的人，在你们伟大的诗歌友谊中彼此最受教益的是什么？

清：我确实怀旧，但对友情是惭愧的，至少远不如我大部分朋友那般珍视。在友情方面，我基本是被动接受的一方。诗歌友谊则不同，它来自友情而去往更加神秘的地方，一个基于对诗歌热情、诗歌抱负和诗歌信念认同的综合纽带，带有某种无法描述的神奇性。它的稳固程度远超友情。不过你引述的我那一段话，似乎与友情或诗歌友谊都没多少关联，那只是我对我们共同的20世纪80年代写作的一点儿感慨，或许也暗示了我对那个年代被夸大的种种有所保留。

我和西渡、麦芒、臧棣（实际还不止他们几个），和他们的诗歌友谊，彼此受教益处应该很多。我无从了解他们的感受。对我来说，与他们保持几十年的诗歌友谊，既自然而然，又必不可少，稍微夸大一点儿说，如果缺失这样一条神秘的纽带，我的诗歌写作走不到今天这个地步。这条纽带对我的益处，一是，令我养成了反省的习惯，既针对自己写作，也针对整个当代诗歌写作，从与纽带上各人写作的对比、较劲儿、惭愧、得意出发，辐射到当代诗歌整体，再凝缩到诗歌本体存在的恰当性。二是，这条纽带对我的写作具有某种能量源的意义：得意时，或他们赞许时，它会令我突然警醒，获取到自我检讨的能量；写作遇到障碍，沮丧消极时，这条纽带会给予鼓励，而每当懈怠，它又送来鞭策。尤其后一点对我弥足珍贵，是我写作的热源，带有少许幸福的因子。

"北大诗脉的精神源泉"，我是不知道也不想知道的。坦率地说，这个说法对我们这些所谓的北大诗人多少有些冒犯。诗歌的广阔性正前所未有地呈现，我们这些出身北大的诗人也厕身其中，愈益往开阔处去写，忽然要回头去张望一个"诗脉"、一个"源泉"？这样一个说法倘使真有一点儿意义，那也不是在现在，而是在半个多世纪以前。

崖：2002年、2003年是您写作的一个井喷期。一般写作的人都会遇到瓶颈期，写诗这么长时间会否感觉疲惫和厌倦，坚持下来的动力是什么？对您而言，灵感写作还是技术（技艺）写作更有效？写作时您是一气呵成，还是经常修改自己的诗歌？诗歌批评家的批评与读者的看法，您更在乎哪个？

清：先回答你最后那个问题吧：诗评家、普通读者的看法我都不在乎，因为他们与我的写作好坏没有关系。我比较在意的，是水准线以上的同行的见地，尤其是诗歌友情链上的同行的批评，理由我前面已经讲过。但我最在意的，是我一次次重温旧作时的感受（这里的旧作包括几天前写的作品），是我修改旧作时的感受，是我新读、重读那些我最服膺的顶尖诗人作品时，与自己作品对比省思时的感受。先回答这个问题是因为，它与前几个问题都颇为相关：诗歌写作成效的获得，主要不来自别人的评判，而来自自己在修改作品、阅读先驱者作品时的比较省思、得失洞察。这也意味着，一气呵成是无法信任的，因为它的急迫性天然缺乏获得综合比较的足够时间和资源。传统的单一诗意（所谓灵感写作的作品居多）或许能就此成就一首佳作，但对各方面要求更高的现代诗歌，一气呵成出真正令人赞赏的作品，十分罕见。在批评的修辞层面，一气呵成很有诱惑力，我在简评别人作品的短文里，偶尔也会用到这个词语；有的诗人尽管并非真的如此写作，也情愿如此宣称，因为它似乎暗示了一种天才的能力。实际上它也确实是一种能力，只是这种能力作用于现代诗歌时，不能完全信任，至多用它来为一首诗打底，真正完成一首诗，还要靠各人敏锐与洞察力分出高下的修改。

技术写作（准确说应该是技艺写作，因为汉语的"技术"比较多义，用在写作上，实际对应于英语的 skill，即技艺、技能）是一个比较虚的概念：有效的诗歌写作，根本离不开诗人的技艺。一种写作必不可少的因素，怎么能成为写作的一个类别？这当然无法成立。所以我只能说，我的写作既不是灵感写作也不是技术写作。

2002 年至 2003 年的所谓井喷期，过去我常讲，如今已不太想谈。那个时候我很亢奋，写了很多诗，其中绝大部分现在看不上眼了，这倒不是我不想谈的主要原因。我不想谈它，恰恰是因为那种写作狂热任何时候都具有近乎邪恶的诱惑力，我现在自认步入正轨的写作，对那样的狂热不无畏惧。我不希望我的写作受它的影响，因而不谈最好。还是谈谈写作瓶颈，或是写作疲倦吧。我不晓得别人怎样，几年前我还时常会感觉到写作障碍，就是那种连续多日写不好一首诗、十分焦虑的状态，好像明明有什么东西应当出来却就是出不来——是不是那就是所谓的瓶颈？那真的是非常糟糕的感觉，会影响到生活中别的方面，消极的乌云全方位笼罩，甚至让人萌生从此再不写诗的念头。好在，那样的状态已很久不出现了。我现在对诗歌的理解，对写作的想法，与多年前、几年前皆已不同，对那样糟糕的瓶颈状态，仿佛具备了免疫力。然而写作疲倦，偶尔还是会有，尤其连续写出几首较为满意的诗，或感觉到近一段时间的作品中出现了新东西，诗本身虽不甚精彩，却开启了一些新的写作方向时，兴奋过后便会感到疲倦，感到需要停一停，休息一下。是这样：写作疲倦通常尾随写作兴奋而来，像一个甩不掉的影子，又似带着少许体贴。

崖：您的诗歌似乎以短诗见长，如何评价长诗与短诗的写作？一首诗无论短与长，判断它是一首好诗的标准有哪些因素？有人诟病新诗云里雾里"读不懂"，或嘲笑诗歌不过是"散文分行"而已。为此，面对"当代诗歌阅读何以成为问题"的诘难，许多诗人、批评家给出不同答案并纷纷寻找解决良策，您给的答案和建议是什么？

清：我写得比较顺手的诗，确实多为三十行以内的短诗。近年我尝试过写稍微长点儿的诗，五六十行那样长度的，勉强可读的有，真正满意的一首也没有。但那样的尝试并非没有意义。那种长度的诗，可以容纳更多变化和维度，在写作过程中也可更多停顿和思索，这对诗歌建设性无疑是有益的，以后我还会去写。然而通常说的长诗，一般指百行以上，或二百行以上的，我从未写过。我觉得我的体力、思维能量、对语言与修辞的相对苛刻程度，都拒斥我去写那样的长诗。长诗要写好，比短诗难不少，无论语言衔接、结构转折，还是对修辞、联想等要素的重复的避免，都不容易。技艺层面外，还要有足够的体力、绵长的气息、充分的耐心等，总之在写作的基本操作层面，需要费心的方面远多于短诗，如果写作者综合操作能力不够而勉强去写，大概率吃力不讨好。事实上，在我有限的阅读中，百行以上长诗写成功的，真的不多。臧棣的《在埃德加·斯诺墓前》，西渡的《一个钟表匠的记忆》，孙文波的《长途汽车上的笔记》等，可算少数佼佼者。更多的，是盛名之下其实难副的失败之作。很多杰出和比较杰出的诗人，都有写作长诗的冲动、计划，因为在相当程度上，长诗标志了诗人的抱负与野心能否落到实处。自现代诗歌诞生以来（实际古代也类似），这几乎已成为一流诗人们的一个小传统。包括瓦莱里、里尔克、庞德、艾略特、帕斯、圣琼·佩斯、布罗茨基、沃尔科特等大多数我们耳熟能详的现代诗歌大诗人，都有百行以上的长诗嵌在他们整个写作生涯的列表中，其中真正出色的（与他们自己的短诗比），却也并不多。没办法，传统不见得合理，而抱负与野心又注定蛮横，所以长诗不得不成为杰出诗人们的一块心病。

长诗和短诗，评判的尺度肯定不一样。对短诗来说，诗意饱满、弹性充足、修辞和节奏等独特有效，是基本的评判要素。长诗要看的，第一是完整性，包括结构、逻辑、诗意路径等的完整性，第二是转圜、进退、膨胀、收缩的流畅度，第三是诗句营构和诗意培养之间的平衡感，这个虽非最重要，却是最一眼能见的，因此也最容易被看出破绽。其他还有不少，一一罗列也没什么意义。总之短诗与长诗是完全不同的两种写法，评判其优劣的标准自然也就差别很大。

当代中国诗歌已经写到怎样一个整体程度，我在多篇短文或访谈里都讲过，再去细说颇觉无趣。用"读不懂"来责难当代诗歌，完全不值得去辩解。玩笑地说，可以让他们试着去读懂《诗经》与《楚辞》，或更简单地去读懂杜甫的《自京赴奉先县咏怀五百字》这首诗。"当代诗歌阅读何以成为问题"的提出同样幼稚可笑，要我去回答，便是：何代诗歌阅读不成为问题？20世纪50年代到70年代诗歌阅读不成为问题。多少反驳都没有意义，因为这根本不是当代诗歌的问题，甚至不是诗歌的问题。勉强说，或许是迷信诗歌的诗歌外行的问题。

崖：网络时代既给诗歌发展带来便捷和机遇，也带来不少困惑和干扰，从纸上写诗改为在电脑上写诗早已不是新鲜事，发表诗歌也不再受制于纸刊，微博、微信、公众号、诗歌网络平台扮演着公民诗歌训练场的角色，每天生产数以万计的诗歌，真正的好诗似乎被淹没在诗歌的海洋里。"低门槛"诗歌创作是否会对真正的诗人造成冲击？

清：从一个角度说，真正的好诗一直都"淹没在诗歌的海洋里"，从另一个角度说，真正的好诗不可能永远"淹没在诗歌的海洋里"。前一个角度是纯粹数量对比的角度，后一个角度是诗歌命运的角度。显然前一个角度更具自然性，却更缺乏诗歌评判的意义。一首好诗，或一位诗人的好作品，是有自己的命运脉络的，时代的喧嚣或沉寂对它们并非全无影响，但无论好坏迟速，影响都只构成它们命运的局部，真正决定其命运走向的，核心的命运驱动，还是诗歌和诗人本身。在我看来，这个命题稍微涉及混沌学与弦论，简单说，就是有并非普通逻辑能管辖的神秘律动存在于其中。海子的诗歌在他过世后才得到重视，史蒂文斯在他当小职员的较长时间里极少人知道他是一位出色的诗人等例子，都是好诗命运的应有之义——"淹没"时间的长短由命运决定，而与写诗人数的多寡、主流诗写与发表的方式、诗歌作品总量的大小并无多少相关性。在网络写作与发表规模庞大、发表方式越来越多、发表门槛日益降低的十多年里，真正杰出的诗人依旧写出了他们能够写出的好作品，在我有限的视野里，并无证据表明他们的写作受到"众人狂欢"的消极影响。当然，杰出的诗人和优异的诗歌，在任何时代都不可能不是少数，个别年代，少数则降低到极少数。我们津津乐道的唐诗宋词年代，诗人和诗歌总量也非常庞大，真正杰出的诗人与作品，和总量比仍旧少得可怜。我想说，很多诗歌读者与诗评者在面对当代诗歌、网络诗歌（这个概念实际并不能单独成立）时的大呼小叫，往往源于他们对诗歌本质、诗歌进化的无知，更夸大一点儿说，也源于他们尚未获取到诗歌的必要常识。比如，他们很难理解一位杰出诗人是如何写出一首诗来的。他们片面的、陈旧的诗歌知识导致了太多诗歌伪命题，而这些伪命题中的一些又生发出众多洋洋洒洒的诗评诗论，甚至"学术论文"。

"从纸上写诗改为在电脑上写诗"，对我个人是一个极大的便利，在用手写作的操作层面，在电脑上写诗大大降低了视觉焦虑和越写越坏的手写笔迹的心理诱导。不过我也听说，极少数诗人至今还是拒斥敲键盘，坚持用笔写，这可能和他们对电脑时代整体的怀疑与不信任有关。说到底，诗人不是机器人，纯客观的最优选择并不适用。他们的信仰、世界观、写作习惯、个人迷信等众多主观因素决定了他们的综合选择立场。当然，虚荣、骄傲也可能是他们坚持纸上写诗的原因之一，这并非不值得尊重。我们所处的时代，选择多样性理应成为一个重要的标志，遗憾的是，近年来，对选择多样性的尊重似乎或明或暗地在降低，不单在诗歌领域，在社会的更多方面也如此，这真的令人忧虑。

王寅，1962年7月生。著有诗集《王寅诗选》《灰光灯》《低温下的美》等，作品被译成十六种文字出版。曾获江南诗歌奖、东荡子诗歌奖等奖项。

用摄影表达诗歌不能表达的，用诗歌表达摄影不能表达的
——王寅答诗人崔丽娟

崔丽娟（以下简称崔）：王寅老师，早就计划要访谈您，访谈接近尾声才如愿以偿。大约有两年时间，我经常参加您策划的"诗歌来到美术馆"的活动，我的直观感受是，这个活动虽然立足于上海，但是面向全国，走向世界，专业水准高，赢得了良好的口碑，很多诗人都乐意参与，这的确是引进和推荐国内外优秀诗歌的一种很好的形式。从2012年开始，您坚持"国内顶尖、国际一流"的标准邀请诗人，树立了品牌。我系列访谈的多位诗人就曾是"诗歌来到美术馆"活动的嘉宾，所以也要感谢您给我提供的帮助。在此，请您介绍创办活动的初衷以及运作经验，后续有什么考虑？

王寅（以下简称王）：丽娟你好！我记得自从上海民生现代美术馆搬到汶水路以后，你就开始一期不落地参加。你对活动的及时反馈和建议，给了我很好的启发。

"诗歌来到美术馆"是一个单纯、朴素、安静、生长于民间的小项目，从

2012年10月21日第一期黄灿然《奇迹集》朗读交流会，至2021年9月12日方商羊诗歌朗读交流会为止，共举办了七十七期，邀请了七十四位海内外诗人。最初是上海民生现代美术馆热爱诗歌的朋友邀请，才有了在美术馆做诗歌活动的可能。我从一开始就确定了活动的形式和基调，由对话、诗歌朗读、观众互动三个基本环节组成。活动每个月一次，每次只邀请一位诗人，选择的标准是"国内顶尖、国际一流"。诗人和主持人进行深入对谈，充分展示诗人的生活和创作，特别是每位诗人极具个人化的创作观念和创作手法，包括他的困惑和矛盾，同时也让观众和诗人有面对面交流的机会。每一场活动，观众都会免费领取一本当天活动的场刊，场刊印有诗人自选的二十首左右的短诗，如果是外国诗人，则是中外对照的双语版本，诗人和听众可以对照场刊朗诵和聆听。观众人数最多的一次是阿多尼斯专场，共有七百多人，美术馆特地开放了最大的展厅作为活动现场。平时的诗歌活动最少也有一两百人。由于是在美术馆举办的诗歌活动，在活动的现场，也配合举办过诗人的小型摄影展和画展，如阿多尼斯画展和翟永明的摄影展。

  我后来才知道，"诗歌来到美术馆"是很多诗人诗歌生涯的第一次个人诗歌朗读会。到目前为止已经邀请到二十一个国家或地区的诗人，涉及英语、法语、德语、意大利语、日语、西班牙语、葡萄牙语、波兰语、马其顿语等十余种语言，有不少诗人的作品是因为"诗歌来到美术馆"，才第一次被翻译成中文。英美诗歌因为被翻译得较多，更为中国读者熟悉，但英美诗歌不是世界诗歌版图的全部，还有很多小语种的优秀诗人因为语言的关系不为中国读者所知晓，所以，我在邀请诗人时，有意识地向小语种诗歌倾斜，这样才能让中国读者有机会更全面地了解英语世界之外的诗歌动态。必须一提的是，长期担任主持的诗人胡续冬和担任现场口译的金雯教授，他们的出色表现和发挥给活动增色不少，很多观众就是冲着他们来参加"诗歌来到美术馆"的。

  "诗歌来到美术馆"当年启动时，有人义正词严地怒斥：看看诗歌现在有多堕落，已经到了去巴结美术馆的地步。十多年过去了，美术馆早已不是只有单一的展览空间，而是功能多样的复合体，人们可以在美术馆表演舞蹈和话剧、开音乐会、看电影甚至用餐、开派对。诗歌应该走进更多的空间，去和其他艺术相结合，呈现出全新的面貌和可能性。"诗歌来到美术馆"的目的是让观众感受到诗歌的魅力，他未必成为诗人，但他会因此影响到他周围的人、他的孩子读诗、写诗，这就是成功了。

一件事要做成，天时地利人和，缺一不可，另外还需要一点点运气。2020年，我邀请了七位外国诗人（他们分别代表七种语言），他们的诗也已经委托翻译家翻译完成，但是，因为疫情的缘故，他们未能如愿来到上海。很多朋友问"诗歌来到美术馆"什么时候恢复？由于上海民生现代美术馆搬迁后还在装修，活动处于暂停状态。再等等吧。即使因为各种无法控制的原因，"诗歌来到美术馆"最终停办了，也没有关系，只要诗歌存在，我相信会有其他的诗歌活动出现。现在面向社会的高质量的诗歌活动不是太多了，而是太少了，应该多一些，再多一些。

崔：这些年，您经常游历国外，"诗歌来到美术馆"活动也邀请了不少国外优秀诗人来到上海做诗歌分享，说明您十分注重中外诗歌交流。您的作品被译成十六种文字，先后有法语、英语、西班牙语、波兰语、斯洛文尼亚语等各语种诗集出版，在您的诗里可以感觉到国际视野对您的创作确实有很大影响。除了策划美术馆诗歌活动，您还尝试制作诗歌音乐剧，二者之间的衔接点在哪里？

王：我对远方和异域的想象的浓厚兴趣由来已久，也因此写了很多异国题材的诗，最具代表性的诗是1983年的《想起一部捷克电影但想不起片名》，这首诗的长标题是受到我喜爱的诗人詹姆斯·赖特和罗伯特·勃莱的影响，而他们的长标题则是从唐诗中得到的灵感。20世纪90年代初，诗人鲁萌从布拉格给我寄来明信片，提到了这首诗，我至今还珍藏着那张薄薄的纸片。后来，很多朋友给我发来信息，告诉我他们正在布拉格旅行，而我自己直到很多年后才去了布拉格。

我的诗被翻译成多种外语，得益于各国的翻译家朋友，他们中有些是我合作多年的老朋友，我和我的英语译者凌静怡已经认识十七年，我和我的法语译者尚德兰认识更早，已经将近二十年了，彼此十分默契。更多的翻译家至今尚未谋面。乔治·斯坦纳说："如果没有翻译，我们无异于住在彼此沉默、言语不通的省份。"确实如此，当代中国对外国文学的了解广泛而深入，相比之下，外国对中国当代文学的了解少了很多，外国翻译家们的辛勤工作对于国际双向的文学交流，起了很大的作用。

策划"诗歌来到美术馆"和制作诗歌音乐剧，是我的兴趣所在，诗歌音乐剧更是我多次参加国际文学节和诗歌节之后心生羡慕、受到启发的直接结果。举几个例子，2005年，我去参加波兰卡托维兹艺术节，在一座中世纪的剧院里，戴墨镜的诗人坐在高脚凳上，在乐队的伴奏下，用连贯的爆破音朗读诗作，与其说是读诗，不如说是在演摇滚。2015年的挪威文学节，挪威老诗人扬·埃里克·沃勒的新诗集朗读会在音乐厅里举行，六百个座位全部坐满，室内乐队伴奏，演奏的曲子都是作曲家为这场演出专门创作的，可以单独演出的作品。2018年，斯洛文尼亚诗与酒的诗歌节在普图伊城堡里举行，德国诗人米盖尔·克鲁格的钢琴朗读会上，诗人朗读自己的作品，女钢琴家演奏德国作曲家曼弗雷德·特罗亚恩根据诗人的诗创作的音乐。诗人读诗和钢琴家的演奏交替进行，音乐与诗歌交织辉映。同样是2018年的布宜诺斯艾利斯国际诗歌节，开幕式几乎成了各国诗人的才艺表演盛会，没有诗人不会吹拉弹唱的。

2019年5月，终于有机会在上海1862时尚艺术中心完成了三天的诗歌音乐剧场演出，我邀请的二十多位诗人和音乐家们来自八个国家，他们中既有包括英语、德语、西班牙语等主要语种的诗人，也有瑞典语、斯洛文尼亚语等小语种的诗人，他们都是活跃于当今诗坛，具有相当的国际影响力的著名诗人，其中既有年逾八十、多次获得诺贝尔文学奖提名的老诗人，也有年富力强的中青年诗人，更有欧美当红的新锐年轻诗人。所有的诗人都用母语朗读他们的诗作，来自大西南的彝族诗人阿库乌雾也用彝语朗诵。诗人的原声朗读也许是最精准的诠释，断句、空白、停顿，甚至呼吸，都是一次又一次不可复制的静止与启动。大屏幕上与诗人朗读同步出现的是原文和中译的字幕。这三场演出的音乐和诗歌不仅关联紧密，而且是有机的结合。诗人们和他们熟悉和合作过的音乐家一起完成演出，把诗歌、音乐、影像作为一个整体做成了具有剧场效果的诗歌音乐会，此次演出有中国传统乐器，有民间音乐，有电音，有民谣，不同的音乐风格同台碰撞，充分体现差异性。在体会声音魅力的同时，让人去想象诗歌描绘的一切，去体会超越语言和音乐的感动。

1862时尚艺术中心是一个有八百个座位的剧场，三场演出，两千四百张票，剧场给演出定的最高票价是一千零八十元。此前我从未做过演出，更何况是大型演出，真是无知者无畏，做起来才知道有多困难，各种意外接连发生，包括在临近演出之前，有诗人因为身体原因突然来不了了。我记得演出前一个月采访林怀民，他告诫我说，你会和所有的人吵架，和导演吵，和演员吵，和工作人员吵，你会赌咒发誓：以后再也不做这样的演出了！但是演出完了没几天，你又全都忘了，觉得可以继续试试。下半年，林怀民又带团来上海，看完演出我去后台看他，我说，林老师，你真是料事如神，你说的几乎都应验了！林怀民幽幽一乐：老狐狸厉害吧。

之后我还在深圳风火创意空间制作了规模更大的跨年诗歌音乐剧，通过影像、多媒体、舞蹈、音乐、当代艺术去演绎诗歌，比1862时尚艺术中心的演出走得更远。但是因为疫情，很多已经在实施和进行中的诗歌音乐剧不得不停了下来，本来是可以一直做下去的。

崖：您游历广泛、阅历丰富、喜欢摄影，还曾在《南方周末》做过记者，观察者身份似乎构成您与世界的对话方式，请谈谈这方面的创作体会。您的法文版诗集《无声的城市》是一本以上海为主题的诗选，对于这座城市，您觉得有诗意吗？诗意对城市、对人有什么样的影响？

王：每一个城市都有其诗意的一面，上海的诗意，因为其特殊的历史，又有其多元和丰富性，但是诗意只是其中的一部分，而不是全部。我要强调一点，诗意和诗歌创作一样，意味着无处不在的创造力和可能性，而不能狭隘地理解成"唯美"的代名词。

与其说一座城市是否有诗意，不如说一座城市是否有足够吸引人的地方，足够丰富，足够有特色，足够让我流连忘返，甚至有足够一目了然的缺陷和需要慢慢发掘的优点，巴黎、伦敦、纽约、柏林就是这样的城市，也可以加上近几年的上海。

当年我在上海电视台工作期间，曾参与拍摄了二十集的《大上海》纪录片，在两年多的时间里，埋头于故纸堆，寻访当时还在世的老人们，获得很多精彩的发现，历史往往不是我们想象的那样呆板枯燥，而是充满了鲜活的故事。我很庆幸生活成长在这样的城市，有机会和历史深处匪夷所思的幽灵相逢。

是的，我在我的法文版诗集《无声的城市》（这是一本以上海为主题的诗选）的序言里写过这样的话（收入本书时略有修改）：

> 这里是我出生和生活的地方，但却又是我最感陌生、最不敢触碰的地带。
>
> 在我面前，有三个上海，一个是已经成为传奇的历史之城，一个是我曾经生活过的城市，一个是当下面貌发生了巨变的魔都。
>
> 第一个上海年代久远，神秘、冒险、奢靡、放纵、繁华、战争……但是由于衍生和附着了太多的注解和想象，面目已经日益变得模糊不清。
>
> 我怀念第二个贫穷但却亲切的上海，我无意提及它的过去，就像不习惯援引忧伤。过去意味着叮当响的无轨电车，意味着爬上家中的老虎窗，就可以遥望外滩的海关钟楼、听见黄浦江上的笛声，意味着闷热濡湿的夏天、寒冷刺骨的冬天、漫长得无休无止的梅雨季节。对贫困和忧伤年代的回忆有时候竟然是甜蜜的。
>
> 如今的城市令我倍感陌生，太多的奢华浮浅、太多的贪婪喧嚣，已经越来越像一个舞台。

上海在我的生活中如此重要，以至于我最终要用一本书来书写它，形式可能是多样的、混杂的、丰富的，就像上海本身一样。

摄影与诗歌有着天然的联系，很多优秀的诗人也是风格独特的摄影家，如艾伦·金斯伯格、吉增刚造、北岛等，中国当代诗人中玩摄影的就更多了。几年前，答诗人沈苇对我做的访问，现在依然适用：

> 摄影教会我观看世界的别样方式，就像诗歌教会我歌唱和聆听一样。摄影让我更多地接触到现实世界神秘的部分，我经常在照片的暗处发现那些肉眼没有察觉之物、那些看不见的幽灵：隐藏在黑暗中的人、一道隐秘的光亮。一个不知来自何方的奇怪物体……
>
> 诗和摄影采用不同媒介，但两者又有很多共同之处，词语、色彩、

韵律和意象，诗歌中有的，摄影中也有。相对而言，诗在表达上更趋于抽象，摄影则要具体得多，摄影看似直接和安静，但也隐藏了更多的隐喻和解读的可能，诗歌的呈现则更为赤裸。

创作经常是盲目和自发的，可以从一首诗出发，也可以从按下快门出发，一切取决于机缘和情绪。取景，在按下快门之前，就已经预先完成构图和曝光了，就像写诗，在落笔之前，草稿已经在心里完成。我很喜欢曼·雷的一段话，这里稍稍改动了一下："我用摄影表达诗歌不能表达的，我用诗歌表达摄影不能表达的。"

崖：正如您上面所言及的，词语、色彩、韵律和意象，诗歌中有的，摄影中也有。诗歌作为一门特殊的综合艺术，通过语言营造声音、意境和画面感，您的诗歌具有很高的辨识度，语言既有古典的诗画融合的意境，又具有现代汉语的质感，甚至带有戏剧性写作特征。您在处理诗意与画面感的关系、在寻找自己的诗歌声音时有什么独特体验？

王：你很敏感，每一首诗的起点和来源都不尽相同，有的是从音乐性出发，有的是从画面出发，有的仅仅是一些特别的字和词语，组合在一起时产生了奇妙的化学反应。我有一首专为听觉写的诗，词语在语意上并无关联，而是以同音词组成的纯听觉的诗，其目的除了语言的实验外，也为了打破固有的阅读习惯，让读者在阅读的时候获得新的感受。诗歌写作也是一种倾听和凝视，音乐性、图像和语言之间的切换是有趣的话题。诗歌也要在表现形式和内容上不断实验，不断拓展边界。

崖：一首好诗肯定会让读者享受到情怀与智慧交织的愉悦，体会到思考与发掘的意义。好诗的标准有哪些基本要素？您的诗歌基本上在三十行之内，几乎没看到您写作长诗，为什么？

王：好诗是没有标准的，更准确地说，每一首新的好诗都是横空出世的，都是无视所有前人的创作，在打破之前好诗的基础上产生的，每一首好诗都确立了好诗新的标准，这也是诗歌迥然不同于其他文学体裁之处。如果一定要说好诗的基本要素，那就是"新"——表达新、语言新、让人眼前一亮的那种新。

我写过长诗，并不成功。以我有限的尝试而论，我曾经以为长诗在某种程度上是多余的。现在看来，这个结论可能下得太早了。

崔：我访谈的嘉宾中，有不少诗人兼事批评，您却不太写作评论，您会思考一些诗学问题吗？比如，您参加过国外很多诗歌节活动，如果与国外诗歌创作氛围进行比较，中国当代诗坛存在哪些亟待改进的问题？

王：我刚才说过，中外诗歌的交流其实是不对等的，中国对外国文学（包括诗歌）的了解远远大于外国文学界对中国诗歌的了解。不是中国没有好的诗人，恰恰相反，中国有世界一流的好诗人，但是由于各种原因，没有机会被大量地翻译成外文，被外界所了解。

文学评论，尤其是诗歌评论是一门学问，和写诗不尽相同，那些既写得一首好诗，又写得一手好评论的诗人，是不可多得的双枪将。对我来说，写好诗，就够了。

崔：您应该算早慧诗人，十岁就开始写诗，还记得在什么刊物发表的第一首诗吗？荣获的第一个诗歌奖是什么？

王：一个诗人发表的作品再多，他也是不会忘记他的处女作在哪里发表的，更何况在当年发表作品非常困难的时候。在《诗集的故事》一文里，我回忆了我的处女作发表的过程：

> 1986年冬天，我去兰州出差，特地去《飞天》编辑部看望了诗歌编辑张书绅。我的处女作当年就发表在《飞天》杂志的"大学生诗苑"上，很多后来成名的诗人都经张书绅之手在《飞天》发表过作品。张书绅每信必回，而且他的回信永远用铅笔写在杂志社小小的便笺上。
>
> 在不知投了多少次稿之后，终于有一天，我收到的不再是退稿信，而是刊用通知。《飞天》1983年10月号发表了我的两首短诗《面对青草》和《非洲》。我收到十四元稿费后，就请好友们去徐家汇的新利查吃了一顿西餐（这家西餐厅居然现在还在），给女朋友买了一只网

球拍(因为吃饭后余下的钱只够买一只)。当时尚未谋面的封新城等兰州大学学生正在《飞天》实习,他们说服张书绅发表了我的成名作《想起一部捷克电影但想不起片名》。我获得的第一个诗歌奖,也是《飞天》颁发的——《华尔特·惠特曼》获得《飞天》1985年优秀诗歌奖。

崔:20世纪80年代,您在上海师范大学读书时,诗人陈东东和您是同班同学,现在你们都成了代表性诗人。四十年来,你们之间保持深厚友谊,这种纯粹的诗歌友谊给您最大的受益是什么?

王:我的青少年时代是一个文学狂热的特殊时代,我就读的大学,中文系人人写诗、抄诗、谈诗,诗歌像流行歌曲一样流行,这在现在是无法想象的,但是当时就是如此。我也很庆幸在大学时代遇到了陈东东这样优秀的诗人,我们在一个宿舍同窗四年,入学之初,他每天手捧厚厚的、让我望而生畏的《战争与和平》看得津津有味,而且全部看完了。我们一起交流读书心得,一起写诗,一起办油印诗刊,一起旷课,一起骑车郊游,干过很多调皮捣蛋的事情,……陈东东在他的长文《游侠传奇》里写过这段经历。

崔:您如何保持激情和创造力以克服长期写作中遭遇的瓶颈和低谷?您写作依靠灵感触发吗?这是否得益于做记者的职业敏锐?对写作环境有要求吗?平时是用零散时间还是整块时间进行创作?会经常修改旧作吗?

王:我经常遇到所谓的瓶颈和低谷,但我从来没有为此烦恼过,写不出就放下笔,该干吗就干吗,做你任何想做的事情,过一段时间,诗歌自然会来找你。即使你不再写诗了,别人还是会把你当成一个诗人。

曾经有朋友发出疑问,一个诗人怎么也能当得好记者?事实上,我对当记者的热情远在做一个诗人之上,在媒体兴盛的年代,记者有很多时间和空间上的自由,可以极大地满足我云游四方的愿望。我给自己的定位只是一个业余诗人,诗歌只是我的众多兴趣之一,我很乐于尝试各种新奇的玩意儿。

我是一个从不挑剔写作场所的诗人,在飞机上、高铁上、汽车里随时可以写,大部分时候是记录在手机的备忘录里,来不及记录下来,就用手机录音。特别的环境反而会激发我的创作热情，我有不少诗是在密闭的飞行器里一气呵成的，飞机上的呕吐袋经常被我胡涂乱抹，写得满满的，我收集了不同航空公司五花八门的呕吐袋。有大学的研究机构表达了浓厚的兴趣，希望收藏我的这些呕吐袋手稿，在送出去之前，先做一个呕吐袋手稿展也未可知。

修改，当然有，但不会有诗人多多说的修改七十次那样多。我基本不改旧作，与其花时间修改，不如去写新的作品。

崔：诗人北岛曾这样评价您："作为先锋诗人，王寅是20世纪80年代以来中国最优秀的诗人之一。"但是您似乎对诗作的出版很谨慎，目前只看到您的《王寅诗选》《灰光灯》《低温下的美》等诗集在国内出版，哦，对了，2022年您的第二本英文诗集《和幽灵在一起的夏日》由纽约书评出版社出版，著名诗人阿多尼斯作序推荐。接下来，您还有什么新的创作计划？

王：我的诗集出得少，在不同的时期有不同的原因。早年出诗集很困难，我一直到四十多岁，才由林贤治老师主编的"忍冬花诗丛"推出了我的《王寅诗选》，这也是我的第一本书，远远晚于同辈出版第一本书的时间。由于出诗集难，我的第一本诗集变成三十年创作的选集，如此的好处是略过了出各种诗集，直接就成了一本诗选。林老师是我的恩师，我对他唯有感谢，如果不是因为他，我的第一本书还会遥遥无期。此后诗集出得不多，是我写得少，对自己的作品也不甚满意。

2022年夏天出版了英文版诗集《和幽灵在一起的夏日》，2023年初出版了《低温下的美》。此外还有由古巴艺术家手工制作的西班牙语诗集，这本诗集限量两百册，是美籍古巴诗人朋友维克托·罗德里格斯·努涅斯策划的。这本诗集原本应该在2021年出版，但由于疫情顺延到2023年，这是我十分期待的一本诗集。另外，我还将完成记录近年来旅行的随笔集《偶然的时间》。

臧棣，1964年4月生于北京。北京大学文学博士。诗人、批评家。著有诗集《诗歌植物学》《最美的梨花即将被写出：臧棣四十年诗选》《燕园纪事》《宇宙是扁的》《骑手和豆浆》等，诗论集《诗道鳟燕》《非常诗道》等。曾获鲁迅文学奖诗歌奖、昌耀诗歌奖、屈原诗歌奖、万松浦文学奖等奖项。

交由诗去塑造和完成
——臧棣答诗人崔丽娟

崔丽娟（以下简称崔）：臧棣老师您好，非常感谢您百忙之中接受访谈。从2022年8月就计划要访谈您了，2023年9月9日您到上海来做诗歌分享会，我们见面又做了约定，没想到2024年新春之际才如愿以偿。您的创造力太旺盛了，诗集一本接一本被出版，朋友们开玩笑说，读诗的速度赶不上您写诗的速度了。似乎您很早就发明并一直在践行自己的"系列诗"写作主张，由此写了一系列"入门""丛书""协会"，您源源不断的写作灵感从哪里来？在漫长的写作生涯中，如何保持旺盛的创造力？

臧棣（以下简称臧）：旺盛的创造力，这基本上是从文化史的角度来看待并理解诗的出产。真的要从个人的角度去理解，对今天的当代诗而言，它其实是很常态化的一件事情。什么是常态化？就是说，创造力旺盛，或创造力不那么旺盛，对个体而言，都是很普通的事情。没什么好值得特别骄傲的。但既然问题已被提出，我也可以尝试做一些解答。从个体方面，我觉得我从小就是一个很热爱学习的人，对世界充满了探索的欲望。不要忘记，我们这一代人，在少年时期，都是被充满乐观主义的"十万个为什么"洗过脑的。所以，就对待世界的态度而言，我觉得我的好奇心，可能从十四岁开始一直到现在，不断自我丰盈，从未泯灭过。加上金牛座不服输的天性，一旦热爱起来一个对象，也会坚持到百折不挠。另外，我觉得尤其不该忽略的一点，就是在一个人心智成长的关键阶段，比如青春期，他是在什么样的文学光环下接触到诗歌的，也很重要。没有这样的光环（一种特殊的精神启蒙氛围），一个人会错失诗歌在他的生命认知中形成的"召唤"。光有好的诗歌，冷冰冰地放在眼前，还是不够的。比如，你现在把莎士比亚、但丁、惠特曼、博尔赫斯放在一个人面前，告诉他，这些人的作品有多么优秀、多么伟大，他可能还是没法理解。所以，还需要有一个特殊的契机或特别的精神氛围，开启一种特别的心灵感应，那些伟大作品才能渗入一个人的血脉，真正激发他的生命想象和生命体验。

很幸运，我觉得自己在1979年到1980年初期（直到1983年考入北京大学），尽管有高考压力，但我一直按我的方式理解并感受到诗歌对我的"天启"。是的，直到今天，按说，祛魅已沦为一种人文通识，但我仍然坚持，诗必须是例外（诗歌就是不祛魅）。也许，正是出于对那些诗歌的"天启时刻"的感恩，我对诗歌也一直持有一种威严的或说神圣的感情。诗，对我来说，意味着一种真实的精神力量。

诗是圣物。虽然在堕落的历史趋势里，诗，偶尔也不得不在人间烟火面前走两步。对我来说，这威严的情感，也是很清晰的、不太复杂的东西。它意味着一种特别的处境。诗，如果不是圣物，就没必要耽误大家的工夫，因为世界上比诗好玩的事物太多了。如果诗没有内源性的神圣，一个人何必要在它身上浪费自己的宝贵时间呢。这种情感，落实到诗和生命的日常关联中，会越来越凸显出这样一种角度：写诗这一行为，有可能变成一种"日课"：比如，每天都写点儿，记录下内心深处最有感觉的东西。

从大的时代环境上说，我觉得，新诗历史已有百年的实践积累，现代诗的实践视域，现代诗的可能性，从正反面都已充分展现在我们这几代人面前。这种积累，尤其体现在诗歌能力的传递方面。后来的诗人很容易觉察到"弯路"在哪里。少走很多弯路，写起来，成品率就高。此外，罗兰·巴特说，现代的文学已"无人看守"。原有的很多条条框框，都已疲软。原来的限制诗人去尽情探索的"文学规约"，已形同虚设，不再构成严厉的禁锢。而我本来就是一个思想特别活跃的人，所以，一旦拆除了观念的围墙，展现在我面前的新诗的可能性，就像一片新大陆一样。这种情形，也会释放个人的诗歌生产力。

对诗歌写作而言，历史和时代的"积累"，是一股无形的巨大的"资产"。而且，这是一种相当民主的"资产"，它的密码是随机的，向所有热爱诗歌的人开放。某种意义上，新诗已经把自己的创造密码交到了我们这几代人的手上。只要保持耐心，保持敏感度，保持创造的热忱，保持对母语的热爱，一定能破解到那些密码中的几个。破解一个，就够你使用三四十年。想想吧，要是破解了十个呢。反正，我觉得，我自己是破解了不少诗歌密码。这个，也用不着假谦虚。我的意思是，我们这几代诗人，都很幸运。新诗百年为我们积累的东西（无论是观念、写作胆识、还是技艺、方法）已足够我们进入一个创造力的旺盛时期。我甚至有这样的感觉：不是我在写诗，是一架巨大的诗歌机器在通过我，雇用我，书写并重塑它自己的语言机能。所以，对我而言，现在的诗歌书写已具有一个新的特征：一个人既是在写诗，又是在被诗书写。

崖：奥登说过一位诗人要成为大诗人，要必备下列五个条件之三四：一是必须多产；二是他的诗在题材和处理手法上必须宽泛；三是他在观察人生角度和风格提炼上，必须显示出独一无二的创造性；四是在诗的技巧上必须是一个行家；五是尽管其诗作早已经是成熟作品，但其成熟过程要一直持续到老。您从20世纪80年代就开始写诗，取得的成绩似可证明您符合奥登所说的那几条标准。从您身上可以得出这样的结论：写诗除了超凡的想象力，还需要天赋加勤奋。您如何理解大诗人是一个持续成熟的过程？

臧：我想我终身会对奥登保持足够的敬畏。几个原因吧。在如何体认现代诗人和现代社会的关系方面，我这代诗人，一开始多半是从亲近兰波、波德莱尔、洛尔卡、里尔克、狄兰·托马斯这些现代诗歌英雄开始的。这条线索的背后是，对体制性的现代秩序的反叛或疏离，以及在这种自我疏离中获得的某种狭隘的道德满足。但是感谢命运女神，奥登及时修正了我。奥登的启示在于，他依然将诗人的智慧强力放置在时代的张力中来锤炼诗歌言说的针对性。他展示了这样的姿态，在时代的喧嚣面前，诗人是最后的智者。在这方面，奥登绝对是伟大的榜样。甚至，在我看来，如果不把文论算上，艾略特也完全不如奥登。奥登的犀利，诗歌洞察力，体现的是一种伟大的艺术真诚。真诚而犀利，这里面其实有太矛盾的东西；如果不是奥登，几乎没有人可以驾驭它。奥登的魅力，在我看来，是他的诗有一种罕见的智性强度。很多时候，诗歌的智慧容易被虚化。但奥登不是这样。

关于成为大诗人的条件，奥登讲的是大实话。但吊诡的是，假如一个诗人的动机是想成为大诗人的话，那么，即使他有机会按奥登的大诗人清单实施他的成长方案，他多半也无法成为奥登意义上的"大诗人"。大诗人不是配置出来的。

如果不唐突的话，请允许我纠正你的一个观点：写诗需要勤奋。我的看法是，写诗不需要勤奋。绝对的不需要。写诗需要勤奋的话，好像是将勤奋作为了一个写作的前提。这是严重的误导。勤奋的潜台词里，还有一个东西，也预设得很"恶毒"：它好像是说，如果找对了方法，只需勤奋，写诗这活儿最终会铁杵成针。这绝对是一种误解。写诗没有方法。写诗就是一种生命的磨炼及其可能的好运。所以，在诗歌面前，勤奋是无效的。如果勤奋可以奏效，那么，人们常常会争论的——诗是贵族的还是诗是平民的，也就迎刃而解了。

严格地说，写诗也不需要天赋。写诗，需要一种特别的领悟力，这种领悟力只有在特别的机缘里，和一个人对语言的敏感结合在一起，也才只是有自我实现的可能。简而言之，有天赋，会对写诗有帮助，同时也会助长诗人的虚荣。而且私下里说，有天赋的诗歌，不过是一些刚刚及格的东西。在这个问题上，我觉得，艾略特的直觉，始终是对的。他的基本立场是，写诗需要一种严酷的才能；这种才能，只有一小部分来源于个人的生命禀赋，大部分根源于诗人所隶属的文化传统中的一种文学机制。所以，诗人的才能，其实是一种文学机制的体现。对我们所处的现代境遇而言，这种才能的体现方式，越来越多地偏向对诗人的综合性的要求。优秀的诗人，必须显示一种综合的个人能力；这种能力，说到底又是诗人创造性的一次成熟的自我重塑。

在我们的诗歌场域里，有很多东西，经常会被误解。比如，一谈诗人的个性，那多半会被曲解为，它只是和诗人自身有关。其实，诗人的个性，无论多么特殊，看起来多么极端，它都不是为诗人个人所专有的。诗的个性，诗人的个性，都是文学机制的一种独特的装置反应。从这个角度说，一个诗人什么时候会被称为"大诗人"，不过是一种诗歌史制度的加冕行为。在礼仪上，看着像那么回事；其实，不过是为了彰显一种诗歌流脉而实施的一种装饰性动作。对诗人同行来说，除了偶尔勾起一丝羡慕嫉妒恨之外，没什么实质性可言。有人也许会说，大诗人是经得起历史考验的。这个，也是外行话。历史只会把大诗人"烤煳"。新诗历史上，卞之琳是毋庸置疑的大诗人，但到目前为止，好像只有江弱水和我两个人承认这个事实。所以，新诗百年历史上，不是没有大诗人。而是我们的认证机制有"偏见"。中国当代诗歌场域里，大诗人至少有五六位，但目前也很难被公认。不过，没什么，我知道就算对得起汉语诗歌了。

"持续成熟的过程"，这个说法，看着像一个合理的建议，但其实也不能太当真。拿瓦莱里来说，成熟是突然的。不需要持续的过程。里尔克的情形也差不多，里尔克的成熟，也是间歇性的。倒是奥登自己的诗歌写作，符合他提出的诗歌配方。

差不多在20世纪90年代前期，我就接触到奥登的这个说法。我觉得，他的这套说辞，如果作为诗人对同行的建议来接受，还是颇有启发的；至少很对我的胃口，也确实在相当长的时间里，对我起到了来自令人敬重的诗歌前辈的一种督导作用。但如果像现在这样，在我们的诗歌场域里，把他的半真半假的"建议"机械为一套鉴别大诗人的"尺度"，这就大谬不然了。它很快破绽百出。比如，作为大诗人，兰波的作品数量就很少。作为大诗人，狄金森的题材也显得很有限。作为大诗人，瓦莱里的作品数量也少得可怜。

奥登的话，听起来更像是针对诗人的诗歌史地位而言的。比如，诗人必须显示几方面的才华，才配得上进入诗歌史。它也勾画了大诗人的才能构成，不过有点儿泛泛而谈。其实，更多的潜台词，在我看来，更像是一种严厉的提示：作为一个诗人，他是否充分发掘出了他身上的诗歌潜力。如果其中有几方面，没能在最该被发掘的年龄发掘出来，那只说明一个问题：你谋杀了你身上的半打诗人。

崔：《咏荆轲》被视作您早期的代表作，被批评家反复提及，您用不算太长的篇幅生动还原当时的历史场景，将荆轲的生命价值与精神气质精准表达，诗中体现的历史感和人文气息厚重深沉，留下很多值得人们思考的东西。当然，我们知道这是您为纪念早逝诗人戈麦而写作的。现在回过头来看，《咏荆轲》还是您最满意的诗吗？目前，您看重自己的哪些诗？

臧：《咏荆轲》只能算我早期的代表作吧。这首诗虽然取材于古代内容，但却是献给同时代的杰出诗人戈麦的。戈麦生前的最后两年，我们有过为数有限的交往。我那时在中国新闻社当记者，他的工作单位和我的单位一墙之隔，我去找过他几次。戈麦是个严肃的人，我们曾就一些当代诗歌话题谈得很深，但深到一定程度，基本上是我在摆出观点，他不太发表意见。很多时候，只有通过他的诗才领悟到，原来这伙计是这么看问题的啊。戈麦身上有我很敬重的诗人气质：深沉的忧郁。人际交往中，忧郁往往会拖累朋友之间的关系。戈麦真的很难得。他沉默寡言，但绝对不给朋友添麻烦，也基本不会令朋友为难。对现在而言，这已是很稀有的品质了。诗献给戈麦的原因，也是源于我对戈麦的诗歌的一种印象。戈麦的诗，有隐藏得很深的杀伐之气。他曾问我怎么看海子诗歌中的"暴力"，我当时的回答是，海子中了《圣经·旧约》的"毒"。什么"毒"呢？你知道，诗歌中的先知身份，这东西说起来好听，但真做起来，使用先知身份，就必须明确并付出"有神论"的代价。而海子在这方面一直是比较忸怩的。《咏荆轲》写到的一些内容，可以看作是我对戈麦的诗的一种间接的解读。其实，当时，我已能感觉到我和戈麦之间存在着隐隐的分歧：戈麦的做法，和海子一样，在建立起基本的现代审美视域之后，他突然想割断脐带，返回"古典"。我当时也基于自己的很深的理由，强烈反对这样做。

我现在看重的，可能还是我写动物和植物的某些诗。我觉得，有一天，我真的不在了，这些诗可以将我复活，替我代言。比如，有一首迄今没什么人提及的《蹄叶炎》。这样的诗，如果我没把它写出来，那么，汉语诗歌史里也不会有其他人能写出它，写得这么异想天开而又波澜不惊。这是我比较自信的地方。还有一首动物诗《冰岛观鲸记》，我绝对的代表作。

崖：在2023年会面聊天时，您提到那首写给青年评论家颜炼军的赠诗《盾牌简史》,并结合创作背景分析了这首诗的特点,我们听后豁然开朗。您是研究诗歌出身的文学博士,又长期在北京大学任教,初学写诗者可以从哪些方面入门?时有听到读者抱怨现代诗晦涩难懂,从而失去阅读兴趣,读诗赏诗可有什么好办法?

臧:到了现在这个阶段,还谈现代诗难懂,或者,把它作为一个问题,我觉得,有点儿匪夷所思。第一,经过百年实践,现代诗的晦涩难懂,基本上可以断定,它作为一个文学现象,至少在现代诗的文化阅读层面,是不成立的。现在,目前这个阶段——在新诗实践已逾百年之后,再从整体意义上议论新诗难懂,基本上论者自身已将自己降格为家长里短的水平。第二,现代诗的书写,起源于现代语言的兴起,以及在这兴起的过程中衍生的新的语言主体性(新的语言能力、新的语言意识、新的语言趣味)。可以这样讲,所谓现代诗的难懂,基本上是对现代语言的转向毫无了解的人发出的间歇性抱怨。如果了解现代诗的语言转向,那么,实际上就只剩下一个问题:接受还是不接受?接受的范围有多大?比如,同样是现代诗的读者,她能读懂徐志摩的作品,却读不懂穆旦的作品,这本来没什么,但恰恰是这样的读者,喜欢以偏概全地抱怨说,她读不懂穆旦的作品,就代表现代诗难懂。而当你反驳说,徐志摩写的也是现代诗啊,不是可以读懂吗?

怎么解决这个"伪问题"?恐怕还是要从对现代诗和现代语言的关系入手。比如,对现代语言在现代诗中是如何组织、如何排列的若干"规则"有了基本的了解,自然会熟悉现代诗的修辞模式。赵毅衡以前编选过一本名叫《"新批评"文集》的书,作为一本入门书,用起来很方便。德国批评家胡戈·弗里德里希的《现代诗歌的结构》,也会很有帮助的。此外,有一个老生常谈的问题,就是如何看待现代诗和诗的意义的关系。现代诗的读者,必须要有意识地纠正自身阅读习惯中的一个"痼疾":读一首诗,就必须从它的阅读中获得一个意义。这种冲着作品的中心思想或意义而去的阅读习惯,可以说是,现代诗阅读中最糟粕的东西。是一种被奴化的心理机制,却很少得到反思。古典的诗歌表达,深深受制于诗的意义的生成。它有很多面目,有时叫"诗言志",有时也叫"文以载道"。也就是说,在我们漫长的汉语诗性传统中,诗意不是独立的,诗意不具有独立的本体性。诗意是和特定的文化记忆一起,构成并酝酿自己的象征资本。这个,本来也没有太离谱儿。但现代诗的表达,它已强调了自己的语言意志是建立在独立的审美本体之上的，并试图对惯常的诗的意义的生成方式进行革命性的"变革"。简而言之，现代诗不再是一种以追求诗的意义为目的的表达方式。甚至，在很多时候，现代诗是以"反诗"或"非诗"的面具呈现的，它是反意义的，强化了对诗的意义的游移或悬置。这种情况下，人们在接触现代诗的时候，仍按自己既定的习惯——它基本上是从古典诗歌的阅读中习得的——来理解现代诗的意义生成，注定是南辕北辙的。这时候，如果一个人足够真诚，作为读者，他自己应该重新修订并签署他和现代诗之间的"阅读契约"。这一契约的要义，就是他首先更新自己的阅读身份，成为一名责任对等的现代读者。他应该按照现代诗的审美规则来阅读、欣赏、判断现代诗。而不是像诗歌的阅读巨婴那样，总是从自己可怜的需求出发，指责现代诗没能满足他的个人癖好。这些，其实都不需要什么特别深奥的大道理。就好比说，一个人参观汽车店，看了几圈下来，反复质疑的竟然是：为什么现代汽车没有用马车上的那种轮子？为什么不用马鞭？为什么不用缰绳控制快慢？这种情景下，只要精神稍稍正常的人，都不难意识到：谁是那胡搅蛮缠的一方。

此外，阅读的态度，阅读观念的改变，也很重要。我基本的态度是，现代诗的意义，其实是语言的一种风景现象。阅读现代诗，最好把它看成一片语言的风景。不要老是从意义出发，去索解现代诗；而要从语言的审美图式出发，去领略现代诗的山水风貌。就好比说，一个人去旅行，去看风景，过程的参与，置身其中的沉浸式体验，就是最可贵的收获。如果一个人自信他能看懂风景，那么，现代诗作为一种语言的风景，又何来看不懂之说呢？更何况还有那么句话——诗无达诂。所以，有何晦涩可言？其实，真正有点儿恼人的情况是，人们不太自信他们对现代诗的判断。现代诗的好坏怎么鉴别？这方面，我的看法和很多人不太一样。在我看来，大多数情况，对现代诗的阅读，都应该无涉对现代诗的好坏的鉴别。这不是傲慢，或托词；而是真的不需要。一个人去旅行，难道他总要焦虑风景的好坏？现代诗的好坏，如果涉及鉴别，它是一种专业性极强的事情，只适合于小范围的人群。而且，即使得出结果，也只是相对有效。通常意义上的现代诗的阅读，根本不需要走到这一步。

崖：您的诗歌创作实践和批评活动已然成为我们时代一道独特的诗歌景观。

《非常诗道》展现了您在多年的习诗生涯中对诗的思考,其中,有的是深思熟虑的阐释论述,有的仅是片段式的独语告白,或只是一种自觉的针对诗道的语言实践。简言之,这是您坚持多年的诗观吧?

臧: 我自己写诗,很强调动手能力。而我这一代人,也自小受到理论必须联系实践,实践必须回到理论的模式影响。所以,我也很喜欢对自己从事的写诗行为本身进行反观。对一些反复出现的诗学话题,我也保持着不间断的思考。总体说来,对我比较有启发的观念是,诗是神秘的言说。诗的言说基础立足于诗人自身的生命体验。这种体验,既涉及诗人个体对其自身经验的抽离能力——也就是,惠特曼所说的,诗是自我之歌;又涉及诗歌个体借助其自身的内部深邃,去涵容整个人类经验。所以,诗的自我,一定是人类意义上的自我。一种非人的自我——它甚至有另一个名称"生命的超越性"。而我们的诗歌场域里,一提诗的自我,有人就开始打岔你在说纯粹的无关他者的"自我"。所谓诗的自我之歌,其实就是诗性言说意义上的生命之歌。此外,诗必须有高度想象性。这种想象性,首先体现在诗的创造性上,它回应的是,对人类意识的高度自觉的创造性把握。诗必须发明现实。

崔: 北大有非常光荣的诗歌传统。作为嫡出的北大诗人,您长期任职于北大,尽管早在1998年您与西渡在协助你们的老师洪子诚编《北大诗选》时就谈道,"北大诗歌""北大诗派"是一个悖论。但是,北大一百多年绵延至今诞生了一拨又一拨非常优秀的诗人,从北大诗人传承下来的诗歌精神中,我们还是可以找到不少相似点。您的大学同学清平、麦芒,比您低两届的西渡、戈麦等都是非常优秀的诗人,清平在《臧棣:万物就很难精准》中有这样一段话给我留下深刻的印象:"臧棣和我都来自这'热忱'的20世纪80年代,我们人生的青春之途、我们的写作,都从那儿开始,了无荣耀而疑云层叠。今天回望,似乎除了时间刻度的命中注定外,没有什么能够从那迷雾里捞出来确认……"你们彼此最受教益的"诗歌友谊"可以和我们分享吗?

臧: "北大诗派"肯定是一个有争议的概念。而且在我这里,这个概念背后隐藏的东西,其实非常动机不纯。这也包括"北大诗歌",或者类似的提法"北大诗人"。这些概念，其实都是想用一个僵化而又模糊的框架来标签化和北大有关系的诗人。另一方面，跳出北大之外，从某个角度看，出身北大的诗人，放在新诗百年的脉络里，或放在当代诗歌场域里，去观察他们身上的某些特点时，他们似乎又显露出某种独特的关系网，但也只是松散的网络关系，不具备严格的文学团体性质。所以我要说，出身北大的诗人，只适合从诗歌文化史的角度做群落或代际研究，没法进行传统意义上的文学流派性质的研究。北大诗人之间，友情的关联恐怕往往要大于诗学的相近。一个北大诗人和另一个北大诗人之间，会交流诗歌，比如1990年初编辑诗刊《标准》时，清平、西渡、戈麦和我之间，基本上定期聚会，饮酒谈诗，彼此坦率交流对中外诗人作品的阅读心得。但从文学运动的角度，那时候，出于对诗歌运动的"疑惧"，我们都有意避免将我们哪怕是相似的诗学主张，推动成一股诗歌运动。这方面，我其实倒是有些不甘心。我有时会想，我们有这得天独厚的资源，既然北大为我们在诗歌上的共同爱好提供了一种精神纽带，我们应该合力一起做点儿事情。但那个时期，任何流派的迹象，都会显得很可疑。在我们看来，很可疑。在有的机构看来，也很可疑。

回顾我自己的诗歌生涯，我其实很感谢各个时期我所认识的"北大诗人"。他们首先都是非常有个性的、善于独立思考的人。很可能，最吸引我的，是表现在他们身上的"诗歌纪律"。比如，20世纪80年代的郁文，他有灵敏的审美嗅觉，总能很快领悟到诗歌风尚的变化。清平身上，也有一种犀利的思索能力，这让他的诗性语言发展出了一种独特的异常珍贵的"冷峻"。西渡的"诗歌纪律"，也很令人震撼。早年的西渡，对存在的世俗性是拒斥的，这让他的诗歌感性集中于对诗歌灵魂的体察和想象。我从朋友的作品中读到很多温暖的"灵感"，这是很珍贵的"滋养"。我觉得，能和他们在同一个时代一起写诗，是很幸运的。

崔：培养诗人、诗歌研究者、诗歌教学人才，这三项或许是高校诗教所承担的主要任务。您认为大学诗教在沟通当代诗歌与大众阅读中应该扮演什么角色？同时，作为诗歌研究者，您认为什么样的诗歌批评才能真正起到促进诗歌创作的作用？

臧：北大还算是宽松的。但受大环境影响，到目前为止，还谈不上对现代诗歌教育的体制性的重视。现代的大学体制中,"诗教"依然是很虚的东西,还没有真正形成,也没有机会建构出自己的形象和场域。这不能不说是一种遗憾。"诗教"不仅牵涉对诗歌文化的传承,更涉及生命体验和诗性记忆的重塑,它应该成为大学文科教育里的"支柱"。但这些,目前都还提不到日程上。能扮演什么角色,全凭运气吧。

至于诗歌批评,我理解,它不是以促进诗歌创作为存在条件的。所以,如果诗歌批评对诗歌创作起到了"促进",这也是两者之间发生了错会或误读。只有在极个别的情况下,诗歌批评会对诗歌创作产生"正面的影响"。一般来说,诗歌批评绝不会对诗歌创作产生实质性的影响。这里,如果把"影响"界定为正面的或积极的指导,希图诗歌批评能指导诗歌创作,就更荒唐了。世界上,没有这么便宜的好事。诗歌批评和诗歌创作的关系,正常情况下,应该是一种古怪的竞技关系。为什么是"古怪的"?诗歌呈现了一种表达,批评给予反馈,对诗歌的表达进行解释。表面上,两者存在着序列性的前后关系。但它们所遵循的想象力逻辑,对事物的隐喻性的认知方式,虽然也有交叉,但在根本上是不同的。因为存在着这样的不同,所以,也就根本不可能会有什么正面的引导。

其实按我的感觉,两者之间,更像是身份暧昧的主客关系。诗歌批评主体到诗歌创作领域中做客,或者,诗歌创作主体到诗歌批评领域中做客,修养或心态好的话,都会引发奇妙的收益。但很多从事诗歌创作的人,常常忘了一个最根本的底线:他们以为诗歌批评是要服务于诗歌创作。这是非常可疑的。诗歌批评对诗歌的评说,看似以诗歌作品为对象,但就像诗歌创作不以诗歌批评为对象而实施一样,他们之间的关联是随机的、偶发的。诗歌批评的真正对象是,诗歌共同体、诗歌文化及其秩序(有时着重于对诗的文化记忆的重塑,有时侧重于对诗歌史的建构)。所以,诗歌批评和诗歌创作,涉及的是两个截然不同的甚至常常是相互排斥的能力。这种情况下,除非是真诚地提出一些似是而非的"建议",否则怎么可能会出现那种良性循环意义上的"指导"呢?但另一方面,也正是存在着这样的差异,我们指导诗歌批评的能力,真正意义上其实是更稀有的、更罕见的。这就是现在人们喜欢抱怨的——好的诗歌批评比好的诗歌创作更缺少的原因。

我的意思,倒不是说,诗歌批评和诗歌创作无关。因为它们都从各自的渠道,努力成就着一种诗歌文化的存在（包括诗歌现场、诗歌风尚、诗歌史场景、诗歌史图示）。什么情况下，诗歌批评会对诗歌创作有某种看似直接的作用呢？我的看法是，所谓的作用都不过是一些形形色色的误读。诗歌创作的主体从对诗歌批评的自发阅读中偶然被一些点评文字触动，获得了启示，而这些启示，强化他去有意识地探索类似的表达。但即使如此，这些探索是否成立，也是要冒险的。不会因受到批评的启示，就百发百中了。

这个话题有时难免会涉及对当代诗的总体成就的观感。我的看法是，不能说当代诗没有一流的诗歌批评。问题的关键是，相对于数目惊人的堪称一流的当代诗的出产而言，好的诗歌批评又很难以同样的规模出现，这就造成了诗歌批评的"缺席"。毕竟，面对每年大量涌现的优秀诗作，诗歌批评的运转速率，确实有点儿"迟缓"。有的人会因这"缺席"恶语伤人，比如，骄傲地指责诗歌批评跟不上诗歌创作的"节奏"。不过，我的态度要温和一些。"缺席"也好，"脱节"也罢，前面说过，诗歌批评本来就不是针对诗歌创作的（当然，这个机制设置也有问题）。目前的失衡，根本在于当代诗的文学能力大幅提高，好的诗人，有个性的优秀诗人，其数量远远超越了好的批评家。从阅读上、从现象的总结上看，当代诗歌批评已无法做到有效的跟踪阅读，就像它在朦胧诗时期那样。但这"缺席"绝不意味着当代诗歌批评的"失职"。好的诗歌细读，依然在源源不断地出产。好的断代总结文章，也时有问世。对此，我是乐观的。

崖：从宽泛意义上，您如何理解诗歌的现代性？诗歌应该介入现实吗？如果说诗歌想象力中必然包含对现实经验的深刻把握，那么二者之间有没有一个适当的衔接点可以嵌入？

臧：诗的现代性，牵涉面太广。像访谈这样的体例，似乎很难深入谈论。怎么说都像是在泛泛表达一些尽人皆知的东西。或者，说什么都像是在表态一样。对我而言，现代性是一个越来越矛盾的东西。只是这种矛盾性，还没发展到令我特别困惑的地步。我的诗歌底线一直是兰波的"必须绝对现代"。虽然随着年龄的增长，阅历的扩展，什么是"现代"，可能会有内涵上的激烈更动，但作为一种想象力的自我激励的机制效应，它是绝对的。兰波所谓的"绝对现代"，其实是指，作为一个诗人，我们必须时刻追问自己，有没有发展出一种足够新颖的内在感受力，去看待世界的秘密。所以，对我来说，诗的现代性、诗的当代性，首先指向了生存情境的体验强度。这也关系到诗人主体的自我设置：比如，海子的态度是走向"古典"。这个态度绝不会重现在我身上，哪怕我知道我会比海子更热爱古代事物，也不会做出类似的表达。这方面，我也很执着。我依然认同史蒂文斯的立场：不能生活于客观世界的诗人是不完整的。或者，在某种程度上，我也认同阿甘本的呼吁："成为同时代人。"

诗的介入性在我们的诗歌场域里有股浓厚的道德气息。它往往被简化成立场的表达。这个词背后其实有非常可疑的历史主义的东西。也就是说，介入对介入的主体性是有严格要求的：一、它必须掌握真理性；二、它必须自信有能力改变世界。于是，面对我们的诗歌场域，我想问问，把介入视为立场表达的那些人，你们真的以为自己具有这样的东西吗？其实，从修辞动作上分析，介入意味着它需要从外部突击到内部，来去更改现存的秩序关系。但其实，对诗歌而言，恰恰是虚构的这个外部，或者，这个外在的位置是成问题的。对诗歌而言，根本就不存在这样的外部。诗，一直就在那里。另外，在逻辑关系上，介入对主客观的关系的狭隘设置也显得轻浮。因为在这种逻辑陷阱里，介入意味着对客观发言，而且客观作为一个对象，还必须是静止地呆立在原地，听你对它喋喋不休。但是，我想追问的是，这样的主客关系，在诗的表达中它真的存在吗？

另一方面，就想象力工作的方式而言，就我自己的诚实的感受而言，诗是不适合介入的。但这里，我并不是想否定：诗有时也必须发表对现实或客观世界的看法。我自己有很多书写现实题材的诗歌。地震、水灾、矿难、污染等，我都有自己的书写。但总体上，我不会把诗和现实的关系理解为一种介入性的关系。那种规定似乎有点儿自我作茧。

不谈介入或不强调介入，绝不是说，诗人要放弃面对现实，蜷缩在一个自我封闭的角落里抒写诗歌。诗触及的是全人类的经验，所以，无论从层次还是从维度，都不该回避对现实面相的思索。诗人应当研究现实，有必要的话，甚至要着手发明现实。诗人的经验绝不能出现对现实的无知。伟大的诗歌想象力一定包含对现实经验的深刻把握。这是我的基本立场。

崖：有点儿冒昧地问一个很久以前直接与您有关的问题，20世纪90年代末"盘峰论争"期间，您被视作"知识分子"写作代表。这场论争过去这么多年，现在似乎烟消云散。回过头来看，作为当事人之一，您认为它在当代诗歌史上留下的积极意义大还是消极影响大？有人认为现在是诗歌最好的时代，也有人说现在诗歌已死。那么，当今诗歌究竟是越来越边缘化了，还是呈现欣欣向荣的景象？您的看法是什么？

臧：能澄清一下吗？这场论争虽然过去了，但可能并没有如你说的那样，已"烟消云散"。按现在的说法，它还回荡在一个"漫长的季节"里。这场论争的意义，在我看来，是非常重大的。它没有解决什么问题。这其实是很好的结果。我不认同那样的看法：意义是否重大，一定要取决于它是否解决了重大的问题。毕竟，那场论争让一些隐藏的东西被作为批评的对象被公开面对，这对双方而言，都是一种很好的直面照妖镜的过程。对我自己而言，通过论争，我也修正了一些诗歌想法。

我已多次申明过我的看法，尽管有很多问题，但从诗歌史的角度看，可以负责任地说，近二十年，当代诗仍处于它的上升期。

崖：您如何看待长诗和短诗写作？诗人阎志说，一本书就是一首长诗。近一段时间，诗人陈先发的长诗《了忽焉》一时间成了激发许多诗人热烈讨论的一个话题。迄今您写的都是抒情短诗，将来会写一部以历史题材为背景的鸿篇巨制吗？有什么创作计划？

臧：目前我发表出来的基本上都是抒情短诗，但我也有自己的长诗。不过，这方面，我其实是矛盾的。我曾严格地给自己立下过一个规矩：绝不碰长诗。即使有人跟我嘀咕，不写几首长诗，无法获得诺贝尔奖认证，但我的立场也不曾更改过。所以，我的长诗，在文本形态方面，一定是非常另类的。至少，得够得上反长诗的长诗。目前，不太方便透露长诗的内容。因为，喜欢剽窃别人想法的人太多了。

李南，1964年10月生于青海，女。1983年开始写诗。著有诗集《时间松开了手》《妥协之歌》《那么好》。曾获昌耀诗歌奖、徐志摩诗歌奖、孙犁文学奖、《十月》诗歌奖、《草堂》年度实力诗人奖等奖项。现居河北石家庄。

诗人经营着自己的语言
——李南答诗人崔丽娟

崔丽娟（以下简称崔）：李南老师很高兴有机会进行这次访谈。您曾荣获首届昌耀诗歌奖、第四届徐志摩诗歌奖等。可谓当今诗坛具有相当影响力的一位实力派诗人，您写诗这么长时间会否感觉疲惫和厌倦，坚持下来的动力是什么？

李南（以下简称李）：从20世纪80年代初至今，我写诗已经近四十年了。说起来很惭愧，我的写作成就和写作时长不相匹配，我浪费了许多时间……20世纪80年代的写作基本上是练笔阶段，进入20世纪90年代后才有了自觉意识。那时大概知道自己需要写些什么，并有意识地在以后的写作中慢慢校正自己、完善自己——虽然进步很慢。

在漫长岁月中，具体可感的生活贯穿了每一个日子，我的大部分精力并不在写作上，但是读书却没有停止过。我不是专业写作者，没有来自写作数量或发表上的压力，所以不存在疲惫和厌倦。不在状态时，我就不写，看电影、读书、与朋友喝酒、看画展、参加社会活动等。每当心有所动，感觉到需要写诗时，便率领我的词语小分队，徜徉在文字的星空，这种艺术的转换陪伴在我的生命中，我享受其中的奥妙。至于这么多年坚持下来，完全来自骨子里对诗歌的热爱，写诗是一种自我教育，更是自我完善的一个过程。

崔："写诗是一种自我教育，更是自我完善的一个过程。"我完全赞同您说的这句话。的确，诗歌的魔力在于它不经意间会给人某种突如其来的诗意撞击，这或许就是灵感的召唤。对您而言，创作过程中，灵感写作还是技术（技艺）写作更奏效？换言之，您会否依赖并等待灵感产生的自发写作冲动，这种冲动源自语言还是视觉，抑或经验？会反复修改自己的作品吗？

李：年轻时我们的写作往往是故作姿态，为了寻找灵感去做点儿什么，颇有"为赋新词强说愁"之感，而诗人进入中年以后，阅历、经验、感受力、审美、知识积累等都经过时间的沉淀，外在的物象当然重要，但诗的元素通常来自对词语的敏锐、对生活的洞察。所谓的灵感，往往是来自无厘头的遐想，年轻时头脑聪灵，精力旺盛，这种遐想常常能迸发出一些奇妙的诗句。但我一向认为，灵感更多的是青春期写作的产物，当你经过成熟稳定的技术训练后，仿佛灵感也不那么重要。

对我而言，一首诗的产生，是在等待一次激活，点燃那颗蛰伏在日常又琐碎生活中的诗心——无论语言上的，还是视觉上的，抑或经验上的。这种写诗的冲动大多是源自内心的思考和所见所感的事物刹那间的碰撞而产生。不知道这能不能叫灵感？可以说我平时的阅读、思考、观察都是为一首诗的诞生做准备。通常，我的诗是酝酿许久，下笔则是一气呵成，很少修改，除非有硬伤或观念性的错误。

崔：对于写作，您颇为冷静和理智，令人敬佩，接下来我要问：您写诗是为自己还是为他人，为当下还是为未来，或者为历史？对于诗人身份如何界定，您认为自己作为诗人与普通人有什么区别？

李：每个诗人都有他的写作目标，我们不能苛求他。我相信很多诗人都有一些写给未来的诗。至于为当下写作这个概念，老实说，我不太理解。是讴歌我们所处的时代美好的事物，还是记录这个时代发生的事件和情感？抑或是对时代与人性的批判和鞭挞？当然这些都很有意义，但是你指望通过诗歌来改变现实中存在的问题，可能性几乎为零。我想，大多数诗人只是在写内心生活，正如布罗茨基所言："如果一个诗人对社会有义务，那就是写好诗。"我的逻辑思维决定了我的写作走向——扁平化的写作，与当下黏着，纠缠，又力求超脱那么一点点。这么说来，我的写作大约就是属于这种类型吧。为未来写作的诗人是我仰望的大师，但丁的《神曲》成为后世无法逾越的巅峰；里尔克则创造了一个双重隐喻的诗性世界。而为历史写作者，也不乏高人，卡瓦菲斯、阿米亥、博尔赫斯、沃尔科特等，他们都有大量的诗篇陈述各自民族的历史记忆，这对我来说都是高远的目标，到了我这个岁数，空有信心、野心是不能支撑这些宏大的目标的，我甚至不知道自己的写作能否漫延至这个领域。

我写诗是我的爱好，如果说为了什么，为了荣耀神吧。同时，能有一些读者读到，或者能对他们的艺术审美能力或想象力有一定的触动，那当然更好。诗歌是一门迷人的艺术，能深谙其美妙的普通读者可以说是凤毛麟角，而小说则不同，更多的读者喜欢看故事。

诗人身份只是写诗的人和不写诗的人的区别，再进一步说，初学写诗的爱好者不能称为诗人，而长期坚持写作并取得一定成就的人才称得上诗人。

我就是一个写诗的普通人。承受着普通人的一切，生活重压、欢笑和眼泪、四季流转、生老病死，只不过是我比不写诗的人多出了那么一点点不同——写诗为我打开了一扇窗，让我在这窒息的现实中，还拥有心灵的自由。

崖：有人断言新诗不是被边缘化，而是早已经死了；相反，也有人高唱新诗正处于空前繁荣阶段，对于这两种截然不同的观点怎么评判？不管怎样，既然身负使命，诗人总要不停地写下去，您会受诗歌潮流的影响吗？诗人如何保持创作活力？

李：从诗歌传承和流变上看，诗歌从来就没有断流。从远古时代，我们的先祖吟诵至今，诗歌作为最早的文学形式，一直存在于几千年的中国文化血脉中。我们讨论这两种对立的观点，显然是指新时期以来的这一特定时段。

从20世纪80年代初至今，短短几十年的发展，给出"诗歌已死"或者"诗歌空前繁荣"这种结论，似乎过于草率。自从我们接受了诗歌小传统划定，反观这几十年的写作，也不是一无所获，从海量的作品中，经过大浪淘沙式的遴选，最终水落石出，为后世留下了经典的诗篇。道出"诗歌已死"的诗人或是读者，面对21世纪以来的诗歌现状，大有"怒其不争"的失望，我想应该源自两个方面的落差。其一是这些诗人（读者、批评家）饱读诗书，学贯中西，形成了卓尔不群的诗歌审美能力。但当下的诗歌写作良莠不齐，远远不能满足他们对诗歌高水准的期待；其二是来自大众读者的声音，这些读者往往并不在诗歌现场，他们所接触到的诗歌大多来自传统媒介，或是为了标新立异的一些自媒体，因为这两种传播渠道的局限性，远远不能反映出诗歌创作的全貌。同时由于我国的新诗教育严重缺失，大众读者的诗歌审美几乎还停留在古典诗词、20世纪80年代的水准，也难怪他们认为诗歌已死。

而持有诗歌很繁荣观点的人，大多是诗歌圈子内部人士的感觉，形形色色的诗歌文本探索、热闹的诗歌活动、不时暴出的诗歌事件、诗人队伍的空前壮大等。不过将诗歌放置到整个社会层面，真实的情况却令人沮丧，没有多少人在意诗人和诗歌，人们忙着赚钱、开会，开会、赚钱，极少有人注意到还存在一个诗意世界，在这样一个多元消费时代，诗歌被边缘化是不争的事实。

具体到我个人，基本上还算淡定。多年以来，我的写作保持了与自己纵向的比照。潮流化的写作，我会关注，但不会深度介入其中。至于创作定力，大半生过去，没有找到比写作更适合我的活计，只有不紧不慢地写了。而创作活力，真是一件不能把握的事，它完全来自内心的呼唤。

崖：诗坛看似热闹，一些诗歌评奖活动却被诟病为小圈子自嗨。有时候，好作品在批评家与读者之间确实难以达成共识，造成这种困境的深层次原因在哪里？您坚持什么样的诗观？好诗应该具备哪几个特质或有哪几条标准？

李：真是火力十足，每个问题都难以简略回答。简言之吧。好作品在批评家与读者之间难以达成共识，这是必然现象。批评家以他的专业视角、艺术审美、诗学体系、修辞技术、人文素养、格局构成等去考量诗歌，批评家往往能透过诗人的文本看到艺术成因，他以深刻又具学理性的评判去研究一首好诗文本，而普通读者却是以自己的感受、学识来解读诗歌,当然也谈不上专业,只能是感知,却无法贴切地评判。

一些评奖活动是不是小圈子的自嗨,我不关心,也不了解。只是觉得一个诗人如果能获得一些奖项,一是靠他的写作实力,二是靠运气吧。至于有个别诗人通过某种手段获得奖项,那么是不是有助于他今后的创作?只有他自己明白。

作为一个正在路上的诗人,只能说我对当代诗坛的了解很有限。我不喜欢是是非非,因此保持了很谨慎的态度。我不能把握对诗坛的整体印象,既不是批评家,也不是刊物编辑,更不是一个很活跃的诗人。诗坛看上去很热闹,这也不是一件坏事。年轻的诗人一茬又一茬成长起来,丰富了诗歌生态环境,透过繁华热闹的表象,总有金子沉淀在深处。写诗也是一项优胜劣汰的事业,但只有历史与时间更有发言权。

写诗这么多年,我也认识一些诗人朋友,有的性格张扬,有的生性安静,这些诗人构成了诗坛的存在——如果有一个诗坛的话。历史上每一个朝代,大约也是这样吧,说到底,诗人只管写出好的作品,有几个心仪的诗友,时常保持联系,在苍凉的生命中,这很温暖。

我的诗观始终处于一个动态性的变化之中。早年的诗观与现在肯定不一样,现在的诗观与今后是不是一样?我不知道。这是因为在学习的过程中,对于诗歌认知有了更为复杂的识别。一个人对于诗观和审美主张来自他对诗歌的认识和教养,我在《诗教》这首诗中写道"冬日有暖阳安慰瑟瑟发抖的街道/历史册页中偶有真相泄露/谁也无权取消鹰的飞翔……"这大约能体现出一部分我对诗歌的观点。

好诗肯定是有标准的。至于什么样的诗是好诗,每个诗人都有不同的回答。这与一个诗人的综合艺术修养有关。新诗发展到今天,语言的革新一次次冲击着人们的眼球,审美的多元化,感受的当代性,言说方式的创新,这一切都丰富着一首好诗的标准。感人当然是诗歌的一种元素,但是好的诗歌我认为不仅仅是感人,它是开启人们想象力、提升人们感受力的一门语言艺术,好的诗歌也不仅仅是具有同理心、共情感,有时词语的冒犯和异质,修辞的戏剧结构,反讽,陌生化都可以构成一首好诗的元素,使得好诗具有了丰富性和复杂性。伟大的博尔赫斯对此有一个深刻的理解:"你在读世界上最优秀的诗,也许你不能理解它,却能够感受它,那就更好,因为诗歌并不诉诸理性而是诉诸想象。"就比如我喜欢巴烈霍的暴烈和直接,也喜欢米沃什的丰富和理性,策兰的幽深和拒斥,这些都是我喜爱的诗歌元素。狄金森对好诗的描述是"天灵盖被掀起"的感觉;罗伯特·潘·沃伦说:"一首诗读罢,如果你不是直到脚趾都有感受的话,那不是一首好诗。"与初学写诗时相比,我们对好诗的定义又有了新解——有的诗让你泪流满面,让你沉思,让你惊跳,让你咒骂,让你击案呼妙……这是阅读时感官带给读者的触发力,更专业的读者会从诗歌艺术角度来享受:有的诗让你沉浸于词语的狂欢,让你体验迷人的修辞,结构的奇绝,节奏与语调的把控……这一切都可以成就一首好诗。这些都能称之为好诗的特质吧?

崔:您对好诗标准和特质的概括对我们颇有启发,值得深思。您十分注重语言的打磨,有自己独特的语言系统。您的语言背后是犀利的时代洞察、深邃的人文思考和丰厚的情感表达。有人提倡增加诗歌的写作难度,您的诗歌语言却相对朴素简单,明白晓畅是您的诗的特点,或许这样可以有效降低读者的阅读难度。诗人的职责是捍卫自己民族的语言吗?语言也是技巧的一部分吗?

李:是的。朴素简单,明白晓畅是很多读者对我作品的评价。但是我知道,我的写作也充满了难度。20 世纪 80 年代后期,受当时诗歌潮流的影响,我也写了许多标新立异的诗歌,看上去貌似生涩、新奇,多半是灵感来后,觉得要去表达些什么,随手写下的呓语,过于追求语言的新奇,实则消解了内涵表达。虽然也在《诗歌报》《诗神》《星星》《绿风》等诗歌刊物上发表了一些,但那是我的探索阶段,其结果自己并不满意。20 世纪 90 年代后我意识到了这一点,开始反拨自己,寻找自己的语言系统,逐渐形成了现在的语言风格。

一个诗人能否形成独特的语言系统,无一不与他自身的生命信息紧密相关,也必然经过多年来他对语言的经营。保罗·策兰的亲人死于集中营纳粹大屠杀,在他的诗中把控诉凝结为带血的诗句,把对人世绝望化作深奥难解的隐喻,排斥读者,又吸引读者;茨维塔耶娃奔放燃烧的诗行,天马行空的思维跳跃则来自她颠沛流离的经历、敢爱敢恨的性格;而沃尔科特细腻又敏感的语言,来自他对混血身份的辨认，对本土文化与殖民文化的迷恋……可以说，一个诗人最初的写作依赖于模仿、天赋、阅读、热爱，但随着成长，他必须经历诗歌以外的世俗生活，经历生活的摩擦、挤压、摔打，最终才能把深沉的体悟锻造成一行诗句，写出属于自己的语言。除此，他还需通过多年的技术训练，确认了自己的审美定式，才能建立起自己的语言系统。

诗歌语言是作者的应用工具，诗人的使命在于捍卫语言的纯正性、发掘语言的能指性。看过一则民间统计，如今网络上已经有一千多个敏感字词，网民们只好用"火星体"来替代，字母、白字、错字、繁体字、谐音字、符号、图形……这很悲哀。面对这种对语言的戕害，诗人有义务通过创作将最本质、最博大的汉语还原在诗歌中。

而诗的创作技巧则是技术层面的重要部分。当你准备写出一首诗时，各种行文修辞手段呈现在你脑海，它的制式、节奏、语感、结构等，你需要用什么样的词语进行表达，自然是需要精心挑选的，以使它们与你整首诗的气韵相匹配，这需要你经过多年的训练，娴熟地运用你所掌握的各种具体技巧。

崖：有一种观点认为，诗坛进入主智时代，强调叙事性和对日常经验的书写，浪漫抒情已经不再流行。的确，随着社会多元化发展，抽象、单调、空洞的诗因滥情或假抒情而缺乏生动叙事和真实细节渐渐失去创造力和生命力。叙事诗是不是对我们的生活产生更大的作用呢？抒情诗真的已经落伍过时了吗？当诗无法言志时诗人何为？

李：20世纪90年代中期，中国的诗歌经过20世纪80年代的喧嚣，渐渐走向沉寂，那时互联网时代还未来临，许多优秀的诗人潜心读写，他们已不满足朦胧诗的亚政治话语，而海子式的泛抒情也令人厌倦，于是开始了更为深入的探索，叙事元素大量体现在诗歌中，对日后的诗歌多元化、多样性起到了重要作用。由于叙事诗的介入，强化了诗歌的现代性，但同时也因为叙事语言的杂乱，在某种程度上拉低了诗歌的含金量。我觉得如果说叙事是一首诗的骨架，那么抒情就是血肉，互为彼此，不可拆解。

我一直认为，每一首抒情小诗都存在着叙事性，哪怕是一个片段，一个闪念，也是在对一个事物的描写、叙述、反转。而叙事诗则是另一种情况。我们也读过一些非常好的叙事诗，它们大多以戏剧性讲述打动人，以新颖的结构谋略吸引人，以有效的信息丰富人，优秀诗人在技术操作层面保持了可贵的平衡。

至于叙事诗在当今时代是不是真的更有用，呵呵，没有一首诗在当今有用。柏拉图对诗人的评判起了个坏头，他以哲学家的理性思维论证了诗人的无用。在《理想国》中他这样追问荷马："请你告诉我们，有哪一个城邦是因为你而被治理好的。"我们虽然有千万种观点反驳他，甚至不屑去理会，随着文明的高度进化，柏拉图也不再对诗人构成伤害。但眼下，不争的事实就是小说的读者远比诗歌要多很多，人们喜欢听故事，爱恨情仇，波澜壮阔，很容易把读者带入一个亦真亦幻的世界。而诗歌这种特殊的文体，体量小，结构浓缩，语言又高度凝练，是对读者想象力的考验。一首诗写得再好也不如一篇小说更好读。我的情况是，当诗歌不能表达我想表达的东西时，我会写一些随笔、散文。

抒情诗已经完全落伍过时了吗？不会。也不可能。抒情诗的发展远远没有抵达顶峰，仍有上升的空间。

"在贫困的年代诗人何为？"荷尔德林曾经自问，上帝缺席，世界一片黑暗，诸神不会再来。这个问题也经常困扰着诗人。"诗言志"即寓志于形象之中，是我国传统诗学的表述，我们很多诗人无形中也被束缚，但新诗发展至今，很多经典的诗歌早已跳出了这个框框，并不是在说理、寓志，而只是呈现。再说，写诗是解放心灵的工作，没有人可以阻挡你言志，或不言志。

崖：现在我们追溯源头，个人经历对于写作的影响。您父亲是陕西武功人，20世纪50年代支边到青海，母亲则是从河北支边到青海的。1964年您出生在青海西宁，一岁的时候随父母来到德令哈农场度过了自己的童年。您在少女时代回到西宁，1979年，又随母亲迁居到石家庄。后来为了爱情曾移居到秦皇岛，为了生计也在北京生活过。您自嘲是一个没有故乡归属感的人，请谈谈"异乡人"的身份对自己创作视角的影响吧。

李：我的确写下过许多带有"异乡人"痕迹的诗和文章，更可能的是在诗文中寻找一种"乡愁"，但这不是地理意义上的，而是精神意义上的。对于故乡和异乡的理解，我愿意引用阿尔贝·加缪在他的《异乡人》中的解释："故乡安置不了肉身，从此有了漂泊，有了远方。异乡安置不了灵魂，从此有了归乡，有了故乡。"其实很多人即便故乡仍在，他同样也会抵达这种哲学意义上的终极乡愁。

因从小都在迁徙途中，我适应甚至喜欢上这种漂移感，从青藏高原来到华北平原，从一望无际的海边到高楼栉比的都市，每一次迁徙都带给我全新的感受。

从青海来到石家庄时还小，但我的亲人、同学、发小儿都在青海，那时并没有为青海写诗。只是参加工作后，回去的机会越来越多，当我回望青海时，才发现青海是我写作的一座富矿。这些年来，我几乎每年都有回青海的机会，去了很多地方，写下了大量有关青海的诗作。与生活在青海的诗友稍有不同，我写青海则是以一个外省人或游子的视角去写，有亲近感，又有隔离感，有新奇，也有凝重，虽然都是我熟悉的场景，但我多年没有生活在此，对于细节的把握，情感的介入，远不如长期生活在青海的诗人。

对于我生活过的平原、海边和北京城，我也写下过一些诗文，但的确是，我从未深度融入。我自嘲是无根的写作，没有可依傍的抒情客体。我没有乡村生活经验，不懂时令，不辨稻稗，所以对于乡村题材的诗不敢触及。但与之相悖的问题随之出现了——生长于乡村的诗人就一定能写出绝世的乡村题材的诗吗？有时诗歌就是这么奇妙，我们看到的情况反倒是，一个过客、一个"异乡人"他只是匆匆路过，或是小住几日，便写下了不朽的诗篇，正如戴望舒过香港时写下的《萧红墓畔口占》，海子过德令哈时写下的《日记》，西川过刚察时写下的《在哈尔盖仰望星空》等。我想这是一个诗人以过客身份来写他并不熟悉的地方，向读者提供了一个全新的视角，陌生的感受，鲜活的文本，作者的原创性在这些诗中得以实现。

具体到我个人的创作，这种"无根"的写作，也许更适合我。这个世界上值得书写的事物不仅仅是故乡，我庆幸能跳出这个局限，奔向更远的地方。

崔：20世纪80年代，您就在河北诗歌圈颇为活跃，河北出了一批批优秀诗人，您当然是其中重要的一位，河北有怎样的诗歌传统和氛围？对伟大的诗歌友谊有什么深切体会？

李：河北的诗歌传统源远流长，自古以来这片土地上出过许多文学史上的大家。说起燕赵大地，人们不约而同地认为河北诗人们的写作素有"风萧萧兮易水寒"的慷慨悲歌之风，粗粝、直接，如同冬季的寒风一样硬朗。但随着时代的变化，老一辈的诗人们与时代共振，开始写乡村田间地头，写工业生产，写英模人物，写自然山水，讴歌祖国，抒发情怀。我想，那个时代也不仅仅是河北诗人这么写，全国的诗人都处于一个公共话语时代，个人化写作屈指可数，模糊了个性与共性，地域与全景，我们姑且称之为运动式主流写作吧。

20世纪80年代，国门打开，河北诗人们有了一次抢眼的亮相，诗人们接受新思潮影响，敞开心扉，写出了许多在全国颇有影响的作品。如刘章的《北山恋》，姚振函的《感觉的平原》，张学梦的《现代化和我们自己》，刘小放的《庄稼院里的女王》，曹增书的《中国，正站在脚手架上》，陈超的《中国探索诗鉴赏辞典》等，篇幅所限，不再一一列举。这些诗人汲取了国内外诗歌的多种表现手法，在艺术上进行了自觉的更新，或是对家乡、故土的赞颂，或是对过去历史的反思，或是对新机遇到来的激赏，或是对人性的呼唤……可以说正是这一代诗人起到了承上启下的作用，不断地拓展诗歌的边界，为下一代诗人们奠定了多元化写作的基础。

如今的河北诗人们与全国的诗人们一样，没有特别的题材限制、地域特征，每个诗人都有自己的写作诉求。作为领军人物的大解，不仅突破了传统意义上河北诗歌的写作，在小说、寓言写作上也进行了跨文本的尝试。也有一部分诗人在写生养他们的土地，正如别的省份的作家一样，他们充满了深情和感恩地写，我理解、尊重他们的写作。可以说河北诗人早已摘掉了前辈诗人为燕赵大地传统特色写作赋予的标签，加入了中国当代诗歌写作的大循环。他们的写作风格各异，书写资源不一，呈现了多向度的先锋、多元的态势。

如果说年轻时在省会诗歌圈子我是比较活跃的青年诗人，一晃过去了近四十年，随着年龄的增大，青春期的冲动越来越少，我个人由于家事较多，且心性喜欢清静，很少参加省内诗人们的聚会，各种微信群也没有加入，但我相信河北诗人的交流很多，这是好现象，自己也曾年轻过，交流的意义在于相互激发，彼此勉励，对于写作，能较快得到提升。

至于诗人间的友谊，故事也很多。写诗的朋友们，最初是因诗歌而结识，诗友间的关系纯粹、简单，几十年下来，都成了各自的"人脉"。婚丧嫁娶、家中遇事，还是感觉诗人朋友可靠，值得信任。这十多年，随着一些相识的老师和朋友的离去，如曹增书、姚振函、陈超、简明、刘章诸位诗人相继去世，内心平添了苦涩的滋味。

崔：最后一个问题我们回到写作的根本上：写作是寂寞的，也是快乐的，或者说五味杂陈，甘苦自知。写到一定时间程度，写作者往往会对自己的创作进行回顾，你能否以十年为界限，从时间跨度、风格变化、代表作出现等角度大致梳理自己创作上经过哪些变化？您如何不断创新和超越自我，接下来有什么具体写作计划？

李：我相信每一个诗人写第一首诗时总有他的理由。亲人故去、失恋、伤春、离别，各种情绪必须通过诗句来表达出来，这个时候，他写出的分行文字不能算是诗，他的身份也不能称其为诗人，这只是一个不自知、不自觉的阶段，也是成长为诗人的必经之路。

后来，他通过模仿，开启了漫长的写作之路，通过阅读，提高了艺术鉴赏力，通过经历种种生活际遇，他对事物有了自己的心得，如果他仍然不改初心，还固执地热爱诗歌，那么他开始走上了这条寂寞又快乐的写作道路，这是一条弯曲的羊肠小道，他也必须做好最终一事无成的精神准备。

当一个写作者，写到了一定程度，建立了自己的审美标准，形成了自己的言说系统，找到自己的声音时，他开始反观自己的写作，他对诗歌有了质上的认识。我想，每一个诗人写作几年后，都会有这样的回顾。

具体到我个人，大致上可以十年为一个阶段划分：20世纪80年代，我的作品几乎全是初学写作的练笔，没有留下可圈可点的作品；进入20世纪90年代后，我的写作进入了自觉时期，写出了《呼唤》《下槐镇的一天》《瓦蓝瓦蓝的天空》《小小炊烟》《为什么相逢》等，这些作品初步确立了我的个人风格；进入21世纪第一个十年，我除了延续从前的写作惯性，还从主题上进行了纵深的探索，写出了《停车温泉假日》《学习》《如果我路过春天》《野草湾》《总会有一个人》等；21世纪第二个十年，我自认为创作进入了一个较为成熟的时期，由于信仰和生活的巨变，给我的写作灌注了更为深刻、更为宽广的资源与力量，从一定程度上增加了作品的重量，如我此时期写下的《生日有感》《以马内利》《世界残酷又美……》《现在，曾经》《忧思抓住了我》等；第三个十年开始两年多了，接下来我不知道会写出什么令自己满意的作品，但愿能够实现吧。

我不认为我的写作在不断地创新，只能说是循序渐进，我对写作的期许，往往不能够在笔端实现，这让我很烦恼。我知道自己的差距，虽然写作几十年，形成了自己的诗歌特点、思维定式，但仍然没有建立起自己的诗学体系，也许，这辈子也无法完成。我始终是个小诗人。每一个诗人都希望写出能超越自己的诗。我的原则是宁缺毋滥，这也是我努力践行的。我要求自己写出的这一首诗和上一首不是一个模子刻出来的，或者在形式上，或者在视角上，或者在叙述语气上，或者内在节奏上，或者在修辞上，我不想复制自己。警惕自己的写作变得油滑，从不纠结于作品数量上的多寡，力争写出的诗大多数不那么丢脸。

我近一年的写作几乎不在状态，家里发生了许多事，疫情影响了生活，战争改变了世界，我关注国内外各种时事新闻，心中难以平静。这是我从前没有过的情况，我知道这两年每个人都过得不容易。我还是先调整好自己，经过沉淀，回归到写诗的状态吧。

未来的写作计划谈起来太过缥缈，大多都不能完成，还是不说了吧。

叶辉，1964年11月生于江苏南京。著有诗集《在糖果店》《对应》《遗址》。

写诗，是我的一种思考方式
——叶辉答诗人崖丽娟

崖丽娟（以下简称崖）：叶辉老师很高兴您在2023年新春之际接受我访谈。2020年8月15日您在上海民生现代美术馆做诗歌分享会，我们见过面。没想到之后疫情波及全球，打乱了人们的日常生活，对政治、经济、文化乃至世界的格局都产生难以估量的影响。我们的访谈就先从诗歌如何介入现实这个问题开始吧。对这段历史，每个人都有自己独特的感受，在这个阶段，您写过有关疫情的诗吗？

叶辉（以下简称叶）：2020年到现在总体的感觉是断断续续的，好像在提醒我们这就是它本来的样子，我们以前认为那流畅的一切只不过是一种假象，真实的世界往往是在突如其来的变动时才能看清。但我仍然不觉得有什么好写的，我很少写那种公共的特殊时刻的诗，对于我来说日常也会令人猝不及防，很多事情都是人类无法控制的。

写诗就是生活的一部分，他人的生活也是自己的，无论你是否介入你都在其中，生活远比我们看到的更加不可思议。

崔：您是诗人，也是建筑师，以语言作为材料与以实物作为材料描摹世界的状貌以及审美，效果有何差异？诗歌语言与日常语言最根本的区别在什么地方？如何看待口语入诗？

叶：我不是建筑师，只是一个对空间有些兴趣的诗人，我是业余的，就像很多诗人也从事绘画一样，对于诗，其实我也是业余的，我想做一个专业生活家，诗可能是我的一种思考方式。在我这里不知道审美是什么，也从来不审美。诗的语言在每首诗里，也是诗的本身，单独的诗句只适合意识形态。诗的语言有时来自语言本身，有时来自人与世界的关系。日常语言或者口语，也能成为诗的语言的一部分，而不应是对立的，人为地划分语言的性质，设置某些限定在我看来会让诗的表达越来越狭窄。

崔：前面您强调说自己不是建筑师，只是诗人。但是您的许多诗作都涉及对建筑和环境的观察，譬如寺庙、宅院、老街、小巷等，具体有《在寺院》《遗址》《隐秘》……建筑也是您诗歌一种重要的叙事载体。您如同一名考古学家在断壁残垣中寻找失落的神秘历史，通过诗歌您试图探究什么？

叶：我只是一直在探究建筑与人的关系，这种关系会引导我想象过往的痕迹，它有点儿历史意味，但更重要的是，想从中了解生活在不同时代、不同房子里的人，有着怎样不同的思考方式，有着怎样不一样的情感。人、建筑、土地构成的这种世界，彼此是如何联系在一起的，是以什么方式感应，当一个人在想象着空间关系时，它出现在什么地方，我想到了气息，它让我进入一种停顿的时间之中，眼前的景象叠加了很多人类的过往，这让我着迷，在那种状态下，我发现诗远远不是文学的、抒情的。

崔：您的诗大多数是短诗，语言精致、节制、简省，但蕴含非常丰富的东西。比如《小镇的考古学家》篇幅并不长，却将历史、时代和个人经验进行诗意糅合，涵盖了很深刻的思想情感于其中，使之成为鲜明丰满、独具个性的优秀诗作，给我留下深刻印象。在写作一首诗时，您需要依靠灵感吗？是精心构思、主题先行，还是灵感乍现、一蹴而就？

叶：这首诗是缘于对我小时候的回忆，你看到其中的这些东西，我没有想过，或许是因为起初它是一个小说的构架，按理说一首诗它不能承担这么多，诗人可能会在一定程度上偏向于历史或者时代，但不能要求诗人是历史学家和思想家，诗人就是诗人本身，他不需要依附于其他属性，他的独特的方式不为很多人所知，尤其在特殊的时代，诗人要承受更多的煎熬。

如果要写一首诗，可能是几分钟也可能是十几年，起初它是混沌的，是并不明确的一个形象、一个画面，我不过分在意主题和字句之类，要看一首诗的空间是否足够能装下它，还要看它有没有带来意外，灵感在我这里更像一种腾空的过程，它是慢慢到来的。

崖：在您的诗里有时候弥漫一种伤感的情绪，甚至也可能是沉重的；您也写到很日常的东西，如写给女儿的《慢跑》温情脉脉又不动声色，通过简省的词语将过往回忆和想象植入当下生活，很有生活气息，读起来引人共鸣。诗歌是思想表达重要，还是技艺重要？诗人应该具备哪些能力？

叶：我写过关于父母、女儿的诗，但也不一定全是美好想象，那是我的个人生活的一部分，我写作的习惯总是试图将形象引向一个较为广泛的认识上，尽管我很想写些你所说的温情诗，但对我来说很难。

有一次我和朋友聊天，然后突然有些伤感，我说我们现在所写的所有作品都是为了完成一首诗，这首诗可以不是我们来完成，也可能永远不会完成，所以一个诗人不要去分别好坏，我们只要尽可能地写出关于自己的认知，在这前提下什么技艺和思想都不要去分辨它。

诗人要具有觉悟的能力，这一点尤其重要。

崖：您生于20世纪60年代，一直守在江苏高淳小镇生活，十九岁那年被分配到镇上一家税务所工作到退休。诗集《在糖果店》有不少诗带有您过往生活的印迹。能否聊一聊您为什么写诗，记忆中与诗歌有关的最难忘的是哪件事或哪个人？在成长过程中，诗歌对您的生活产生了什么样的影响？写诗是您的生活方式吗？

叶：那是寂静、幽暗的南方小镇，那里还保留着上个时代的很多痕迹，还有一些有趣的人，他们在自己的房子里穿着老上海的皮拖鞋，窗子上挂着带花边的帘子，盆上画有西画，还有个独居的老头儿，我每次从他的窗口走过，他都在写小楷，书架上有书，小框画有闪亮的金边。这些画面常常会让我觉得，还在那个场景里，而外面是日渐喧闹的世俗世界。那时我有很多空闲时间，记录下一些片段，后来发现这些片段之间都有着某种关联，发现并想象这些隐秘的联系，这是我写诗的开端，它构成了起初那本诗集《在糖果店》。

诗让诗人在可见的冷漠呆板的世界中构建或再现另一种现实，也是个人洞穴，能让诗人保持对这个世界的好奇和警觉，并发出不同的声音，但它不是我的生活方式。写诗，是我的一种思考方式。

崖：近三十年来，您只有三本薄薄的诗集《在糖果店》《对应》《遗址》。十年出版一本，时间相隔还比较长，对诗集出版如此谨慎是基于什么考虑？接下来有什么新的创作计划，再过几年打算出版新诗集吗？

叶：我写得很慢，并不是想得少，只是没有找到合适的形象，因此思绪一直如同游魂飘浮着，这使人焦虑，而每次写作的完成是一种交代。很多时候我尽量不去计划，再说所谓的计划也会一再被推延，多数时间我更愿想象着一首诗，它就在我眼前，但我不去写下来，我但愿自己不再记下它们，因为一旦成为文字它就丢失了大部分。我甚至想到诗可能会有另一种语言，只是我们还没找到。

出版诗集也是挣脱束缚的一种方式，但它太麻烦，特别是你得重新去审视那些以前的东西，再一次做出选择。

崖：前面我们主要聊您的经历和诗歌创作，现在聊点儿关于诗歌的共性问题。诗人如何面对中国古典诗歌传统和外国现代诗的影响，在继承发扬优秀古典诗词和接受学习西方现代诗歌二者之间如何取舍并获得平衡？

叶：其实我回答不了这类问题，我从来都不关心，我只是诗人不是研究者，现在对诗人的要求太多了，但这类问题好像一直有人在讨论，我没多想过。说到底新诗的来源就是西方诗歌。就我个人而言，对我影响较大的不是中国古典诗歌而是《周易》，我从那里懂得了气候、地理、时间等微妙的变化，能带来整体的颠覆，其中也包括一个字、一个词的变化。

一个诗人所受的影响，不是可以选择的，你可以学习，你可以设想古诗在新诗里抽枝，但写诗和你想成为某种诗人完全不是一回事。任何限制和非此即彼都是有害的，无论在何时，诗始终应该面对自由的世界。

崖：可能也不是对诗人要求太多吧，而是现代诗学发展确实面临诸多自身难题，需要我们严肃对待和思考。作为诗人，您平时是否关注诗歌批评文章，看重批评家对您诗歌的评价吗？诗歌对您意味着什么？您的诗是写给极少数人的，还是写给大众的，或者是写给自己的，又可能只留给未来？

叶：我们思考的面容肯定是严肃的，可是诗的问题不能用这个词来表述，诗学是什么？我想肯定不是学术论文能说清楚的，但我看到了太多的这类文章，了无趣味的文章。我喜欢批评的独立性，它是与诗并存的，能发现诗及其周边。对于我的诗评文章，我认为是一种真诚的回应，一种交谈，它很重要，最近夏宏在写一篇关于我的文章，他告诉我看着写着感觉是在写他自己，大意是已经和我的关系不大了，其实我很希望有诸如此类的文字，当然那可能是一种理想状态。我写诗，不关心什么人看，也就是说完成了一首，就是写诗的全部意义，写给什么人看，则根本没有想过。

崖：对于诗人身份，您是如何界定的？您认为自己作为诗人与普通人有区别吗？诗人如何与他的时代相处？诗坛一些诗歌评奖活动也很热闹，您怎么看待诗歌评奖？一些作品在批评家与读者之间有时确实难以达成共识，您认为造成这种困境的深层次原因是什么？

叶：诗人是天生的，就像有人天生是个巫师。有时他也会是普通人，但他身上就是散发出预测的气息，他会站在一旁看起来像个诗人，或者他内心一直在想象中，而面容生动。如果你意识到自己是诗人，肯定不愿和他的时代相处，在他眼里，总是会有一个更好的时代，难道不是吗？诗需要奖项，没有也可以，诗人对现实的褒奖大概是这种态度。

诗不可能有共识，再说即使批评家和普通读者已经达成了共识，那或许会更糟糕，最好他们永远不要有共识，永远相互指责，那样诗人才能按照自己的方式写下去，因为那也是诗的外界。

哑石，1966年7月生，四川广安人。毕业于北京大学数学系，供职于某高校数学学院。1990年开始诗歌创作，著有诗集《哑石诗选》《如诗》《火花旅馆》《日落之前》等。现居成都。

与石为邻
—— 哑石答诗人崔丽娟

崔丽娟（以下简称崔）：哑石老师您是著名先锋诗人之一，曾荣获首届华文青年诗人奖、第四届刘丽安诗歌奖、《星星》年度诗人奖、"第一朗读者"年度最佳诗人奖、苏轼诗歌奖、《诗东西》年度诗歌奖、《诗收获》季度诗歌奖等奖项。作为一位持续写作三十多年的优秀诗人对中国诗坛产生重要影响力，您的诗歌极具辨识度，您坚持什么样的诗观？

哑石（以下简称哑）：影响力之类，实在谈不上。1990年开始认真对待写诗这件事以来，三十多年了，我的所谓诗观，一直处在调整之中，虽不猛烈，但有些方面，变化却较为明显。几乎每隔几年，就有一次较明显的调整。出于各种原因，一开始写诗时，比较倾向于用诗歌语言建构一个和现实世界截然不同的世界，换句话说，希望自己尽量做到诗歌是诗歌，现实是现实。那时，非常感兴趣于诗歌语言的"魔力"对庸常现实经验的拒斥、改写。

几年后，事实和反省，都教育我必须改变，有那么几年，我愿意说，诗歌是一项艰辛而幸福的劳作：所有历史、现实的压力，都必须转化成语言经验的内在触须——在诗与现实的双向培植、相互构成中，此触须，热衷于打开人与世界之间的奇妙关联。再后来，诗歌对于我，更倾向于一种语言技艺的"行动"。我相信，诗歌写作，内蕴着一种深刻因而不能被轻易捕获的自由。诗人个体独特的嗓音，最好能对本民族语言的可能性和尊严有所助益（起先常常是以冒犯"正确"的方式），又能以饱满的内在热情，回应生命的现实、历史处境，鲜活经验，邀约他者，进而，推进认知，敦促良善，助燃文明。

当然，上述描述，只是一个大概轮廓，写作中的自我调校，比这要具体得多，甚至，同一时段内，不同题材或主题的写作，其具体的诗学期许，可能都相当不同。换句话说，在具体的诗学观念细节中，我基本上不认可任何本质主义固守的立场。说实话，以前还真没想过多年写作中需要在诗观上"坚持"什么。这一次，回头想想，如果非得说这么多年来有一直纠缠着的，那大概与两个东西相关：语言（现代汉语）和真实。先说现代汉语，作为新诗写作者，自己对它的认识足够吗？其形、音、义集于一体又相互商榷的语素细节，其语言生产方式和借自拉丁语系的语法构成，其尚在发生和流通中的"肌体反应"，甚至，其在文本博物馆中的历时性使用经历，也许，作为新诗写作者，认知、体验得越多，越细腻，我们就越能在写作实践中让"声带"的颤动与韵律，保持一种能动的警觉：警觉于表达本身的微妙，警觉于具体诗学实现上的可能与不可能。而真实，这里指的，当然不仅是个人心灵、体验的诚实，更是指对这"诚实"的来源和构成的反省、认知，指的是写作者在置身的社会文化处境、思想处境中的具体遭遇和经验有效性。也就是说，如果我们把一次诗歌写作视为具体生命的一次心灵"事件"，那它的语言、精神的真实处境，就是我们不得不面对和处理的东西。在结构的意义上，我不认为类似策兰或布罗茨基、米沃什的语言处境，或者杜甫的语言处境，能够和我们较好地"对位"，我们处在一种从语言历史上来看都相当"新颖"、复杂但又"凶险"的浸泡和反抗之中。当代新诗写作者的技艺选择、文化承诺，如果和这巨大的真实最终无涉，在我看来，要想说它是创造性的有承担的写作，则无疑是自欺欺人。从这个角度看，为厘清某些诗学问题的"真实"构成，有时，我们不得不返回到新诗的"开端"来打量，或者说，需要在当下重新激发出等效于新诗"开端"意义上的视域来说明问题；而有时，又需要从局限性出发，问一问新诗写作，是否需要通过具体的方法论，"涌溢"甚至"发明"出现代汉语在诗性意义上的分析性。凡此种种，我认为有抱负的当代新诗写作者，不能自外于此，不能等着天上掉馅饼似的由批评界或思想文化界提供现成方案。

崖：1987年您毕业于北京大学数学系，1990年您开始写诗时曾说"在那个夜晚，我突然明白了：诗歌，只有诗歌，才是自己一生有兴趣投身并值得投身的心灵的事业"。如此，作为令学子们艳羡的高等学府的一名理工科高才生，中国可能少了一位数学家而多了一位诗人。诗歌最吸引您的是什么？在您的经验里诗歌与数学是怎么样的关系？大学毕业迄今为何依然从事数学教学而没有从事与诗歌更为密切的职业？

哑：作为一个理科生，且并无家学，在1990年自己二十多岁时才走上诗歌写作道路，主要的原因是那时的我觉得：诗歌，尤其是现代诗歌写作，也许认真搞了一辈子，可能门都还没摸着——这是一种特殊的"难度"。它不像数学，勤勤恳恳工作一辈子，总会有点儿收获。这难度，能让我一辈子都和它纠缠。在当时的我看来，这是个能让我"活下去"从而不好意思轻易"崩溃"的理由。

关于诗歌与数学的关系，以前的一次访谈中，我也曾说起过自己的看法。现在也没啥大的改变，我就偷懒抄录下吧：

在某个层面，数学确实被认为是和文学有冲突，但这是个不甚了了的说法——如果你愿意接受人类经验的整体性的话。数学工作也需要直觉、想象力，需要对人类心智可能性的巨大热情以及表达的精确，这些，都是和诗歌相通的，人们所说的冲突，多半只能看成便于社会功能区分而非工作机制区分的心理投射吧。不用举出历史上一些大数学家对诗歌的赞美、重视（数学家中还出现过如此显得夸张的言论，譬如：如果你不是一个诗人，就学不好数学等），也不用提醒科学与艺术在所有文明类型中都曾有不分家的事实（专业文学研究者都知道张衡诗在中国诗史中的地位），你只要想一想，瓦莱里停笔多年，去研究数学、哲学，然后写出了《海滨墓园》这样了不起的现代作品，你就知道：诗歌和数学，无论是在古代还是现代，都有可能亲密得很！不过，二者在处理对象、经验形态、形式感的表达，甚至于工作成果的凝结方向等方面，确实也有不容忽视的差异，但这种差异，不是人们通常所说的冲突，而是某种文明形式的对称（譬如，可以仿照艾略特的句法，定义数学是所有艺术中最没有地方色彩的艺术）和相互激发。至于我个人于此的经验和点滴具体认识，有兴趣的朋友可以参看我的两个短文：《解剖演示室》和《小小的无穷》。如果你说的数学融入诗歌写作，不是指某个具体数学成果，而是指针对人类心智而言具有普遍性的思维方式和经验模式的话，那么，所谓数学融入诗歌写作，就是完全可能的，甚至，现代主义以降，这种分析性的、理性力量的回归，正是诗歌形态发展不可忽视的一个特征。20世纪的数学主流，从线性转向非线性，从有限维转向无限维等，也可与诗歌从现代转向当代、从经验转向语言经验等特征相互映照。但是，我并不认为单向度的所谓数学融入诗歌，就能为当代新诗提供某些新质，因为诗歌，从来就没有拒绝过数学或者科学的"激发"，换句话说，诗歌内部从来就存在着一种深沉的力量，它对人类心智的秘密和完整性，充满了激情。

至于后来到现在为什么依然从事数学教学而没有从事与诗歌更为密切的职业：一是数学还教得下去，还能靠此劳动谋取稻粱。二是我有一个看法：农业文明之后的社会中，诗人，最好有别的谋生技能，不要天真地希求诗能在物质意义上养活你——否则，你的语言感觉，你所渴慕的写作内蕴的"自由"，总会遭遇到一款欲罢不能的"磨损"，在某些时刻套牢你。当然，这可能是偏见。话说回来，真有哪种现代职业，能够真正地相较于其他，更密切于诗歌？

崖：您对诗歌语言的见解阐述更让我进一步加深对您的了解，写作中，您书面语与俚语的交替使用，既经过了艺术提炼又容纳了引用语言；既运用了方言又能以口语出之，形成独具特色的繁复多元而终成一体的声音。能否谈谈在诗歌写作中化用方言的经验？您诗歌鲜明的地域性特征是否与四川独特的地理环境有关？

哑：在我的理解中，现代汉语是个行进中开放的概念。文言、俚语、方言、科技词汇，在诗歌写作的"言语行为"中，如果语境合适，没有拒绝使用它们的理由，相反，我希望成熟的现代汉语，最好口味驳杂、雄健，能消化各种"煤与月亮"。

另外，我的不少诗，甚至数量更多，事实上也并没有四川方言的影子。关于四川方言的个人粗浅认知，以前的一篇访谈中也曾涉及，这里，我又要偷懒抄录了：

方言当然是所谓地方性的一个重要外在特征。在写作中，我注意某种程度上直接使用四川方言开始于2005年（这也是我开始有意识地使用文言词汇、语句的一年）。其实，"官方"四川话和四川方言还有些不同。四川话依然属于北方语系，只是声调上有些不同，在诗歌写作中使用"官方"四川话，从作者角度看，实际和使用普通话没有太大差别。但四川方言则要复杂、陡峭些，有些直接传自古语，有些来自民间极度形象化的想象创造。直接使用四川方言写作，是一件颇有风险的事。在这方面，我有两个原则：一是绝不为了使用四川方言而使用四川方言，即是说，不允许四川方言本身成为一首诗语言特色的主体，换句话讲，我希望自己使用了四川方言的那些诗，不懂四川方言的人，也能读出它的大部分有趣之处，如果它真还有点儿趣的话。二是在具体使用四川方言时，我力图让它与别的诗歌技艺要素结合起来。举个例子，在《等待》一诗中，有这样的句子：

> 他，还在树下做扩胸运动。他背湿透了。
> 而她腰际，有一船形诡秘刺青
> 如细细抚摸，会涌出真实的海水：
> "帕耶罗珀，也是朵细碎的花？"
> 唉，他很想大呼一口气，让秘密减压。

其中"他背湿透了"，就直接使用了四川方言"背时"（背时鬼、背时遭了、背时透了……）。读者即使不了解这一点，也不会损失太多的东西，但如果他懂四川方言，就可以获得更多的乐趣；同时，这里同音词的使用和语法歧义，是和方言结合在一起的，而正是这一要素，才使得文本语流涉入"海水""帕耶罗珀"等情景时，显得自然、合理，甚或，具有某种文化想象的意味。

崖：在您看来，诗歌创作与诗歌评论是一种什么关系？很多诗人，是很好的诗歌批评家；很多诗歌批评家，诗写得也很好。如何评价这一现象？您的诗相当受欢迎，本人却很低调，据说您几乎不主动投稿纸刊，不积极发表自己的诗歌，为什么？

哑：很多诗人也是很好的批评家——很好呀，而且，诗人批评家，在世界范围内，也是20世纪以来批评领域一个耀眼的小传统。艾略特、曼德尔施塔姆、奥登、布罗茨基、希尼等，他们树立的细腻、深入甚至狂野的批评范式，某些方面，已足以和海伦·文德勒、布鲁姆这样的专业批评强人的工作相抗衡。就我的观感，20世纪90年代以来，新诗批评的内在诗学主脉，几乎是由一些诗人批评家阐释、激发出来的，而且，它的定型和突破，看来也得由诗人批评家来完成。很多好的批评家的诗写得也很好——这一点，我当然不会反对。不过，就当代新诗场域而言，批评家诗人的诗，其抢眼程度，似乎还没有诗人批评家的批评在批评领域那么鲜明、突出。

诗人批评家强力进入批评领域，可能与当代诗歌的一个特质相关。这就是现代主义以降，写作本身，已经不可避免地带有"元诗"色彩，即：在写作中不断对写作行为进行打量、反省。一次诗歌写作实践，同时就是一次诗歌批评的实施。这就造成了处于前沿写作的诗人，可能最先也最敏感于当下写作的困境以及可能的突破方向，换句话说，诗学上的问题意识和诗学应对策略，很可能会最先从诗歌写作的内部被唤醒。当然，在现代学术生产场域，文学批评有自身独立的出发点和文化欲求，它的视野，通常会比诗人批评家更为宽阔。

说到自己多年来几乎不主动投稿，我觉得是一个相当自然的事情，没啥特别之处。主要就是懒。另外，也与自己对汉语公开出版物状况的理解有关。我知道，自己写作中具体感兴趣的东西，和人家想要的，很可能不太合拍，你急吼吼地投稿过去，假如编辑之类又是你认识的，甚至是朋友，那不是给别人添麻烦吗？我是个极其不愿意给别人添麻烦的人。

崖：笔名"哑石"有没有特别的含义？北京大学有非常好的诗歌传统，您在读书期间没有写诗，而是毕业后两三年才开始；很多20世纪80年代写诗的人后来中途纷纷停笔转行，您一直坚持下来，写诗对您意味着什么？能否介绍1987年北大举办的第一届文学艺术节情况以及您视野中当时北大诗歌氛围是一种什么情形？

哑：笔名的具体来源，确实完全忘了。只记得那段时间在读洛尔卡的诗，可能与他的某个诗句或某一首诗有关吧。在北大念数学的时候，我完全是个理科生，虽然也在图书馆读过一些文学作品，包括像艾略特等这样的现代大诗人的作品，但从没想过自己要真的去做一个诗人。那时读诗，主要是做数学题把脑袋烧迷糊了之后的必要休息。所以，在北大，似乎没啥诗歌往事。但仔细想想，好像还是有几件事与诗有关。一是，我在当时的北大三角地地摊上买过老木编的《新诗潮诗集》和《青年诗人谈诗》，这是我的第一个当代新诗读本。二是，作为听众，在北大大礼堂，听过芒克、海子等的诗朗诵（1987年北大第一届文学艺术节的一个环节）。三是，有一年秋天，我和当时在西语系读书的莫雅平（他写诗）跑到长城上一段渺无人烟之处过夜，听不晓其名的野兽远近嘶吼。

工作两年多后才开始写诗，现在还在写。都三十二年了，算一算，真还有点儿骇（吓）了自己一跳。人一辈子能有几个三十年呢？诗歌写作内部一种特殊的愉悦，可能是一直就这样写了下来的重要原因。说不上什么坚持，在我这里，如果需要苦脸巴巴地坚持才能写下去，那我肯定不干——这不是无视真正的创造性写作所包含的巨大艰辛，而是说，当你觉得写作上解决了以前解决不好的问题之时，那艰辛也是值得的。我曾经说过，如果不写诗自己也能生活得心安理得，那我肯定不写了。这话，现在对我依然有效。

崖：我很好奇您教的那些数学系的学生知道他们老师是著名诗人吗？现在"90后""00后"的一拨年轻诗人诗歌写得很不错，您关注他们的创作吗？您认为新诗发展到现在处于什么样的阶段？

哑：我的绝大多数学生，至少99.9%吧，应该都不知道我写诗，因为我从不和他们说与"诗"这个字眼相关的任何事情，除非极个别的，自己对当代新诗有兴趣，又不知从某个偏僻的线索，知道我就是那个写诗的哑石。所以，平时不和学生们谈论诗歌的问题。

当下新诗场域，青年才俊们非常活跃，我觉得大约"85后"出生的诗人（我个人的分期点），整体上的诗学技艺，明显比前几代强。向青年才俊们学习，是我一直以来的必修课。这不是客套或讨好青年们。稍有诗歌史常识的人都知道：

经验形态、写作方法论意义上的突破，大概率发生在诗人的青年时代。当然，这并不意味着像我这样折腾了很多年的写作者，就该统统丧失信心。

当下汉语新诗，处于多种诗学模式的相互竞争状态。每种模式，都在其最优异的写作者那里精细着、深化着、突破着、亢奋着，但又有一种说不清道不明的"倦怠"。有人将其比之为古诗系统的南北朝时期，我觉得有一定道理。

崔：随着社会发展和时代进步，文化语境的变迁以及自媒体的勃兴都给诗歌创作方式和传播方式带来革命性意义，这些改变给您的创作带来什么影响？写作是作者与这个世界的对话，您如何处理诗歌与现实的关系？

哑：传媒方式和文化系统（包括载体）的新形态给当代诗歌带来的影响，应该是个有意思的话题，但这方面，我离能说出点儿有意思的话的程度，还差得较远。自己写作内部需要进一步解决的问题，已经够多了。也许与这有点儿远距离关系，但又表现在写作内部的是："审美现代性"和"社会现代性"之间的张力、对抗问题。这发端于西方悠久的社会文化、历史系统，并在西方现代主义以降的文学中赫然彰显的文学生产装置，在汉语新诗所置身的当代语境中，有没有变构性地进行"在地性"打量的必要。我的粗浅观感是：许多甚至绝大多数汉语新诗写作者，都自觉或不自觉地选择了站在"审美现代性"一边。写作中内含的文化立场，以及诗性触须，几乎一边倒地、不加甄别地亲昵于审美现代性的否定性力量——在西方语境中，这可能不是个大问题，因为它恰好合拍于诗最终倾向于生命丰富性的肯定，配合着一种伦理意义的良善。在当代汉语语境中，真的可以就不假思索地、去历史化地原样搬过来？

如何理解、处理诗歌与现实的关系，这个话题实在包括了太多丰富的层次，不是一个访谈能简单应对的。对于写诗者的我，大约的、表达可能有些变形的想法，已经在第一个问题的回答中有所涉及，这里就不啰唆了。

崔：您的阅读兴趣在哪些方面？时有读者抱怨新诗过度使用意象、隐喻、象征导致晦涩难懂，您如何通过语言媒介让读者感受到诗艺的力量？

哑：阅读对我的写作当然产生了难以估量的影响，完全可以这样说：如果没有和我所读过的那些书相遇，我的写作，根本就不会发生，即使写了，也肯定不是已经写下的样子。比如，如果没有在大学期间仔细读过逻辑经验主义（石里克、卡尔纳普等）的一些文献，我对语言边界的认知和领会，可能就要晚上好多年，甚至，永远都不会发生，更不用说后来去写诗了。说实话，我的阅读口味，实在杂得不成样子，什么都读，只要读得下去。甚至，我觉得看恐怖片、鬼片这样的行为，也都可以是"阅读"——近几个月，我就常常看。当然，作为一个写作者，最好能系统性地、持续地阅读已经经过时间检验的文学经典作品，不管是古典的，还是现代的。真读进去了，或许文学和诗究竟是如何发生的，你就能有一定的体会。一个有趣的状况是：可直接给人写作细节启发的，不少时候是二流甚至三流的作家——新芽出现，但没有处理好，或者处理得不够好，你可以由此往前再走一步。

如何通过语言媒介让读者感受到诗艺的力量，这个问题，我没资格来啰唆。推荐一本书，*Dickinson:Selected Poems and Commentaries*，by Helen Vendler。英语好直接读原文，英语差的就读汉译本《花朵与漩涡：细读狄金森诗歌》（上、下），广西人民出版社 2021 年 5 月版，海伦·文德勒著，王柏华等译。我相信，这本书是回答这个问题的一个很好选择。

崖：您写作的诗歌不仅质量高，产量也很高，每年都有新作品出现在自己的诗歌之塔上，能否简单介绍刚刚出版的新诗集《日落之前》？

哑：《日落之前》（北岳文艺出版社，2022 年 1 月出版）收录了我写于2012年—2020 年的 150 多首短诗和 1 个小组诗，分为《第一辑 异句结（2012）》《第二辑 冰斧集（2013—2015）》《第三辑 与自我谈诗（2016—2018）》《第四辑 丝绒地道（2019—2020）》四辑。其体量，大约占那些年写作量的三分之一（其他三分之二都还未出版，也许永远都出版不了。2012 年前写的东西，同样是大部分都没有发表、出版）。这个集子能出版，真的要非常感谢北岳文艺出版社和该书的责任编辑左树涛！还得感谢诗人桑克。没有他把我介绍给左树涛，这本集子，可能连影子都没有。说实话，近年来，由于连续两本诗集都因最终过不了"审"，而被别的出版社"枪毙"，我对《日落之前》的出版完全不抱希望。所以，当集子真出版时，对我来说，真可说得上有些惊喜。

崖：长期写作者如何才能保持持续的动力和旺盛的创作欲望？您认为创作中，灵感、激情、经验、知识、想象力……哪一个更重要？能否结合自己的创作谈谈好诗的标准是什么？

哑：我认为，在诗歌创作中，灵感、激情、经验、知识、想象力……与写作有关的要素，都重要，但要说哪个更重要，还真难说。不同特征的诗，也许可以依据其具体的微观动力结构，勉强指出哪个要素在哪一个文本关节处的作用明显；又或者，不同禀赋的诗人，也许可以分析哪个要素对其作用更具有结构性意义。但不管哪种状况，真实的写作中，诸种要素都应该是以混合、综合成一个"旋涡"的方式，而作用于文本进程的，甚至，要进阶到不能分拆的"混沌"（可以称其为诗性心智），才会准确地发生效用。一些诗人谈论、强调某个单独要素，我认为主要是一种策略，背后针对的，也许是别的更宏观的诗学问题。

长期写作中如何保持持续的动力和旺盛的创作欲望，这个问题对我是不存在的，上面回答第五个问题时已有所回应。如果拉远一点儿，对创造性诗歌写作本身的足够热情，是让写作可以一直朝前推（进步了还是退步了那是另一个问题）的必要条件。你浑身"不自在"地非得要去解决问题不可。解决了这个问题，还有别的问题；或者，看起来好像解决了某个问题，但事后的另一个契机，让你发现：问题只是表面解决了，事实上，在更深层面，它反而产生了一堆新问题……这样的情况下，假如你真的足够热爱写作，我估计，你已经没有时间去考虑坚持还是不坚持了。

好诗的标准？每个人可能都有自己的好诗标准，逻辑上，这就意味着此"标准"，不能称为真正意义上的标准。换句话讲，只有我们在同一类问题意识和同样的美学谱系下（比如都在近体诗的范畴内），方能较为靠谱地去谈论一首诗的所谓好与坏，好到了何种程度，坏到了何种程度。不同的诗学范式之间，可以相互对话，相互激发，但若非得要分出个好坏，则难免有些法西斯了（比如，非得要拿一首古诗和一首现代诗去比好坏）。我自己所感兴趣的诗，在第一个问题的回答中已经有所显露，这里就不再重复了。几年前，我写过一节似乎专门针对此问题的诗，现抄录下来，供参考：

相较于青枣的脆，无论是口感还是
音韵，"她"都更想锻炼其柔韧。
汉语新诗，谦卑于消化汹涌的问题而骄傲
于标准，曾完美、精深的标准——
或许，纠缠于诗好诗坏已是无聊斜枝，
羞耻愈加宽大，冒犯中，修辞树立诚恳。

池凌云,1966年12月生于浙江温州,女。著有诗集《永恒之物的小与轻》《飞奔的雪花》《一个人的对话》等,部分诗作被翻译成德文、英文、韩文等语种。曾获《十月》诗歌奖等奖项。现居温州。

以轻盈的姿态嵌入时代缝隙
——池凌云答诗人崔丽娟

崔丽娟(以下简称崔):池凌云老师您曾获《十月》诗歌奖、东荡子诗歌奖诗人奖等,以自己的优秀作品扩大了当代中国女性诗歌版图,作为女诗人,您通过写作包容并富有穿透力地认识世界、理解自己的生活,您是否特别在意女性身份意识的写作?是否觉得这是一种特别优势?

池凌云(以下简称池):女性经验在诗歌中是值得研究的话题。女性讲述自己的故事,有独特的方式。她们拥有丰富的象征性世界,在妥协或对抗中延续诗性的语言,这些都值得更多地去抒写。

我的诗歌作品中有很多"她",一些女性不好的生存处境和命运总会触动我。我个人很少有可以彰显"女性诗歌"特征的作品,潜意识中我不愿意被"女性诗歌"这一概念局限,但我的视角与生活体验免不了有"女性"特征,我日常的很多困惑也与女性身份有关。要说女诗人的写作优势,如果存在这种优势,就是女诗人细腻的感受力,在生活中的天真与韧性。我喜欢的杰出诗人中,有不少是女性,现在想起，我宁愿相信性别也赋予了她们更多天赋与光芒。

崖：您的诗集《永恒之物的小与轻》出版，诗人胡桑如此评价：在诗集里"我们可以读到一种以轻盈与微小的姿态嵌入时代缝隙的诗，一种在漩涡中回返自然与温情的诗，一种试图在对峙与凝视中安顿心灵的诗，一种在对他者的试探中保持友善与爱的诗"。这是您的第五本诗集，为什么取名《永恒之物的小与轻》？

池：这是胡桑对我这本诗集善意的评价，也是我期望的一种写作，希望自己能实现一部分。这本诗集收入我近七年的诗歌作品，书名《永恒之物的小与轻》，其中也包含了我对事物的态度，一种感叹。我一直喜欢写一些小事物，不起眼儿的事物，偏爱这种低处的、相对弱的声音。那些落叶、废弃的灯塔、打铁铺、柏油路上蜻蜓折断的翅膀、灰烬，都真实地存在于我的环境中。当我经过这些事物，我感受到一种无声的委托。我希望让这些经过我生命的事物呈现，当我写下，或许它们还存在另一种发展的可能。我相信，一个词，也有能力在不可见的事物中过渡、连接。当事物以一种无言的形式而存在，写作者免不了要带着一种恒心与信念，在一片虚无中伸出手。

诗歌是语言中的语言，诗人要传达什么样的情感？我从希腊诗人塞弗里斯那里也得到过启示。他在诗歌中写过很多雕像，有一次他见到一个古典的雕塑家，上去致意，结果那个雕塑家跟他说，"雕像不是废墟，我们才是"，这就是塞弗里斯的诗句。他很惊讶，雕塑家能这样理解他的诗句，他觉得很欣慰。读到这些，我也很有感触，我觉得从生活中获取诗意，我们做任何选择都是值得的。

再引用一句歌德的话，他说，"世界比我的天才更有天才。"他认为在无论什么主体中，也没有任何东西比我们从最微不足道的客体中观察到的东西更有意义和更重要，一片小小的树叶比任何言辞都有着更多含义。对于我来说，在生活中保持一份热情，保持洞察力与感受力，始终是一件有意义的事。"回返自然"，这也是生命必然的历程，一门需要持久的耐心的课程。

崖：您从1985年开始发表诗歌后就一直活跃在当代诗坛，持续写作将近四十年了，创作量丰质优，被誉为可以一直不停写作的诗人，长期写作中有过低谷吗？除了阅读之外，灵感、激情、经验、知识、想象力……哪些因素对您的创作影响更大一些？

池：成为可以"一直不停写作的诗人"，这将是命运对我最大的奖赏。我出生在农村，少女时期就喜欢诗歌，喜欢诗歌一直是我人生最大的安慰，甚至是一种救赎。最初，我也是凭着一股青春期的热情去热爱，学习着去写，后来对写作的体会多了，慢慢有了更多艺术的自觉。现在回头看，诗歌对于我，是一种生命的馈赠，不需要刻意去"持续写作"，写作是我的避难所，因为生活总是那么嘈杂琐碎，经常有很多无奈。你知道那种感觉，当一个人在书桌前，哪怕没有倾听者，但在极度静寂中，还能感受自己的声音，这样就觉得即使受一些苦也还值得。写诗，让沉闷无趣的日子变得充实与浪漫。

我有低谷的时期。当一个人感受到生活并不是最初梦想的那样，而且没有能力去改变，就很容易陷入低谷。诗人都是敏感的人。还有一些低谷时期，是情绪消沉的原因。对于写作，热爱就是一种最好的力量。让自己沉浸其中，只问耕耘，不问收获，收获自然就会到来。

阅读对创作与生活都很重要。我喜欢纯粹的阅读，不为了传播或者学以致用的那种阅读，这样的阅读很享受，读到有意思的地方，有时候会在书上做一些标记，这是很愉悦的时刻。即使是喧嚣烦闷的时刻，也能获得一种自足。阅读能改变一个人，或者说能拯救一个人。在创作中，阅读、生活经验、想象力，这些对于我都是重要的。在写作中，生活经验、想象力很重要，但并不是拥有这些就可以。这些可以帮助提升诗艺，但写作不是这么简单的事。

崖：您一直生活和工作在浙江温州老家，从您的一些自述文字中明显感觉到家庭环境、个人经历对您的创作产生过不小的影响。您的创作起步于20世纪80年代诗歌的"黄金时代"，那么，时代是不是也对您的创作产生一定的影响？

池：20世纪80年代的文学青年，胸中都澎湃着诗歌的激情，那个时候，我就梦想当一个诗人，虽然生活在温州农村，也寻找各种书刊来阅读。我有诗歌的手抄本，自己的诗歌习作也写了六七本练习册，那时候能找到好书是最值得高兴的事。我的父亲是小学教师，喜欢文艺，经常带回家一些书籍，这可能也是我成长为文学青年的原因之一。我的母亲不识字，却很勤劳，带着我做家务与农活儿。生活不易，家庭环境与后来的经历，让我有一些挫折，但我记得我最初的信念：保持热爱，永不放弃对美的追求。

都说童年生活决定了一个作家的文字气质，我感觉，童年、少年时期的生活，肯定蕴含了一个诗人情感的底色。我小时候的生活比较贫瘠，但是我已经从那个时期感受到我自己的心，体会到我的渴望，这对于我来说无疑是宝贵的经历。

这渴望就是：去热爱，这就是一切。我没有去想我会收获什么，我最终能到达哪里。热爱本身就让我感到充实。一切向上的事物都能给我带来勉励，我学会爱和宽容，我聆听我自己的内心，并为之努力。现在回头看，我相信那就是一个诗人学习的开始。到现在，去热爱，去做，依然是我愿意保持的状态。我喜欢这份初心。

20世纪80年代的个人生活与关于时代的记忆，有一些已经随着时光被一点点封存，时代的见证或个人命运，文字自然会留下印记。"一些词，已经结晶为哑默的刺"，更多的只是在个人心中回响。写作者都是带着记忆行走的人，是消逝时光的收集者，也是美与痛楚事物的见证者。

崖：您的诗歌创作注重从小而轻的事物入手，写得细腻温情并极富哲思，在创作中您坚持什么诗观？

池：从我写作开始，我就秉承一种信念：从最小的可能性开始，去劳作，去爱，不放弃。关于诗观，如果用一句话概况，就是：一切语言为爱服务。真诚对待要书写的事物，写真实的感受，这真实就像艾略特说的"既是经验的凝聚，也是这凝聚所产生的新东西"。

语言如果真的能为一切爱与沟通服务，应该也有这一种"在遥远的人类之中"的声音。为了每一个词的渴望，诗人也值得被驱使，道出渴望被道出的事物。出于这种天真的愿望，我曾在一首诗中写下，"一颗碎成两瓣的珠子也能愈合，如果不能依靠它，我独自也能完成。"在现实中，我们不得不面对众多的废墟和沟壑，事物飞速地消亡……诗人在诗歌的世界里，衔接、修复、弥补、拯救，保留诗意和人类不屈的精神与爱，让更多孤独者与不屈者的精神相济。这些都是我喜欢的方式。虽然我不知道最终是否能完成，那颗破碎的珠子最终是否真的能愈合。艺术并非总得屈从于自然的规律，我不知道我能做到多少，但是，一切都值得去尝试。

我听任感觉世界的教导，关注小事物，我相信自然的救赎和启示作用，向自然、向未知的世界学习，这都是值得的。在某一个时刻，当诗句成为自然与人之间的媒介，达到一种连接与平衡，对于我来说，这也是一种收获。从表面上看，我关注小事物的内容比较多，但我最终的目的是到达"人"。

崖：诗歌圈里似乎有着官方与民间、学院与口语这样的分类，创作多样性呈现出风格的多元化和丰富性，您受过哪些诗人的影响？喜欢的诗歌风格类型有哪些？对于写作长诗、短诗有什么个人偏好？

池：对于官方与民间、学院与口语的分类，界线已渐渐模糊，诗人们都在拓展语言的习惯与边界，这种分类不一定适用于具体的作品。一直以来，我的阅读比较杂，不同风格的优秀作品，我都会去读，也能欣赏。我觉得适当庞杂的阅读，对自己是有好处的。从20世纪80年代到现在，这一路上我受到的是潜移默化的影响，优秀诗人对我或多或少都会产生一些影响，正如我们在植物园中感受到的空气与景色，得到滋养，却无法说清自身随之而来的变化。我比较欣赏的国内诗人有不少，他们既是引领者，也是互相激励的同行者，如果我的诗歌没有透露关于他们的诗学养分，在这里报他们的名字也觉得惭愧。国外的诗人中，我也有很多喜欢的，米沃什、勒内·夏尔、策兰、茨维塔耶娃、阿赫马托娃，还有很多。他们的精神力量，语言的神秘和美，都吸引我。对文学传统的汲取，我觉得不需要刻意去划定语种与界线，人类的情感与渴望，苦难与热爱，"人"才是文学永恒的母题。

我喜欢的诗歌类型，没有固定的模式。在外界优美与聪明的诗歌盛行的时候，我需要提醒自己，去追求质朴。在写得过于平淡时，也竭力做一次飞扬。在写作的路上，我们感受艰苦卓绝，又甘之如饴。

至于写短诗或长诗，还得取决于内容的需要。写长诗不仅仅考验作者的结构能力与语言能力，还需要很好的主题。把短诗写好其实也是一种挑战，有些诗人，一生写短诗，最后看，也是一首长诗。写短诗的过程，对准确、凝练地使用语言，是一种很好的挑战与练习。

崖：好诗标准有哪几条？您主要从哪些方面努力去建立和加强自己诗歌的辨识度？您对自己的哪些诗作比较满意，如何才能写出一首好诗？

池：关于好诗，很难说有几条标准，而是一切好的元素在作品中各得其所。很多好诗，是诗艺与内容最好的相遇。但一切都不是刻意的制造。

我喜欢的好诗，不是语言的智力游戏，也不是说梦话，是潜在水下出来的第一口呼吸，这呼吸和律动，是生命的需要。它的艺术性可能是立体的，就像一件艺术品，工艺精美又透着朴素的情感，是浓缩的人生，对亲密朋友的倾诉，其中也许穿插着自然的鸟鸣与邻人的咳嗽。它有恰到好处的音乐性，不同的内容跳动不同的音符。我还有一个比喻，好诗的语言就是吊起重物的吊钩，是承重物中的一种。神秘、迷人，却又质朴坚韧。我对好诗的期望有点儿高，所以心中常有前路漫漫的惶恐。

我不刻意在哪些方面建立诗歌的辨识度，很多东西是日积月累的结果，是自然形成的一种趣味习惯。写作多年，我有一些自己尚算比较满意的作品，但我不想做具体的解读。

至于如何才能写出一首好诗，我很认同玛格丽特·阿特伍德说的，好的诗歌是活的，不是死的。还可以加上，好的诗歌是真的，不是假的。尼采也有一句话，他说，在考察一切审美价值时，他使用的一个主要尺度是，"这里从事创造的是饥饿还是过剩"。我信赖这种尺度。我相信，纯熟高超的语言艺术是一个好诗人的必备条件，还有另一种要素也很重要，那是语言艺术以外另一个需要苦修的东西。那是一个艰巨的任务，对诗人的一生来说，"你想要写下什么？"这是一个永恒的话题。在一个诗人身上发生的事实，和他对现实、对人的生存的深刻的认识，这些将贯穿他一生的写作。

崖：我和您一样长期在媒体工作，繁忙而紧张，平时您是用零散时间还是需要整块时间来写作？接下来有什么创作计划？

池：我一直用业余时间来阅读和写作。在生活中，我不指望因写作而受人尊重，写作只是我个人的事。曾经有一二十年，那是我的写作热情比较高的时期，因为白天要工作，阅读和写作只能在晚上，久而久之就患了失眠症。现在我不敢在晚上写作了，失眠会偷走一个人的健康，所以改在白天的零散时间阅读与写作。在生活中，我相信有人在"为诗歌而工作"，能这样认同的人并不多。质疑"诗人的工作"这种情形，在不同语种不同年代诗人身上都发生过，对于我们也不奇怪。不过这种状态不会真正影响到诗人的写作。如果在书桌前只有零散的时间，在心里却可以一整天想这件事。

我最近的写作计划，就是怎么写下一首诗。

崖：对当下诗坛生态有两种截然相反的观点：一种认为，现在中国的诗歌写作非常活跃，可以用繁荣或盛世来形容；另一种则认为，当下诗歌都是"垃圾"，诗人"死了"。积极的看法主要来自诗歌界，判断标准主要是文本；悲观的看法则是来自数量庞大的网友或大众，判断标准主要是读者数量。诗人真的被边缘化了吗？诗歌对您意味着什么？

池：关于诗歌的盛世或是诗歌死了的言论，都有点儿言过其实，不必较真儿。还不如关注诗歌，回到诗歌本身。就我平时所读到的，当下优秀的诗作不少，一直在前行的诗人不少。近三四十年，在新诗发展历史中，应该是值得研究的重要的时期。来自文本的评判，才有客观理性的可能。我知道网上的一些差评是关于诗歌生态的，但这些东西与真正的诗歌艺术无关，最后都会消退。

诗歌稍微被边缘化挺好的，诗歌不是流行的大众艺术。流行总是伴随着速度而来，被快速消费或模仿，然后快速消退。

诗歌是我所热爱的，生命中如果没有了诗歌，我会很悲伤。这种热爱，甚至不为了回应，就像爱着深渊一样。你可以感受到心灵的存在，自己发出的声音的回声。我不知道这算不算也是一种"对生命的真实的热情"。

崖：接着上面的话题继续展开讨论，有人认为新诗在现代性的实践上已经走得很远很前沿了；另一方面，随着新诗频遭诟病，有些诗人干脆放弃和大众重新建立"亲密关系"的尝试；当然，部分有识之士利用现代技术提供的各种机遇，通过举办诗歌讲座、朗读会、分享会等活动执拗地传播诗歌内在的声音,旨在让读者有更多机会接触优秀的诗歌资源、获得更好的审美教育,尤其是培养年轻诗歌爱好者和写作者,您也乐于参与这些诗歌活动,对年轻的写作者有什么建议?

池:新诗这一百年历史,不会因为大众的懂与不懂被低估。一些阅读总是滞后,很正常。虽说一切语言为爱服务,但在具体文本艺术上,创作者不必迎合读者的阅读趣味。好的写作应该引领读者,而不是为了迎合读者而存在。文学作品不是综艺节目,不需要追求"收视率"。

一些诗歌活动分享优秀的诗歌资源,能满足一部分渴望诗歌艺术的人,也许能产生一些相遇的时刻。有些诗歌,会在诗歌朗诵会上得到恰当的阅读……听众中的一位,或许能感受到一阵让人发冷的战栗。这种战栗,我感受过。

我平时也读"90后"及"00后"的诗歌。最初的诗歌都是诚挚的,很可贵。那些没被圆滑的口音修饰过、没学会夸张的诗句,值得珍视。

对年轻的作者,我觉得帕斯捷尔纳克的一句话值得我们共勉:一部书是一个生命体。一部书是立体的、燃烧的良心——而非任何别的什么。

蒋立波,又名陈家农,1967年7月生,浙江嵊州人。著有诗集《迷雾与索引》《听力测试》《呼吸练习》等。曾获柔刚诗歌奖、扬子江诗学奖等奖项。现居杭州远郊。

诗人的职责是通过写诗去阻止"语言的败坏"

——蒋立波答诗人崖丽娟

崖丽娟(以下简称崖):蒋老师您好,您的写作从大学时期已经开始,您在大学时期自印了您的第一本诗集《另一种砍伐》,后来似乎有相当长一段时间没有发表作品。2015年您获得柔刚诗歌奖后引起诗坛关注,这个奖对您意义何在?您写作三十余年,有没有自己的代表作?成为一名诗人可是您安身立命之本?

蒋立波(以下简称蒋):从我20世纪80年代末开始写诗算起,说起来已经有三十多年历史,但其实这中间有过很长时间的停顿,特别是20世纪90年代后期到21世纪初,差不多有近十年时间,几乎在诗歌写作上是荒废的。我在一篇小文中曾说过我是一名"迟悟者",这绝不是谦虚的说法,而是对自我的切身体认。跟那些少年成名的诗人、早慧的诗人相比,我自认为我的才华是有限的,我一直认为才华本身也是可疑的,才华不足以支撑一个诗人持续的、大长度的写作,相反,我认为诸如专注、勤奋、领悟力、人生经验及其转换和变构的能力,包括自我变革和更新的能力,可能更为重要。或者说,对于一名优秀诗人来说,他肯定另有一个强劲的内在动力装置。比如你说到的"安身立命",某种意义上,从很早的时候起,我确实就有了成为一名诗人的愿望。但是随着年岁渐长,却越来越觉得做一名诗人的虚妄,诗也不能带来终极的救赎。以美学代宗教,就是一种最大的虚无。但在一种特殊的意义上,诗确实也承担了类似精神避难所的任务,语言有一种奇妙的功能,比如对精神和现实的某种提纯、过滤,对心灵的慰藉和镇静。诗歌帮我度过了整个的青年时期,那些无处安顿的,无处寄放的,无法排遣的,盲目而狂热的,都可以在诗歌中得到存放,像某个秘密的抽屉,某个永远不会公开示人的空间。诗也正在陪伴我度过危险、凶险、困顿、艰难的中年,我希望它能帮助我安全地走向晚年。

我确实很少发表作品,极少数见诸刊物的作品基本上是约稿或者友人的热心推荐。几本诗集也大多是自印或小众出版。柔刚诗歌奖是一个在诗歌界有较大影响力的民间诗歌奖项,迄今已历三十多年,以独立、公平、公正而著称。能够获得这个奖项是我的荣幸。可以说,正是通过这次获奖,外界开始逐渐认识一位籍籍无名的"远郊诗人"。事实上,由于不擅交往的个性,也由于长期僻居于相对比较封闭的县城,我跟诗歌圈基本是隔绝的,很长时间里都处于某种边缘的状态。要说对我个人的意义,我觉得这可能是诗歌同行对我的写作的某种认可或者说肯定吧,像授奖词中说到的"以智性的目光和机敏的想象力为流动的情绪赋形,在克制的叙述中,对词与物、自我与经验、个人与历史之间的复杂性进行迂回观照,并呈现出一种内向性、对话性的语言风格",这个评价确实对我此后的写作产生了很大的激励。当然,获奖说到底也只是满足了很短暂的某种虚荣心,根本上,诗人是一种自我的加冕,自我的认证,不需要借助于外在的荣誉。

说到自己的代表作,我觉得这个更应该交由批评家或读者来认定,他们比我更有发言权。而且由于各个阶段风格的变化,也很难遴选出一首诗作为我的全部写作的代表。不过我可以列举出几首自己比较喜欢的短诗:《死亡教育》《雪终于不够了》《昆虫研究》《失联之诗》《嗅辨师语录》《耻辱考古学》《七夕指南》,以及被夏可君赞誉为"无与伦比的杰作"的《钉痕学》,还有小长诗《札记:岁末读薇依》、长诗《乌有书店》。

崖：您是从什么时候开始意识到诗这样一种形态的存在？能否说说您幼年接受的诗歌教育？听说您在老家的山顶建了一家书店，我很感兴趣为什么想到要在荒无人烟的地方建这么一家书店？

蒋：我曾写过一首短诗《空白的教育》，写我小时候父亲常常在晒场上给我们讲故事，有的来自《水浒传》《东周列国志》《说岳全传》《隋唐演义》《荡寇志》等古典小说，有的完全出于自创。他是一名粗通文墨的乡村知识分子，偶尔也会写一点儿旧体诗。在夏夜的星光下，蛙声嘹亮，他讲一支军队通过独木桥，讲着讲着便会突然停下来不再往下讲，这时我和姐姐便会催促他，问他，为什么不讲了？他沉默着，半天不说话，被催得急了，才慢悠悠地回答道，千军万马过独木桥，哪能一下子过完，还在过桥呢。我知道催也没有用，便只好耐心等待，心想这么长的军队要多久才能过完啊。等待的过程也是想象的过程，那巨大的空白和沉默，逼迫我需要动用全部的心智去填补和完成。这或许是父亲给予我的最初的诗的教育，诗所需要的想象、空白、停顿、迂回、沉默，这些由杜撰或虚构的材料所构筑的"声音的诗学"。

小时候老家阁楼上有一只用于存放衣物的樟木箱子，樟脑丸的气味对我构成了一种神秘的诱惑，这种诱惑当然也是因为里面暗藏的一大摞的书。我会在大人不在时偷偷爬上阁楼翻看那些藏在衣物下面的书籍。我常常一个人躲在阁楼里，沉迷于一个遐思和想象的世界，有时是看书，有时也会胡乱地在本子上写下一些类似梦呓的句子。那或许就是我最早写下的"诗"。

我永远记得阁楼上的这只樟木箱子，那种浓烈的樟脑丸的气味，我一层层地翻下去，每一次都像是一场幼小心灵的探险之旅。我永远记得翻到最下面一层时看到《红楼梦》的情景，那里面的一些诗词非常吸引我，我第一次知道，在通常的故事和小说之外，还有这样一种美妙的韵律和声音，一种可以超越于现实镜像的文体存在。特别是那一块闯入我生命的神奇的"顽石"，带着某种禁忌的气息，赠予了我一份从未有过的阅读体验，并成了一种压箱底的精神存在。

所以注定会有这么一家书店，出现在人迹罕至的荒野之中。我在一首诗中写到过这么一句，"一家被逼上山顶的书店/终于可以不需要读者"。这样说或许有点儿矫情，我宁愿这么去理解，那就是每一家书店都在寻找它的隐秘的读者。

那么，磨石书店或许也是带着这样的理想，它只不过是想在一个更高的精神海拔上与它的读者相遇。疫情开始前的一年，我开始了这家诗歌主题书店的缓慢而漫长的折腾。中间因为疫情的反复，建建停停，停停建建，加上地处偏僻，装修计划的不断更改，有时甚至陷入几个月停顿，直到三年以后，书店终于在嵊州老家西景山的茶园中矗立起来，上下两层，大玻璃窗和方块形小窗搭配，一种纯白的极简主义风格。当我将一幅出自陈雨之手的佩索阿水墨肖像挂上书店墙壁，我感觉到了某种强烈的戏剧感，或者说是一种恍惚迷离的不真实感。作为一个分裂或化身为众多异名的大诗人，"佩索阿"穿越漫漫时空来到了我的老家西景山，这或许是一个隐喻，一个小小的奇迹。在四周巍巍群山的包围中，这幢白色建筑更像是一件不可思议的装置作品。我不喜欢用"情怀"之类的大词来解释我这种对拥有一家书店的近乎固执的痴迷，但它确实是我的一个挥之不去的情结，事实上早在20世纪90年代我就曾和斯继东、邢建平等几位朋友在嵊州城里开过一家书店，尽管最后以关门大吉、每人分走几大捆积压的书籍而宣告失败。回过头去看，这一切或许应该追溯到童年，那一份对书籍和阅读的爱好和迷恋。从另一个角度说，是那些大自然的语言代替我编撰了我幼年的词典，从小培养了我对想象、虚构、观察、记忆、冥思的爱好，而这一切，可能都是寂寞和安静带给我的恩赐和教育。因此，一家没有实体的看不见的书店早就存在，许多年之后，我只不过是给了它一个外在的"肉身"。

崔：您的诗歌总能找到精准的语言以恰当的修辞来完成思想意识的传递。以我喜欢的一首诗《嗅辨师语录》来说一下我的个人感受：每一句诗在自然物象和现实生活对应关系的想象勾连中自由跳跃又合乎情理逻辑，这种跳脱不仅没有隔断语言气韵，反而因某种荒诞产生意想不到的诗意。诗人、评论家一行曾评价说"蒋立波是很有精神性和修辞特质的诗人"。可见，您是一位颇有辨识度的优秀诗人，为此在诗艺上做了哪些探索？

蒋：辨识度来自诗人的语言风格，包括用词、句式、语气、语调，也包括换行、分段、标点，同时也来自诗人惯用的修辞手段、意象体系、结构方式等方面。但辨识度并不足以担保一个诗人是否可以列入优秀诗人的行列，它只是一个诗人得以成立的最基本的一个特征。比如有的诗人辨识度有可能很高，但从诗歌本体的角度看，其文本有可能仍然是非诗的，甚至是无效的。但我很乐意我诗作中的辨识度能够得到你的认可，毕竟诗人的写作动机很大一部分是来自对独创的追求。《嗅辨师语录》是我个人比较喜欢的一首短诗，也曾被一些朋友多次提及。嗅辨师又叫嗅辨员，俗称"闻臭师"，其工作的主要内容是监测与分析臭味对城市空气的污染，并为其划定级别，以便环境监管部门责令有关单位对臭源进行治理时有据可依。最早听到这个职业名称是在巨化集团搞的一次诗会上，据化工厂的朋友介绍，嗅辨师除了不能有鼻炎、不能熬夜以外，还不能抽烟喝酒，像火锅这类辛辣的食物也不能吃，甚至不能使用香皂。如此苛刻的职业要求，让我当时听了很感兴趣，因为我自己是个严重鼻炎患者，医生说我已经丧失了至少一半的嗅觉功能。在我看来，诗人某种意义上也在扮演着类似嗅辨师这样的角色。但在这首诗中，嗅辨师却是丧失了嗅觉的，这让这首诗呈现了一种复杂、荒诞、悖谬的戏剧效果，或者说也算是一种夫子自道吧。而这种戏剧效果的达成，很大程度上是依赖于精准的语言与个人化的修辞手法，具体来说，我追求词与词之间某种类似于齿轮般的咬合关系，以追踪空气中弥漫的"可疑的化学"，因此诗在这里就成了一种"侦察"与"捕捉"的行为，如诗中写到的"轴承停止了转动，但那些齿轮与螺母在梦中/仍然像情人的舌头在绞合、拧紧"。我倾向于刻画出微妙、细腻、不被轻易勘破的语言肌理，以至赵学成兄称之为是"对后工业时代风景的美学测绘"，这就需要诗人担当起测绘师的重任，调动起包括嗅觉在内的各种感官与直觉，并且保持对此种感官与直觉的充分信任，从而有可能捕获隐匿的、无名的存在的奥秘，特别是躲藏在语言缝隙中的气味、声音、褶皱、断裂、歧义。我比较看重语言推进过程中遇到的另一股"后坐力"，那种必要的阻滞和阻力，我认为是更为珍贵的。相反，对那种被"抛光"过的平顺、畅达、光洁的语言必须时刻抱有警戒。对于修辞的诟病，我当然也多有听闻，但我仍然坚持认为修辞在诗中是不可缺席的，甚至在绝对的意义上，诗就是修辞。当代诗所追求的复杂和丰富，更是呼吁我们必须去发明一种与主题相匹配的有效修辞。除了这首诗，其实我的其他许多诗作，也是在努力实践这样的一个诗学主张。因为当代诗无可置疑地肩负了辨认、分析、索引、侦讯、考古的任务，它必须积极回应来自历史和现实以及语言内部的巨大压强，所以试图以一种过分精巧、轻飘、清澈的语言来偷懒的行为，与其说是一种美学的天真，毋宁说是一场美学的灾难。

崖：您一方面善于通过丰富的意象来传达情感，通过形象的塑造来表达心境。另一方面似乎又把语言使用得让我想到"出神入化"这个成语。您的语言密实精致、佳句迭出，请问您怎么看待诗歌中的佳句或者"金句"？语言值得诗人信赖吗？您更重视语言，还是技巧？

蒋：谢谢你的褒奖，我当然离语言使用的"出神入化"还很远。在我看来，诗是一种绝对的信赖，对自然的信赖，对生命的信赖，对爱的信赖，对世界的信赖，而从根本上说，诗就是对语言的信赖。大众和语言之间并非是完全的信赖关系，而是一种实用的关系。比如：新闻语言、公文语言、广告语言，这种语言和我们之间更多的是体现为某种功利的诱导和灌输，甚至带有胁迫或谎言的性质，呈现出夸大其词、天花乱坠、虚张声势的特征。而诗人和语言之间则是绝对的信赖关系。"写诗的人写诗，首先是因为，诗的写作是意识、思维和对世界的感受的巨大加速器。一个人若有一次体验到这种加速，他就不再会拒绝重复这种体验，他就会落入对这一过程的依赖，就像落进对麻醉剂或烈酒的依赖一样。一个处于对语言的这种依赖状态的人，我认为，就可以称之为诗人。"这是诗人布罗茨基在诺贝尔文学奖受奖演说中的一段话。他精准地命名了诗人与语言相依为命的信赖关系，也就是说，这种依赖和信赖的程度越高，诗人对世界的感受力就越强，诗的言说也就越能触及存在的本质。在优秀的诗人那里，他笔下的词语总是处于一种友爱的关系之中，词和词之间构成了一个亲密的共同体。一首诗需要"金句"，但光有"金句"不足以支撑起一首诗，所谓有句无篇，肯定是需要警惕的。

而值得注意的是，诗人和语言的信赖关系并非是单向的，而是相互的，在布罗茨基看来，甚至许多时候不是诗人在使用语言，而是语言在使用诗人。我不认为语言仅仅是工具和载体，语言的工具化恰恰是我们应该警惕的。技巧当然非常重要，再怎么强调都不为过，不过我更愿意使用"技艺"这个词，因为技艺不完全是机巧、巧妙，它更多地倾向于诗的微妙。一位成熟的诗人肯定需要发明出一套属于自己的"技艺的工具"。只有当一个诗人领悟出这样一套"技艺的工具"，他才算是进入了一种自觉的写作。如果我们承认诗人也是一名语言的工匠，那么忽略甚至贬低技艺不是无知，就是狂妄自大。

崔：我感觉您在生活中是一个孤独者，但也是比较喜欢结交朋友的人，之前您和朋友曾办过《星期三》《麦粒》《白鸟诗报》《越界》等民刊，它们在民刊当中有一定影响，这些名称可能都有故事，能不能讲一讲这方面的事？

蒋：你可能说对了一半，对于结交朋友，我既渴望寻找那种真正可以推心置腹、谈诗论道的朋友（知音），但又时时保持着某种警惕或戒备。因为在一地鸡毛的现实处境中，知音总是极其稀少的，碰到更多的是泛泛之交。我曾经多次说起过"诗歌的知音学"，写诗对我来说有一个隐秘的目的，那就是寻找理想中的读者，哪怕事实上只存在真正能够理解的三五知己，甚至压根儿就不存在。难怪西渡也注意到了我诗歌的一个特征，"就是把诗歌视为一种交流的信念"。你提到的这些民刊，创办于不同的时期，也确实跟朋友有关，也跟我居住过的几个地方有关，比如最早的《星期三》，那是在绍兴读大学时，大概是1986年、1987年，当时绍兴有好几位非常有才华的诗友，他们有的是从杭州高校毕业回绍，有的是在本城工作，他们从报纸上看到我的诗歌，大概觉得还可以，就找到了还在读书的我，把我拉入了"星期三"诗社，然后一起创办了《星期三》诗刊。回过头去看，这个时期实际上是我的一次现代诗的启蒙，特别是从杭州毕业回来的天目河和陈也东，带回了当时崭新的诗歌前沿信息，刷新了陈旧的美学观念和对现代诗的固有的认识，对当时的自己冲击很大。《麦粒》是我大学毕业工作后办的，当时我被分配到了偏僻的山区学校教书，非常苦闷、压抑、孤独，唯一的跟外界的接触就是跟在另一所山村小学教书的杜海斌（杜客）通过书信交流各自的诗歌写作，邮寄手抄或打印的诗稿，自然而然就萌生了一起办一份诗歌报刊的想法。《白鸟诗报》其实是《麦粒》的延续，只不过参与的人更多，也发生过一点点不愉快，好像当时嵊州的一大半写诗的都曾卷入过其中。柯平看到《麦粒》上的诗，马上写信来，对我的诗大大夸奖了一通，还在当时的年度浙江诗歌评述中重点作了点评。我当时的想法是，办一份新的诗报，用销售赚来的钱邀请柯大师过来喝酒，结果可想而知，钱没赚到，还差点儿惹出了麻烦。《越界》则是我定居富阳以后的事了，那些年我跟旅居北京的同乡诗人回地交流比较多，他是对我的写作产生非常大的影响的诗人，除了文学，他还阅读了大量的哲学、神学、伦理学著作，是一位耽于思考的清教徒式的优秀诗人。我们曾经一起在北京亚运村附近一个叫北顶村的地方生活过一段时间，一边为每天的吃饭发愁，一边研读《神曲》《浮士德》和《福音书》。我们一起编过一本《越界与临在：江南新汉语诗歌 12 家》，基本上是生活工作在绍兴的诗人或生活在外地的绍兴诗人的一个合集，后来就用"越界"这个名字创办了同名诗刊，可惜只出了一期。

崖：您是浙江嵊州人，这地方是越剧之乡。我曾经在上海越剧团工作过一段时间，对您 2021 年 1 月 16 日在上海民生现代美术馆的诗歌分享会上说的一段话产生了共鸣："越剧深深影响着我的写作，我的诗歌当中也萦绕着这种声音，越剧已经成为一种宿命性的东西。最近五六年，随着人生阅历的增加，我写诗在做减法，但方言的影响、地方戏剧那种特有的声音的熏陶没法减去，这些已深深地进入我的身体里。"您的诗散发出深厚的人文底蕴，请问在借鉴古典寓意来表现当代经验方面，您有什么体会？新诗的当代性该如何理解？怎么看当下很火的"新工业诗歌"？古典意象和当代经验之间存在着一种什么样的关系？

蒋：对于我来说，在哪里写诗都一样，包括自己身上背负的那些地域文化基因，说实在的，有很长一段时间我曾想努力地摆脱掉它们。我可能更倾向于一种"去地方性写作"。当然有些东西是无法摆脱的，就像一个从母体里带来的胎记，它们肯定在无形之中塑造着、规训着我的写作，至少在诗歌里会有所体现，比如有评论者说到我诗中的愤怒、沉郁、牢骚，包括水袖、唱腔、长亭短亭，甚至是榨面、豆腐、年糕，我想关键是如何转换、消化、激活这样一些板结了的文化元素与意象符号。借古典寓意来表现当代经验，我想不仅仅是像旧瓶装新酒那样简单，这跟上面有个话题紧密相关，就是说在古和新之间，不能只是单向的"以古诠新"，我认为也可以是"以新诠古"，而更关键的地方在于，在古和新之间必须发生一种对话关系，在互相的质询、盘诘和征用中建立起真正的"互文性"。有一个有趣的现象，在我的老家嵊州，越剧的发源地，那里的人被外地人不可思议地称作"嵊县强盗"，在这么一个越音袅袅、柔情似水的越剧的故乡，怎么也很难跟强盗联系在一起，但嵊州出过一个著名的辛亥英雄、绿林好汉王金发。所以说地域文化也不是单一的面相，越地既有愤怒和沉郁，也不乏柔情与逸乐。夏可君曾经说，他在我的诗中能够读到一个绍兴师爷的"侠客意气"，或者说是一种"决绝的技艺"，我以为是非常准确的。

现在讲得比较多的是新诗的现代性。你使用了"当代性"这个概念，我觉得非常好，因为我们写的是当代诗，"当代"两个字的重要性是毋庸置疑的。当代性肯定不是风花雪月，不是农耕景观，不是伪乡土，甚至也不单单是挖掘机和炼钢炉里的火花、生产线和工号。我认为当代性恰恰是要到这些东西的背后去寻找，"一个现实主义的诗人也可能反现实"，这个反现实不是对现实的反动与对立，跟现实唱对台戏，而是说要到现实的背面去寻找一种能够跟现实进行对话，甚至是一种激辩，并构成某种张力的东西。没有这样一种张力，没有诗的"辩难"，没有这样一种紧张关系，当代性也就无从谈起。而且当代性也未必就是只限于写当下，写眼前的东西，你写历史，写记忆，写古典故事，同样也可以表现当代性。比如张枣写梁山伯与祝英台，朱朱写清河县，西渡写奔月，宋琳写《山海经》的传说和雪夜访戴，我们从中读到的那种当代性甚至可能比写"工厂抒情"更为强烈。我当然不是说新工业题材的诗歌没有当代性，这里的关键当然是对古典叙事的某种活力的重新激活，迫使它与现实构成一种对话与互文关系，从中唤醒一种新的诗意。写"工业诗歌"也一样，不能是一大堆新名词、新概念、新景观的罗列与堆砌，而是要从人与物、词与物的彼此纠缠与对峙中发现或者说发明出它们彼此咬合的某种悖谬关系。诗歌的胃，不但要装下它们，更要有碾磨它们和消化它们的强大能力。

崔：您肯定也受到外国诗歌的影响，在处理古典传统与西方技法的经验上秉持什么文化态度？您受到过哪些外国诗人的影响？

蒋：在我的诗歌中，可能你看到的更多是来自外国诗歌的影响。这可能是受到20世纪80年代末90年代初整个思想背景的影响，大学时期我读到的第一本诗集就是裘小龙翻译的艾略特的《四个四重奏》，而且新诗本身就是从西方移植过来的，相对于古诗，新诗可以说是一种完全陌生的文体，而不是从本土文化中生长出来的，这就先天决定了我们肯定是首先需要领受西方文学的恩惠和营养，这不单纯是技法与形式的问题。某种意义上，西方诗歌是新诗的一个母体。因此说到外国诗歌的影响，我觉得再怎么强调也不为过。具体来说，在不同时期，我受到过许多外国诗人的影响。艾略特、叶芝、里尔克和埃利蒂斯是我早期的师傅，后来我喜欢上苏联诗歌，叶赛宁、曼德尔施塔姆、茨维塔耶娃、阿赫马托娃都影响过我。而最近十年我读得比较多的是扎加耶夫斯基、布罗茨基、希尼、策兰、勒内·夏尔、阿米亥、特朗斯特罗姆、史蒂文斯、博纳富瓦等诗人的作品。我的个人体会是，也不一定要跟风去读每一位翻译进来的诗人作品，某一阶段里只要读通读透一两位诗人作品并化为自己的诗学营养，也足够了。

当然，话说回来，因为新诗是在汉语土壤里生根发芽的，必然也接受了汉语古典传统的滋养。这种滋养不以人的意愿为转移，是无法选择的。我们是读着唐诗宋词长大的，我们的血液里先天携带了古典诗歌的基因。年岁渐长，我也在重新向古代诗人学习，这是必须补上的功课。这不是简单的一种返回，而是通过重新阅读，来唤醒古诗中沉睡的跟新诗共通的仍然具有活力的部分。

崔：您开始写诗时，别人询问您为什么写诗，当时是怎么回答的？如果现在问您同样的问题，又将如何回答？在您看来，诗人、诗歌应承担什么职责使命？诗可以介入现实吗？

蒋：在刚开始写诗时，如果要问是为什么写诗，其实有一个让人羞愧的目的，那就是想通过写诗来吸引女同学的注意，因为在那个年代，诗人还是一个受人瞩目的行当或职业，在一座小城里，聚集着上百号诗人在当时并不足为奇，甚至在和女朋友约会时都时兴带上一本诗集，或在口袋里捎上一首献给她的诗。这当然只是一种带有自嘲的说法。很长时期里，诗人扮演的是类似祭司的角色。就像诗人雪莱所说，诗人是文明社会的缔造者，是未经公认的立法者。而在柏拉图那里，诗人则是诸神的解释者，尽管许多人知道他曾发誓要把诗人逐出他的理想国，并且罗列了诗人的各项罪状，但其实他的本意并不是所有诗歌都不能进入，因为他曾说到"除掉颂神的和赞美好人的诗歌以外，不准一切诗歌闯入国境"，说明只要是"好的诗歌"，只要是服务于"完美的灵魂对最高理性的回忆"，这样的诗就是理想国中诗的存在方式。

而在一切分崩离析的现代甚至后现代景观之下,这样的"立法者"的角色显然已经坍塌,诗日益成为一种"向内收缩的宗教"(冷霜语),谈论诗人的职责和使命在当下也多少显得过于宏大,不合时宜。在我看来,诗是一台奇妙的加速器,它可以帮助我们在混乱无序的世界的盲目运转中,搅拌经验与心智的碎片,建立起一种语词与伦理的秩序,从而自成一个微型宇宙。或者说,诗某种意义上就是管中窥豹,我们从来都不可能看到豹的整体,而只是一个投影,一个虚幻的影子,那神秘、斑斓的一闪。至于你说到的诗的介入现实问题,我想重复奥登的一段话:"一个诗人,身为诗人,只有一个政治责任,即通过他自身的写作,来为他不断堕坏的母语建立一个正确使用的典范。当词语丧失了其意义,肉体的蛮力就会取而代之。无论如何,就让一个诗人按他自己的意愿去写现今所谓的'介入诗歌'吧,只要他明了主要是他自己会从中受益。他这么做了,自会提升他在那些同道者中间的文学声誉。"诗肯定在介入现实,就像现实也在介入诗歌,只不过我们是以诗的方式来介入的,因为我们只能是在语言内部来处理我们所面临的现实,诗最终呈现的也只是语言中的现实。不存在专门的"介入诗歌",诗就是诗,而不可能是别的。诗人的职责就是通过写诗来维护语言的神圣,来阻止语言的败坏,因为语言的败坏最终带来的是道德的败坏,按奥登的说法就是"肉体的蛮力"的胜利。

崖:您闺女蒋静米已经有两本诗集出版,并入选第三十九届青春诗会,曾获光华诗歌奖、徐志摩诗歌奖,被誉为"诗二代"。她还写作小说,大有长江后浪推前浪的态势。这是否有家学的传承影响?同时我也看到您和年轻诗人有些互动,那么对"90后""00后"的诗歌创作有什么期望和建议?

蒋:对于家学之类的说法,作为父亲,我一笑置之。因为我觉得我从来没有意识地对她进行过任何诗歌的引导与训练,如果一定要说影响,那可能是书架上的海子、卡夫卡的作品和几本当时订阅的诗歌刊物,给予了她最初的文学启蒙,而根本上,她的诗歌写作是自我教育的结果,或者说,这是一种绝对天赋使然,像一位朋友说到的,她生来就是要写诗的。因此,我毫不奇怪,大学的某一天她突然写出了一首诗。我也不会怀疑,将来某一天(很可能就是现在),她远远地走在了我的前面。其实我跟国内的青年诗人接触不多，特别是"90后""00后"的诗人，仅有的印象也基本来自一些零散的阅读。他们中的大多数起点比较高，学历也很高，外语水平普遍不错，能够更快捷地接受当下外国诗歌的影响，许多人能够阅读原文甚至自己动手翻译。换言之，他们在开始其文学生涯之前的知识储备、文学积累与理论素养是相当完备和充分的（有不少青年诗人同时也是批评家，同时兼事诗歌翻译），所以阅读他们的诗歌其实也是充满了挑战和冒犯，当然也必然伴随着更多的意外和惊喜。从他们的诗中，我能够感受到当代汉语的最新流变和美学触须，能够触摸到其诗歌语言和技艺所体现出来的敏锐、大胆、活泼、新鲜。跟前面的第一、二代诗人相比，许多诗人或许要用十年才能完成的学徒期，他们在本科阶段可能就已经大致完成了，有的甚至已经写得相当成熟和老练。这无疑是需要我们认真面对（另一方面说也是值得学习）的一种崭新的语言存在和汉语景观。当然，从另外一个角度来说，一个优秀诗人也是终生的诗歌学徒，他的学徒期可能永远不会结束。青年才俊们在学徒期里可能更侧重于语言的探索与感受力的发掘，更多掌握的是技艺的锤炼与形式的打磨，而在精神肌理的凸现、生命经验的结晶等方面，留给他们的或许还有更广阔的空间和可能。

崔：继2020年出版诗集《迷雾与索引》后，2022年出版诗集《听力测试》，反响不错。《听力测试》似乎有某种隐喻暗含其中，这是您的变法之作吗？接下来有什么新的创作计划，有出版新诗集的打算吗？

蒋：求变当然是每个写作者的一种隐秘的愿望。《迷雾与索引》是我历年诗歌的一个选集，考虑到需要客观呈现若干年来自己写作的全貌和美学流变，收录了一些如今看来不够成熟的作品，语言风格差异比较大。而《听力测试》选的基本上是过去一年的诗作，作品风格相对来说比较整齐，我自己可能比较看重。谈不上中年"变法"，但从中可以大致看出我进入中年以后写作上的一些变化，比如：修辞强度的增强，诗中词语之间紧张关系的加剧，知识考古学倾向的强化，语言的客观化与情感的克制，元诗写作的倾向。我不知道这些变化到底是好还是不好，但我知道必须有变化，唯有变化才能有效抵制精神的贫瘠和语言的僵化、诗意的板结。听力测试，听起来确实颇有隐喻的味道。无论写诗还是读诗，我觉得都是有关听力的一次测试。在一个成熟诗人的作品中，我们肯定能够辨听到一种独特的声音，他的语气、语调，他的气息、口吻，他的语词构成的节奏，都让我们感受到一种独属于他的声调。希尼谈论奥登时用到过一个词"测听"，那就是以全部的感知去测试和辨听声音的奥秘。他认为奥登"把英语诗歌带到了离可怕的想象力的边界一度是最近的地方，并提供了一个例证：20世纪人类是怎样承受孤立的经验和普遍的震惊的，从此可以从英语之中测听到"，那么不妨借用这个说法，为了从汉语之中测听到那种"孤立的经验"和"普遍的震惊"，我们该怎样克服听力的日益磨损，或者说，该怎样在离可怕的想象力的边界最近的地方测听到寂静的轰鸣？我当然在想，接下去是不是可以找到诗歌写作的一种新的可能，新的引擎和方向。这就必须有一种持续推动自己写下去的内在动力，我得好好思考，如何让自己的写作保持一种更为饱满而新鲜的活力，如何让自己的语言触须变得更为敏锐。但这些仅仅也只是一种愿望，重要的是真正贯彻到具体的写作中去。一句话，写诗太难了！说到计划，2024年会有一本新诗集出版，一个写了两年的长诗《乌有书店》也在继续修改，有望2024年初定稿。

西渡，1967年7月生于浙江浦江，北京大学中文系毕业。诗人、诗歌批评家，清华大学人文学院教授。著有诗集《雪景中的柏拉图》《草之家》等，诗论集《守望与倾听》《灵魂的未来》等，部分作品被译成法文，结集为《风和芦苇之歌》。曾获刘丽安诗歌奖、《十月》文学奖散文奖、东荡子诗歌奖批评奖等奖项。

诗是宇宙的语言
——西渡答诗人崔丽娟

崔丽娟（以下简称崔）：西渡老师，您2020年9月17日来上海做诗歌分享会，我们见过面。您是著名诗歌批评家、诗人，在诗坛上具有重要影响力，很高兴2021年第六届上海国际诗歌节您是受邀嘉宾之一，使我有这个机会访谈您。本届诗歌节主题是"诗，和人类命运共同体"，力图以诗歌表达时代回响，打造人类命运共同体，换言之，似乎关联诗歌如何处理与时代的关系。对此您如何理解？

西渡（以下简称西）：我一直认为，诗是一种理解的力量，它最早直观地理解了人和世界、自我和他者的同一性。在我看来，正是这种理解促成了文明的诞生，或者说，没有这种理解参与其中，文明的诞生是不可思议的。在当下的历史处境中，这种理解的力量也是构建人类文明共同体不可或缺的。现代化给人类带来巨大的物质福祉，同时也伴随着人与世界的断裂，国家与国家、民族与民族、人与人的隔绝，人的原子化。我们的时代同时存在两个背道而驰的趋势：一方面是全球化的巨大进展，另一方面是对世界同一性的理解力的萎缩。目前全球化面临的困境，正是这种理解力萎缩造成的一个后果。换句话说，这种理解力的匮乏必然阻碍全球化的进程，已有的全球化的成果也面临威胁。在增进这种理解的力量方面，诗歌有自己要承担的任务。诗是普遍的、宇宙的语言，不同民族对诗的共同追求很好地说明了这一点。不同国家、民族、肤色，操不同语言、经历不同的诗人相遇于一个空间——上海国际诗歌节是这样的空间之一——很快可以成为亲密无间的朋友，因为在他们相遇之前，诗作为一种超越个体的语言已经把他们凝聚为一个共同体。诗人们要做的是让更多的人听到诗的声音，把这一理解的福音传播到更广大的人群。这就是诗歌交流的意义。

崖：上海国际诗歌节已经成功举办五届，对促进中外诗歌交流起到重要的推动作用。有一种观点认为，我国现代诗是从外国诗演变和引进的，并没有什么优势。近年来，国内频繁举办各类国际文学交流活动，包括不久前北京举办的"北京作家日"吸引不少外国作家和诗人线上线下参与，您的《西渡诗选》在"北京作家日"签约翻译到俄罗斯。您如何看待这些国际文学交流活动？

西：刚才我讲到，诗是超越国界的、普遍的语言，新诗的国际化身份恰好证明了这一点。所以，其国际来源（当然不是唯一的来源）不是新诗的劣势，而是它的优势。从历史来看，中国古典诗歌也是"国际"的，近代以前，它就对汉字文化圈的周边国家有巨大影响，近代以来，这种影响进一步扩展到了欧美各国。美国诗人中，受到中国诗歌影响的重要诗人可以数出一大串。2013年我参加了加拿大魁北克国际诗歌节，一些欧洲、阿拉伯地区、拉美地区的诗人不约而同向我表达了他们对中国古典诗歌的仰慕，一位秘鲁女诗人向诗歌节提交的作品好几首是为李白、白居易而作的。诗歌的这种"国际化"说明，它提供的不是一种地方性知识，而是一种普遍的知识，一种从本质上讲应该归于全人类的知识、智慧，把它限定为地方性知识是对人类智慧的犯罪。事实上，最好的诗都有这种性质。新诗接受外国诗歌的影响也不是服膺、屈从于某种外部的东西，而是把本来属于我们的东西交还给我们自己。国际文学交流的意义也在于此。在这种交流中，诗人等作家代表他们的民族、语言彼此赠予，受赠的一方固然获益匪浅，付出的一方同样从中受益，最终结果是极大地丰富了人类智慧的库存。

崖：我国古代文人一直有互赠诗文的传统，我发现您提供给上海国际诗歌节的诗里有好几首是诗人之间的赠诗，让人觉得您特别珍视友情。您对唱和诗怎么看？读您的诗我有一个强烈的"古典与现代媲美"的感觉，请谈谈，在创作中您如何做到古典意境与现代精神共振？

西：唱和是中国诗歌中一个突出的现象，说明中国诗人对"诗歌共同体"很早就有深刻的领悟，诗在他们之间一直作为一种理解的力量发挥着心灵桥梁乃至心灵疗治的作用。按照存在主义的看法，孤独是人类个体的宿命，但诗并不认同这种宿命。一首赠诗是一颗孤独的心向另一颗孤独的心发出的邀请，和诗则是一种响应，在邀请和响应之间则是人类克服孤独的行动。这是人所能有的最高贵的行动之一，也是把孤独的个体挽留在世界上的温暖力量。但它的意义还不止于此。在我看来，唱和还具有超越个人情谊的更普遍的意义。我把每一首诗看作是一次召唤，一件赠送给世界的礼物，也是赠送给每一个人的礼物。可以这么说，已经存在的每一首诗都在呼唤它的和诗，而你写下的、即将写下的每一首诗既是对这种呼唤的应和，同时也是对另一首存在于未来的诗的呼唤。所以，诗歌共同体不仅是超越地域的，也是纵贯古今的。对我来说，"萧条异代不同时"的悲伤在某种程度上得到了这一"诗歌共时体"的克服。作为诗人，我既生活在当代的诗人朋友们中间，也生活在这个由古今中外的诗人、诗歌构成的诗歌共时体中间。这使我感到幸运。

古典与现代的区分是一个现代的观念。对于我，这样的区分即使有充分的理由，也是值得反思的。当我在少年时代开始阅读屈原、陶渊明、李白、杜甫、孟浩然的时候，他们对我而言并不是古人，而是活生生的人类个体，真真切切地活在我的呼吸之间，也活在我眼前的自然中，与我分享着同一天地：陶渊明清澈的目光仍停驻在眼前起伏的麦浪上，李白飘逸的身影拉长了你饮下的每一滴酒液，孟浩然还在和邻翁讨论今年的收成……我大学毕业的时候，确曾考虑把古典诗歌研究作为终生的事业。只是因为写作的快乐最终超过了研究的乐趣，才使我放弃了这样的打算。我的诗作很多取材于中国的文学传统、神话、历史，但我的写作始终是面对当下的，我看重的是这些题材中在当下仍具有活力的部分，或者说，是题材中具有超越性、永恒性的部分。传统和现代同时教育了我，使我避免成为一个单向度的人。也可以说，我是非我，传统是非传统，现代是非现代。我、传统、现代这些概念，必须在它的本义之上加上它反面的内容，你才会对它的丰富内涵有较为透彻的领悟。斤斤于字面之义，诗和人都会失去很多成长的机会。

崔：诗坛众声喧哗，表面很热闹，圈外对此却未置可否。请问如何看待当下诗歌写作现状？中国新诗已经走过一百年，如何研判中国新诗的发展走向？您说过"诗人不必有大师情结，大诗人情结会把一位诗人提早毁掉"，我在不同场合听人说起这句话，能否再请您亲自解释它的具体含义？

西：我感觉喧哗是20世纪80年代诗坛的特点，20世纪90年代以来诗坛实际上冷清了许多。这种冷清是一个沉淀的过程，也意味着成熟。这个沉淀的过程，既关联于作品，也关联于诗人，是两方面的水落石出。20世纪90年代以来，诗人们成功突破了新诗写作的青春魔咒。新诗史上几个主要的诗人，郭沫若、徐志摩、闻一多、卞之琳、穆旦、戴望舒，其最好的作品几乎都写于三十岁之前，一过三十岁，写作的数量和质量都直线下降。当代诗人中最有成绩的十来位差不多都克服了这个魔咒。这是一个很大的成绩。20世纪90年代以来，诗歌在当代文化中的地位趋于边缘，但好诗人的数量、好作品的数量却克服了这一不利局面，呈现逆势增长的态势。20世纪40年代最重要的诗人是"九叶"，当然，"九叶"之外也还有不错的诗人，但都加起来，这个数字也不会太多；20世纪90年代与"九叶"相当的诗人，我们可以数出几十位。这也是很大的成绩。所以，我对新诗的未来抱着相当乐观的态度。我曾经表示过一个看法，目前我们可能处于新诗的"六朝时代"。什么是"六朝时代"？就是诗歌的各种可能性（诗意的、技艺的）不断被发现，诗歌的领地不断被拓展，但诗歌的表现尚未达到成熟的时代。这是顶峰之前的时代，但也是为顶峰做铺垫，准备条件的时代。显然，没有六朝的准备、铺垫，就不会有盛唐的顶峰。也许，我们的时代也正在为新诗顶峰的到来准备条件。

我说过新诗还没有公认的大诗人。这话引起一些争议。实际上，我非常看好某几个当代诗人的创作，我认为他们已经具备大诗人的潜质。那么，为什么还要坚持说新诗没有大诗人呢？我认为当代诗人还有一个坎儿没有突破，就是晚年写作的坎儿。目前最优秀的诗人，具备大诗人潜质的诗人，大多还处于中年，其晚年写作能不能继续有所突破，对其最终成就至关重要。诗人过早地认定自己的大诗人身份，我认为并非好事，对于他们自己的写作，对于整个当代诗的写作氛围都是如此。这是我说"诗人不必有大师情结，大诗人情结会把一位诗人提早毁掉"的原因。我希望优秀的诗人们继续成长，不断突破自己，这才是新诗之幸。

崔：小说、散文、杂文、诗歌都被列为文学，似乎唯有诗歌被称为语言艺术。诗歌既为文学又为艺术，是因为它可吟、可诵、可表演吗？诗歌艺术与音乐、绘画、电影等艺术一样讲究意象、意境、画面感，这些元素（要素）既体现当代性，也形成一种相互共生的语境。请问您如何理解诗歌语言的音乐性？诗歌又是如何通过塑造艺术形象来表达思想情感的？

西：诗是特殊的综合的艺术。一般来说，我们把电影、戏剧、歌曲等艺术门类称为综合的艺术，诗则被视为单纯的语言艺术。实际上，诗作为语言的最高艺术，综合了时间和空间、身体（视觉、听觉）和头脑的多重特性，是一种特殊的综合艺术。一方面，诗和音乐一样是时间的艺术，它是在时间中进行的，具有时间的长度，是一种持续的动作和过程；另一方面，诗又具有空间的特征，它以语言为手段，营造出一个特殊的、诗意的文学空间。诗是视觉的，以生动丰富的形象作用于我们的视觉，所谓"诗中有画"；诗又是听觉的，以富有魅力的声音形式作用于我们的听觉，诗歌就是诗中有歌。瓦莱里说，"诗歌艺术是一门比纯音乐艺术更复杂、更富于变化的艺术，因为它要求人们同时驾驭相互完全独立的各个部分，要求人们在取悦于听觉和激发才思这二者之间建立并保持微妙而精巧的平衡"。这可能就是在文学诸体裁中，人们特别强调诗歌的艺术性的原因吧。

在诗的诸种艺术成分中，声音的成分尤为重要。我们讲诗的形象，往往偏重视觉形象，强调意象、意境、画面感等就是这种偏见的表现。我不是说视觉形象不重要，视觉形象当然是诗歌表现的重要手段，但诗在根本上是一种声音的艺术，声音形象是诗歌最根本的形象，这一点需要特别强调。一个诗人毕生的追求就是发明一种独特的语调，也就是独特的声音形象，换句话说，诗人是靠其独特的声音被读者所辨认的。要注意，我所说的声音形象是高于音乐性的。音乐性是很容易引起误解的一个概念，以为诗应该追求"歌"的效果——这种追求在新诗中的经典例子是《再别康桥》《雨巷》——在这种追求中,诗很容易成为音乐的附庸。其实,对诗而言,音乐性只是一个比喻,诗的音乐性和纯声音的音乐并不是一回事,以文字去模拟音乐的效果,永远不会成功。诗的音乐是语言的音乐,其声音始终和意义结合在一起,因此生动的、独特的语调在诗中永远比所谓的音乐性更重要。诗的音乐性,从本义上讲就是那种汇合了声音与意义的语调,除此之外的声音效果都是附加的。从诗的角度说,《再别康桥》《雨巷》都不是什么了不得的作品。美国诗人弗罗斯特有一个说法非常好。他说,真正的诗必须对谱曲配乐有某种抵抗性,因为它本身就是音乐——弗罗斯特这里所说的音乐当然不是那种纯声音的音乐,而是语言的音乐。

崖:大学时代您就开始写诗,后来似乎是以诗歌批评家的身份成名。现在看来,您的诗歌产量其实不少,质量也很高。您更看重自己的哪个身份?诗歌批评家和诗人身份这两者构成什么关系?诗人批评家与一般诗评家区别在哪里?一个显而易见的事实是:很多好诗人也是很好的批评家,好的批评家中也有诗写得也不错的,对这一现象如何评价?

西:我迄今只出过四本诗集(不算诗选),产量不算高。我的诗歌写作呈现间歇状态,中间有不少停顿。实际上,五十岁以前,我的大部分精力都消耗在谋生上了。有一段时间,文章发得多一些,诗很少发。由于这个原因,一些读者误认为我主要从事批评工作。其实,批评一开始并没有进入我的职业规划,它是一些偶然的因素促成的。写诗是一件私人性的工作,也可以说是自我的工作;批评则是一个社会性的工作。批评意味着介入到诗人、作品和读者之间,在其中充当一个调停的角色,这个角色从根本上说是社会性的。我的批评文章不少是应邀之作——这恰好也是拉金随笔集的中文译名,英文原名叫 *Required Writing*,其中多数为批评文章。一个诗人可以把它的批评文集命名为"应邀之作",但绝不会以此命名他的诗,因为写诗是响应你自己内心的要求。如果有诗的邀请这回事,那它也是一个无人称的邀请,就像我在前面说的,是一首诗对另一首诗的邀请,其中邀请者和被邀请者都是匿名的。它是一桩心灵内部、语言内部的事件,而不是社会的事件。写诗当然也有它的社会性,但它的社会性需要通过某些中介才能实现,批评就是其必要的中介之一,其他还包括发表、出版、阅读和诗歌交流活动等。

诗人兼批评家在现代诗歌中极为普遍。这个传统从爱伦·坡就开始形成了,波德莱尔、马拉美、瓦莱里、里尔克、叶芝、庞德、艾略特……一直到帕斯、米沃什、希尼这些大诗人无不是杰出的批评家。这个传统也反映在中国当代诗歌的进程中,很多当代诗人同时兼做批评工作。这个趋势起初是源于诗人对批评的不满,后来又得到诗人高学历化的支持,更深层的原因是现代诗的自觉化。浪漫主义之后,现代诗越来越成为一种自觉的艺术,它依赖诗人自觉的劳作远胜于对灵感的依赖;理智在写作中的分量越来越重。可以说,现代诗的写作过程本身就伴随批评,以至写和评成了诗歌写作的一体两面。而对这种自觉的艺术的理解,也要求批评家成为诗艺的行家,对诗的写作奥秘有充分的了解,换句话说,那种基于思想的、社会的乃至心理学的批评,在这样的诗面前多半失效了。庞德说过,绝不要相信那些没有写出过一行好诗的批评家。这话也可以反过来讲,没有能力从事批评的诗人,其写作也相当可疑。实际上,诗与批评的合一已经成为诗的事实的一部分,反对和赞成都不能改变这一事实,除非诗的写作重新退回到蒙昧的时代。

崔:您的名字很早似乎就与海子、骆一禾、戈麦这三位英年早逝的北大诗人联系在一起。您的诗歌批评专著《壮烈风景——骆一禾论、骆一禾海子比较论》是研究这两位诗人绕不开的一本重要著作。听闻您最近刚完成《戈麦全集》的编辑工作,请介绍一下编辑过程情况。

西:海子、骆一禾是高我六届的校友,我与他们几乎没有个人交往,和他们的关系是纯粹的诗和读者的关系,戈麦则是我年轻时最亲密的朋友。戈麦去世后,我先后编辑过四本戈麦的诗集:《彗星——戈麦诗集》《戈麦诗全编》《戈麦的诗》《戈麦诗选》。但戈麦的写作并不限于诗,他在小说创作、诗歌和小说批评方面都有出色的工作。限于体例,上面四种集子都无法充分反映戈麦诗歌创作以外的工作——事实上,戈麦诗以外的成果仅《戈麦诗全编》收入过部分诗论,其小说、大部分批评文章都没有入集。这次编辑的《戈麦全集》收入了戈麦存世的全部诗作、译诗、小说、散文、文论和目前收集到的主要书信,篇幅比《戈麦诗全编》增加近一半,第一次完整地反映了戈麦文学工作的全貌。同时,全集还收入了戈麦兄长褚福运的长篇回忆录,为研究戈麦提供了宝贵的第一手材料;编纂了详尽的《戈麦创作、评论年表》,为研究者寻访相关文献提供了线索。编辑《戈麦全集》是我的夙愿,至少十年前已列入我的工作计划。这次从着手到完工历时将近一年,确实也花了不少心血。《戈麦全集》将由漓江出版社出版。这家出版社也是戈麦第一本诗集《彗星》的出版者,将近三十年后,与漓江出版社再续前缘,也是让我个人感到特别欣慰的一件事情。

崔:您曾荣获刘丽安诗歌奖、《十月》文学奖散文奖、东荡子诗歌奖批评奖、扬子江诗学奖、昌耀诗歌奖等,最近又获得草堂诗歌奖。请结合创作体会谈谈如何才能写出一首好诗?在您看来好诗有哪几条标准?能否给读者解读一首自己满意的诗作?

西:怎样写出一首好诗,是每个诗人的秘密,打死我也不说。事实上,说了也没有用,因为这种秘密从根本上讲只对本人有效,"虽在父兄,不能以移子弟"。说得更严格一点儿,每一首诗都有关于自己出生的秘密,对另外的诗同样无效。诗人必须在每一首诗的写作中去发现那个秘密,而不能依靠过去的经验。这是由诗对未来的倾心决定的。所以,写诗永远是一件冒险的事情,对初试身手的年轻诗人如此,对技艺精熟的老手也如此。

好诗有什么标准?我认为一首好诗应该提供一个更新了的世界,就像第一缕晨光唤醒沉睡的世界一样。这当然是从效果来讲,而效果总是因人而异,也不是什么标准。废名曾经说好诗应该完全像一个新皮球,处处离球心是半径的距离。意思是好诗的内容和形式应该配合无间,一分不多,一分不少。我认为好诗应该是可以瞬间领悟的整体。诗是时间的艺术,读者只能按时间顺序渐次阅读,通过部分逐渐接近整体,但一首好诗必须是一个完整的整体,在阅读过程结束后,它必须能够还原为一个整体,被读者瞬间领悟。从声音的效果看,一首好诗必须创造一个统一的声音形象,它或者表现为一个统一的语调,或者表现为诸种语调之间的和谐对话。一言以蔽之,一首好诗的内容、形式、声音都必须具有整体性。

解释诗歌的工作应该由读者来进行。诗人自己的解释很容易变成对写作意图和过程的追忆。而我们知道,意图和效果不是一回事,记忆又常常骗人。因此,诗人自己的解释多半不可靠。在这件事情上，读者才是最后的权威。所以，请原谅，我不解释自己的诗。

崖：如何评价"90后""00后"的诗歌创作？对年轻诗歌写作者有什么建议？您近年一直在清华大学开设现代诗歌鉴赏与写作、中国现代诗学等诗歌课程，教学过程中有什么感受和体会？

西：对"90后"乃至"00后"的诗歌创作，我并无全局性的观察，恐怕很难做出恰当的评价。应该说，几十年来对现代诗歌的译介推进迅速，本土诗歌创作也有很大进展，都让年轻一代的作者拥有更开阔的视野、更深厚的知识背景，各方面修养也更加全面。很多年轻诗人出手不凡，一出道就显示出成熟的面貌。但我也注意到，部分年轻诗人后继乏力，有的很快放弃了写作。所以，"成熟"在年轻诗人身上有时并不见得是一个好的现象。我倒觉得年轻诗人不妨"幼稚"一点儿，如果这"幼稚"是自己的，它可能好过那种借来的成熟。我们看骆一禾、海子早年的作品，都有幼稚的一面，但这幼稚正是他们后来的诗歌大树的种子，从这种子我们可以看到他们的诗的来源，并感到信任。但在一些诗人那里，我们看不到这种本性的来源。这样的情形会让我对他们的信任打一点儿折扣。

我在清华课堂上也发现过一些好的苗子，但能够坚持下来的很少。这种情况在校园诗人身上很普遍，我上大学那会儿也差不多。但在清华写诗，总的来说，比在别的地方更艰难。

对年轻诗歌写作者有什么建议？问题是，谁需要这样的建议？我年轻的时候不会听什么老人的建议。我想，现在的年轻人也如此。这是正确的立场。每代人都需要面对自己的问题，找出自己的解决方案。"年轻诗歌写作者"是一个抽象的概念，你的建议对着空气说吗？诗永远是个体的事业。建议针对具体的人才有效，还要有一个前提：提问和听取的人彼此了解。我想你不能代表一个不知道是谁的群体提问，我也无法对一个抽象的群体煞有介事地说些大而无当的空话。那样太无趣了。

崖：有人说，上海是一座没有诗意的城市，当然，也有人反驳说，上海是一座充满诗意的城市。"诗意"对城市、对个人有什么样的影响？

西：诗意依赖于心灵的自由，尤其依赖于一种活跃的自我意识。上海作为中国最发达的都市，拥有最发达的资讯，也拥有自我意识最敏锐、最活跃，修养最全面的现代个体，成为诗的重镇应该是理所当然的事。事实也是这样。除了新诗诞生期的北京，新诗和上海关系之密切可能超过其他任何一座城市。21世纪以来，上海国际诗歌节、上海外滩诗歌船、"诗歌来到美术馆"等诗歌活动的举行，更让上海和诗歌有了一种近距离的物理性关系，上海的诗意正变得越来越具体，成为广大市民可以直接触摸的东西。我想，这种作为物理存在的诗正在改变上海这座城市的气质，也会潜移默化地改变生活其中的人。衷心祝愿越来越诗意的上海，带给上海市民更多诗意的生活。

桑克，1967年9月生，毕业于北京师范大学中文系。诗人、评论家、译者。著有《桑克诗选》《桑克诗歌》等。译有《菲利普·拉金诗选》《学术涂鸦》等。曾获刘丽安诗歌奖等奖项。

诗歌就是记录、表达和创造
——桑克答诗人崔丽娟

崔丽娟（以下简称崔）：桑克老师您从1980年开始写诗，一直活跃在当代诗坛，四十多年来出版了很多诗集也荣获很多奖项，我注意到您有三年（2007年、2015年、2019年）各出版两本诗集，令人称奇。我们先来聊一聊写诗是如何开始的？您的诗歌理念是什么？奥登说"大诗人是一个持续成熟的过程"，您在漫长的写作生涯中如何保持创造力？

桑克（以下简称桑）：如何开始写诗这个问题被问过不少次，每次回答也都差不多。归根结底还是因为喜欢写诗，还是因为自己的选择。当时我只有十三岁，没人要求我写诗，也没人建议我写诗，是我自己做出这个写诗的决定。从现在的角度来看，甚至很难说这是一个理性的决定。喜欢，就是因为喜欢。

2007年我四十岁的时候出版第一部诗集。在此之前蜡版油印过诗歌小册子，数量非常少，只在朋友间流传，算不上真正的出版。有三年在一年内同时出版两部诗集完全是凑巧，并不在计划之中。2015年和2019年各出两部也是巧合。因为出版周期因为这样或者那样的原因。此外还有流产的出版计划也是因为这样或者那样的原因。从写作量来说、从出版周期来说这样的诗集出版状况并不让我满意。我现在手头的诗至少能出十一部左右的诗集。你要知道，我写诗已经整整四十二年，而且又是一个把别人喝咖啡的时间用来写作的人。

我的诗歌理念有一个发展变化的过程。我现在的诗歌理念就是记录、表达和创造。记录我看到的、听到的、感受到的、思考到的。表达我想表达的一切（潜台词就是突破限制试图抵达一切）。创造新世界哪怕仅仅是一个美学的世界，哪怕仅仅是只有一个单字的世界。

保持创造力的方式主要还是因为喜欢。此外还有写作方式的具体建设，其中至少包括写作习惯的确立（前提就是把写作当作真正的创造性工作，而不是偶然的灵感游戏）。写作准备和大量草稿……还有在阅读与翻译中保持语感……

崖：您对诗歌的热爱让人感动，对于一位诗人来说，获得自己的语言和声音很重要，诗人怎样建立自己独特的语言系统和确定自己声音的辨识度？您从哪些方面着意锤炼诗歌技艺？以哪首诗为标志发出了自己的声音？

桑：独特的语言系统是我正在努力追求的，自己声音的辨识度也许是有的。这样两种事实必须经过长期实践才能获得。而且长期实践并非充要条件仅仅是诸多条件之一。长期实践、长期思考、长期自我训练、长期聆听自己内心的声音……小心翼翼的实践、耐力十足的实践……还有对语言的学习与训练都必须是极高标准的。如果把它比喻成一种体育运动，体操或者自由式滑雪空中技巧庶几近之，既要具备意识与力量又要具备技术与美感。

长期实践肯定就是漫长的过程，其他人的情况可能不是这样，但是我自己就是这样，而且长期实践也未必就能达到自己的目的，结果不敢多想那么就乐在其中吧。

2003年《海岬上的缆车》传达出的声音也许是符合的。还有其他的诗。

我可能很难举出具体的事例来显示我对某首诗的修改或者锤炼。从草稿来看，有的没有改动，但是有的改动较大甚至面目全非。小到标点符号和字词选择，中到断行跨行或者结构调整……这里的小或者中只是一种言说方式而已，并不能表明美学价值甚至连工作量都不能表明。理论方面或许存在完美之诗但是实践中只能寄望于神助。

崔：您在诗歌内容与形式、语言与技术方面均显示出极强的领悟力、判断力、审美力，可以归纳出几条好诗的标准吗？如果写诗是原始创作，写诗歌评论更多在表达观点，您做诗歌批评时坚持什么原则？

桑：在写文章的时候、在讲课的时候我都明确说过诗歌标准。说实话，我是认同奥登标准的。在这里我就不重复了。如果现在让我简单说说，我可能还是会强调语言技术必须是过关的这个标准。语言技术自然包括修辞等。再次就是诗里面最好能够包含信息哪怕是在一个词里包含信息。就说这么多吧。以前说得挺多的。强调一下，现在说的和从前说的并不冲突。

写诗是创造。写评论是表达看法。二者相关但又截然不同。从写作技术来说这是两种完全不同的文体类型，各有各的要求，如同左手与右手，或者如同左手与右耳。

诗歌批评我完全是从自己的个人感受出发。虽然我受过学术训练并且因此受益，但是我并不受限于它。我从不过度强调客观性，因为我真的做不到完全客观。我甚至把我的个人感情全都倾注到批评之中。喜欢的，我就说"喜欢"。不喜欢的，我不会说"不喜欢"，我会保持沉默或者绕过去。我没必要把我的不喜欢给予别人，因为我的不喜欢并不重要。对于同行，我只看他们对我有启发的部分，我只看他们耀眼的部分。一个手艺人看中同行的自然是他们的卓越手艺，对他们偶然的坏产品没必要关心。所谓教训还是留给别人说吧。对年轻人、对成熟同行都没必要说三道四。批评的根本目的是为了提高自己而不是为了提高别人。

崔：您选择翻译诗歌的标准是什么？翻译过程有什么感受？哪些外国诗人对您影响较大？您曾说自己发现一个惊人秘密：米沃什是不折不扣的中国诗人，在此愿闻其详。

桑：标准很简单就是我喜欢。我喜欢我就译，而且我的译并不是职业翻译家的译。对我来说，翻译只是一种深度阅读方式。这一说法我已经说过许多年并且把它当作自己译东西的核心理念。因为以眼睛读外文的收益远远低于以笔墨读外文的收益。这是我在中学时代获得的教益——在查阅词典、在查阅相关资料的过程之中把阅读提高到一个更高的层次。比如某年我编选《艾略特诗选》，每天与艾略特相处达半年之久。最后虽然因为版权旁落未能出版，但是我从这一过程中获得的营养远远超过我最初的愿望。这一过程当然就是深入阅读。而且我的写作也有了明显的提高。这种写作质量的提高让我欣喜不已。翻译的回报不是钱而是翻译本身。当然我非常希望出版机构能够提高翻译稿酬。

影响我的外国同行太多太多难以列举。除了艾略特、奥登、拉金这些英语诗人，还有帕斯捷尔纳克这样的俄语诗人，里尔克这样的德语诗人。我是通过其他同行的翻译、通过职业翻译家的翻译来吸收这些同行的营养的，在此向他们表示敬意。每一种影响都是不一样的。如果细谈可能会谈成一本书或者几本书。比如里尔克把对诗的虔诚教给了我，比如帕斯捷尔纳克教会我观察，比如拉金告诉我如何结合俚语与书面语，而艾略特和奥登教给我的更多，一句两句说不清楚。至于米沃什、扎加耶夫斯基这些东欧诗人简直就是我们的镜像，所以我才说他们其实都是中国诗人。在今天在此时此刻我们高声朗读《去利沃夫》肯定会与平日不同；在今天在此时此刻读米沃什的诗和其他作品也会与平日不同。

崖：问一个老生常谈的问题，新诗如何面对西方诗歌和中国古典诗歌两大传统？隐喻、象征、意象，其实是中国古典诗歌的写作方法，为什么应用于现代诗写作时却被诟病晦涩难懂？请分析一下诗人和读者之间的隔阂症结何在？

桑：中国现代诗是受到其他语种诗歌影响的。如果我们面对一个外星人读者我们又会如何向他讲述地球文学或者地球诗歌呢？我可能会说，我写的诗属于地球诗歌，具体的文字符号则是中文。再换句话说，我就是一个应用中文写诗的人。我面对的诗歌资源呢？就是地球现存的诗歌，其中包括各个语种的诗。有的我能读，有的我通过翻译读。它们对我来说都是营养。我为什么还要把它们分成三六九等呢？中文的诗对我来说更为重要，根本原因就是因为我使用中文。就是这么简单。如果问我地球诗歌传统都包含哪些子传统，我会说中国古典诗歌传统肯定是在里面的，而意大利古典诗歌传统呢？英语古典诗歌传统呢？也是在里面的。西方诗歌传统是一个具有地缘政治性质的类别概念，不能与古典诗歌传统并列。而且我一向反对以东方和西方这样的地缘政治概念分类诗。与古典诗歌传统并列的应该是现代诗歌传统，这才是诗学层面的讨论。

隐喻、象征、意象，在我国古典诗歌之中的应用是有目共睹的，尤其是前者。但是它们在现代诗歌之中的应用却与古典诗歌明显不同，主要体现在诗歌意识的差异以及语言意识的差异。这里不展开说明。有的技术则是现代诗歌的发明，比如综合与反讽，在古典诗歌之中是没有的，古典诗歌的讽刺与现代诗歌的反讽的差异是非常大的。晦涩难懂的原因是比较复杂的。比如这可能与读者的文学修养程度不够有关，再比如可能与作者追求的美学效果有关。还有就是作品自身存在的读解渠道问题。非常复杂只能具体问题具体对待。

诗人与读者的隔阂如同人与人之间的隔阂，并不具有特殊性。每个人其实都受限于个人经验的范围艺术修养的程度以及艺术趣味的选择，一百个人有一百个哈姆雷特，读者觉得隔阂、诗人觉得寂寞都是非常正常的。还有就是我们对不了解的东西其实都是隔阂的。读者与诗人的这些问题、这些口舌官司，接受美学是能谈明白一部分的，剩下的一部分就交给命运吧。

崖：怎么理解诗歌的当下性和未来性？现代诗发展正处于什么阶段？您对诗坛现状如何评价？存在哪些问题？

桑：当下性就是与现在有关，而未来性却必须在未来验证。比如我们现在可以验证一首过去的诗是否具有未来性，因为现在就是过去的未来。比如某场战争的某种细腻特征早在过去的一首诗中得到表达，这就说明这首诗具有未来性或者它就是关于未来也就是现在的预言。

我说不好现代诗发展这样的大问题，更不知道它处于何种阶段。不过我对现代诗状况的感受是有一点儿的。当然非常片面。一是一种更加个人化的写作得以保留。这是延续性的，不少诗人都非常珍视这个；还有就是一种对社会对公共事务的诗歌发言或者诗歌表达。这本来是记者的责任和历史学家的使命但是却被诗人们承担着。我为他们骄傲。这里边，有的同行强调更高标准的表达是应该受到格外尊重的。

存在的问题我说不上来。但是我知道每个诗人都面对着自己的问题。比如生存、比如健康、比如写作自由或者发表自由，诸如此类。以后怎么样我也不清楚。从诗的本质来说，真正的诗肯定会继续存在只不过存在何处是个秘密。表面的诗肯定会受到格外筛选与注视。对我来说，我还是一如既往地写。至于其他就不是我能控制的，我也就不管它。我只管写我的。

崖：有没有一个决定性的时刻注定您终将成为一位诗人？20世纪80年代是诗歌的"黄金时代"，那时，北京高校聚集有一拨拨的诗人，您正好在北京读大学，从东北到北京上大学的戈麦也是非常优秀的诗人，听西渡老师说起过你们之间有不少交往。

桑：我生在东北、长在东北。当然有特殊性。我生在东北的北大荒、长在东北的北大荒农场。8511农场。以数字命名的农场。童年、少年的孤寂与痛苦实在不想回顾。那时就是渴望读书，可惜的是书太少了，见一本看一本。

我不知道有没有这样一个决定性的时刻。我写第一首诗的时候并没有想过要当一个诗人，不过当作家的愿望那时是有的。作家对我来说就是写书的人。

戈麦也是生在东北的北大荒、长在东北的北大荒，也是农场，只是他的农场不是以数字命名的。我们真正的交往是在毕业之后。西渡是我和戈麦交往的介绍人，他们是同班同学。那时我们太年轻，我们见面就是谈诗谈书，很少谈日常生活什么的，除了见面我们也都是在各自孤寂的生活之中挣扎。彼此给予对方的日常力量都非常有限。所谓的纯粹可能就是这样的书呆子。但是友情却是一盆足以烧毁冬天的火焰，它一直在我心里燃烧着，即使是在戈麦去世后。我现在偶然想起他心里还是暖的。我常和他说现在的事，我特别想知道他对现在这些事的看法。

崖：我和您一样长期在新闻单位工作，非常繁忙，节奏快，压力大，您如何解决创作时间与工作的冲突？如何处理创作与生活及其各方面的关系？您写作状态是怎么样的？是用零散时间还是整块时间创作？完成一首诗后经常修改吗？

桑：说实话我并没有解决创作时间与工作的冲突，痛苦挣扎斗争。过去一些年我是牺牲了业余时间与健康的。2021年住院之后我就只能改变过去的方式，只能减少读书量,减少写作量。实在没有办法。我在日常生活之中是一个无趣的人,我把自己完全奉献给了写作。这样非常不对。对家人对自己都不公平。我努力改。我努力及时行乐。但是这些对我来说太难。

我几乎没有整块时间写作,都是碎时间。我写诗都是在时间的裂隙里进行。以前我写过一部长篇小说,全是在碎时间里写的。我完全不知道怎么说这件事。我随身带着一个小本子,想写了不管身处何地都会掏出来写一阵子。只能这样。

修改的事前面说过那就再唠叨一次。我写完一首诗,有时完全不改,有时改得面目全非,有时只是小改,一个标点符号,一个字什么的。修改与否全看需要和能力。有时不是想改就能改出来的。

崔:东北那片土地上诞生了一批非常优秀的诗人,是一股不容忽视的力量,平时你们交流创作吗?您喜欢交友还是深居简出?有什么业余爱好?

桑:我和当地一些朋友曾经办过民刊、曾经定期聚会。现在因为部分朋友移民移居,这些活动锐减。留在当地的朋友,除了偶尔见面,大部分交流还是微信交流。其实微信交流并不限于东北或者其他各地。我是一个喜欢交朋友的人,但是又有点儿社恐。我大部分时间都是深居简出。但是朋友叫我,我都会出来的,除非生病。

我几乎没有业余爱好,以前打乒乓球,2021年下国际象棋,2022年几乎没下过一盘。昨天试着下了一盘,退步得太厉害了,恐怕又要从头来过。所谓生活乐趣是有的,就是读闲书(相对于平时读的书)、看电影、看美剧(我自己挑的)、看戏(因为疫情几乎没有像样的戏剧)、打游戏、和家人朋友喝咖啡……也挺丰富多彩的。

崔:您有多少藏书?阅读对您的创作有什么影响?接下来有什么创作计划?

桑:藏书多少没数过。从2020年我就下决心不再买书了。当然一本不买是不可能的。家里的书太多了已经把生活空间挤没了,人都没有下脚的地方。还有就是书太多了,我现在记性又是那么差,经常找不到需要的书。有的隔几年才找到,有的实在找不到就要再买一本新的。电子书我是不拒绝的,我现在用的kindle(一种电子阅读器）是严锋推荐的，已经是第三个了。阅读对写作太重要了。或者说它对生活来说太重要了。写作第一、阅读第二。我什么都读，专业书、闲书什么的。

  新的创作计划有，但是旧的创造计划还有没完成的。这在以前是不可能的。但是现在却是既定事实。我现在说不上几管齐下。反正这阵子忙这个过一阵子就忙那个。关键是时间和状态。还有就是顺手与否。顺手就多干一阵子。不顺手就暂时放下忙别的。反正写东西这事儿是自己做主，没人强迫我也没人要求我。

麦芒,本名黄亦兵,1967年9月出生于湖南常德。自1983年到1993年就读于北京大学中文系,先后获文学学士、硕士和博士学位。2001年获美国加州大学洛杉矶分校比较文学博士学位。著有诗集《接近盲目》,中英文双语诗集《石龟》。曾获柔刚诗歌奖主奖。

诗歌原来可以表达我自己的生命
——麦芒答诗人崔丽娟

崔丽娟（以下简称崔）： 麦芒老师很高兴远隔重洋访谈您。1993年您移居美国,国内很多朋友们仍很惦记您,我着手做中国当代诗人访谈系列,诗人、批评家、清华大学教授西渡郑重推荐了您。您和著名诗人臧棣、清平是大学同班同学,今天我们访谈不妨从回忆中开始,1983年到1993年您就读于北京大学中文系,先后获得中国文学学士、硕士和博士学位。北大是新诗的母校,一百多年来诞生了一拨又一拨非常优秀的诗人。浸润北大浓郁的诗歌氛围,您感受最深的是什么,笔名"麦芒"有什么特别含义？

麦芒（以下简称麦）： 我在1998年写的《诗歌的联系》一文里已经写过当年的经历了。我是从20世纪80年代成长起来的那一批人中间的一个,如果谈到具体个人经历,我的根可以上溯到更远,上溯到六七十年代我的童年,但在公开谈论的时候,我感谢20世纪80年代,感谢当年的那些朋友,感谢当年的北京大学,感谢当年共同经过的大喜大悲。因为我们是共同诞生于20世纪60年代,又在20世纪80年代不约而同从天涯海角、五湖四海汇聚在一起的一代。现在想来，这里有一种集体性与背景性的东西，既是个人记忆，也是共同经历，沉淀下来，成为历史，是弥足珍贵的人生财富。历史既限定了你，也成全造就了你。所以我非常珍惜这种局限和联系。

我在1983年9月进入北大中文系，就写诗而言，我们的同班同学中，最后走到一起的起码有四位，臧棣、清平、徐永和我自己。1987年大学本科毕业前夕，我们出了一本四人合集《大雨》，里面收有我的个人集子《接近盲目》。当年我们还有其他好朋友和同学，比如蔡恒平，开始也是83级，后来休学一年转到中文系84级，但我们相互关系密切。中文系85级的诗人有郁文、西渡、西塞、白鸟，还有戈麦。到了1990年，我们中的一些人又合起来办了一本诗刊《发现》。我还特别记得在出第二期的时候，当时已经在外文局工作的戈麦亲自来北大找我催稿。到了1991年秋天，戈麦自沉于北京西郊万泉河。1991年的冬天是寒冷难忘的，朋友们在冬天为纪念戈麦举行了一次聚会。1992年出版的《发现》的第三期有纪念戈麦的专辑。我难以忘怀那些年，尤其是那些冬天，那些人和事。

我的笔名"麦芒"，取的就是"针尖对麦芒"的意思，不爱人云亦云，要讲自己的道理，要找自己的道路。其实我之前在北大还有一个笔名，叫"野渡"，"野渡无人舟自横"，也是我行我素的意思，后来弃"野渡"而改成了"麦芒"。我从1986年开始就选定了自己的诗歌主张，号称"盲目主义"，称自己是"盲目主义"的诗人。不管是"野渡"还是"麦芒"还是"盲目主义"，都是对自己的一种诚实提醒，提醒自己无论今后人生怎么变化，不要忘记自己从事这一切的初衷。

崖：您和西渡的友谊持续了几十年，我在其论著《守望与倾听》里看到一段关于您的评价："麦芒是一个拒绝庞大事物的诗人"，且认为，"麦芒的声音不但在北大诗人中是独特的，即使在以口语相号召的诗人中，麦芒驾驭口语并使之形成一种生动的节奏的能力，也是高人一筹的"。我很赞同西渡的观点，您在诗中巧妙地嵌入韵脚，使诗歌产生某种旋律和节奏却又不破坏口语的自然。请问您在诗歌语言和修辞上做了哪些探索？

麦：谢谢西渡的评论。这是他很早之前的话吧，说的也是我早期的一些诗歌。

其实这些都是很简单很自然的事情。直接些说，我不喜欢中国新诗自诞生以来一系列关于这些的好似高深的讨论。比如说，我不喜欢甚至厌恶众多诗人、自己还有研究者关于新诗音韵格律等大张旗鼓的讨论，包括五四新月派闻一多、徐志摩、卞之琳等人关于什么以顿代步，还有后来冯至等人对十四行诗等的探索。我觉得，所有这些，都是极端迂腐学究气的自缚手脚和自戴枷锁。有那么一段时间，中外学者专家，包括瑞典、德国、美国的汉学家等，老是喜欢讨论称赞闻一多的《死水》的音律之美什么的，"这是——一沟——绝望的——死水"等，要多可笑有多可笑。另外也有人老说新诗不如古典诗歌容易记诵，这样那样在我看来都是一些胶柱鼓瑟的小家子气说法。

我自己当年写的诗，比如《蠢男子之歌》之中的一些诗，比如《可怕的死亡教会我……》中的一些句子，"迎风流一千次热泪吧／仿佛把蜡烛点燃掖进衣袖里／下一千盘棋，赌一千回咒吧／在一千张纸上写下一千个'我爱你'"，当年在北大的朋友和读者中就有传诵。还有我的朋友曾经把我的诗抹去作者姓名后献给他心仪的女孩子。我觉得我的目的非常简单，就是打破界限，以自己的诗歌证明，新诗同样可以有音韵，同样可以口头传诵。韵脚不韵脚的，可以往深里说，可以往浅里说。我这里就姑且往浅里再简单说上一句吧：只要一个人会呼吸，他写的诗就完全可以有韵脚，有旋律。我在这方面不用教任何人，也不愿立任何规矩。

崖．是的，诗歌中的声音非常重要。对于一位诗人来说，获得自己的语言和声音很重要，诗人怎样建立自己独特的语言系统和确定自己声音的辨识度？您以哪首诗为标志发出了自己的声音？

麦：我在1986年秋天开始称自己为"盲目主义"诗人，就在那年秋天我不知不觉涂涂画画写出一首诗《自1967年》，1987年收进了我的第一个集子《接近盲目》。现在回首看来，我觉得这首诗就是我真正完全的觉醒，突然找到了自己的声音。因为这首诗里说话的声音就是我自己的，但又非常神秘，不完全属于自己，而是来自生命里非常深、非常遥远的一个源泉。但另一方面，这源泉实实在在就在我身体里：

自 1967 年

我看到我们的先辈啊

扛着一张张傍晚的犁穿过田野

放大着被泥土抹去的高贵的鼻梁

我看到他们午后一声不吭地倒下

把最甜蜜的眼睑搂在怀里

隔着肌肤就能听到那纯朴的鼾声

远方山岗一个男孩子仍

继续向上托住那烧焦的光辉

我看到他们的辛苦洗进河里

像一件破布衫失神地从滑腻

洁白的乡村处女肩上滑落

我看到他们最后走进最浓黑的夜

用粗大的手掌捂住低垂的眩晕

在 1987 年春天我又写出《迷惘》，就在那个春天，它被别人用毛笔抄出来，最初发表在北大三角地五四文学社橱窗专刊上，所以我的印象分外深刻。很快它又登在西语系文学刊物《缪斯》上，在当时算得上跨系流传了：

迷惘

山岗上旗帜飘落眩晕

发疯，落日冶炼着薄弱的言语

春天干渴的动物从洞穴迟来

尘沙蔽障充血的眼睛

寒冷像一座座火炉烘烤我们的心

你双拳紧握，但手中没有武器

苍白哟，驱使树木发抖
　　远处高塔像某个男人受伤的身体
　　静寂里摇摇欲摧
　　空气从大地剥离出耀眼的电花
　　我们宛如置身危机的中心

《自1967年》和《迷惘》最后都收在上面说到的《接近盲目》这个集子里。自从我写出这样的诗之后，我觉得我完成了历练，成了一个真正自我独立的、不再需要考虑或在乎外在评价的诗人。

　　1993年我出国移居美国洛杉矶，2000年6月我写出《石龟》这首诗，后来又把这首诗翻译成英文。《石龟》是我在另一个语境之中的另一种更广大的追寻，也是找到另一个新的声音的开始。

　　崔：能否聊一聊您的童年和少年生活，还记得是哪些人和事促使您喜欢诗歌吗？当时为什么写诗，还记得在哪个刊物发表的第一首诗吗？在成长过程中，诗歌对您的生活产生了什么样的影响？写诗是您的生活方式吗？以您的经验而言，哪些能力是诗人应该具备的？

　　麦：我近些年在这样那样的文章或场合多少谈到过这些题目，但我所经历的事情众多，时间漫长，也许每一次重点都不一样，很难在短短的篇幅里详细谈这些。要说写诗，其实可以说从"文化大革命"中开始识字上小学就开始了，写七字句的顺口溜也算，学小靳庄赛诗会也算。我还是说说稍后的经历吧。

　　先说古诗，这里也只是挑拣几个例子。我在1978年在湖南常德六中上初一的时候，有幸遇上了一位对我影响特别大，可以说改变了我的一生的班主任和语文老师龙丕琢。他教我每天抄背古诗，先让我在自己的笔记本上抄写一遍，第二天考我背诵。我还清清楚楚记得我抄下的第一首诗就是贺知章的《回乡偶书》，这首诗对我有毕生的影响。另外，我还读过其他古诗，不完全是在语文课本里。比如，在一本我从同学那里借来的"文革"前出版的书中，书名不记得了，是繁体字印刷，我读到了屈原的《涉江》。其中屈原写了沅江，沅江是生我育我的母亲河，这也许是我第一次读到自己身边的风土地名反映在古诗里。"乘舲船余上沅兮"，"朝发枉陼兮，夕宿辰阳。苟余心其端直兮，虽僻远之何伤。"这样的句子在我心底留下深刻的印象，因为屈原告诉我，诗歌原来是可以表达我自己的生命，我自己身边的河流景物的，因为它们其实就存在于宇宙之中。我在1987年夏天还写了一首《祭〈涉江〉：河》，表达的就是自己生命中对屈原的感激。在同一本借来的书里我还第一次读到陶渊明的《归去来兮辞》，除了繁体字外，还有线描插图，很吸引我，就像我小时候读到竖排繁体字加上有绣像插画的《三国演义》一样，觉得那是非常神奇的另一个世界。插图里有一个宽袖飘飘的人，应该是陶渊明，诗里写道："舟遥遥以轻飏，风飘飘而吹衣。问征夫以前路，恨晨光之熹微。乃瞻衡宇，载欣载奔。僮仆欢迎，稚子候门。"语调朴实，却像电影镜头一样栩栩如生，让我好似亲临其境，不胜神往。这就是朦朦胧胧的诗歌之功。

再说新诗。我记得也是在上初中的时候，我父亲为我和我哥哥借了一套《中国现代文学史参考资料》多卷本丛书，应该是上海教育出版社1979年出版的，有小说、有新诗、有散文。我以前爱看小说，但不经意之间我读到了新诗，打开《新诗选》第一册，我读到的是郭沫若的《凤凰涅槃》，其中诗人不避烦冗，铺排反复："火便是你。/ 火便是我。/ 火便是他。/ 火便是火。"我记得我是坐在我家门口，沐浴在阳光里，浑身晒得暖暖和和，好像和这些诗句一起晒化了一样，虽然当时也错愕，觉得这些诗行未免过分冗沓，但仍被打动，不由自主心里出声地读着。要说无意识之中为我打开通往新诗的感官和灵魂之门的，现在回想起来，与郭沫若有关，与《女神》有关。新诗让我能穿越时间，感受到当年"五四"青年的心情，感受到《凤凰涅槃》那种蓬勃再生的力量。

我在上中学时已经开始自己写古诗和新诗了，这些都是完全自发的写作，未必知道自己真正写的是什么。当然，这些是埋下的种子。我真正更加自觉地开始写新诗，写当代诗是1983年我到北大中文系上学之后，就像上了水泊梁山一样，遇到志同道合的朋友，从自发走向自觉。

在发表这方面，由于深受20世纪80年代风潮的影响，我更看重在学生刊物和非正式刊物上的发表，因为我更看重与我相知的朋友和青年学生读者的反馈，反而不大相信也不太在乎所谓官方或正式刊物的接受。我刚进北大，在北大中文系墙报上登过一首关于圆明园的诗，然后参与了同班同学组织的江烽诗社，为班刊墙报供稿。在1983年底同班同学油印编辑的《红杏》中发表了几首诗，既有古体诗也有一首所谓的现代诗，次年又有几首诗收进《江烽诗选》里，它们现在看起来一定都很令人汗颜。再后来发表东西主要应该是在北大中文系文学刊物《启明星》上，但我最先发表的是一篇短篇小说《猎枪》，刊登在第八期上；然后是两首诗，在第九期上。然后在第十期上发了一组诗。但当时我还在继续写小说，在《启明星》第十一期上又发表了一篇中篇小说《幻色》。总而言之，这么说吧，在20世纪80年代的北大中文系，我试图同时涉入两条河流，既当诗人又当小说家，但最后慢慢放弃小说，变成了一位诗人。

在20世纪80年代的北大，能够成为一位诗人，我指的是，一位名副其实的，被文学社团和刊物接受，被小圈子和老师朋友同时承认，被女孩子青眼有加的所谓先锋派诗人，是一件极其光彩和值得骄傲的事。想一想当年，比如说，在1987年，能够在北大能容纳两千名观众的大讲堂登台，而且还在上台之后，当着台下两千名观众的面，不慌不忙掏出一块红布蒙上眼睛，大声朗诵自己的诗《云》："温驯的天空中徜徉的羊群啊 / 你们更像一伙被预感放逐异域的 / 贵族，拥有阳光明亮的马车"。诗到结尾再来一句："一切都是大地上升的尘土"。我如今也觉得是像做梦一般，非常佩服当年胆大骄傲的自己，年轻，敢想敢做。

写诗不是我的生活方式，写诗是能够证明我的生活的具体方式之一。但请不要颠倒了这其中的轻重顺序。我那时就认为生活第一，写诗不过是证明自己生活得非常真实有效的方式之一而已。而且那时就已经觉得中国缺乏好诗人。出国以后又觉得中国仍然缺乏能让说不同语言的别人也欣赏服气的诗人。所以，不后悔自己成为诗人，就像不后悔自己成为人或者成为说汉语用汉语写作的中国人一样。以我的经验，能够真正懂得生活，能够好好活着，好好为人，这些能力是诗人应该起码具备的。在我看来，这要求很低，一点儿也不神奇，应该是谁都能做得到，所以诗人也必须做到。

崖：您2001年获得美国加州大学洛杉矶分校比较文学博士学位。自2000年起至今任教于美国康州学院，研究并讲授中国现当代文学和比较文学，撇开诗人身份,以研究视角,如果与国外诗歌创作情形比较,对中国当代诗坛亟待改进的问题,您愿意说些什么吗?

麦:不想在这里回答这个问题,不管是中国新诗的创作者、批评者还是读者,大家都有自己的权利提出自己的看法。我从20世纪80年代开始,就亲眼看见并参加过无数座谈会、各种学术会议,讨论争辩这些问题。讨论来讨论去发现其实谈的大多都是空话,大家谁也不会听谁的,都有自己的主见。所以不想在这里只是泛泛地谈这些问题。大家都在写诗,自己写,自圆其说就可以。

崔:近些年,越来越多优秀西方诗歌经汉化后走进了中国大众的视野,也有优秀中文诗歌被翻译成外语后走出国门。常年身居国外,您如何看待诗歌作品在推动东西方文明交流互鉴中的作用?国际视野对您的诗歌创作是否产生影响?抱歉,这个题目似乎有点儿大了。

麦:没有什么看法,这个问题是有点儿太大,我在20世纪80年代就一直听到中国文学界、中国诗歌界所谓走向世界的无穷无尽的讨论。我觉得脱离了具体语境,都是大话空话。随着年纪的增长,我越来越觉得所谓中外诗歌交流什么的,往往变成了一厢情愿,风马牛不相及,非常不着调的题目。好多当代中国诗人都乐意谈所谓国际视野的话题,但都是醉翁之意不在酒。我在这里就不谈了,以后有更具体的语境再说。

崔:目前您仍然担任康州学院亚洲艺术收藏部主任策展人。诗人、艺术策展人,这两个身份您更看重自己哪一个身份?

麦:我想你的问题更多的是在问一个人如何给自己定位,如何看待自己的身份。我关心的事很多,很广,也很杂,不愿意轻易限制自己。我还是一个学者,大概也是当年在北大诗人中第一个取得博士学位的人。我想当时我其实也是在证明一件事,谁说博士就一定得是"傻博士"?后来我在美国还有一位忘年交的朋友,一位同是籍贯湖南的老诗人,他因为知道我也是湖南人,再看我的做派,老觉得我有些像湘西土匪,所以喊我"土匪",是带欣赏眼光的,但转念又改了一字,喊我"雅匪"。我觉得和诗人或是策展人或是学者等名称相比,"雅匪"一词其实更好地击中并概括了我性格中某种更本质更真实的东西，而不只是单纯给一个人贴标签。我恰恰是一个不喜欢给自己贴标签戴帽子的人，我说自己是一个"盲目主义"的诗人其实也正是表达一种拒绝。

崖：诗歌的现代性一词往往被添加上某种强烈的质疑精神和反叛意识。在20世纪的文学艺术中，现代性更是成为人们普遍追求的一种话语风格和审美境界，成为创作个体用来捍卫自由和差异的有力武器。社会现代性与审美现代性对诗歌创作产生什么影响？一味强调叙事性和对日常经验的主智书写真的会导致抒情诗落伍或过时吗？

麦：诗歌和现代性也是老话题了，我也不想再夸夸其谈。关于抒情诗和叙事诗，我1992年在北大完成的博士论文的题目就是《从抒情到叙事：新时期中国文学的话语转型》，早就谈过这些问题，包括抒情、叙事、史诗等，有兴趣的读者自己找来读吧。又是三十年过去了，抒情还是不抒情，叙事又怎么叙事，我觉得大家别浪费时间讨论商榷什么的，说得太多，空口无凭。什么主张，什么观点，都要自己先下水，自己通过诗的实践，写出来，自己证实，这才是霸道，也才是王道。

崖：写作时，是主题先行还是依赖灵感的降临？对您而言，灵感写作还是技艺写作更奏效？您写诗是一蹴而就还是反复修改？对于初学者，您有什么建议？

麦：我从来不教诗歌写作，也不写任何所谓诗歌创作概论，这些都是骗人的、无用的。我对初学者没有任何建议。唯一的建议就是你一旦开始写了，你就慢慢自己探索。灵感不灵感，技艺不技艺，先迈左脚还是先迈右脚，早上写诗还是深夜写诗，每个人都不一样。记得书法家启功曾经被问应该如何执笔写字，他如此回答：怎么样拿筷子夹菜，就怎么样执笔写字。写诗也一样，没有什么神秘的窍门，想写就写，不想写就别写。至于修改诗，我发现很多人会把自己的诗改坏。

崖：互联网对诗歌的影响不仅表现在诗歌写作方式的变化，也使诗歌的传播变得更为便捷，比如您虽然在国外，对国内诗坛的动向大致还是可以很快知晓。凭借资讯时代的优势，诗歌活动轰轰烈烈、诗坛众声喧哗，有人据此认为诗坛走向繁荣，也有人认为这是虚假繁荣。双方各执一词。您怎么评价？

麦：其实我读的诗越来越少，也不是特别习惯在网上读诗，国内国外都一样。我更喜欢在网上读新闻，读体育，读其他的东西，就像大部分人一样。如今一说到互联网或是社交媒体，都喜欢捧网红，喜欢蹭热点。但我不喜欢谁把东西塞到我眼前，塞到我鼻子底下，问："你读过这首诗吗？你读过我的诗吗？你有什么建议？"换句话说，我不认为好诗就是你能很方便随时在网上看见的诗，就是时时上头条，时时发在微博或者微信朋友圈上的诗。繁荣不繁荣，我说了也不算。一首诗有百万千万的点击就是好诗吗，就是繁荣吗？这个问题大家都可以问自己，不用问某个权威或名人。

陈先发,1967年10月生于安徽桐城,1989年毕业于复旦大学。安徽省文学艺术界联合会主席、安徽省作家协会主席。著有诗集《写碑之心》《九章》等,诗文集《破壁与神游》,随笔集《黑池坝笔记》等。曾获鲁迅文学奖、华语文学传媒大奖、《十月》文学奖、英国剑桥大学银柳叶奖等国内外数十种文学奖项。

诗人的丰富性来自他感受世界的维度和锐度
——陈先发答诗人崔丽娟

崔丽娟(以下简称崔):陈老师您好,感谢您百忙之中接受我的访谈。在第八届上海国际诗歌节上见面很高兴。这届诗歌节广受瞩目的原因很多:一是1986年诺贝尔文学奖得主索因卡等多位国际重量级诗人与会;二是诗歌节的主题设定为"诗,面对人工智能",非常具有前沿性和讨论价值。听了您主持的这场国际性研讨会,获益匪浅,能否简要向大家介绍一下您对这个主题的主要观点?另外,上海国际诗歌节给您的整体印象是什么?

陈先发(以下简称陈):我是第二次参加上海国际诗歌节,这次跟索因卡、墨西哥诗人奎亚尔等我喜欢的外国诗人见面,交流非常愉快。受上海国际诗歌节艺术委员会主席赵丽宏先生委托,我主持了这场以"诗,面对人工智能"为主题的国际诗人研讨会,会中的诸多精辟见解让我们受益。我们已经进入一个人工智能大模型时代,ChatGPT(一种人工智能程序)必将更深刻地改变人类历史,颠覆既有认知方式,人工智能在赋予我们时代一种全新定义的同时,也必将带来更多的不确定性。但我对诗歌乃至所有文学艺术的独立价值，对诗歌在人工智能背景下的前景依然充满信心。我不担心人工智能的能力繁衍到如何强大，只担忧人工智能产生一种东西：欲望！如果人工智能产生欲望，形成自我意识，也必将滋生对这个世界的征服欲。我的乐观基于两个理由：一是诗歌最本质的东西是生命意志力，而人工智能没有体温，它永不可能真正感受到一具肉身的短暂、茫然或狂喜。二是所有文学创作均基于个体生命体验的深化，个体是基石。而人工智能只有整体，没有个体。即使人工智能继续发展，诗歌的尊严也将延续下去。也可能我低估了人工智能的自我生长能力，拭目以待吧。关于上海国际诗歌节，我在与多位国外诗人的交流中，我们越来越强烈地感受到，它已成为世界上最为成功、影响力也最为显著的诗歌节之一。赵丽宏先生是诗歌节的灵魂人物，因为他的持续推动，我们可以预期，上海国际诗歌节的文学史意义仍将进一步释放。

崔：您最近完成的长诗《了忽焉》，一时间成了激发许多诗人热烈讨论的一个话题。这首诗有个副题："题曹操宗族墓的八块砖"。首先引发我思考的一个问题是，您是如何看待历史这一主题的？或者说，诗的历史意识在您那儿又意味着什么？

陈：谢谢丽娟。2022年秋末我去安徽亳州，第一次在博物馆目睹曹操宗族墓的这批文字砖时，先是被惊到了，继之有喜悦、意外、惶惑等，种种情绪一齐袭来。回来后，又找了些相关的拓片、字帖来看。这些文字砖对我的吸附力太强了。这首长诗的主标题及分节标题为："了忽焉""作苦心丸""涧蝗所中不得自废也""欲得""亟持枝""沐疾""顷不相见""勉力讽诵"，这些标题就取自其中八块砖上的文字。我完全想不到近两千年前的那些无名窑工，面对熊熊炉火，也可能是满脸炉灰之时，手持细枝，在砖坯未干之前，把墓砖这般可说是庄重、凝滞或者说有点儿呆板之物，变成了一个自我抒发、感时伤逝、纵议时弊、吞吐块垒的一个平台。近两千年过去，砖上文字的活力、活性仍扑面而来。墓砖，当时他们想着是会永埋地下、不见天日的东西，一下子有了绵绵不息的生机。从资料上知道，自20世纪70年代开始，亳州市文物管理机构就对十余座东汉墓葬进行了发掘清理，发现了曹操祖父曹腾墓、父亲曹嵩墓等曹操宗族墓群，累计出土文字墓砖三百多块。我见到的砖块，文字大多写得随性、洒脱，内容更是百无禁忌、大见性情。这就是以一己之身面对自我时的诚实书写，不求沟通，漫无目的，像某些特殊时刻"写后即焚"的诗稿一样。这些困顿、苦闷的窑工，也超越了他们的身份、阶层、处境，触碰到了人自身：这个过程本质上是诗性的。初看墓砖时，我脑中跃出日本明治维新时期诗人大沼枕山的两句话："一种风流吾最爱，魏晋人物晚唐诗。"这些窑工大多生活在东汉末年至曹魏时期，某种程度上来说也算是最底层的魏晋人物了吧，因此，这些断砖残瓦上也确有一口真气充沛激荡、凝而不散。宗白华曾说："魏晋人向外发现了自然，向内发现了自己的深情。"大致如此吧。那天，我俯身在展览大厅的玻璃橱窗上看了很久，其实我真想在这些砖前，静坐冥想一日，最好是展览大厅内空空荡荡。这些文字砖，我见到的不足百块，最近还在寻些资料看，这个系列的诗，我或许还会再写一些。

写历史主题的诗，最忌讳的是，顺着史实的脉络去描摹，那一定很糟糕。我们要写出的，不是"历史的面相"，而是"历史的心象"。应该一巴掌拍碎了，成粉末了，再去塑形，再去重构，最好能呈现出一种与现实有着共时性的历史。在我心里，历史不过是现实的加长版，历史只是比现实多了一层时序结构而已。《了忽焉》中的窑工，可以是，或者说正是此刻的我。语言有着这样的神奇能力。我们每时每刻都在使用着的日常语言，也首先是历史的，哪个汉字没有数百年了？这个不难理解——历史通过语言作用于现实中的每一个人，我写诗的语言，不仅反映了思想的现实、心灵的现实，事实上也要呈现历史的"现实态"。换句话讲，历史其实是现实的一个特殊部位。雷蒙·阿隆有句话讲得非常精彩："历史是生者为了活着，不断去重建死者的生活。"当曹操宗族墓的砖块躺在博物馆的聚光灯下，我们以即时的眼光、当下的身份、现代的理念注视着它，它就是现实的，是我们这个时代"混成现实"的一部分。它不是"扮演现实"，它就像古琴声、洞箫声与当下的电子音乐合成了一个曲子，古琴声是它自身的一个崭新的创造。我们在内心默然阐释着这些文字砖，我们与它的对话在展开，我们无疑就是它们在"活着时"的旁观者，正如克罗齐所言"一切历史都是当代史"一样，这些文字砖所携带的生命信息是没有终结的，再过数千年，它依然能打动观者的心，或者说，它的生命力是突破了时间和空间之有限性的。司马迁在《报任安书》中说"通古今之变",语言和诗就是"通"的渠道、"变"的载体。从写作的角度,从历史的废墟上来展开"物我关系",又似乎更利于建构出诗中开阔的空间感。我觉得有必要同时强调的是,诗的力量,足以在任何事物上留下深深凿痕,我对写什么题材从来没有很强的分别心。换个说法,我对历史题材、历史元素在诗中的存在,也从来没有任何执着。我写历史,但绝不是从中确立自己的文化立场,所以也不会因此而给自己硬扣上什么文化保守主义的纸帽子。诗歌中的文学创作状态中的历史,不等同于史学意义上的历史——它和我们常讲的"传统"二字,都是一种敞开的容器,它里面所容留的一切,对我们来说,只是一种写作的资源。举个最通俗的例子:筷子,它无疑是种族的和地域的,我们以使用筷子而有别于其他族群;它也无疑是历史的,我们的繁衍史有它独到的贡献;但它更是现实的,日用而不觉。对写作而言,许多东西拿起来就用,只是一种资源、工具,就像筷子。"历史"这个词,既含奥义,其实也非常简单而直观:昨日之我即是今日之我的历史,手再往前伸一伸,指尖就碰到魏晋的心跳了。历史是个活体。阿莱克桑德雷·梅洛说,传统与反传统是同义词。我更愿意听到的评价是:"《了忽焉》是个新东西,它有了历史的体温,又洞穿了历史。"

崖:正如您诗中所说,是砖上的文字给了这些没有生命的黏土砖"以汗腺和喘息"。那么,您觉得文字足以揭示历史的本相吗?又该如何看待语言在一首诗中的使命?

陈:说来挺有意思,我们的先贤大哲们,对语言是否具备呈现真理性内容的能力,其实是抱有怀疑态度的。怀疑态度的痕迹处处可见。老子讲"道可道,非常道;名可名,非常名",庄子讲"不言之教""无方之传",禅宗六祖慧能主张"不立文字,直指本心"和"诸法美妙,非关文字"等,充满了对语言的疑惑。在先哲们那里,老子的"道"、慧能的"本心"、王阳明的"良知"等,都是一种对语言的超越性存在,这跟维特根斯坦所谓的"不可言说之物"是大致类同的。

这似乎是我们在语言中的两难之境:一方面向往不立文字的心心相印;另一方面又不得不以文字来做永无止境的阐释。当然,禅宗讲不立文字,也不是绝对地不写些什么,更多的是在隐喻"指月时,眼睛不要只盯着手指"。我一度在这个问题上是悲观的，觉得文字不足以揭橥历史的本相，它所展开的，只是对历史的想象而已。不光是历史的本来面目，在呈现所有的真理性内容上，文字乃至语言之力都是孱弱的。如果此处要为"写作"二字新下一种定义，也许只能是这样的：写作即是一个人对上述能力孱弱的"自知"与"不甘"。

从这个维度讲，写作的无力感，或者说写作本身具有的消极意味，来源于我们总是企图述说那"不可言说之物"。我们通常讲一首诗好，是感受到了"在诗之内、言之外"，有那个"不可言说之物"的在场，甚至是你感觉到了冰山不出海面的那个庞大的基座部分，感受到它的压力、气场、逼迫感。这种感受的传递，对一首诗的阅读功效是关键的，但也没有办法说得过于清晰。此"不可言说之物"是喧哗之所以被听见的、让喧哗现身的巨大沉默部分。我们写诗，也因为深信诗有以言知默、以言知止、以言而勘探不言之境的能力。

你提到"使命"二字，我觉得大有意味。我举个例子吧，我曾被一张照片深深打动，很想为这一刹那写首诗。1977 年发射的旅行者 1 号太空探测器，于 1990 年 2 月 14 日接收了人类最后一条指令，"回望"了地球一眼并拍下了如沧海一粟般的地球在深空的照片。据说在此一瞬后，旅行者 1 号便一去不返地没入了茫茫星际。这个场景当然是人类实践的壮歌，本质上它同时是一曲悲歌：是人以一己之渺茫之薄弱，面向宇宙之无垠时的向往、对峙和最终无望的和解。这次"回望"太动人了。因为它饱含了人之寄托，所以才谈得上使命，负得起回望，但它的命运又终是杳不可测的。这就是一个诗人在无限的语言空间中、一首诗在无尽的时间旅行中的样子吧。

崔：为了做好访谈，近期我集中将您 2009 年前后创作的五部长诗《白头与过往》《你们，街道》《姚鼐》《口腔医院》《写碑之心》，都重新读了一遍。虽十余年过去，仍为它们的精神气象与心灵容量所震动。有诗歌写作经验的人深知，写短诗可能更多凭灵感，而这种四五百行的长诗写作，非常消耗心力和时间，更考验耐力。我想了解的是，是什么触发您写一首长诗的决心？您觉得在长诗写作进程中，哪些东西是非常重要又难以把握的？

陈：写长诗往往是迫不得已。当一团面在你手中剧烈地发酵了，你不得不找个大点儿的袋子装下它。长诗正是这种"大袋子"。你很难想象一种巨物要硬塞在一个微小躯壳中。巴勃罗·聂鲁达《马丘比丘之巅》、艾略特《荒原》中的纵横激荡之思,岂能在一首短诗里得到舒展和尽兴的表达?但我也总听到有智者在说,长诗是可疑的。

确实,长诗写作是个巨大挑战。语言推进中的考验当然很多,我觉得最难的是两样:个人语调的形成,以及一口气如何在巨大结构中自由呼吸。语言的基调和语气的运行,是一首诗中根本的东西。这两者也算是互为表里的,语调关乎语言的呼吸、色彩、活力等,诗之沉、之思、之宏观建构,都需在这种语调中去层层呈现,走向纵深。语调与诗之所思不匹配,就会有不伦不类的感觉。有些诗,读两行,就读不下去,为啥?语调不对——你这盘菜烧的味道不对,即便烧的是山珍海味,也没用。语言的味道是第一驱动力。只有语言的快乐,可以破除长诗中容易形成的语言的疲倦。我在动笔之前,反复琢磨的东西和最费脑力的就是这个:语调。定了语调之后,就要考虑"一口气"如何在各个部位穿行,如何在相对庞大的格局与建构中保持细节的生命力和柔韧性,如何让这口气在数百行诗句间自如贯通。难就难在,这口气的自由接续。没有了这口气,长诗很容易沦入字词的泥潭,必须有这口气催动语言的灵性引导着你,往结构的深处走。没有这口气,数百行的长诗焉能不让人生出累赘、堆砌之感?有些长诗,思不可谓不深,力不可谓不沉,但看得出作者太想往诗中塞东西了,结果弄得面目可憎。诗的丰富性,不是靠充塞来完成的。

我有两点体会:一、"营造空白"很要紧,甚至可说是让长诗活命的一招儿。在结构中设置大片的空白、空地,以容留阅读的自如转身,来促成写与读之间美妙的互动,是至关重要的。结构中的空白,往往是思想的充盈之处。在叙事、情感、语义演进的过程中,突然形成断裂,带来空白,这空白并不是"什么都没有",而是让空白说话。空白,在恰当位置上的表现力会出人意料地强大。二、让长诗内部出现各类声音的交响。长诗是个复杂的空间,也是个自足的生命体。它的内部,必须充满生生不息的生命的声音。佩索阿说:"我没有哲学,我有感官。"大家都明白,长诗重思。越是重思,越是要让感官的体验系统得到充足的释放。从诗中"听出什么",是种微妙的阅读体验。最美妙的感受是:从同一首诗中每次都能听见不同的声音,这并非你的耳朵特异,当代诗释放的本就是一种变化、变量、变体。与其说你听见了诗中的一种声音,不如说你听见了一种可能性。甚至是你听见了什么,来源于你想听见什么。写作与阅读间,横亘着动荡不息的戏剧性连接。好诗所创造的另一种奇迹是,它让你听见的声音,根本不来源于耳膜。而是你的每一个毛孔、每一组细胞、每一根脑神经都有倾听的能力。你能目睹自身的"听见"。在好诗中,词之间的碰撞也仿佛是有声音的。词与词之间有一种奇妙的相互唤醒,有时与作者的写作意志并无关联。写作中所谓的神授,其实是一个词以其不为人知的方式和气息唤来了另一个词。它让你觉得你所听见的声音,出自你的生命而非眼前这首诗。

我过去的几首长诗,累积了一些想法,但其实也攒存了许多力不从心的遗憾。《白头与过往》意在从一对魔术师生平叙事中打通现实与幻相的关系;《你们,街道》展开的是对后城市化的反省以及对"破与立"的辩思;《姚鼐》是对我家乡桐城先贤致敬并进而打开一种命运图轴的诗;《口腔医院》其实是一首企图精研语言与人关系的一首诗;《写碑之心》是祭父之作,在我父亲逝世两年后才爆发而出。从语言能力而言,这些诗中精神的、情绪的、情感的、语言层面的能量,都不可能浓缩于一首短诗中。也可能一场大风雨,必须要在旷野上行进。当然,不是讲短诗中不能有宏大的内在空间,说到底是能力的局限问题。

曾有诗人跟我讨论过长诗中,如何处理繁与简的关系。这个确实是个微妙处。我的想法是,细节宜繁,针尖上的舞蹈要足够;大处宜简,否则容易沦为空响。要看具体情况,繁简并无高下之分。在《黑池坝笔记》中我曾写过一段话来讨论这个问题:"范宽之繁、八大之简,只有区别的完成,并无思想的递进。二者因为将各自的方式推入审美的危险境地,而迸发异彩。化繁为简,并非进化。对诗与艺术而言,世界是赤裸裸的,除了观看的区分、表相的深度之外,再无别的内在。遮蔽从未发生。"

崔:我一直关注您在创建新的诗歌形式上的探索,比如组诗《枯七首》,每一首都以"枯"为题,仿佛一段奇异的生命合唱,令人耳目一新。您是如何想到切入这个主题或者说因何耗费大量笔墨在这个意象上的?

陈：枯，这种意象似乎只有中国人深得其中三昧。枯，既不是无，也不是死，以枯而生发的艺术创造力在各个领域澎湃不绝，从庾信的《枯树赋》，到李义山的枯荷听雨，再到王维画大片的枯树寒林，元代倪瓒更是画枯成癖了。宋画中诸家画枯树是各尽其妙。诗中的表达更是丰富，不全是物之枯，"千山鸟飞绝，万径人踪灭"也是一种枯境。我写《枯七首》，不过是我个人对枯之美学的当代演绎。

写完组诗《枯七首》后，我在《黑池坝笔记二集》中对"枯"有着数十条解读，这里我就偷个懒了，顺手摘录几条（收入本书时略有修改），作为对你这个问题的回答吧：

一、作为一种起源，也作为一种目标：枯，对那些有着东方审美经验的人似乎更有诱导力。与其说多年来我尝试着触碰一种"枯的诗学"的可能性，不如说，作为一个诗人我命令自己在"枯"这种状态中的踱步，要更持久一些——倘若它算得上一个入口，由此将展开对"无"这种伟大精神结构的回溯。枯，作为生命形式，不是与"无"的结构耦合，而是在"无"中一次漫长的、惘然若失的觉醒。对我而言，这也足以称之为诗自身的一次觉醒。

二、枯，赋予人的"尽头感"中蕴藏着情绪变化与想象力来临的巨大爆发力。此时此地，比任何一种彼时彼地，都包含着更充沛的破障、跨界、刺穿的愿望。达摩在破壁之前的面壁，即是把自己置于某种尽头感之中：长达十年，日日临枯。枯所累积的压制有多强劲，它在穿透了旧约束之后的自由就有多强劲。

三、枯，是诗之肉体性的最后一种屏障。它的外面，比它的生长所曾经历的，储存着更澎湃的可能性。对枯之美学的向往，本质上是求得再解放的无尽渴望。

四、我们对同一源泉存在着无数次的丧失——对枯的理解与解构，也不会是一次性的。

五、审美趋向的过度一致和精神构造的高度同构，是一种枯。消除了个体隐私的大数据时代之过度透明，是一种枯。到达顶点状态的繁茂与紧致，是一种枯。作伪，是一种枯。沉湎于回忆而不见"眼前物"，是一种枯。对生活中一切令人绝望的、让人觉得难以为继的事件、情感、现象或是写作这种语言行动，都可以归类到枯的名下进行思考，但对枯的思考，并不负责厘清表象：枯是这所有事物共有的、不可分割的核心部分，也是从不迷失于表象的或者说是根本就没有面孔的"蒙面人"。

六、汉乐府和李白均有"枯鱼过河泣"诗。八大山人画脱水之枯鱼。鱼在枯去，河在虚化。撇开本义，离根而活，枯干即真正自由的达成。

七、所有必枯之物，仿佛生着同一种疾病，但它带来的治愈却千变万化。面对某种枯象，我们在内心很自然地唤起对原有思之维度、原有的方法、原本的情绪的一种抵抗。我们告诉自己：这条路走到头了，看看这死胡同、这尽头的风景吧，然后我需要一个新的起点。所有面貌已经焕然一新的人，或许都曾"在枯中比别人多坐了会儿"。

八、当你笔墨酣畅地恣意而写时，笔管中的墨水忽然干涸了。你重蘸新墨再写时，接下来的流淌已全然不同。枯是截断众流，是断与续之间，一种蓦然的唤醒。

九、人类的知识、信条、制度或感性经验，都须经受"枯之拷问"。有多少废墟在这大地上？多少典籍在我书架上沉睡？托克维尔的脸上蒙尘多深？陀思妥耶夫斯基在我案头又荒弃多久了？在某个时刻，某种特定机缘下，我将在它们的枯中有新的惊奇与发现：仿佛不是我生出新眼，而是它们的枯中长出了新芽。……

《枯七首》不是长诗，因为在这七首中，不存在内在的递进结构。从表象上看，枯，是一种生命的困境，对枯的书写是向此困境索取资源——它如此深沉、神秘而布满内在冲突。人对困境的追索与自觉，毫无疑问，带来了某种新生。

崖：我和您一样都曾经长期在媒体工作，我的体会是，做媒体能接触相对宽泛的人和事，对所见所闻所触的增益和开阔眼界确实有很大的帮助，这也引出一个可能是老生常谈的话题，您觉得现实与诗的写作之间有一种正向推动关系吗？一个人作品的丰富性跟哪些因素有关？

陈：见得多，也未必就是增益。千个人、百座城，也可能重复的只是一种现实。我的想法是，诗与大家平常所讲的现实没有直接关系，它只跟一个人承担的"内在现实"有关。这是两个不同质、也不等量的概念。眼观八方、内心却一无所见的人，少吗？记得博纳富瓦在谈论策兰时，有句话说得好："不蒙上双眼，就看不清楚。"确实，真相与真实的纤毫之末，是心灵视域内的东西。诗源于闭上眼依然历历可览的东西。当然，现实世界可以刺激与激活人的内在空间，但真正的诗性往往归集在斗室之中的万水千山、芥粒之内的千峰万壑。

一个诗人的丰富性与他所感受世界的维度和方式相关。引用一下我多年前写的一段话："在一颗敏锐的心灵之中，世界的丰富性在于，它既是我的世界，也是猫眼中的世界。既是柳枝能以其拂动而触摸的世界，也是鱼儿在永不为我们所知之处以游动而洞穿的世界。既是一个词能独立感知的世界，也是我们以'挖掘'这个词来试图阐释的世界。既是一座在镜中反光的世界，也是一个回声中恍惚的世界。既是一个作为破洞的世界，也是一个作为补丁的世界。这些种类的世界，既不能相互沟通，也不能彼此等量，所以，它才是源泉。"

除了认知维度，诗人之丰厚，也获益于他对语言的觉悟力。语言会慷慨馈赠他一些意外之物。诗歌语言的动力机制有神秘的一面，时而不全为作者所控。总有一些词、一些段落仿佛是墨水中自动涌出的，是超越性的力量在浑然不觉中到来。仿似我们勤苦的、意志明确的写作只是等待、预备，只是伏地埋首的迎接。而它的到来，依然是一种意外。没有了这危险的意外，写作又将寡味几许？

许多好诗是令人费解的。作品的丰富性，有时也出自读与写之间的复杂交织。好诗往往有迷人的多义性，它部分来自作者的匠心独运，部分来自读者的枉自多解。好的诗人是建构的匠师，当你踏入他的屋子，你在那些寻常砖瓦间，会发现无数折叠起来的新空间。当你第二次进入同一首诗，这空间仍是崭新的，仿佛从未有别的阅读打扰过它。

崖：您在写作中有没有出现过难以为继的停顿阶段？怎么度过这种个人危机的？

陈：难以为继、犹似身陷语言的泥泞之感，不仅在许多时刻有，甚至算是我的写作常态之一。一些作品，往下写不动了，就歇一歇，甚至直接撕掉，也并不觉得有什么可惜。那种一气呵成的、灵光一闪便挥笔而就的作品，当然也有，但更多作品是在疙疙瘩瘩、渐行渐悟中写成的，前者只有感谢老天，再愚钝者也有暴雨直击天灵盖、灵魂出窍的那一刻，但我觉得后者才是正道、大道。难以为继甚至忧心如焚的时刻，恰恰是珍贵的，它构成了写作中困境与超拔的原力，是锤炼人的好道场。

艺术说到底，是个体生命力的激发，是一个易朽与短暂的生命体，在孤独时告诉自己如何去追逐那不朽的愿望。我们对抗虚无的武器只有两样：我们的卑微与我们的滚烫。一己直如蝼蚁，人面对无垠时之弱小，人面对速朽时有真情，是这两样，令我们拿起笔来。这杆笔，也唯有经过千锤百炼甚至是艰苦卓绝的一个过程，才能真正形成价值。

崖：目前您正在进行的作品有些什么特点？您的自我期许，是在哪些地方获得突破？

陈：手头最重要的活儿，是系列随笔集《黑池坝笔记》的第三卷，争取2024年初出版。前两卷是2014年和2021年出的，这中间的间隔拉得太长，我期待以后这个系列完成和出版的密度加大些，节奏加快点儿，一年出一卷最好。这是一套百无禁忌的游思录，写作的主体内容其实早已完成，现在是整理至第三本。整理，我并不视作是简单的归纳，而是再造，重新为这些言说的碎片确立一种内在的秩序。更重要的是，第三本如何突破前两卷已经形成的某种惯性，是我正埋头处理的一个要害问题。

另有些列入写作计划的大体量作品，比如，一部有关量子纠缠的长诗，是一个新的维度交织着新的难度的作品，能不能最终写成，还很难说。还想着手写一本长篇小说，我在小说上的经验积累较少，二十年前尝试着写过一部长篇小说《拉魂腔》，从淮河灾难史中去写宗法制度在中国底层的解构，东方式乡村图景的崩塌，我对这个向度的思考一直有兴趣，也攒了些想法，有冲动再去触碰一下。写作是个人意志力的左冲右突，什么结果，难以预知。加上工作强度大，对个人时间和精力占用较多，不敢说期待什么突破，做做再说吧。

崖：我注意到，2023年8月，几所知名高校和研究机构的学者在广州主持召开"词语的重力场：陈先发、赵野的诗歌创作"研讨分享活动，能否谈谈现场有关情况？研讨活动主题很有意思"词语的重力场"，这个主题该如何理解？

陈：在这里，再一次对诗人陈陟云表达谢意，他费了很大心力汇聚多方资源，为诗人们召开专题研讨，这个系列若持续下去，当是诗史上出彩的一笔。本次研讨，国内诗学理论界最活跃的一批名家都到场了，我理论根基薄弱，听下来自觉获益良多。这个研讨，我是空着双手去的，原想做个彻底的倾听者，因为要互动，所以也谈了点儿想法。

研讨活动主题的确有意思："词语的重力场"。从文学角度观察，信息时代呈现的是"重力场"不断消解的失重状态。过去心怀壮阔的远行，现在乘坐高铁瞬间就抵达了；过去充满意味的登临，辛苦而得的"一览众山小"，如今缆车顷刻就瓦解了它。碎片式、即兴式、戏谑式文化景象，让"重"无所寄托，精神创造领域因之产生了巨变。恰是这种"失重"，令这个研讨有了远超出两个研讨对象本身的意义。

我想写作者的一个基本愿望，是唤醒一个更为内在的自我。这里的唤醒，是指发现，是抵达一种语言的"场"，或说是"态"。它大致的特点有三：一是，更为凝神、凝视、专注的自我。可能再难找到比写作更能将一个人全部身心凝聚于一点的劳作了，我们在日常生活中经受各种困扰、质疑、失败，常常处在生命力的涣散之中，目光难以因凝于一物而到达生命意志的深处。而写作，逆转了这种状态，我们因凝神而捕获了力量感，因专注而趋于某种超越。这个过程也是开放的、没有尽头的。谚语说："罗马不是一天建成的。"从诗歌的维度看，它又是"罗马是永不可能建成的"和"罗马正是一瞬建成的"叠加状态。这个朝向单一、纯粹的途径是快乐的，所以对写作者充满了强大的引力。我的体会是，成诗的愉悦，再无一字可动的愉悦，胜过任何其他方式的愉悦。这是自我完善的道路。二是，如果写作是有效的，它一定处于一种多维的对话关系中。与时代的对话：这个不可避免，只能层层卷入。每个人都是具体时空中的生命体，经历着时代赋予的、鸡毛蒜皮般具体问题的种种拷问。不管你写下什么，只要你对自身是忠诚的，那么你写下的每一句，都是对话的继续、答案的呈现。与自我的对话：人自身的缺陷带来了内心生活的分裂、裂变，自诘同样不可避免，写作可以视作自诘的种种变体。人被自身的目的所蛊惑，也同样对这种蛊惑抱有敌意，哪一个我，不是矛盾着的"众我"的集合体呢？与语言的对话：写作是语言的运动，对过往语言经验积累的摹写、审视、审判，对个体语言风格的向往，是写作的原始冲动之一，要时时将语言实践导向深入，那种一眼即辨的个体语言形象是如何建立的？个体生命体验的复杂性是如何输导至语言当中的？这都仰赖于写作者与语言互信、互搏的对话关系趋于深化。当然还有与自然的对话关系，在我们的文学脉络中，自然一度立身于神位之上，今天这个位置的空无，又能予今日之写作什么样的启示？总之，一旦动笔，我们就被迫在这多重的对话关系中，时而紧张、时而舒缓地进行各种再构与重建，语言的智慧与文学的进程也借此展开。三是，我们的诗歌仍需从对历史的"吮吸"中审看自身。"来处"本是一个可疑的对象物，文学史自体的变幻中也留有我们对"去路"的建构。"重力场"三个字，它当然不是指赵野和我已经完成的某种诗学特质。诗趋向精神领域的重力，早已构成汉诗的传统，从这个指向上去阐释杜甫，我们已谈论得够多了。这个重力不是指某种分量，"轻"的风格，也可以达到审美效应上的重力，我倒是倾向于认为，人对内在自我的发现永不止步，才真正匹配得上这"重力"二字。时空的位移，不断造就更新的、更深存在的自我，我们面对它永远存在着新的"匮乏"，这个敞开的精神容器永不可被填满，我们对此种"匮乏"的渴求甚于被喂饱的渴求，这是"词语的重力场"的真正要义。今日之现实，不再是历史的某种线性延续，科学的突进让人的视域由原子、夸克、量子的递进而趋向令人窒息的精微，生活的现实，已陷于虚拟空间强行插入的"混合现实""超现实"的多重围困，我们一度弃置的文化态度中，我们对文化态度选取的两难之境中，是否真的埋伏着可能新生的命题呢？这些是研讨会上即席随兴的想法，肯定不够严谨，留待以后的写作实践去延续吧。

蓝蓝，1967年12月生于山东烟台，女。著有诗集《情歌》《内心生活》等，中英文双语诗集《身体里的峡谷》《钉子》，俄语诗集《歌声之杯》，儿童读本《童话里的世界》《给孩子的100堂诗歌课》。

进入诗歌的想象力就是进入文明
——蓝蓝答诗人崔丽娟

崔丽娟（以下简称崔）：蓝蓝老师您是非常优秀的诗人，很多诗歌批评家、学者、诗人都对您的诗歌进行过深入研究，也看到不少关于您的访谈。您从20世纪80年代写作迄今已经有四十余年了，您也从"大自然的歌手"逐步转向对社会性题材的关注。诗歌批评家、诗人西渡在评论您的《死于无声》这首诗时，开篇第一句就是："诗歌应该介入现实吗？诗歌是否有能力介入现实？"对于这个问题，想听您自己的回答。

蓝蓝（以下简称蓝）：从没有人能逃开现实，生活在一个假想的真空里。一个人的写作是否触及现实，与其现实感有关。社会现实从来都没有想要和文化脱离干系，它不会也不可能做到。甚至更多的时候，它毫无忌讳地要干预文学。诗歌对于现实是一个镜面，它记录，见证，带给读者某些清晰而独特的视角，以看清现实赤裸的或隐藏的东西。

有必要厘清现实的含义：一种是人类社会生活的现实；一种是仅限于私人生

活的现实。两者必有交集，但也有疏离的部分。诗歌从没有离开过这两种现实的现场。诗人从个人角度关注社会现实，关注重大的社会问题，是一种明确的包含他者的写作，而只写私人生活也是对现实的一种态度。在我看来，诗歌写作百无禁忌，凡诗人所经历、所感受、所想象到的，都可入诗。至于诗歌是否要介入现实，我倒要说，是现实粗暴地介入了我的生活，压制性地介入了我生活的很多领域。并非是介入不介入的问题，而是一个人是否有权利说出自己的感受。一个疼痛的人有权利叫喊出来，有权利表达七情六欲和思想，但诗人的工作是将生活的经验化为美学的经验，这与新闻报道记述一件事情是完全不同的。诗歌要介入现实，这句话似乎只说了一半。诗歌还有超出现实的那一部分，而且这个现实不是大众的现实，是只跟你发生联系的现实。

崖：现代诗学面临诸多自身难题，您如何处理诗歌中的词与物的关系，并在诗意与诗艺之间达成一致。诗人、评论家凌越在分析您写于2005年的《诗人的工作》这首诗时，认为它提供了您诗歌写作基本的方法论。它是您对诗学问题思考的结晶吗？

蓝：语言作为一个符号系统，本身就包含了隐喻和诗的可能。联系起诗意与诗艺的，是诗人的精神活动。也可以说，一个人如何思想，就会如何写诗。诗人的语言系统就是在其思想的边界之内建立起来的，但这一切是在诗人作为一个"精神越狱者"的前提下发生的。诗人就是那个在思想上永远试图打破边界的人，其语言系统也时时处于不断改变和更新的状态中。

《诗人的工作》是一首短诗，它表明我对诗人与工作之间如何发生关系的看法，也表明我对诗歌与诗人的现实体验如何发生关系的观点。诗人为诗而劳作，反过来语言锻造诗歌，同时诗歌为诗人的精神面貌塑形。

崖：中外优秀诗歌互译与交流十分频繁，您著有中英文双语诗集《身体里的峡谷》《钉子》、俄语诗集《歌声之杯》、西班牙语诗集《诗人的工作》等，平时您常读哪些外国诗人的作品？在诗歌写作上受到哪些中外诗人的指引？

蓝：我的阅读十分庞杂，不仅仅限于读诗，也阅读很多社会科学类、自然科学类的书籍。当然，作为写诗的人，读诗是基础的学习和工作。我阅读的外国诗人的作品很多，几乎能找到的都会看。但有私人偏爱的诗人，如洛尔卡、勒内·夏尔、勃莱、策兰、米沃什、帕斯等人，也会喜欢与他们风格相反的诗人，譬如 R. S. 托马斯、古波斯诗人鲁米等。他们思考问题的方式相当吸引我，也曾给予我很多的启示。

中国的《诗经》包含了很多质朴又动人的诗篇，杜甫、李商隐、陶渊明等也是我喜欢的诗人。

崖：诗歌对您意味着什么？从山东渤海湾到河南豫西山区，童年生活、异地流动视角对您诗歌创作带来怎样的影响？

蓝：诗歌是一种生活方式，同时，诗歌也帮助我生活。诗歌并非像粮食、阳光和水那样，是生存的必需品。但对于那些有着丰富精神生活的人们来说，对于那些对语言极其敏感的人们来说，诗歌的声音宛如某个家族的密码，诗人与爱诗人都能明白并分享它所传递的内容和意义，尤其当我们感到无以言说的时刻，尤其当我们倍感沮丧和绝望的时候，诗歌开启了联系心灵与心灵群岛的航行，它将个人的感受变成了可以分享的感受，它将一个个短暂的、瞬间的记录，变成了可以理解的意义。它是遥远的时空向我们发出邀请的声音，是弥合个我与他人、此刻与历史等隔阂与裂缝的温柔力量。凭借着诗歌的想象力，诗人赤手空拳便可创造和拥有一个崭新的现实。在这个现实里，经济理性和社会等级不会是衡量一个人的价值标准，人的感情和个性在这里受到尊重，无用的事物被赋予价值和意义。诗歌以不降低人尊严的方式，安慰被剥夺者和弱小者，鼓励着信任道德情感的人，缝合那些被撕裂时间和空间，缝合那些被撕裂的人与人之间的联系，也缝合着诗人可能分裂的自我。这些也都是我坚持写诗到今天的理由。

我最早阅读的诗歌作品是《唐诗三百首》，以及其他古典文学中的诗。那是小学时候的事情。中学时接触到泰戈尔的诗，忽然跃跃欲试，开始尝试写诗。我出生在大海边，五六岁时随父母又来到河南的西部山区与丘陵地带。不同的自然景物、风土人情带给我不同的感受，而且，从城市到贫困的山村，从大海边到山区，你会认识不同的人，不同的地域文化，你会知道世界和生活的多样性。这无论是对人的认识还是对诗歌写作，都大有裨益。也就是说，没有任何领域只能存在一种声音，也没有任何诗歌只有一种写法。在诗学探索这条道路上，你必须学会尊重不同的观点。在社会生活中你必须学会尊重其他人。

崖：1988年您大学毕业分配到河南省文联，参与当时在诗界颇有影响的《大河》诗刊的编辑工作时与很多诗人有交往，这是否是您人生的一个转折点？最近我在网上看了您参加诗人北岛作品朗读会直播特别感动，能否谈谈20世纪80年代与诗人们的诗歌往事或诗歌友谊。

蓝：人生转折谈不上，生活的延续吧。但做职业编辑，会使我有机会阅读到来自全国各地大量的诗歌，接触到各种各样的诗人。会比较敏感地看到一些创作方向的流动，看到某些风格化的诗是如何变成了陈词滥调。这对我自己是个警示。同时，发现好的诗歌会带来莫大的惊喜，也给自己很多启示。

关于20世纪80年代，诗人们谈得很多了。我经历了高中毕业，进工厂当工人，然后又进大学读书，直至毕业后到文联工作。其间，我认识的一些诗人给我带来了很大的影响。20世纪80年代初，我认识了《平顶山日报》的诗人高继恒、邓万鹏和罗羽，他们三位是最早影响我的诗人。其中，罗羽向我介绍了大量此前我不知道的诗人和诗歌，譬如北岛、多多和王家新的作品，包括韩东的《你见过大海》，都是罗羽向我推荐的。大学期间我认识了孟浪、王小妮、徐敬亚等诗人，我深圳大学的同学里后来一直写诗的有诗人古冈。大学毕业后回到河南，我认识了诗人和批评家耿占春、森子、海因，以及更年轻的张永伟、田雪封、简单、高春林等。有十几年的时间，我们经常在一起谈论诗歌，相互激励，结下了深厚的诗歌友谊。

崖：作为女诗人是否觉得这是一种性别优势？在创作中您会特别注意自己女性身份意识吗？您为什么写诗，笔名"蓝蓝"有什么特别意思吗？

蓝：从来没有觉得写诗会有性别优势。相反，在生活中你要是一个女诗人，圈外人通常会投以奇怪的眼神，似乎女人写诗总显得和别人太不一样了。这样的目光里无疑包含着暧昧的歧视。

我一直以为，男诗人和女诗人在写作中并无本质的差异，但或许有局部的不同。这种不同不比每个个人（无论是男性还是女性）写作风格的差异更大。从"人类的人"这一角度看，他们的感受是相同的，但因为生理的原因，在某些方面他们的表达方式有时有所不同。女性由于怀孕、生育、更多地照料孩子，她们的感情可能更为细腻——但是总有例外，我所读到过的男性诗人作品中同样也有极为细腻敏感的表达。在一些批评家那里有过"女人长于抒情，男人长于智慧的思考"的说法，这种说法某些程度上我觉得有失偏颇。在写作时，涉及"女性"这个话题时，我会尤其明确自己作为女性的身份，这是本能，也是长期以来社会和历史给予女性和男性不同的处境造成的。

有想法要说，对他人的情感要表达，是我写诗的一个理由。至于我的笔名"蓝蓝"，是和我的原名"兰兰"谐音，我在大海边出生，所以就用了"蓝蓝"这个笔名。

崖：如何通过语言让读者感受到诗意熏陶和诗艺力量？新诗如何面对西方现代诗和中国古典诗歌两大传统？隐喻、象征、意象，其实是中国古典诗歌常用的写作方法，应用于现代诗写作却被诟病晦涩难懂。您纠结诗歌与读者之间存在的这些隔阂吗？

蓝：写诗的时候我很少考虑"让读者感受到"这个问题，埋头专注于工作对于我来说极为重要。但一般情况下我会考虑到交流的必要，不仅仅是在诗歌阅读中，在生活中人与人也需要交流和沟通。我明白，诗歌读者的组成是不同的，但可大致分为一般读者和专业读者。专业读者里包括诗人同行和诗歌批评家，我会从来自他们的批评中汲取有益的建设性意见，但归根结底，创作最终要体现到自己所写的每一首诗的文本上。

黄灿然写过《在两大传统的阴影下》，的确，白话诗诞生以来，中国诗歌一直处在古典诗歌和外国诗歌的影响之下，它们在带来参照的同时，也带来了焦虑。但这个问题并非是难以逾越的障碍，有很多诗人已经通过自己的创作，在建构新的汉语诗歌，因为时代也为诗人们提供了新的经验、新的语境和新的可能性。我不确定过了百年之后的自由体诗会是什么样子，但回望整个中国诗歌文体的流变，可以想象的是，它大约会继续变化，甚至是极端地变化，尤其在诗歌表达的形式上。

墨西哥诗人奥克塔维奥·帕斯说："语言是比我们称之为民族的政治与历史实体更为广阔的现实。"汉语新诗百年，前辈诗人们艰辛的劳动给我们留下了一份虽然为时不长但依然可观的遗产。当代诗歌语言来自提倡民主与科学的白话文运动，来自世界各民族诗人的汉语翻译诗歌，来自那些以个人方式加入这一新诗传统的诗人们的创造，来自被污染的、经验与命名断裂的语言，也来自被刻意回避但又倔强生长的语言。与此同时，我亦意识到当代诗人也是杜甫和李商隐的后代，他们的DNA以一种奇妙的方式加入诗歌文化的遗传之中，那是见证历史的话语和属于个人的充满想象的语言——前者保证了我们的写作不至于堕落为扼杀后一种写作意义的伦理底线，后者则让我们意识到对意义的热爱、对美和想象力的敏感，恰恰让我们抵达和超越前者历尽艰辛所要呈现的常识性真理。

中国诗歌从最早的二言体，发展出了四言体、五言体、七言诗，楚辞、宋词、大小赋、元曲，到了20世纪初期，很多诗人开始了白话诗创作。现在的诗歌押韵诗在减少，这与翻译诗的影响脱不开干系——为了忠实于原文的意思，翻译家们忍痛割爱牺牲韵脚。但也不完全如此，很多语种现在并不强调押韵，诗人们宁可听凭诗思的飞跃，也不在韵脚的禁锢下改变方向。散文体诗也越来越多地加入了创新的行列，不分行的诗只在意写下的语言是否是诗，是否构成了诗之所以成为诗的其他因素，诸如隐喻的运用，言外之意的运用，以及奇思妙想的表达，而不必拘泥于分行。诗人们不仅仅在外在的形式上探索和改变，也在诗歌内部的语调、写作倾向上多有实验。口语诗和书面语在更多的细节上都在呈现出作者本人独特的个性和视角。

一般来说，任何文体的变化都与当时的社会背景、经济状况有关联，也和写作者身处的文化境遇、个人的知识储备、文学气质等都有关系。古典诗歌和翻译诗的影响会继续持续下去，更多年轻诗人外语水平要高高超过以前的诗人，这给他们提供了不经翻译便可阅读外国诗歌的条件，因此他们的眼光、视野会更辽阔，更容易定位自己创作的方向。

另一方面，对中国古典诗歌的重新发现，也将提供一个改变的契机。自庞德翻译了中国古诗后，给欧美诗人们带来了极大的影响。这种影响到今天依然是有效的。这一点反倒促使我们自己回望我们的诗歌传统，重新发现被我们自己忽略的世界全景历史中的一个文学高峰。这样并不意味着我们重新回到那样方式的写作，而是有可能出现再一次出发的具有中国美学特点的诗歌类型，它包含着这个民族的文化特点、感受事物的方式以及世界观和价值观。

除了上述两点，依然有巨大的创作空间有待诗人们进入——对韵律的探索，对诗歌倾听的记忆特点，在互联网、微信、手机普及的今天，适合朗诵的诗歌势必会重视诗歌的节奏和韵律，我猜测这将会催生一批这样的诗歌。同样，能够创造诗人歌手，在鲍勃·迪伦获得诺贝尔文学奖之后，让人更加有信心相信诗与歌的结合是一条最古老的道路延伸至今天的必然——从荷马时代、萨福时代一直如此。而目前国内的一些歌手也和诗人合作，出现了一些词中类型的可演唱的诗乐。

现代诗常被读者诟病为晦涩难懂，原因是复杂的。表达晦涩是因为表达有禁忌，也因为读者的阅读期待、所受的诗歌教育与诗人的独特的艺术创作之间有断裂，更重要的是诗歌在当下社会文化中所处的位置。写诗是一项智力活动，读诗其实也是。读一首诗意味着进入诗人的灵魂，要求阅读者有能够抵达诗人想象力、感受力的能力。诗歌教育严重滞后，有意识形态的原因，有时代经济文化的原因，所以我看到已经有一些诗人在做诗歌读物的普及解读，尽管在有些时候对于诗本身可能会带来被稀释的"副作用"，但它的益处也有目共睹。

崖：自媒体勃兴带来诗歌创作方式、传播方式、写作群体构成的相应改变，比如文化语境变迁、"网络诗歌"现象盛行、"诗歌"产量井喷，那么，诗人的尊严在大众传媒时代该如何维护？

蓝：互联网为每个人提供了一个展示平台，但互联网是有严格管理的，依然在起控制的作用。不过，一般而言，社交媒体打破了以前由纸媒设置的单一标准，写诗的门槛在降低，但表达的渠道多了，这是好事，一种更具社会学意义的好事。但好的诗歌另有自己的标准线，尽管我赞成诗歌多元，可我也知道，好诗就是好诗，并不因为展示的平台变了而改变。

诗人的尊严只能靠诗人的作品来体现，其他的艺术同样如此。我记得诗人多多在一次诗歌活动中回答听众的问题，听众问他："你怎样写出让读者喜欢的诗？"多多回答："我是厨子吗？你点什么菜我就得做什么东西吗？"好诗的标准是不媚俗，是不固化尺度，它只能在诗人艰苦的创造里出现，是不断形成又被突破的可能性，它不是一个现成的东西在那里等着你去检验。我以为，只有写出好诗，才能造就好的读者。

崔：您著述甚丰，除了十多本个人现代诗集外，还著有童话集五部，童诗集《诗人与小树》《我和毛毛》，儿童读本《童话里的世界》《给孩子的100堂诗歌课》。您特别关注儿童文学是否和您是双胞胎母亲身份有关？成人写童诗与儿童写童诗有何不同？

蓝：当然有关系。养育孩子的过程就伴随着教育。而多年来对诗歌读不懂的诟病，始终存在。我翻看过很多中小学教科书，我就明白为什么很多大学本科中文系的学生也读不懂诗的原因了。这相当可悲。我愿意为孩子们做一些普及诗歌教育的事情，弥补他们在校园里欠缺的对诗歌的阅读和学习。其实也包括对童话的阅读，很多成年人也只是觉得那是浅文学，岂不知好童话的内涵和艺术性绝不亚于通常人们认为的经典成年人文学。一般而言，儿童教育的初始阶段，大多是一些观念的灌输，例如对善恶、好坏的辨析，但通过感受性教育引导儿童认识世界，则离不了生活本身和阅读。我一向认为，优秀的童话、童诗和所有杰出的文学作品一样，它能够培养人的想象力和敏感度。经过了这样的文学浇灌的灵魂，绝对无法忍受野蛮和粗暴的生活，也无法忍受一切反人类、反人性的行为。所以，关注儿童教育不仅仅关涉文学，同样也会对他们一生的价值观产生影响。与此同时，也是为中国文学培养未来的读者。我们的童诗有一个很大的问题，在于强调给孩子的诗要多写光明幸福，岂不知他们将来要面对的人生不仅仅有阳光灿烂，也有电闪雷鸣；人们的生活不仅仅有快乐富足，也有贫困和痛苦。你若给孩子的认知里塞满了过滤后的内容，他们长大后根本无法面对真实的生活。所以，告诉孩子们世界是复杂的，并非是一个单纯的乐园非常重要，否则就是在向孩子们撒谎。诗歌并非要为世界增加某样东西，而是拂去覆盖在真实生活、真实情感之上一切的遮蔽之物，呈现出它本来的样子。

儿童写童诗与成年人写童诗完全不同。儿童写诗多处于自发自然的状态，只有成年人的创作才会有意识、有美学目标和明确的思想导向。一般来说，儿童写出一首好诗之后，并不知道这首诗的文学价值，给予这首诗以美学判断的，是成年人所立的标准。因此，成年人写童诗，明确的读者是儿童，潜在的读者是懂得文学标准的成人。这就要求诗人们不仅仅从儿童立场出发去写作，同时诗人也应该是美学形式的引导者，是价值观、思想和文明教化的引导者。在写作中用儿童视角，也不仅仅是叙事的策略，更是对儿童读者的服务与尊重，也唯有儿童的视角，才能在最大程度上将儿童感受世界、观察事物所具有的特殊性表达出来，所谓感同身受，是要拿出心身的体验和想象力，只有空头概念是不可行的。

崔：阅读对您的创作有什么影响？您是利用整块时间写作还是听从灵感的召唤，是一气呵成还是反复修改，写完之后雪藏一段时间冷处理还是马上发表？接下来有什么创作计划？

蓝：阅读的重要性不言而喻。只有狂妄愚蠢的人才会觉得读书不重要吧。我读书很杂，生活中最大的开支大概就是买书了。诗，其他文学类书籍，历史、科技、社科类的书，自然科学的书，包括养花养草、养小动物的书，我都看。我对当代物理学也很感兴趣。读书令人知道自己的渺小和有限，按照英国作家罗·林德的说法，"人类感受到的最大快乐之一是：迅速逃到无知中去追求新的知识。"

我写诗毫无计划，随时都可以写，有时也会停下来很长时间不写。但我有过写长篇童话和诗剧的经历，会集中几个月的时间创作。相对来说，写诗更自由，我不给自己订条条框框，完全随心放任，有了想法或感触就写，没有就不写。诗歌大部分是一气呵成，最多的时候一天能写几首。状态好的时候很少修改，但也有反复修改的，一般这样的诗最终自己也不是太满意。很少写完就拿去发表，多半会放一段时间再审视检查。我通常在夜里写的比较多，白天的打扰太多了，我在考虑是否换回最简单的功能手机，问了几个朋友，他们都说没有智能手机很麻烦。但智能手机有太多我不喜欢的功能，包括被无形控制的功能。

2022年上半年完成了一部给少年、青年的诗歌读本，挑选的全部是"语言派"诗人周亚平的诗作。因为他的诗晦涩难懂，聚集了很多复杂的元素，其思维的颠覆性和对文本"虽千万人吾往矣"的大胆探索，突破人们所熟识的汉语诗歌界限，触及当代诗歌创作中很多重要的问题，也包括我自己的一些疑惑，所以这部书对我而言是有挑战意味的诗歌解读本。这部书完成后，我会继续写诗，还想写一些和域外文化有关的随笔，诸如希腊、阿根廷、墨西哥、法国、西班牙等地，内容多和那里的文化、历史以及诗人等有关。

周瓒,1968年8月生于江苏,女。现任职于中国社会科学院文学研究所。著有诗集《松开》《哪吒的另一重生活》等,诗歌论著《透过诗歌写作的潜望镜》等。曾获安高诗集整理奖、东荡子诗歌奖等奖项。

我乐于穿上诗人这件身份外套
——周瓒答诗人崔丽娟

崔丽娟(以下简称崔):周瓒老师您好,做您的访谈我立刻想到几个关键词:女性主义者、戏剧工作者、学者、诗人、批评家、译者。这样的印象主要来自媒体对您的报道,以及我对您作品的阅读经验:您的诗歌、诗歌批评或戏剧评论、译著。1998年,您与诗人翟永明等创办女性诗歌刊物《翼》;2008年,您与曹克非创办瓢虫剧社,先后参与很多戏剧作品的创作、演出。您更看重自己的哪一个身份,需要在多重身份中进行角色转换吗?

周瓒(以下简称周):别太客气啦,咱们以"你"相称,好吗?你的提问是有关身份指认的,十分贴合我们这个时代人与人相互了解的方式。原谅我开启了批评和反思的模式。在信息繁殖,完整的知识获取变得更艰难的网络时代,标签、关键词,确实能帮助我们快速地辨识一个对象,无论这个对象是人是事还是话题,人们似乎可以用搜索引擎便捷地查询到。但是,你肯定也会同意我,进行这样的辨识和信息获取,我们是无法真正把握一个活生生的具体个人的。身份标签自然是简单化的,更何谈我们在搜索信息的时候还有很多不确定性。所以,当我们仅从女性主义者、戏剧工作者、学者、诗人等关键词辨识一个人时,大概就陷入了一个不确定感的怪圈中了吧。我自己甚至无法告诉你这个认识是否准确,无法回答说我认为哪个身份更重要,也许我们没必要太在意它。

不如直接回答你的问题吧。如何在不同身份之间转换,对于我并不困难,也根本没有构成任何困扰。我觉得一个人不应该也不可能只有一种身份,这是一个正常状态,人们甚至不会去考虑如何在身份之间进行转换。在诗人、戏剧工作者和女性主义者之间亦然,我不需要试着去转换,它们是兼容的。但是,我明白你的意思,你想问的是我做这些不同的工作时会不会需要调节自己,进入另一个阶段。比较而言,诗人是一个很模糊、很抽象的身份,我不觉得它对我有多少实在感,而参与戏剧工作就不同了,在剧组里创作有分工,我得与他人合作,因此产生强烈的身份感很自然,尽管那也总是暂时的。做诗歌、戏剧等的评论是我的本职工作,这个身份于我似乎已成为一种无奈的自然,不过,我也还是想尽量做得更好一些。假如我看重我自己是一个诗人,可能恰巧因为它没那么实在,我乐于穿上诗人这件身份外套,就如童话里皇帝的新衣!

崖:好的,那我就不客气啦。你刚才说自己"乐于穿上诗人这件身份外套",非常高兴我们的诗歌访谈获得精准定位。在深入讨论诗歌之前,还想就戏剧提一个问题。我曾在上海一家戏曲院团工作过,戏剧与诗歌似乎有某些共同点:有两样东西贯穿其内核,一个是道德,一个是美感。戏剧里面的台词、念白有时候就像一首跳跃的诗,一首诗有时候又带有强烈戏剧性,或者诗人会给作品里的主人公戴上面具。二者之间有互文性。美国当代小说家冯尼格特说,如果你想使你的作品留得长一些,那你就得研究道德。因为道德它是人生活的一个秩序——对生活秩序的理解或者说是对生活秩序的态度。你在诗歌写作和戏剧创作时更关注哪些核心要素?

周:这个问题颇为尖锐。可以说,对于每一位写作者来讲,只要进入真正的写作就都避不开你这里所说的"道德"和"美感"两个要素,尽管他不一定总是直接公开地谈论它们。容我慢慢展开我对你的问题的理解吧。我说到"进入真正的写作"，意味着一个写作者需要严肃地对待自己选择的这项事业，当然他可以有所谓野心，但这份野心仅限于或更多地，是应该落实在对于关乎人类生活秩序的道德思考和培育人心智慧的审美品格的不懈努力上，而在这两方面，又都有前人已经积累了的成就，即所谓传统，那么，他的努力就必须以增益或超越那些传统为旨归。也许在写作的某一个阶段，一位诗人更多专注于技艺的磨炼、修辞的精研，但是，若是决心写出能够与既往的大师比肩甚至超过他们的作品，那他就必须想清楚自己要解决的问题和需要前往的目标。

我不知道你引的冯尼格特的话出自哪里，这些话的上下文我不了解，所以无法具体回应你转述的这一看法。文学作品与道德的关系颇为复杂，作家的道德品格和作品所显示的道德观念固然重要，却很可能不是冯尼格特那句话的意思所在。一个作家研究道德，认识到道德冲动与人性的深刻关联，意识到人类道德的建构性、历史性与文化差异等特征，并且在作品中呈现相关的认知与思考，也许才可以触及人的深层精神处境吧，由此，其作品或许就能够留存得久一点儿。

至于你问我"在诗歌写作和戏剧创作时更关注哪些核心要素"，我愿意扩充一下，理解为，在我的文学观念和实践中，如何辨明求真、求善以及求美这三者之间的关系。如果我们把道德归到求善意志的结果中，道德与美概出自人的两种不同范畴的意识活动，即判断与感觉，而求真，也是一个作家、艺术家必须关注的要素。现代诗人的求真意识是向内的，即要求直面自己，从自我中寻得向善的意志和美的感知力。如果有你这里提到的一个秩序，即道德状态的话，那么在写作中，这种秩序需要诗人首先求诸己，获得经由写作建立起这种秩序的意识，而这大概是更广义的一种写作伦理吧。

崖：女性诗歌是当代中国诗坛一道靓丽的风景线，女诗人们成为不可忽视的一股有生力量。《诗刊》主编李少君在编完北大女诗人诗集《燕南园的星空》后开玩笑说，中国新诗革命是由北大一帮男诗人发起的，也许，中国新诗走向成熟要靠一帮北大女诗人。我征询过他同意在访谈你时就此延伸提问。你是北大毕业的女诗人，你的诗也收入该诗集中。如果从李主编说的那句话延展开来是否可以引发这样的联想：世界开始逐步进入女性主导文学变革的时代？你以哪一首诗为标志发出自己作为女诗人的声音?

周:既然李主编是开玩笑的,那么,这种说法就不能当真啊,所以我也不会产生你说的那样的联想。即使女性文学貌似比以往任何一个时代都繁荣,我也不能说出女性正在主导文学的时代变革这样的预言。而且,你不觉得这个判断背后其实包含了一种性别对抗的设定吗?好像女性通过争取表达自我的写作,目的是为了与男性争夺某种时代主导权似的。但其实,文学变革的时代主导权肯定不是女性写作预设的目标,这个目标在格局上不见得有多高。

在你问我之前,我没有关心过以写下的哪一首诗为标志,"发出自己作为女诗人的声音"。明眼的批评家唐晓渡曾经提到我的短诗《翼》,由于此诗写于我和朋友们创办女性诗刊《翼》的两年之后,他准确地辩称其并非女性诗歌的宣言之作,但"可以同时被看作一首献诗:既献给她的同侪,也献给她自己,但更重要的是献给诗本身"。确实,也许在这首诗里,我有意识地发出了自己作为女诗人的声音,而这声音是被期待加入女诗人们的"合唱"的。

与此相关,我想引申谈谈有关青年诗人成熟的话题,毕竟我写《翼》的时候还算年轻。海伦·文德勒曾研究过"诗人的成年"这一主题,她以弥尔顿、济慈、艾略特和普拉斯四位诗人为例,分别讨论了四位诗人年轻时写下的第一首"完美之诗",借此说明一个诗人成熟时的文本与精神特征。她强调在成功地写下第一首完美之作以前,一位诗人需要经过刻苦艰巨的学徒期,有意识地寻找自己的声音和习语。比如济慈,在写下标志其成熟之作的十四行诗《初读查普曼译荷马》之前,就以十四行诗体为自我训练的类型,进行了或成功或失败的尝试。根据海伦·文德勒的分析,在自我训练期间,济慈一天之内写下的两首十四行诗,一首为佳作,另一首则为次品,可见学习与摸索的状态并不稳定。论及每一位青年诗人时,海伦·文德勒会用一个词"扩展"来形容他们在迈向成熟过程中思想与精神的提升,虽然各人扩展的内容有可能不一样。如果一个诗人写下了标志性的,一首如你所说的发出自己声音的诗,那这首诗必然包含以上的努力成果,即文体与思想的双重成熟。

在这一意义上,一个写作着的诗人或许可以回望他自己年轻时期的写作,以批评与省思的态度打量一番,找一找那一首发出自己声音的作品。不过,即便我找出了,也不觉得有必要过分强调它。比较而言,我倒是更乐于考察我钦佩的同行,他们的诗歌成人之作,比如我最近关注的诗人朱朱、哑石、蓝蓝、倪淇舸、王敖、刘立杆、凌越、赵野、梁小曼等,我期待自己像个私人侦探,或如同推理小说那样,带着好奇与乐趣,沉浸在对他们诗歌的阅读中。

崖:我并非狭隘固执于性别问题,可能曾经遭遇过某种困惑,因此想就女性写作做进一步交流。从20世纪80年代"50后"的舒婷、翟永明开始,直至当下"80后"的杨碧薇、"90后"的康宇辰等已经形成当代女性诗歌谱系。女诗人在写作上有何优势?在创作中,你特别注意自己女性身份的意识吗?进行诗歌研究时,如何评价女性诗歌的价值意义?或者这样划分本身就带有某种歧义?抱歉这个问题有点儿大,恐怕不太好回答。

周:通常,人们思考文学,大到对一种文学现象的整体观察,小到关于一个诗人或作家的写作意图与动力的理解,总是需要借助一定的方法进行。当人们运用"优势"一词去形容女性诗歌群体存在的文学潜能,如此处你所采用的,大概是一种经济学的或社会实践的理论视角,想象女性诗人们汇聚种种有利于其自身的各项条件,凭借着发挥自己这一性的独特性,切实有效地取得相应的文学成果,并在文学这一行业中获得成功。然而,我对此持保留态度。在以往的思考中,我试图区分写作者的立场与批评者的出发点,来为女性诗歌及其写作者辩护。写作者需要面对的是结合了自身经验和社会分析的思想锤炼与文学风格推进,借由其反思性的实践投身到某个文学或文化场域中,而不是以权衡自身在文学场中的利弊来设定自己的文学目标,当然,如果有人打算权衡利弊后为自己搞一个文学目标人设,那也是他的自由。批评者的出发点与写作者不一样,他们可能更侧重考察文学面貌与风格的总体演进,以及写作个体为这一演进所做的贡献等。写作者的抱负与批评者的目的各不相同,所要解决的问题也迥然有别。

假如我的观察没有太大偏差的话,当代诗歌的批评者比较倚重社会学和文化人类学的方法与视角,这大概是导致某种先入为主地评判写作者的社会性动机的原因之一。在这里,我想强调一下批评者对批评限度的意识,即意图的批评可能面临的困境,在当代文学批评中尤其重要。我们无法设想某位古代女诗人在写诗中运用了她的性别优势，除非这个优势是以男性为主导的文学场域所赋予的，然而，传统观念里，占主流的，还是女子无才便是德。话题扯得有点儿远，我的意思是，在当代文学中，尚且处在活跃的创造实践中的女性写作者，无论她的文学意图有多功利，我们也无法简单地把这些意图视为一种总体性的优势。

至此，我感觉对你这个问题的回答有点儿绕。其实，我也可以非常简洁明了地回答一下你，那就是女诗人在写作上并没有什么优势可言，无论是从群体的角度看，还是从女诗人个体方面讲。又或者，借用一个朋友的话，女诗人们的优势正是她们具有清醒的反思意识，这使得她们不会简单到盲信自己有所谓的优势。在我自己的文学实践中，与其说"特别注意自己女性身份的意识"，倒不如说，我希望我所观察、体验进而写下的文字，能够经得起一种严格也严肃的性别观念的检验。写作实践伴随着反思的自觉，我相信，作为一名女性写作者，有鲜明的性别意识并不意味着总是强调自己的女性身份，而是说，她必须关注这个男权社会中存在着的性别不公，以及女性在社会生活的方方面面，其权益依然受到压制的事实。因此可以说，女诗人个体的身份意识必须扩大为一种群体的认识、共情和责任的获得。

那么，如何评价女性诗歌的价值意义？你这个问题有点儿大，我难以在这篇访谈里给你一个完整、全面的答案。作为研究者，我想强调，当代中国女性诗歌尚未得到充分的研究与公正的评价。尽管我们时常看到新媒体上以女性诗人为由头的各种展示，仿佛女性诗歌已然获得了广泛的关注，因而女诗人们应该满怀感激和庆幸似的。女性诗歌是对一种诗歌现象的概括，同时体现了一种诗歌理想，而不是简单的诗人群体划分，因此，对女性诗歌可能存在的争议，往往体现在如何界定其内涵，把握其特征，以及由此更好地理解性别差异等，而不会是简捷地指向诸如性别对立、女性写作者自我孤立等方面。

我不否定你的"女性诗歌谱系"说，这个观察里包含了几代中国女诗人之间对于性别的思考与诗歌写作传统自觉维系的态度与努力。从舒婷、翟永明到杨碧薇和康宇辰等，她们之间与其说是一种承继关系，不如说她们通过不断的写作，女诗人们扩大了女性诗歌的含意，丰富了女性诗歌的风格，使得当代女性诗歌呈现出一种性别文化实践的共时性与生机。

崔：如何界定诗人身份？诗人与普通人是一回事吗？如何解决创作时间与工作、与生活的关系？你是用零散时间还是整块时间创作？灵感写作和技艺写作哪一个对你更有效？

周：前面我说过，于我，诗人是个很模糊、很抽象的身份，没有多少实在感。虽然我写诗，并乐于同其他我喜欢且认可的诗人交流，但在日常生活中，这个身份对我并不那么重要。多年前，当我母亲得知我是个诗人，还出过诗集，她曾小心地问我在单位我作为诗人有没有相应的工作任务。我庆幸自己可以完全不带着如母亲所说的"工作任务"的心情写诗，而同时我又能赋予写诗以自己对工作和任务的理解。拒绝的自由是我理解的最低限度的自由了，可以不为什么而写，因此才可以为了什么而写。这是我对我自己作为诗人的理解，不过好像和你提问中说到的，对诗人身份的界定之意还不一样。诗人当然也是普通人，这俩概念并非并列而应是从属关系吧。或者说，直到诗人写出诗的时候，他也还是一个普通人，而当他的诗被阅读，他的诗让他赢得应有或不应有的声名，或许还出圈儿时，大概他作为诗人与普通人才有了区别，所以说只是接受语境中的区别而已。

如何解决创作时间与工作、与生活的关系？我想你提这个问题，是基于大部分女性要为家庭付出很多精力和时间这一现状。没错，大部分女性写作者会纠结于这个问题，但是我没有这方面的焦虑，我可以自由支配自己大部分的时间。我一般用比较完整的时间写作，偶尔也会在乘坐地铁或出租车时写一些片段。在我看来，灵感与技艺都重要。灵感，如果说它并不是守株待兔中的那个兔子的话，我们就必须通过勤奋（离开那棵树）创造出兔子来。

崔：我在研读《当代中国诗歌批评史》一书时，发现你是通过对不同时期诗歌实践的叙述和分析，深入探讨中国当代诗歌七十年的发展历程和特点，既把理论思考和历史叙述结合起来，同时把当代诗歌批评史从"大历史"中凸现出来，这样的视角和洞见令人叹服。无可否认，当下诗坛生态确实存在诸多问题。作为一名研究者，在选择好的文本进行诗歌批评时，如何在读者和作者之间找到相互理解的桥梁？对于"当代诗歌阅读何以成为问题"批评家们纷纷寻找解决良策，你的建议是什么？

周：谢谢你的溢美之词，我对这本书并不满意。回到你的提问吧，关于当代诗歌的阅读以及作为诗歌研究者，如何在诗的作者与读者之间建桥，我大概没有资格与能力提出建议，或者我也不知道这些建议应该提给谁。我能立足的只有自己的观察，然后说说自己的感受，包括困惑和反思。

阅读的问题，我以为涉及两个层面：一是，在当代生活中信息过剩，新媒体完全占据了人们的日常，而浏览网络上的信息碎片其实不能称之为真正的阅读，匆匆的浏览，即便是知识检索，也不构成阅读，真正的阅读是带着关联性和深度思考的，需要我们在内心辟出相应的空间，去容纳精神活动。二是，事关一种生活方式，在我的理解中，人是应该可以随时放下日常的工作和消费行为，进入阅读的；换句话说，我觉得，阅读并不是什么休闲、爱好，需要去培育和养成，而是真正的生活方式，通过它随时步入人的内心世界，滋养我们的精神。假如我们时代的价值取向从根本上背离了精神生活的构建，完全向物质和消费文化妥协，那么再怎样鼓励阅读都可能会无济于事。

我在做诗歌批评工作时，或许默认了我的读者是与我相近的人，能读懂我解读与讨论诗歌时所谈到的话题与观点。这不意味着我所说的话有多么深奥或复杂，而是说，我会尽量本着信赖读者的态度进行批评工作。说实话，当代诗并不那么难懂，只是确实，我们尚未在诗歌作者与读者之间建立起合适的桥梁——解诗的多种渠道，令人信服的美学话语等，这是批评的失责。

崖：批评家要同时具备诸多方面的能力，批评文本也要经得起时间的检验。你在诗人、学者、批评家身份中需要平衡吗？写诗和诗歌评论于你而言是一种什么关系？对诗人来说，获得自己的语言和声音很重要，你怎样建立自己独特的语言系统和确定自己的声音辨识度？进行诗歌批评时，你秉持的理念和坚持的原则是什么？

周：我基本同意你的看法，批评家确实要同时具备诸多方面的能力，批评的文本也要经得起时间的考验。确实有可能，在文学批评领域，人们对诗歌批评容易产生争议，从对新诗的理解到对诗人形象的认识等，普通读者与专业读者（这里指做文学批评的人）都难有共识。但这个问题有点儿复杂，到底是批评出了问题还是诗歌的接受环境出了问题呢？或者说，当诗歌批评难以取得公众信赖时，批评家应该或能够做点儿什么？要回答这两个问题，可能需要另一篇专门文章了，这里我不打算展开。

又回到身份问题，跟你的第一个提问差不多，但有微妙的变化。第一个提问你是想了解我看重自己的哪个角色，而这个问题，你以行家的眼光估量我可能在写诗、写评论和做学术研究这三块会有冲突，需要平衡或取舍。我大概是步入中年后，才越来越清楚地意识到我需要在这三块中寻求重点，可能真的，我成熟得有点儿晚。写诗和写评论之间理想的关系是相辅相成，互相理解和促进吧，但在实践中往往并不是那么清晰，假使我能认真考虑一下这个问题，大概会在对诗歌或文学的认知上获得一个飞跃。我对自己这样期待。

在写诗过程中，怎样建立自己独特的语言系统，确定自己的声音辨识度呢？大概是不断地写，多写，多尝试就有希望建立吧，当然也要伴随着多读和勤思。另外，也可参照我上文提及的海伦·文德勒的研究成果，听听她的看法。做诗歌批评时，我看重的是言之有物与诚实这两点。

崖：如果说，自20世纪90年代开始，诗人兼事批评似可归因于批评对解读当代诗歌的无力，那么，延续迄今诗人批评家或批评家诗人队伍已蔚然可观。对于优秀诗人来说，写诗歌评论是否是必要；对于优秀诗歌批评家来说，写诗是否又必要呢？如何看待这一现象？

周：诗人写诗歌批评与批评家写诗，是中国新诗史中的一个独特现象与传统：诗歌写作的经验赋予了诗人所写的批评更具建构性与阐释可信度，而批评家尝试写诗则会拓展其批评视野，丰富其诗性感知。对这两类作者而言，你所说的情况都并非必要，即优秀的诗人不必要写诗歌评论，优秀的批评家或许也不必要写诗，然而，写评论之于诗人以及写诗之于批评家，虽非必要条件，却可以是充分条件的展现。这是基于逻辑关系的一种推想，而不是强加于无论是诗人还是批评家身上的某种要求。

或许我们需要自问，为什么诗人批评家或批评家诗人在当代成了一个需要特别关注的问题呢？诗人与批评家身份的区分有那么重要吗？批评固然应有其独立性，但写作意图总会是在具体语境中写作者的切身需求，在新诗诞生以来，尤其在当代文学史中，由于新诗在技法、风格上的演进，或受制于意识形态影响，新诗的阅读接受成了一个问题。时不时冒出来的，有关新诗的晦涩难懂等负面评价，造成了批评与写作之间的隔阂与冲突。这可能是新诗史上，尤其自20世纪90年代以来，诗人批评家与批评家诗人大量涌现的原因之一。

若进一步探讨新诗的晦涩难懂这一问题，又离不开现代以来，现代中国文化的构建者对于文学大众化的设想与实践。我们看到，单方面对知识分子写作者提出要求是一种普遍趋势，但文化的普及之外，也还有提高这一项，不过，在我们的接受语境中，这方面总是遭到忽略。在当下，它则体现了文化生产者与消费者之间的矛盾。

崖：奥登说，一位诗人要成为大诗人，要必备下列五个条件之三四：一是必须多产；二是他的诗在题材和处理手法上必须宽泛；三是他在观察人生角度和风格提炼上，必须显示出独一无二的创造性；四是在诗的技巧上必须是一个行家；五是尽管其诗作早已经是成熟作品，但其成熟过程要一直持续到老。在一次访谈时，诗人、诗歌批评家西渡说过一句话"诗人不必有大师情结，大师情结会把一位诗人提早毁掉"，此话曾经引发争议。按照奥登说的标准，你觉得我们的时代会产生大诗人吗？在你看来，好诗有哪几条标准？诗人应该具备哪些能力？

周：如果我们准确地将奥登的说法理解为一种观察总结，而非写作者的意识出发点或写作信条，我们就可以明白西渡的话是完全正确的。换言之，若一位诗人对照奥登的五个条件一一努力，他肯定也会发现，要做到诸如第二、三两条并不是那么容易的，尤其是"独一无二的创造性"这一点，某种程度上源于他的天分，或者一些非关个人努力的因素。与其将努力的方向确定在对奥登标准的贯彻上，不如关心其他更重要的东西：以存在作为诗思的支点，投身于对个人来说非常切身的世界与现实中。我们也都听过一个熟悉的说法，"功夫在诗外"，说明古人早就注意到，想要把诗写好，必须走出诗，到诗之外去下功夫。诗之外，无非是由生活、视野、思想、境界、修养等构成，需要诗人努力自我扩展。比如，视野胸襟的开阔与否也联系着诗处理的题材和手法，以及能否多产（多产可能不仅需要勤奋)。另外,奥登所说的"成熟作品"也包含了比较复杂的含意,因为一个作品的成熟也包含了技巧和思想,以及写作者对诗这一文体的认识等。当然,这一切之外,还有一个重要的认知条件,即写作者的自我认识。一个人能成为什么样的人,他有没有因天分、能力、视野、教育程度等构成的限度,这只有靠他自己去把握与确知。大师不过是一个身份标签而已,而且,他从来不会是靠自封来获得认可的。"李杜"在他们生活的时代并没有人给他们贴上诸如大师之类的标签,如果被贴了,他们肯定会报以一哂。

我不想也不喜欢做一个预言家。即便作为诗歌批评者,拿奥登的五个条件作为标准,我也不乐意谈论我们时代会不会产生大诗人这样的命题,因为这事儿有点儿无聊。或许,对我来说,比较有趣的做法是,想一想奥登为什么要给出五个条件,而不是十个?这五个条件或许能激发出批评的诸种向度,以使我们可以恰当地谈论一个优秀的诗人需要努力的方方面面。或许,你这个提问中最后两个问题,可以从对奥登标准的反思中找到答案。

崔:作为一名译者,在翻译西方诗歌过程中有什么独特感受?如何处理"翻译体(腔)"与母语写作的关系?在吸收中国古典诗歌传统与借鉴西方现代诗歌技法上有什么经验可分享?

周:惭愧,我做的文学翻译不多,谈不上有什么值得分享的独特感受,在翻译方面,目前的我还只能算是一个学徒。请允许我借助另一位作家的经验来形容我的文学翻译经验。裘帕·拉希莉在随笔集《罗马日记》中讨论了她学习并掌握意大利语的过程。如果我借用她在书中采用的第一个比喻,来形容我从英语翻译诗文的状态的话,那就是,我尚未"穿湖而过"呢!我依然安全地在汉语这侧的湖岸边游泳,为了不被淹没,紧靠母语如穿戴了救生衣,遇到风浪,随时把边儿,踩向浅水下的地面,因为我似乎还没有能力向着湖心,穿游到对面,那英语世界的一侧。裘帕·拉希莉说得对,"想要掌握一门新语言,完全沉浸其中,就必须离开岸边。别穿救生衣。别依赖脚底的地面。"我的翻译经验或外语学习状态,尚未达到如裘帕·拉希莉所言的"沉浸其中"。

"翻译体"是现代汉语诗歌在初创期由一部分外语和汉语水平都不佳的译者

在翻译中塑造出来的，颇受诟病的一种文风。不过，"翻译体"或"翻译腔"也指另一类译文风格，即尊重原文中的语言习惯和文化表达方式的译法，译文读起来不那么顺畅，但其实属于一种积极的翻译实践。因为我们的语言表达本身也需要受激发而求变，"翻译体"可能是一种激发力。如果说，曾经的或某些"翻译体"的译本对写作者和部分读者有启发，那肯定是基于译者有意识的尝试，这类译本也即鲁迅所表达的意义上"硬译"的结果。不过，因为我们已习惯性地将之贬义化，也因为这种积极的翻译实践未被广泛认可，今天专门讨论这个议题，时机还不成熟。

"中国新诗是从外国现代诗演变和引进的，并没有什么优势"，这类观点也可以休矣。而且，与这类观点相关，一度在意识形态左右之下，"吸收中国古典诗歌传统与借鉴西方现代诗歌技法"成了互相对立的二元。类似的意识形态话语依然存续或也可能一时盛行，但是，对于写作者，从文化角度看，任何民族的诗歌技艺都值得我们吸收与借鉴。只要我读到，领会到其中的高妙之处，我都会尝试学习并付诸写作实践。

雷武铃，1968年12月生于湖南郴州。北京大学文学博士，诗人、译者、诗歌评论家。现为河北大学文学院教授。著有诗集《赞颂》，译有希尼诗集《区线与环线》等。

诗歌是赋予生命以价值和意义的语言形式
——雷武铃答诗人崔丽娟

崔丽娟（以下简称崔）：雷教授您好，2019年7月13日您在上海民生现代美术馆做诗歌分享交流会时我们见过面，记得当时您说诗歌对您意味着两点：第一，诗歌是个人内心隐秘的喜好；第二，诗歌是赋予生活与生命以价值和意义的语言形式。这是您的诗观吗？对于写作，您似乎颇为冷静和理智，那么，您写诗是为自己、读者、历史、当下，还是未来？对于诗人身份，您如何界定，诗人与普通人有区别吗？

雷武铃（以下简称雷）：很高兴能在那个由诗人王寅策划、诗人胡续冬主持的"诗歌来到美术馆"活动上认识你。虽然才三四年，回首一看，已如隔世，——正当盛年、充满活力的胡子（指胡续冬）竟已不在。这几年来，断裂的声音在历史和内心的深处不断响起。现在重温当时的话题，让人恍惚。诗歌是个人内心隐秘的喜好和赋予生活与生命以价值和意义的语言形式，这点对于我仍然如此，甚至更明确了，更有一番新的感受滋味。我不知道这算不算诗观。我以为诗观是针对诗歌的普遍有效的看法，针对诗歌本身应该如何以及诗歌的要求和条件。这只是在回答或解释我和诗歌的关系，确认我个人与诗歌的内在关系。它的有效性，只针对我个人，是一种诗歌立场和价值的个人认定。

就为何而写来说，是否为自己、读者、历史、当下或未来而写，没法一概而论。从动机来说，写诗当然是为自己而写，是解决自己的问题，满足自己的需要，释放自己内心的压力；从意图目标来说，当然希望个人的努力能获得超越个人的艺术性，能在超越时空的精神历史之中，留下自己存在的印记；就过程来说，写诗是为诗歌而写，就像人有内在的道德律令，诗歌也有自身的艺术律令，一旦进入诗歌写作，就会自然而然地服从这种内在艺术律令，为诗歌艺术而写；从阅读期待来说，当然会期待未来有人会读自己的诗，诗是为自己写的，但肯定不是只写给自己看的。当然，在诗歌写作中，关心和焦虑的主要是为自己和艺术。因为诗歌最终的意义和读者，并不是自己能把握的。自己能做的只能是尽量忠实于自己，扩张自己，通过长久的努力养成自己的艺术敏感性，尽量达成自己心中的诗歌艺术律令的要求。

诗人当然是普通人，绝大多数混同在普通人中生活工作。只是多了一些特别的癖好：他有一种内心图景，相信用语言描写世界和表达自我的意义；他有写作的冲动；他会专注地观察，辨认，沉思这世界的图景和内心的感受；他会琢磨语言的奥秘，磨炼自己对语言的敏感。除了极少数诗人属优越阶层，或在内心仍保持着传统诗人自负天才的自我想象；很多诗人都知道自己即普通人，生活在普通人中。但另一方面，诗歌话题并不在普通人的生活中。诗人并不能完全融入普通人的生活，有时候诗歌会显出其异类，将他置于尴尬境地。有个诗人说过一段经历，他在老家很激动地见到三十多年没见过的发小儿，他们边喝边聊。发小儿讲述了自己从考大学到大学毕业到工作到结婚到现在，他的整个经历。这些讲述中他反复提及一条贯穿他整个人生形态的根源动力：他喜欢玩。他刚工作时的快意，他尽情玩乐中领悟到的婚恋观和他家庭暖男的生活。他工作的变动，他错失的一些人生机会，现在的工作状态。在这些讲述中他随处表明自己的生活态度和智慧，自己的人生哲学和境界。他说得自然、诚恳、直接，价值观符合我们生长环境中的亲友们朴素的直觉。诗人很受感动，也想真诚地向发小儿袒露一番自己的经历和感受，但最终只能含糊地说：我喜欢自由，不喜欢被人管，因此我就成了这样。他没法像发小儿那样直接、坦率、真诚地说他的人生之路、他的生活，因为他有一个伟大诗人之梦，他一直想着能写出一首好诗。他觉得自己要这么说，发小儿很可能会愣住，费劲儿地看着他，旁边的乡亲们也会莫名其妙，他会像个大傻瓜。他不想显得与他人不同，脱离群众。不少诗人仍愿意在生活中表现得与众不同，也有一些诗人很长时间羞于让人知道自己写诗，羞于让人读到自己的诗。在普通人群中承认自己是诗人需要勇气——承担自己个性的勇气。诗人之梦中的认真与严肃，在普通人群的谈话场景中会生出一些异样的喜剧感。因此，有些诗人在普通场景，会回避自己的诗人身份，说起来时也是一种自嘲的态度。有一次读茨维塔耶娃的材料时看到引用的歌德《塔索》中的几句诗，给我印象特深。我后来忘了出处，去查过钱春绮译的《塔索》，和记忆中语句的韵味差很大。我记得的是："神让地上的万民／受苦而哑默／唯独让我／歌唱出自己的痛苦。"我知道时代已完全不一样，但关于诗人特别命运的这些诗句让我过目难忘。

崖：一般而言，我们似乎喜欢停留于以人类为中心的写作上，而早在五六十年前，西方就有人开始实践以自然为中心的写作。有评论认为，您是自然诗人，很多诗以自然为中心，在自然写作上可谓独树一帜。面对复杂的人类生存悖论，当代诗人应该如何抒写自然？

雷：我想可能并没有一个统一的"当代诗人应该如何抒写自然"的答案。关键看这个当代诗人他为什么要写自然，在此基础上才好谈论如何写的问题，探索和积累相应的写作方式、写作技艺。以自然风景画为例，法国印象派要画出眼睛所见的光色的真实风景——感官的真实；希施金、列维坦等俄国风景画家要画出歌唱性的自然风景——内心感觉的诗一样优美的自然；塞尚想要画出眼前自然万物本身的存在，具体又抽象，既在具体空间之中同时也在单纯永恒的结构形式中的那种神秘的存在；中国山水画要画出那种人在自然中的精神意境。写自然的诗歌也这样，不同的意图和目标会发展出不同的写法和技艺要求。

我自己之所以写自然，是因为认识、体会到可以通过融入自然而消解自我，从而解除自我存在的痛苦。我成长于存在主义盛行的时代，对自我存在的深刻执着有如隐疾无法治愈。自然是治愈自我的良方。所以，我写自然不是为了抒发自我，而是为了消除自我。通过目光专注的观看，进入自然之中，从而忘掉自我，消解存在之苦。因此我在诗中会专注于对自然的准确的描写。通过发现自然真实的面貌及其结构、戏剧性、神秘性，写出自然本身的那种真实的存在。我写作中的重点，是发现（看到、记住、写下）自然的真实面貌，并为此寻找到一种整体结构。这有点儿不同于那种把自然作为背景来抒发自我的诗，那些诗中常常没有任何真实自然的发现、没有一句自然的描写，全都是自己，突显自己在抒情。各人基于自己与自然不一样的关系会写出不一样的好诗。这种把自然修辞化、自我化的方式当然也能写出好诗，但它们不是我需要的。

我有时候其实很羡慕其他诗人的很多写法，很轻松漂亮，很新奇有感染力。而我的写法很笨拙费劲儿。我是在写完一首这样的诗之后，突然一下子全理解了塞尚的画，他要专注地进入存在本身的奥秘之中。这种消除自我的写法，写出内容具体丰富、形式单纯的自然存在，需要更强烈的自我的投入，更高昂的激情，更艰苦的劳动，这才能始终精神饱满地凝视自然，保持其内容的生机活力和形式的单纯统一。这需要对自然有强烈的积极的热爱，全身心的投入。人的精神一萎靡、内心一软弱就会跌落到自我的深坑里，对自然视而不见，自我伤感就会肆意漫流。福楼拜是去除自我、艰苦写作的典型，成熟期的塞尚是这么去画的典型。那些伟大的自然诗人，陶渊明、谢灵运、王维，都是对人世对生命有着过于强烈的爱而转移到自然之中的（白居易有首写谢灵运的诗专门写到了这点），是内心的火热与激荡造就他们诗中自然的宁静与淡远（如年轻时塞尚扭曲混乱的激情和成熟后坚实的结构的单纯宁静）。没错，内心的动荡至极之后造就诗歌的安宁单纯，像魏尔伦的诗《狱中》。自然其实很单调，很容易让人疲劳厌倦，需要更热烈专注持久的目光，才能发现它的运行与变化，发现其中的丰富性和戏剧性。没有人的内心那种更强烈的生命的热爱和寄托，没有那种热情和活力的光彩和光照，没有那种高妙的语言艺术能力，自然是很单调乏味，缺乏生命气息和灵韵的。事实上，很多人是通过文学艺术而爱上自然，不是面对自然而爱上自然。自然通过艺术显示出其生机与活力。我读完契诃夫的《萨哈林游记》之后，彻底被西伯利亚的自然风景迷住，从各个地方收罗了各种人写西伯利亚的书。这些我费尽心力花了大价钱弄来的书，结果让我极其失望，它们读起来都很乏味。我明白了我其实是被契诃夫笔下的西伯利亚迷住，被契诃夫的目光、心灵、语言艺术下的风景迷住，而不是被那个朝所有人敞开的西伯利亚风景迷住。

因此，把以自然为中心作为以人为中心的写作的对立面和替代者，会面临很多深层问题。人（作者）即使不出现在文字之中，也是那些自然描写背后隐身的上帝，如福楼拜所言，人（作者）是那个世界隐身的创造者。真的去除人之后，自然没什么意义，会陷入空无，写作也就没法进行了。对这个世界，人的目光至关重要，这目光创造并维系这世界的存在。生态思想的核心还是人的存在。没有人作为价值尺度，就无所谓生态。对自然本身来说，洪水泛滥和风沙干旱、冰河时代和地球变暖，完全一样；物种的诞生与消亡，土地的沙漠化和海水的倒灌，没有区别。我们人类，人类文明，唯一的中心只能是人，人是价值的尺度。人必须在自然和历史中扩展自己的认识和意识的限度，但无论如何，自然和历史的概念不能取代人自身的价值。

崔：您描摹自然风景的诗很有画面感，如《山沟》《冬天的树》《街边花园》等集抒情、叙事、杂感、议论于一体，在材料组织能力、结构处理能力、语言控制力等方面与众不同，您写作中受到哪些作家或诗人的影响？

雷：我们之所以成为现在的我们，肯定是受到很多因素的综合作用的影响，一些最重要的决定性的影响可能我们自己都没意识到。就个人诗歌写作所受的影响来说，它包括吸引、困惑、迷失、辨别、确认、验证；它有显有隐，有正有反，有被动有主动，有暂时的有持久的。它有一个成长的过程，从懵懂初醒，被动地接受时代和环境影响，到自我意识逐渐明确，开始自觉地去探索学习，不断反思，选取亲近的诗人或作家的作品深入阅读，意识到自己最关切最重要的问题，建立自己的文学传承史，确立和发展出自己的风格；然后随着年龄和阅历的增长，不断面对新的困惑，寻求新的解决之道。这个过程，会受到各种影响。尤其是我们这一代，习诗的过程，全靠自学，很长时间想看的书都很难找到，碰到什么读什么，完全是误打误撞。这些影响很复杂混乱，清点起来很难准确全面。我习诗的过程大致可分为两个阶段：学习期和成熟期。学习期我被众多的作家吸引过，主要是西方19世纪末到20世纪中期的现代派诗人作家，那种新奇的一时风尚性的人物的著作，都会趋之若鹜地去读。这是一种求新思想，因为此前实在太封闭了。这种求新学习一直持续到20世纪90年代末，直到读到阿什贝利的作品为止。

然后是一个反转，成熟期我最喜欢、觉得最亲近的诗人，大多都是学习期没感觉的诗人。比如弗罗斯特、阿赫马托娃、晚期的帕斯捷尔纳克、毕晓普、希尼。——也许是喜欢上这些诗人后我才走向成熟。他们的共同特点是在诗意和诗艺上都有一种坚实的古典主义的完美。一种清晰、具体的、很踏实的可以摸得着看得清的艺术的完美。一种表达和组织的艺术性。我从古典作家中获得一种超越现代派诗人的坚实结构和坚定意义，一种生动且丰富的明晰。他们强化了我的艺术判断力，有助于我坚定地走自己的路、写自己的诗。我还有一个对诗歌语言艺术和诗歌方法论上的更新，要感谢我的同学席亚兵的影响。他在性情气质和诗歌语言上完全是我的异己者，充满了他自称的滑稽模仿，内在的软弱与伤感被效果极佳的喜剧性语言掩藏。正是这种强烈的差异，让我意识到自己原来的诗歌观念的局限，我原来只认为诗歌是一种意义的表达，对它的艺术性的一面认识不够，以为艺术是随着意义自动达成的。他让我意识到语言艺术自有其自身的艺术律令。这种语言的启发，很难从翻译诗中学到，真的要从地道的母语中开发出的自然而又新奇的喜剧效果中才能意会，才会意识到语言本身的奥妙和通达其中的路径。诗人很容易被悲剧性的崇拜吸引，不容易注意喜剧性效果。悲剧尊崇内心，容易被情感淹没；喜剧追求效果，艺术性最显明。

说到影响，很偶然很宿命也很有趣。人在成长的关键时刻读到一些书，接触到一些人，会让你受到深刻的影响，过了这个阶段，同样的书或人就很难影响到你了。有些影响一旦接受，就很难去除。比如我年轻时受到的存在主义思想的影响。福楼拜、昆德拉和纳博科夫对我的一些文学观念和态度也有影响。如果可以选择，我更愿意接受从起点上就考虑谋生的契诃夫的文学态度和观念的影响，而不是完全不用考虑谋生的完美艺术家福楼拜的影响。同样，在语言风格和思想自律上，我年轻时受过加缪和维特根斯坦的影响，一种崇高庄重、简洁优雅、清晰透彻、逻辑精密的语言和思想方式控制了我，让我苦不堪言，让我一直写不了那种轻松闲聊、愉快灌水的文章。这种放飞自我的快乐，我只能在给为少数朋友写的逗乐文字中享受到。我曾非常遗憾自己成长的关键时期缺乏某种影响，因而没成为幽默的喜剧作家。——为弥补这个缺憾，我会怂恿一些学生学契诃夫，从写喜剧小品、小说入手，先学写段子再学严肃的文学写作。但他们都狐疑地看着我，以为我开玩笑。我真不是开玩笑。但没办法，事实就这样，无数偶然因素让你成了现在的你。说不清是命运注定了你，还是你选择了自己的命运；是这些外部因素影响决定了你，还是你的本性选择了这些影响。有人说除了海子等少数几个诗人之外，中国现当代诗歌对他毫无影响，希望不被误解，这是真实的历史条件限制下的事实。我相信真是这样。我有一个很好玩的例子，村上春树译本在21世纪风行国内之时，我在书店甚至没兴趣去翻他的书，因为20世纪90年代初我读研究生时，我们宿舍一哥们儿有不少村上春树的日文版和英文版的书。我们把《挪威的森林》的英文版当成"小黄书"全都充满热情地快速过了一遍。还有他的其他一些书，模糊而热烈的印象中，村上春树就此成了"小黄书"作家，时间一过，我就再无兴趣。

崖：上面您谈到中国古代诗人和西方诗人均对您自己的思想观念和写作观念产生影响，问一个老生常谈的问题，新诗如何面对中国古典诗歌和西方诗歌两大传统？

雷："新诗如何面对中国古典诗歌和西方诗歌两大传统"，这问题对作为诗人和世界文学与比较文学专业从业人员多年的我来说确实就像那个翻译笑话："怎么是你"（How are you），"怎么老是你"（How old are you）。二三十年来面对这问题，我没感到自己有任何获益。我一直想有机会把它一次性终结掉，但总是不能。

它首先涉及诗歌身份的认定，这种政治身份问题。就这点来说，一个中国诗人，当然首先要站稳中国诗歌传统的立场，然后保持开放态度，兼收并蓄学习西方诗歌传统。这政治正确，纯属太官僚也太无聊的废话。这没什么可说的，但人们一直争论不休。因为它牵扯文化自我问题，牵扯着文化保守和文化激进两个极端：一端认为中国人只能忠诚于中国传统，一端认为新时代要全新的西化。其他的在这两端之间游移。这种争论本身不会有结果，不会有意义上的推进，基本上只能原地踏步。但人们似乎需要这种争论，来宣誓和缓和世界文学时代的现实中文学自我的立场和身份焦虑。

然后，它作为一个客观实际的问题，就这一点来说，我没看到也想象不出一种有意义的解决方案。因为西方诗歌传统和中国诗歌传统，这两个概念只是一种范围（外延），而没有具体确定的内涵。这是一种基于诗歌身份的分类，而不是诗歌内在特征的分类。针对没有具体内涵的空洞概念的讨论，即使得出一些结论，也难有启发性，在实际写作中根本不具有任何可操作性。

针对这个问题，我想说的是，不能把传统视为一种机械的固定的现成的机制。传统如果是有意义有活力的话，它就不仅是过去的，而是仍然在生成的，有待于我们自己一次次去认识和实践，我们现实的创新才能真正激活传统。没有一种有意义有活力的传统内部是单一静止的。没有一种单一固定的中国古代诗歌传统，也没有一种单一固定的西方诗歌传统。中国古典诗歌传统这个大筐内，装满了各种互相冲突的具体的小传统。这种内部的冲突，意味着它不是一个封闭的系统而是开放的、具备各种发展可能性的系统。李白的传统还是杜甫的传统，唐诗传统还是宋诗传统，韩孟诗派传统还是元白诗传统，陶谢王孟传统还是江西派传统，它们常处于水火不相容的斗争中（杜牧的密友李戡常恶元白诗多"纤艳不逞"有害社会风气）。想想白居易的新乐府诗还有他高喊的诗歌口号却恰好是"文章合为时而著，歌诗合为事而作"，这李戡（当然也是杜牧，正是杜牧在给李贺诗集的序言中引用了李戡的话）与他们的矛盾与冲突多么有意思、多么让人深思。这是一个容纳着各种矛盾和千差万别的方向的传统，这种矛盾性、相容性，保证了其活力和各种发展的可能性。同样，西方诗歌传统的大筐内，也是个大杂烩，古希腊罗马诗歌、古典主义诗歌、浪漫主义诗歌、现代主义诗歌，也是相互斗争的；美国现代诗歌、法国现代诗歌和俄国传统诗歌，也差异极大。中西诗歌本质上并非像身份上一样完全异己，它们相互学习也并非完全的异化。比如，古代中国的传统是专制制度，但在这种专制传统中，也蕴含着民主因素，中国接受的西方民主观念并非完全是异己的。一种伟大的文学传统不可能是僵化和僵死的，其内部本身充满各种矛盾和可能性。

因此，这问题能谈的好像只能是基本的态度。作为诗人和从事世界文学教学的从业人员，我抱持无问东西的态度。我最亲近的诗人有中国古代诗人也有西方现代诗人，他们没什么区别。有的诗人觉得他们和一些中国当代诗人差异极大，好像不是一个时代和一个国家的诗人，但我基本上没有那种文化身份焦虑。我知道无论如何，我都是当代中国诗人。我记得川端康成说过，他们年轻时觉得很西化的日本小说，到老了一看，还是很有日本传统的。其实传统本身也是在不停变化的。至于态度问题，我觉得鲁迅的拿来主义早已把它解决了。这种争论本身、反传统本身也属于传统的一部分，是新文化发展的动力。

崔：您选择翻译诗歌的标准是什么，翻译过程有什么感受？哪些外国诗人对您影响较大？有人说中国现代诗是从外国诗演变和引进的，不读外国诗就写不好中国现代诗，您是否认同这样的观点？

雷：选择翻译的标准，就是我自己喜爱的，觉得值得翻译的。我的翻译基本上是基于自己的喜好、自己的学习和教学工作需要，还有一些约稿。翻译过程当然是各种纠结、苦恼和快乐，出版社约稿有出版日期的会尽快完成，自行选择的翻译，会慢慢进行，逐年积累。这么多年来我一直在阅读、翻译和讲授外国诗歌，这是我的喜好也是我的工作。其中阅读、翻译、讲授讨论最多的是毕晓普、弗罗斯特、希尼、卡瓦菲的作品，我想最后能将它们出版，算是多年工作的一个总结。这些我读得多、译得多的作品和我长时间喜爱的诗人，我受其影响但影响多大、影响到哪些方面，已说不太清楚。因为到现阶段，对自己的写作有决定性影响的是自己的生活、自己的认识和意志。他人对我已没什么新方向的影响动能。我读那些自己热爱的经典诗人的诗作，仍会觉得熟悉又惊奇，会振作自己的精神，但只是像多年老友重聚一样的心理陪伴与支持。

中国现代诗确实是受西方诗歌的直接刺激而产生的，但其抱负始终是写出新时代的中国诗歌。不读外国诗就写不好新诗，这种说法，去除其中潜含的论战意气，作为一种客观陈述，我想是可以成立的。因为现在有写诗抱负的人，不可能不读外国诗。现在是全球化，世界文学时代，外国诗就在我们的世界之中我们的视野之内，外国诗已是我们的文化教育和修养非常重要的一部分。某种意义上，中国当代诗是在世界文学的场域内和同时代的外国诗竞争，而不是和中国古代诗歌竞争。

崖：不断听到诟病新诗晦涩、读不懂的声音，对于"当代诗歌阅读何以成为问题"，许多诗歌批评家纷纷寻找解决良策并给出不同的答案，您如何看待创作与读者与批评的关系？

雷：总的来说，遇到读不懂的诗很正常。我自己也会遇到读不懂的诗。比如我一开始读到萧开愚这些诗句："麻雀的黄昏理论可以休矣！/恐龙轻飞的哲学，/必须饶恕90年代的中国人，/他不能崇拜沉默。"我根本不明白"麻雀的黄昏理论"以及"恐龙轻飞的哲学"是什么意思。后来我才明白，这是和后面"他不能崇拜沉默"对应，麻雀黄昏时就是叽叽喳喳叫得最热闹的时候，恐龙已灭绝，恐龙轻飞，完全是不切实的空谈，理论和哲学都是这种抽象的空谈。这些诗句是对20世纪90年代中国知识分子热衷空谈的揶揄性描写和评论。还有，我读到森子的这些诗句，"田野多美，美德其所，/拖拉机像莽汉他表哥。/细翻旧账，盘算麦种，/七个鼻孔出气舒服很多。"我不明白"拖拉机像莽汉他表哥。/细翻旧账"是什么意思——莽汉的表哥和莽汉细翻旧账就像拖拉机翻耕田地？也没法确定"七个鼻孔出气"是什么意思。但我知道他写的就是拖拉机在田野里耕地的情景，把拖拉机比作莽汉他表哥很有意思，尤其是"他表哥"一语，更有意思，读起来让人开心。有一段时间我经常用这句诗和人开玩笑。还有王敖的一些诗我也读不懂，但让人很喜欢（具体例子太长也太复杂，就不列举了）。这种读不懂，有些我们某天再读就明白了，有些持续很久，可能最终还是不明白，但这并不影响我们对他们诗歌的喜爱和尊重。有人这么认真地费尽心思地写一些让你读不懂的诗，是一件多难得的事。

这种读不懂是因为很多诗歌有一些特别的阅读要求，就像它有一些特别的写作要求。要想得到读诗的快乐，需要付出一些努力。诗歌的使命，就是精练语言，挖掘、发现语言的微妙，也即心灵与意识的微妙，是从感知的混沌之中为语言和心灵开辟出新的疆域，诗歌语言的表达是更精微广阔的表达。这种诗会激发读者，挑战读者，让读者需要努力，更新和扩展读者的感知和语言，改变读者的认知方式。好的诗歌，肯定是能带来阅读刺激、挑战性的诗歌。某种意义上，没有任何阅读挑战性的诗，其价值是可疑的，尤其是新诗。一首好诗必须提供一些语言兴奋点，必须有语言上的创新，打破旧有的语言习惯和感受方式。这自然会增加阅读的难度。这没办法，这是诗歌的命。当然，一旦读懂，诗歌阅读的快感自然也远胜其他文体。有人将这种阅读难度视为诗歌的本性和追求目标，马拉美说过，"诗永远应当是一个谜"，"诗写出来原是叫人一点儿一点儿地去猜想"。这种诗歌的难懂，涉及诗歌观念。

  诗歌阅读的困难是一个普遍性问题。人们对待读不懂的新诗和读不懂的古诗的心态差别很大。原因是古代诗歌经历了充分的经典化过程，其权威性和正当性已深入人心，而当代新诗仍处于发生现场的混乱状态，生机勃勃，喧嚣热闹，鱼龙混杂，鱼目混珠，泥沙俱下，远未到水落石出的结果。普通读者对这种混乱自然会不知所措，自负的没耐心的人就会很恼火。这和古代诗歌那种大小诗人井然有序的状态反差极大。正是这种混乱无序，召唤着诗歌评论家的出场。诗歌评论家就是对当代诗歌，做出一些价值评判，提供一些认识角度和评判标准的。在这种评判中，为了具有说服力，使其观念保持逻辑的一致性，和与现实的关联性，使其洞察力得到支持，评论家自然可以借用各种理论，但对评论家来说，最重要的是其判断力，一种个人直觉、个人品味，从鱼龙混杂中辨认出写得最好的诗。评论家最重要的工作，是辨认出当代最好的诗人最好的诗。至于用什么理论去分析什么诗歌中出现的什么时代问题之类，这种学术性的研究，都是次要的。当然评论家做出判断之后，特别需要解释他认为好的诗歌何以为好，好在哪里。这点对普通读者会有很大影响。这种认识的努力、这种判断也经常会出现偏差，这是必然的。好的评论家和好的诗人一样难得。

  我对诗歌难懂的问题有一些切身体会，倒不是作为诗歌评论家（我的诗歌评论范围极其有限，并未涉及当代诗歌的整体视野，只关注到一些自己喜欢的诗人的诗作），而是作为老师，我的工作就是每年面对一拨儿"读不懂"诗（主要是经典的外国诗和古诗）的新学生，尽力帮助他们去"读懂诗"是我的工作。这种重复性工作有时候真的让人感到疲惫，觉得要是能一次性解决就好了。但没办法，这同样的问题会出现在每年新入大学校园的年轻人的心智中，对他们来说这是新问题。这是一个人人都要过一遍，而我要每年都面对的问题。这是一个实践性的、发展中的问题，没法通过理论来一次性解决。我体会到它更多的是一个阅读经验和生命体认问题，而不是理论上的认识问题。这是我在实际的教学中得到的经验。

我曾经总想通过讲道理，把道理讲透，一次性解决这类问题。但我发现，道理讲多了，自己也觉得虚弱和愚蠢；道理讲得再好，也属空洞。最有效的方式，最能说服人的方式，是挑选一些他们读不明白的新诗外国诗，带他们一首一首地去读，让他们真正地读懂原本觉得读不懂的诗，积攒一点儿惊奇的阅读经验。有了这种全新的美妙的阅读经验和体会之后，即使只有一次，很多困惑、怀疑和抱怨也就自然消失了。首先要有这种经验，一些道理才能落到实处，得到理解。不然，讲什么都没用。

诗歌看不懂的问题确实是面向大众的诗歌评论和诗歌教学的最基本的最重要也是最迫切的问题，同时是最难又最容易被忽略的问题。有太多评论、研究和教学都在谈什么风格、主题、思想、意义、社会历史背景关系之类。但我认为应当首先还是要看懂诗，要把其中的逻辑关联、怎么进行的说清楚，把那些看见却不理解的语言背后的逻辑与意图说清楚。当然，这并不能完全消除这种新诗读不懂的抱怨，因为这种抱怨，很多时候是一种情绪表达，而并非理性的认识。读不懂的原因，不外乎两种：要么是读者阅读能力的问题，要么是诗歌文本的问题。理性分析的话，新诗读不懂的问题，多数还是因为阅读经验不足，也就是读得太少。对那种既不懂，又不学习，只是爱抱怨的人，就不用说了，因为说什么都没用。

崖：好诗应该具备哪几个特质或有哪几条标准？为什么好作品在批评家与读者之间却难以达成共识？

雷：好诗其实就一个难以确定的标准，就是读到一首诗后感觉到它好。如果感觉不到它好，体验不到它的好，无论它如何符合什么好诗的标准对你都没意义。在这种综合性的感觉判断、价值确定的事实之后，我们才会解释它何以好，它达到了什么高度。一首诗为什么好，最根本的奥秘我们是无法完全掌握的。如果将这好诗的标准，转为好诗需要具备的一些基本条件，我想倒可能提出一些有效的认识。当然，这意味着即使具备这些条件的诗，也不能肯定就是一首好诗，但不具备这些条件，那肯定就够不上好诗。

不考虑内容（内容太难确定了），就诗歌作为语言艺术形式来说，我觉得好诗得具备两个条件：一是好的语言修辞，二是好的语言结构。好的修辞大家都认可，但什么样的语言结构是好的，差别和争议就极大，这里不展开。结构问题通常被忽视，而为自己的诗找到一种最恰当、最巧妙，通常也是最简单、最富有表现力的语言结构方式，是一个诗人的艺术职责所在，也是其艺术直觉和才能的表现。是否有语言上的自觉性、敏感性，是否在语言上有自己的发现，是否有良好的结构意识，是否在结构上有特别的发明，是衡量他是否是一个诗人的标志线。跨过这条线，就可算一个入行的诗人，谙熟了基本的诗歌专业技艺的诗人。

至于批评家和读者对好诗达不成共识，我想事情本来如此，也该如此。事实上，诗人和诗人也达不成共识，批评家内部的冲突也非常激烈，且不可能消除。读者和读者之间也千差万别。有些共识会在争论中逐渐形成，这是一个经典化过程。但即使对经典诗人、经典作品，各种争议和质疑也仍然会存在且会一直持续下去（最著名的是王安石和苏辙对李白诗的指控）。经典的好诗就是由争议和质疑筛选出来，且经得起历代不断的争议筛选出的诗。我想对于我们正在进行的深入未知之境的精神创造活动来说，自由的争议比共识更有意义。

崖：和一些高产诗人不同，目前只看到您出版诗集《赞颂》，与冷霜、周伟驰合出过一本诗集《蜃景》，显然，您对自己的创作有严苛标准，完成一首诗后经常修改吗？最近有什么创作计划？

雷：各个时期的写作状态自然不一样。年轻时我写得挺多的，几天不写就觉得焦虑。那时候也没啥事，准确地说是遇到什么事都推给将来，对将来有一种盲目的自信，觉得一切都会自动解决，因此总处于无所事事的状态，成天就想着写诗。到2000年前后，我也写得挺多的。这期间，我的写作有一个大的转变，从沉浸自我以抒发自我的室内诗，转向观看生活与自然以描写外部世界的室外诗，由谛听内心而诉说转为外观世界而刻画，由对纯粹精神梦想的幻视转为对真实世界现象的凝视，由呼唤的声音之诗转向描述的造型之诗，可以说是重起炉灶。后来编集子时，把前一种诗基本上都舍弃了。这种转变，也带来写作方式和写作状态的改变。这种转变让我成熟之后，就不再焦虑写多写少了。那个时期，感受丰富、敏感又强烈，头脑里常常充满了各种诗的想法，见到朋友就谈诗，谈起来就滔滔不绝。那个时期，我在心里感觉到有一首诗时，并不急着写出来。我感觉到它就在我的身体里，携带着它四处走动，正常生活。它实实在在就在我身上，像一棵树在我身上成长，只要我一凝神，我觉得感觉到它，触摸到它。我很喜欢这种感觉，心里住着一首诗，让我觉得生命很沉静安宁又极敏感活跃、充实饱满。这种感觉会持续一周甚至十多天不散。然后，我说这是真的了。然后开始写，每天写个半小时或一两个小时，写个五六行或七八行，就停下来。接着往下想。我会持续地一点儿一点儿地想着它，使之清晰具体，变为完全真实的、实体一般的存在。通常在写一首诗时，尤其是写一个地方自然景观时，我会写下好些笔记，包括各种印象材料、结构设想，甚至画一些草图。这样慢慢写出来，就是成品，除了某些字词的斟酌之外，无须再改。

一首诗具体写作的时间其实很短，但从一首诗蓦然出现在你心中被你意识到，到最终写下来会有一段充满变数的时间。这需要凝神专注，需要很长一段时间保持注意力高度集中、感觉灵敏精确。这需要在生活中摒除一切杂念，把眼前的问题都推给未来，对未来的生活和世界充满信心。随着各种社会、生活、工作的问题越来越紧迫，各种忧虑侵扰人心，内心过于动荡，造成精神涣散，再难以保持那种全神贯注，再难以将注意力高度集中于某一事物、深入某一主题，这种写作方式和状态就无法继续了。然后很自然地又坠入早期的那种情绪性写作，被自我裹挟的写作，某种火烧一样的虚无、痛苦、愤懑的抒发性写作。我对这种即兴性的被动式的写作不太信任，对这种太轻易地写出来的东西不太信任。人软弱的时候，会完全受感伤情绪的驱动，深深陷入这种内心的自我情绪之中难以自拔，而诗句就此宣泄而出。这样太个人情绪化的诗，总让我有种失控、失重、对诗歌本身毫无责任感的感觉，并为此感到难堪。所以写完也就不管了，并未计入自己的诗作中，更没想去发表。

当然，诗歌发表对我来说从未成为现实中急迫的事情。因为从开始写诗，我就有正常的职业规划、谋生路径，可以维持最低生活保障。诗歌的发表与否对实际生活没有太大影响，写诗就是一种自我满足的喜好，一种生命意义的寄托（是另一种生活和生命形态），就是对写诗抱有一种绝对的期待和追求，就是感受到某种康德所谓的道德自律一般的艺术自律，就是希望能写出某种挣脱历史条件的局限、在时间的冲刷中独自挺立的诗，超越自己有限生命的不朽之作。这种本质主义的理想如今备受质疑，但我和一些朋友写诗的初心确实本乎于此，且一直如此。这可以简化为一句话，就是想写出自己满意的诗。这种满意落实到个人，就是写出念念不忘的自我存在体验；落实到诗歌本身，就是写出凭诗意和诗艺可能传之后世之作。这是好是坏也难说。我也观察到，这种与生活境况脱钩的超然态度，完全靠自觉而缺乏生活强制性的紧迫压力，很容易失去动力。毕竟在每日生存出路的正向压力之下，人才会以求生本能倾尽全力、博暴富梦想而孤注一掷，从而发挥自己最大的潜力。

我现在考虑最多的是能够写出一种语言，强烈得足以承载当前历史和生活挤压在内心的全部情感压力，能做到"哀而不伤"，既能表达得足够悲哀又不沉陷于感伤。现在最难的是怎么让自己高兴起来，因为写诗对我是一件精神高昂、兴高采烈的事情。最不好处理的还是那个在诗中说话的抒情者，那个我，他的声音、声调，他的语气、语态中潜含的他的形象。2023年我会发表几首诗，因为我们准备出一本新的《相遇》。

崔：从湖南到北京求学，您先学法律后改为文学，北京大学毕业后到河北大学工作，每一次地理迁徙是否都给您心灵带来某种冲击，《平原印象》《在河北大学》等诗中似乎有这样的情感体验。最后聊聊您个人经历对写作的影响，诗歌与生活构成一种什么关系？

雷：确实，我在南方出生成长，到北方求学工作，这种巨大的地理空间和生活习惯的反差对我有持久的影响。我生活中一直有一种异乡之感，心中也一直怀抱着一个家乡。我似乎隐隐感觉，我无法在家乡写诗，如果我要写诗就必须生活在异乡。写一种现实中的异乡诗和内心中的家乡诗。不同的时候，我对此有不同的调适，但总抱着一个未来的还乡梦，对荷尔德林的诗有特别的感动。很多认识都是慢慢才意识到的。2020年秋天，我和在广西师大工作的诗人刘巨文，专门坐七八个小时的长途班车跑到宜州去，因为每次我读《黄庭坚集》，对他在宜州生活和去世的情景印象都特别深刻。在宜州我们见人就问，但没人知道黄庭坚，到了会仙山下，仍无人知道新的山谷祠具体在哪儿。从宜州到柳州的火车上，我想到我们受文字记载的吸引来宜州缅怀黄庭坚，见到了宜州的人们、城市和山水，但结果是这里无人知道他,这里的城市和山水也无任何地方留下他的任何痕迹。他只存在于语言文字之中,我们是在语言文字中领受到他感人的存在。看着夕阳下广西美丽新异的喀斯特地貌风景,想到巨文是北方人却来到南方任教,我却在北方工作,我突然真切地感到,"对于诗人,语言才是存在的家园。"虽然海德格尔的这句话我已知道三十年,但那一刻才在生命中如此真切地体验到。这是对自己家乡的某种幻觉情结消解之后才有的,也是长久生活的异乡感最终导致的结果。这也是在广阔大地上旅行获得的启示,对所见的大地感到亲近,又感到它在快速闪逝,和生命一样。我是个在哪里都会觉得当地风光特别好的人。我觉得宜州啊、柳州啊、永州啊、吴堡啊,这些很少被人关注的地方,都漂亮极了,尤其是那里的河。——铁军曾专门说过我"走在哪里都会发出由衷的赞叹",他还说,我俩在他美国的家的周边森林散步甚至我俩走在长安街上时,我都常脱口而出"真漂亮!"让他觉得很奇怪——这漂移的大地上的风景我全都喜欢。但我最终意识到只有诗歌和语言才是我恒久的栖居之地,是我真正的家园、家乡。因此,我现在觉得自己可以在任何地方生活。

就我的生活和诗歌的关系来说,一方面,显然是我的诗歌决定了我的生活。如果不是一直抱着写诗的梦想,我肯定不会在这里像现在一样从事这样的工作、过着这样的生活。另一方面,很显然又是我的生活决定了我的诗歌。我的诗歌是我生活的一部分。当然这种决定性影响究竟怎样作用,我说不清楚。这种生活的地埋的空间非常重要,我有时忍不住想象生活在另一个城市、另一种地理环境,我写的肯定就是另一种诗了。这相当于想象自己的另一生。我虽然对自己的生活和自己的诗有太多不满,但要我用另一种生活来替换已有的生活和诗,我也会有诸多不舍,不舍那些我在此生此地领受过的诸多生活和诗歌的美好相遇,并因此拒绝这种替换。

崖:听到不少诗人和评论家称赞您是当今最优秀的诗歌教育家之一,培养出一大批优秀诗人并彼此成为志同道合的朋友,你们还出版了自己的诗刊《相遇》。教学工作和诗歌写作于您而言构成一种什么关系?

雷:谢谢这些有独立的判断力又热情慷慨的诗人和评论家。其实知道和读到我们的诗的人并不多。某种意义上我应该算是好老师。我讲的一切都出自我内心，是我切身感受、理解、认定其价值和意义的作家和作品。我讲的一切都源于我的自我探索、自我教育，是我真实的体认，但这算不上通常形态的知识教育。

我当然不敢自认和我有密切交往的那些优秀诗人是我培养出来的。"培养"一词未免太自负，太自以为是，它可能只适用于工具技能的训练和教条思想的灌输。人是靠自己的天性、才华和意志力成为诗人而不是被培养成诗人。其实称他们为我的学生时，我心里都会咯噔一声，用简单一句话介绍时找不到更准确的语言，通常只能说是我们的学生。我们知道大学的老师可分为两类：一是作为学校雇员的老师，基于工作职责，给学生上课，就像其他服务业人员给顾客服务一样；二是真的有思想有认识的老师，学生自主选择（师生双向选择），跟随学习，受到影响，就像中外古代那些著名老师一样。第一种含义的老师，没什么可说的；第二种含义的老师，关系才重要、特别，这样的老师名下的学生才算得上是老师个人名下的亲学生。我坚决不允许他们称我为恩师——我不喜欢"恩"字暗含的单向度关系，同时也因为觉得第二种含义的"老师"一词就已经够可以的了。

我当然给他们上过课，或者说他们确实听过我的课，——他们有些并不是文学院的学生，上的是学校安排的世界文学、中外诗歌和诗学方面的课。大学课堂授课一结束，师生基本上都是零交往。我和他们在课堂上认识，但最主要的是在课后的交往。我当时年轻，工作的地方非常孤寂，特别需要意气相投、可以不停地谈论诗歌的朋友。所以，我是将他们当作朋友交往的，可以聊天、交流、争吵的朋友。现在回想起来，20世纪90年代和21世纪初似乎是特别适合交朋友的时代。当时生活很纯粹，主要就是谈论诗歌。可以说我们交往的基础就是对诗歌的共同喜爱，对一种精神生活的向往。我们一起散步聊天，找书买书，读诗谈诗，一起出游过很多地方，谈论自己读过的书，谈论自己对诗歌的理解和体会，互相传看和评论自己所写的诗。我会说出自己真实的看法，自己学诗的体认，语言啊结构啊，对生活的观察和理解，怎么更准确地表达好自己想要表达的意思，会讨论到各方面的具体细节和观念意识问题。我们有的已交往十多年，有的已交往二十年，有的甚至已交往快三十年了。他们和我其他朋友，尤其是我北大时的同学诗人也都成了朋友。他们不少人都博士毕业在高校任教了。我当然不敢自认培养了他们。

我在课后需要的当然不是教育对象——学生，而是朋友。我没想教育他们，但我一直在教育自己。我生活的主要内容就是想着作为一个诗人不断提高自己。他们可能从和我的交往中学到过一些东西、受到过一些影响，但只是兴之所至的谈话、个人认识的争辩，很随意的生活常态交往。他们完全是读诗多了，受到触动，很自然就开始写起来。我对他们最重要的影响，可能是我作为一个活生生的诗人出现在和他们的接触中，让他们看到诗和诗人就在自己实际的生活中，看到一个诗人想些什么问题，怎么思考、怎么投入学习和写作的，一首诗是怎样写出来的，他们目睹和参与的场景怎样呈现为文字、写成一首诗，从而受到激发与鼓励去将自己的真实生活写成诗。

我的课堂教学有一个很明确的目的，就是唤醒和激发学生对诗歌自主独立的感受、认识和鉴别判断的能力。因此，我基本上都是选读具体的诗歌作品，帮助学生真的体会到一首诗的好，真的理解、真的体会到那种难以言表的美妙，真的让诗歌进入生命之中。这样一首一首诗的阅读体验和经验多了，就会有自己的判断力了。这种生命经验，这种生命感受和艺术判断力至关重要。只有具备这些，才能谈得上其他。只要具备了这些，其他都好说。因此，他们就会自己去寻找、去阅读、去写作、去研究了。课堂时间有限，我只集中精力在这最根本的阅读生命体验的唤醒上，而不是某种琐屑的学术论题。写诗当然可以教，教那些可以教的，让年轻人可以少走一些弯路。教学只能激发和唤醒学生的兴趣和潜力，只能在一些关键要点上给予一些提示。真的能写，能持续深入地写下去，还是取决于自己。老师只是个外因、条件，虽然有时也能起重要作用。

我的写作肯定从这些教学工作中受益了，但肯定也蒙受了这职业的损害，一种腐蚀性的损害。这工作需要确定的教条，否则很多人不适应，没有安全感。这工作需要你去解释、去教导。时间久了，很容易迷失，很容易习惯确定的教条，习惯某种琐屑的学术行话和问题。你会很容易陷入某种确定性的幻觉，某种诗歌理论自负的幻觉，真理在握的幻觉，这种自负会让人变得虚妄，特别愚蠢。一个习惯教导的人令人厌恶。通常，一个好老师和一个好诗人追求的方向是相反的。好老师是替学生解释、解答他们的疑问，好诗人则专注于自己的问题。诗歌是一种专注于自身问题的艺术，它是去除自我解释的，把一切解释和辩护，包含在诗歌本身之中,包含在诗歌的行为和成果之中。诗最好是直接表达,做出自己的见证,而不是对别人论证什么。希尼在哈佛大学任教时,一位资深同事劝诫他别去写那种学术八股。我曾私下劝过两个我很喜欢的年轻诗人说,如果真的想一心一意把诗写好,就不要进高校教书。它在价值观上是反诗歌的。当然,没有任何理想的工作,其实教书本身对我是最理想的,只是非常遗憾现在的大学体制,教书似乎最不重要。

敬文东，1968年12月生于四川剑阁，文学博士，现为中央民族大学文学院教授。著有学术专著《指引与注视》《感叹诗学》《小说与神秘性》等，随笔《写在学术边上》《梦境以北：失败主义者手记》等，小说《网上别墅》，诗集《多次看见》等。曾获唐弢青年文学研究奖等奖项。

新诗必须拥有它的自我意识

——敬文东答诗人崔丽娟

崔丽娟（以下简称崔）：文东教授很高兴有机会访谈您，您曾说过这样一段话："不是说一首诗好懂就是无难度的，也不是说一首诗晦涩就是有难度的。有些看上去很简单、很易懂的诗其实难度很大，因为它处理的问题很多，只是这些问题被才华甚高的诗人悄无声息地消化掉了；有些看起来晦涩的诗，其实简单至极，徒具修辞效应而已，某个人一旦掌握了这套貌似难以掌握的招式，就可随意套用，就可以写出同等程度的晦涩难懂之诗。"是不是可以这样理解：诗是一门手艺，诗人必须具有匠人的耐心、气度和聚精会神才能打造出真正的艺术品。

敬文东（以下简称敬）：新诗之所以能够出现，有理由诞生，原本就是为了应对复杂、难缠的现代经验。一部糊里糊涂的文学史早已表明：这种复杂、难缠的现代经验，非古诗所能表达，旧瓶装新酒乃是一厢情愿之事。古诗的拥护者对此可能持有异议，但这终归是事实。时至今日，该事实已经无须论证。这样说很可能意味着：新诗至少在难度上，非古诗可堪比拟。比如《诗经》《离骚》等，因为古今之变，最多只有训诂学或名物学上的难度；在对诗意的理解上，不存在任何困难。但这一点，并不影响古典汉语诗歌的伟大和辉煌，因为它原本就该是那个样子；古诗几乎是在完美的层面上，完成了或满足了古人的表达欲，记录了古人在万事万物面前精微的灵魂反应。任何艺术都必须要有技术方面的严格训练。古诗新诗在这一点上，不该有性质上的区别，只是各自的技术指标大不相同而已。废名早就说过，古诗是散文的内容，但具有诗的形式；诗的形式加散文的内容，构成了我们伟大的古诗。几年前故去的流沙河认为，赋、比、兴是古诗的修辞基础，一首诗也许可以没有比和兴，但绝对不能没有赋。赋应该更靠近散文这一端。陆机不是早就讲到过吗，"赋体物而浏亮"嘛。废名还说，新诗是散文的形式，但必须得是诗的内容；诗的内容加散文的形式，构成了我们经历太少的新诗。所谓诗的内容，就是这内容不可能用散文转述，不能被散文置换。把古诗翻译成现代散文，没有任何问题，余冠英选译《诗经》、郭沫若译《离骚》，堪称经典例证。也许只有很少的例外，比如将《锦瑟》译成现代散文，至少在我看来有一些难度，但更有不忍心的成分掺杂其间。所谓散文的形式，反倒意味着一个极难完成的任务：每写一首新诗，就得发明一种新的形式；形式永远处于开放而被发明的状态，只要新诗还在继续着它的生命。当然，懒惰的诗人除外。一百年来，一直有人想为新诗寻找某种、某些格式化的形式，以确保对他们而言，新诗的长相看上去确实像是他们心目中期待的那样。唉，这些痴情的人儿们，到底没能弄清楚新诗的门道。

　　总而言之一句话，面对晦涩、不透明的现代经验，新诗必须表达难以被表达的情感（我将这种状况曾经表述为"必达难达之情"）。对于某些诗人来说，也许选择很简单的修辞、发声方式、调性和口吻，就能将"必达难达之情"，也就是新诗最重要的技术指标之一，给很好地克服掉。我在这里愿意挂一漏万，举三个经典例证：卞之琳的《断章》、昌耀的《紫金冠》和宋炜的《登高》（之二）。当然，也可以用非常复杂的修辞方式和言说姿势，解决"必达难达之情"。在这方面做得非常极端的，当数英年早逝的张枣。作为张枣最早和最有力的批评者，钟鸣甚至认为，张枣使用的每一个关键词，都是一次性的；张枣不允许某个重要的词出现第二次时，其语义竟然完全等同于它第一次出现时。发明新的诗歌形式对于张枣来说，就更是苦心孤诣之事，耗费了他无数的心血。这也许能很好地解释，为什么张枣留下来的作品少之又少。但修辞决不可滥用。无论看起来多么具有难度的修辞，一旦成为某个诗人使用起来极为趁手的东西，就一定会走向词生词或词语装置物的境地。新诗史上，这方面的例证实在太多了，以至于到了无须列举的程度。

崖：经您分析和梳理，我理解新诗一个重要任务或作用就是必须要准确地表达难以被表达的情感，语言和形式要美。您在《新诗学案》中对吉狄马加、西川、欧阳江河、宋炜、西渡、杨政、柏桦、冯晏等优秀诗人的个案分析确实可以找到某种具有共性的东西，此外，您觉得好诗还有哪几条标准呢？

敬：很难说有啥共同认可的标准。但有一条，大体上还是可以肯定的，那就是对语言和形式的细心经营。恩斯特·卡西尔认为，艺术给人带来的，不过是对形式的享受而已。这等享受，当然必须依赖诗人和其他艺术家们的殚精竭虑。新诗是现代汉语的产物，但同时现代汉语也是受益者。也就是说，一个好的诗人，必定会对他仰赖的现代汉语有所贡献。您刚才提到的那些诗人，多多少少对现代汉语都有所增益，但他们首先是现代汉语的受造物和受益者。在1840年以后的中国，最先具有现代性的，当然是语言；语言的现代性的产物，当然非现代汉语莫属。这在眼下，已经是不需要证明和论证的常识。在这里，我特别想强调的是：我们今天遭遇到的一切现实，无论好的，还是坏的，无论不好不坏的，还是不那么太好也不那么太坏的，一概导源于表面上不露声色的现代汉语。被运用的现代汉语自身是从不说的，也是从不说现代汉语自身的。但现代汉语目睹了它自身被运用时，产生的一切后果。这个话题太大，但主要是和我们眼下这个对话没有直接关系，要不，暂时按下不表吧？经由现代汉语，中国人才得以渐次进入全球化时代和地球村时代（马歇尔·麦克卢汉语）；经由现代汉语，中国诗人也才能享用"语言转向"带来的全部后果——这个问题，就和我们此刻的对话有关了。

仅就积极的一面来说，作为被现代性包围、浸润的现代人，新诗的写作者必须承认：作为文体的新诗必须拥有它的自我意识。这就是法兰西的天才诗人兰波所谓的"话在说我"，而不是"我在说话"。不言而喻，"话在说我"意味着："话"

对于"我"而言，具有明显的优先性。但明确认识到"话在说我"这个令人诧异的语言现象，即使是在西方，也不过是20世纪的产物——它可以被认作语言转向的产品之一。因此，新诗写作者和古代的作诗者大不一样，古诗的编织者可以主宰古诗这种文体；古诗不过是"言"说古代诗人之"志"的某个器官。古诗作为一种文体，具有强烈的工具论色彩，没有任何自我意识可言。新诗写作者必须和作为文体的新诗商量、博弈、谈判，以便生产出一个双方认可的抒情主人公。抒情主人公是诗人和作为文体的新诗，依照平行四边形法则虚构出来的人物。但这个被虚构的人物非同小可：抒情主人公说出的话，被诗人以书记员的身份记录下来，这就是最后凝结成型的新诗作品，当然，称诗篇也许更恰当。新诗作为一种具有现代性的文体，只为现代中国人所专有。一切优秀的诗人或诗篇，都得建基于将新诗理解为一种现代性的文体之上。很遗憾，假如我多年来的观察没有太大失误，那我就愿意在这里斗胆放言：今天的中国人，当然包括我自己在内，只有比例极小的一些人，可以被称作现代人，诗人作为中国人中极其微不足道的一部分，能够被称作现代人的就更少了；在这更少的人中，您能够寻找到的优秀诗人，必定寥若晨星。这是一个令人难堪的现实，但它是另一个话题，不必在此细说。

崖：有人认为中国新诗在现代性的实践上已经走得很远很前沿了；同时也有人诟病新诗晦涩难懂。对于"当代诗歌阅读何以成为问题"许多批评家纷纷寻找解决良策并给出不同的答案，似乎仍"一厢情愿"。在解决"懂与不懂"方面您有何妙招儿？

敬：我想，大概没有人会为自己弄不懂广义相对论或者麦克斯韦方程组，就去抱怨广义相对论或者麦克斯韦方程组吧。很奇怪的是：为什么有那么多人，因为读不懂现代诗而抱怨现代诗，却不抱怨他自己呢？我很好奇：究竟是谁给了他这样的特权，以至于可以耍这样的小性子？记得很多年前，有一家著名的海外汉学刊物的主编找到我，命我约请张枣吃饭（我早已忘记他找张枣吃饭的目的了）。假如你想，张枣会拒绝一个陌生人的饭局，那你肯定错了。张枣那样的超级吃货，怎么可能拒绝这等好事？再陌生的人也无所谓，再危险的酒局也要参加。酒过三巡，这位主编说，他确实对现代诗感到发怵。现在想来，张枣差不多是以很少见的严肃态度告诉他：读懂现代诗需要专门的训练。张枣的潜台词也许是：这就有如你想懂得广义相对论，需要专门的训练一样，只是方式不同而已。我的看法很简单：对于那些因毫无训练而读不懂现代诗的人，应该采取不予理睬的态度。有些人连自己的老婆甚至连他自己都搞不懂呢，但这归根到底关我们什么事呢。另一方面的实情，却又很残酷：中国的大学的文学院里，懂文学的人原本就很少，教文学不一定懂文学，这就是当今的行情；要想让这些人以其昏昏启人昭昭，岂不是咄咄怪事？奥登回答过某个好事者的提问：写诗的前提到底是什么呢？思想？学问？才情？奥登说，不，不，是对语言的超级敏感。一个人一生中，如果没有一次对某些词语、某些句式有过如遭电击般的感觉，就最好不要接触包括诗在内的任何语言艺术。但这并不意味着写诗、读诗不可以训练。在所有形式的训练中，自我训练最重要；在所有形式的自我训练中，多读、多琢磨、多比较尤为重要——对一个好学者来说，比较才见分晓。如此这般，假以时日，一定会对现代诗有所领会（至于领会多深，那是另一个问题，此处不表）。中国有句老话：书读百遍，其义自见。除此之外，不存在更好的办法。每一个行当都需要天赋。也许某些人对此会怀有疑问：你这不是把话给说满了吗？难道种地也需要天赋？我的回答很简单：假如你是个手无缚鸡之力的人，倒不妨去试试？曾经有一位著名的盗贼说过，好的读书人读书可以过目不忘，好的盗贼对他到过的地方也可以过目不忘。此人讲的就是天赋。说了这么多，我特别想说的其实是：你有这个天赋，就自然会懂现代诗，没有呢，那就永远不会懂。这就像人们说，良心这个东西，你有就有了，没有就永远没有。这真是得道之言！但在此我最想说的是：懂现代诗没什么了不起，不懂现代诗根本也无所谓。依我看，你只要懂得其他技艺用以防身和谋生，就足够了。

崖：我很赞同您的观点，可是依然听到质疑新诗的声音。在新诗遭遇诸多质疑的当下，亟须真正的批评，更需要真正理解批评。作为诗歌研究者、批评家、诗人，您如何看待诗歌创作与诗歌批评的良性互动关系？

敬：创作和批评是两个行当，但都应该是创造。写诗是创造一个全新的世界，批评是面对作品建造的全新世界构建批评的空间。它们的共同主题或对象，是人作为个体和种族在宇宙中的命运。不触及命运的任何文字都不值一提，至少不那么重要。我曾在不同的场合，多次强调过同一个观点：文学批评固然需要解读各种优秀的文学文本，但为的是建构批评家自己的理论体系；而文学批评的终极旨归，乃是思考人作为个体在时间和空间中的地位，以及人类作为种群在宇宙中的命运。打一开始，我理解的文学批评就具有神学或宗教的特性；不思考人类命运的文学批评是软弱的、无效的，也是没有骨头的。它注定缺乏远见，枯燥、乏味，没有激情，更没有起码的担当。我当然不会错误地认为文学批评家居然可以是牧师，也不会浅薄地将批评家认作神父。事实上，他们只是一群喜欢思索、乐于思索的人而已。他们更愿意从形而上的角度关心人、关注人和观察人，但他们首先是观察人如何被诗人所表达，人的命运在何种程度上具有何种宽广的可能性。在此基础上，批评家乐于在战战兢兢中，怀着忐忑不安的心情，做出极为谨慎的预言。他们愿意报告人类未来的消息。他们愿意为此负责，并成为风向标。我马上想说的是：难道这样的任务不同样属于诗歌写作吗？就这个意义而言，我当然可以说：批评家也可以是诗人，是另一种创作者。诗人亲自上阵进行批评工作，其实是很正常的事情，说不上是对批评的不满，就像批评家写诗，说不上是对诗歌或诗人的不满。历史上，优秀诗人兼作批评，做得好的人不少，但优秀批评家兼作诗人，做得好的人却不那么多。不过，这并不重要，只要他们对命运有很好的研究、考察和思索，就算履行了他们的职责。

崔：新诗之所以被诟病"读不懂"是不是还与它的诞生有关？有一种观点认为中国现代诗是从外国诗歌演变和引进的，甚至有人说不读外国诗，很难写出具有现代性的诗歌。诗人如何处理翻译体与母语写作的关系，对应的正是新诗如何面对西方现代诗和中国古典诗歌两大传统。

敬：翻译体自然有它的问题，但我们必须承认，现代汉语的来源之一，就是以翻译体为桥梁。我们不能过河拆桥或忘恩负义。早在20世纪40年代，郭绍虞在《新诗的前途》一文中就这样说起过，新诗中原不妨使之欧化，但必须先有运用母舌的能力，必须对于国情先有相当的认识。欧化而不破坏母舌的流利，欧化而不使读者感觉到是否中国的背景，那也是成功。郭氏的断言相当精辟，但首先是它秉持和具有的客观性。《马氏文通》是现代汉语的第一部语法著作，它主要是仿照英文的语法来构建汉语的语法。不管现在的学者对此有怎样的批判和反思，事实上，它在很大的程度上形塑了现代汉语的全部腰身。我把这个过程理解为：味觉化的汉语演变为视觉化的汉语。每一个中国人都知道神农尝百草的故事，这个故事意味着：中国古人是以尝的方式认识世界，古人使用的汉语以舌头（亦即味觉）为中心。英语或拉丁语系建立在视觉的基础上，现代汉语因此更主要是视觉化的，是分析性的。它远观万物，不再与事物零距离相接触。古诗和新诗因此展开的是两个非常不同的故事。视觉化的汉语为新诗条分缕析复杂的现代经验，提供了很好的基础。如果说，古诗是直观性地有所看，并且把看到的东西写下来就可以了；那么，新诗不仅要有所看，还要看见正在发生的这个有所看（可以简称为看一看）。现代汉语为看一看提供了基础。古诗的精确是整体氛围上的精确，所谓身临其境或情景交融；新诗的精确是分析性层面上的精确：是每一个细节上的精确。细节是分析的产物。

这个问题很重要，不妨稍微扯得远一点儿。《红楼梦》第三回如此描写林黛玉："两弯似蹙非蹙笼烟眉，一双似喜非喜含情目。态生两靥之愁，娇袭一身之病。泪光点点，娇喘微微。闲静似姣花照水，行动如弱柳扶风。心较比干多一窍，病如西子胜三分。"这种描写是氛围性和情景交融性的，是意会而非实写，是从感觉的角度进行的描写，《红楼梦》作者使用汉语很擅长也很乐于实施这样的言语行为。但老舍对此有诚恳的批评：这段形容犯了两个毛病：第一，是用诗语破坏了描写的能力。念起来确有些诗意，但是到底有肯定的描写没有？在诗中，像"泪光点点"，与"闲静似姣花照水"一路的句子是有效力的，因为诗中可以抽出一时间的印象为长时间的形容：有的时候她泪光点点，便可以用之来表现她一生的状态。在小说中，这种办法似欠妥当，因为我们要真实的表现，便非从一个人的各方面与各种情态下表现不可。她没有不泪光点点的时候吗？她没有闹气而不闲静的时候吗？第二，这一段全是修辞，未能由现成的言语中找出恰能形容黛玉的字来。一个字只有一个形容词，我们应再给补充上：找不到这个形容词便不用也好。假若不适当的形容词应当省去，比喻就更不用说了。没有比一个精到的比喻更能给予深刻的印象的，也没有比一个可有可无的比喻更累赘的。我们不要去费力而不讨好。老舍的批评当然有道理,但他是以现代汉语的分析性,去检讨古人使用的汉语所擅长的抒情性,让人不免心生一种搭错车的感觉。

翻译过来的各国——尤其是欧美——的诗歌作品,当然是新诗写作的重要参照,是诗人和批评家的营养之一。新诗固然用现代汉语,但现代汉语毕竟还是汉语,这就保证了新诗并不会完全自绝于古诗。传统不是遗物,而是遗产。对于中国人来说,汉语和汉字无疑就是最为重要的遗产。至于如何将古诗的精神化入新诗,是每一个诗人的任务。就我的观察而言,也许钟鸣、张枣、宋炜、西渡、蒋浩等人取得的成绩,应当引起足够的重视。

崔:网络时代既给诗歌发展带来机遇也带来困扰,微博、微信、各类公众号平台扮演着公民诗歌训练场的角色,这对诗歌的健康发展是否有助推作用?好诗有可能会在看似一派繁荣的网络诗歌中诞生吗?

敬:诗是一项古老的艺术,几千年来,没有听说过因为出现了某种新媒介,就让诗更繁荣,或者就让诗的整体质量得到大幅度的提升。网络新媒介肯定会给诗带来前所未有的热闹,这些热闹都是看得见、摸得着的,它就在我们眼前。至于网络新媒介是否会给诗带来更多的读者或听众,尤其是高质量的读者或听众,我有理由持怀疑的态度。诗应该和安静联系在一起,诗也许永远都是献给无限的少数人的东西。它的繁荣与否,和媒介没有多少像样的关系,顶多和诗的传播有些关联。

崔:您长期在高校进行诗歌教学和研究,本人也写作诗歌、小说、随笔,有丰富在场写作经验,著作等身,桃李满天下。您的学生曹梦琰写的《我的导师敬文东先生》一文,读来妙趣横生。您的学生中颜炼军、张光昕、王辰龙、杨碧薇等都才华横溢,十分优秀,正在跟您读书的张媛媛、王婕妤、夏至等也已崭露头角。您在课堂上如何教授写作与欣赏并教学相长?有什么教学经验分享?

敬:如果他们真的很优秀,那主要是他们自己聪明、努力,最多是我和他们相互学习、彼此勉励的结果。我推崇这样的师生关系:我和他们经常一起喝酒(我喜欢喝酒哦),在酒桌上其乐融融时,不谈其他的八卦一类东西,主要谈读书、写作；互相推荐书籍，或者在酒桌上直接评价自己正在读的书。凡是我们有新作，必定相互交流。这等情形，有一种古人所说的"从某某游"的读书氛围，多多少少有点儿私塾性质吧。这是我推崇的方式，既能收获学识，也能收获友谊。

崖：有人认为诗歌是灵感的产物，写诗究竟是以理论指导创作还是创作跟着感觉（灵感）走就可以了，依您之见，写好诗有窍门可以教、可以学吗？

敬：虽然我的职业是教师，但这只是我的谋生手段。实际上，我对好为人师确实兴趣不大。这个问题，我就不回答了吧。

崖：您好像自谦地说过这样的话："当发现自己再怎么努力也成为不了好诗人时，最终放弃了做诗人的梦想。"您的新诗集《多次看见》反响不俗，当然，与写诗相比，诗歌研究和批评确实占用了您更多的时间和精力。据了解，您对历史、小说、文化思想史及鲁迅也都有研究，您还放弃了做物理学家的梦，是这样吗？

敬：实在抱歉，我个人的事情没必要在此叙说。如您所知，我是一个很普通的学徒。我发誓，我愿意成为一个终身的学徒。实际上，这个学徒不过是喜欢读读写写而已。

崖：对于优秀的诗歌批评家来说写诗是否是必要的呢？您的诗歌写作曾停笔多年，重新拾笔创作的契机是什么？从诗集《多次看见》可以发现一些您较为偏爱的意象"山楂""房间""酒"（对，您上面说过喜欢和学生们喝酒），这些意象背后是否有什么特别的含义或故事？比起批评文字坚硬如铁，铿锵有力，您觉得自己的诗歌是否展现出不为人知更柔情的一面呢？

敬：您锲而不舍，不想放过我，是吧？那我就恭敬不如从命。我们这些20世纪80年代中后期上大学的人，没有喜欢过文学的可能没几个。我一方面是从俗，确实阅读了古今中外不少文学作品；另一方面，也是因为从初中一年级开始，就喜欢胡诌一些所谓的诗句。想当诗人，在20世纪80年代是再普通不过的事情，实在没什么稀奇。批评家是否写诗，原本不是问题。写诗和批评确实是两个很不相同的行当，但如果某个批评家偶尔写诗，也不是什么坏事情，更不是什么大事情。比如，我认为作为批评家的陈超、耿占春、张桃洲等人写下的诗，完全可以和职业诗人相媲美。但职业诗人写下的诗，都一定是顶呱呱的诗吗？这是很值得怀疑的事情。我自忖，我从 2019 年开始重新写诗也没什么契机，不过是觉得有了一点儿诗兴而已，何况从那时到现在，也不过写了十七首，而且质量参差不齐。至于您说的"山楂""房间""酒"这些意象的背后，也没什么故事。我反复回忆之后还是觉得，我应该是个没啥故事可言的人。和批评文字的面相多样很相似，诗歌也该有无数种面相；您所说的"不为人知更柔情的一面"，也只能是无数种面相中的一种吧？也许还不是多么具有代表性的那一种呢。您尽可以认为，以这等语气和态度回答您的提问，确实有些生硬。但我的回答，确实愿意距离诚恳、诚实以及事情的真相更近一些。如此而已。

朱朱

朱朱，1969年9月生。诗人、策展人、艺术评论家。著有诗集《我身上的海：朱朱诗选》《皮箱》《五大道的冬天》等。曾获安高诗歌奖、中国当代艺术奖评论奖等奖项。

一再地，终点往前流去
——朱朱答诗人崔丽娟

崔丽娟（以下简称崔）：朱朱老师，您好。自从我开始做诗人访谈就从不同渠道收到诗人朋友们的建议，诗人朱朱你是一定要访谈他的。可见您是一位很有影响力和代表性的诗人。我们先从一个宏观问题开始：好诗的标准有哪些？谈谈您对新诗的认识，初学者常犯的写作错误应该如何规避？

朱朱（以下简称朱）：好诗的标准像一个看不见的球心从来没有变过，变化的是各种不同的球面。新诗看似允诺了更多的自由，但也带来了更多的无所适从，你需要为每一首诗找到一个特殊的甚至专属于它的形式感。也许是面对一个黑洞时产生的心理防御，最近十多年来我陷入了某种强迫症，大多数的诗都保持各段落的行数均等，只有极少数例外。

有一些评论家朋友，譬如江弱水和李章斌，探讨了新诗的韵律和音乐性。我有一首短诗《寄北》，在江弱水的建议下，去除了一个并不必需的字之后，通篇暗合了五韵步素体诗的汉语形式，这件事让我很惊讶，它也许说明了：我们可以凭借自己的本能和内在听觉印证什么，但合于韵律之道未必就意味着是一首好诗。

太多的诗歌以为自己是蚌壳孕育出的珍珠，其实只是泥沙般的情绪释放或排泄。对于每个写作的人而言，犯错的过程是无法省略的。博尔赫斯说，他犯过一个写作者会犯的所有错误。至于我，每天都还在犯错。写诗不靠肌肉记忆，一个普遍适用的经验是：对经典的阅读或他人的建议固然重要，但只有自己真的意识到需要改变的时候，一个人才会做出改变。

崖：您大学时期就开始诗歌创作，能否介绍 20 世纪 80 年代大学校园诗歌活动情况，还记得在哪里发表的第一首诗吗？诗歌在哪些方面改变了您？

朱：记得当时上海的高校中，最活跃的是复旦大学和华东师范大学的两个诗社，地理位置上一东一西，我入学的时候，华东政法学院并没有诗社，但有一些喜欢写诗的学生，我和好友谈勇一起创办了一个诗社，每隔一段时间都会出一本油印的合集。

我们的大学邻近华东师范大学，日常的交往自然更多一些，我也曾去旁听过宋琳的诗歌课，当时还没有真的认识他，在课堂上他用迷人的催眠语调，进行着现代主义的启蒙。华东师范大学的大门口有一家小酒馆，他们的诗社有时会请我们吃饭，吃到没了酒又没了钱的份儿上，有人叫一声"干爹"，于是酒馆老板就笑嘻嘻地出现了，然后，啤酒就成箱地跟来了。

大约三年级时，我和陈东东、宋琳才算真的认识，并且一直交往至今。和陈东东的相识要略早一点儿，关于写作他同样说过一些让我受益的话，在最近写给他的赠诗里，我这样写道："我们之间从不是雄辩的氛围，／耳语般的溪流进到心扉，／有些已是地板下干涸的电池，／有些汇成瀑布，至今声若雷霆。"

我第一次发表诗应该是在安徽的《诗歌报》。在大学时自己也油印过几本小册子，似乎是一年一本，这习惯在毕业后也持续了不少年；在早期的那些习作里，《扬州郊外的黄昏》的完成度似乎还不错。

我愿意将 20 世纪 80 年代称之为"最近的故乡"，也曾对此怀有浓烈的乡愁，我的《旧上海》《重新变得陌生的城市》都与之相关，然而，随着时间的推移，我意识到那个年代值得反思的东西更多。至于诗歌，给予我的其实是一种内在的独立人格，无论处在哪种现实环境里，我都有恒定的一面。

崔：您写诗几十年了是否感觉疲惫和厌倦，让您坚持下来的动力和理由是什么？

朱：我没有坚持过什么，写诗近于本能，几乎像呼吸那么必需，一天之中，如果不和诗歌发生一点儿联系，我会觉得自己虚度了时光，尽管在书桌边想上一个上午，可能连一个字也写不出，甚至只是删除了昨天写下的一行。诗不是写出来的，而是你需要和它们生活在一起，经过一段或长或短的时间的相处，它们才肯向你显露最真实的模样。

有时候，我也会厌倦一切，甚至想起这颗星球早晚都要毁灭，意识到这一点，对写作也不是坏事。

崔：您的成绩有目共睹，评价您的诗歌，组诗《清河县》是绕不过的作品，在《清河县》里您写人性，也写性，怎么想起要以此为创作题材的？

朱：当时我试图以此传达人性的相对性和复杂性。如果一个人有足够的能力，就可以通过性折射出人性或世界的全部，但这是无法做到的，所以性这个主题始终被不同年代的作者书写着。

崔：很多读者对现代诗的隐喻感觉晦涩难懂，主观意象太多是否对读者构成阅读障碍？作为诗人，您为谁写作？

朱：写作不是炫技，不是一场关于难度的竞赛，但诗本身就是困难的，关系到速度，穿越事物的速度，也关系到准确，蕴含多义的准确。

我不揣摩，更不低估读者的智商，有时候，我有意识地为自己设置障碍，以免写作惯性的衍生，譬如在写作《旱船》之前，我就决定不用一个明喻。更多的时候，难度意味着为具体的主题找到合适的表现形式，譬如我之前的两首诗，采用通篇提问的句式更吻合《曼德斯塔姆的一首诗》的主题，而在《夏尔巴》那首诗中，我迫使自己采取短促的句式，以对应那种在雪线之上攀缘的心跳。

我为诗这样一种既有的传统而写作，我希望自己能和同代人一起真正地延续它，在《过灵岩寺》里，我写道："一再地，终点往前流去。"

崖：在诗歌不断被边缘化的语境下，诗人何为？当代语境是否某种程度导致了诗歌对现实生活的无力呈现？

朱：也许我孤陋寡闻，不记得人类的历史上，有谁因为诗人的身份高踞于权力的核心，或者有哪一首诗决定了关键时刻的社会走向，边缘或许意味着更多的精神空间……不过，在今天，也许是诗人们自己萎缩了，退出了，变得没有能力回应当代的问题，蜷缩在一个抱团取暖的小圈子里。

崖：我读过批评家张桃洲编的《寻找话语的森林：朱朱研究集》，很多批评家都评论过您的诗，诗歌创作与诗歌批评是一种什么关系，您从中收获了什么？

朱：关于我最早的评论，应该就是张桃洲写的那篇《寻找话语的森林》，当时他还在南京大学担任教职，我们在一起度过了不少快乐的时光。书中有一些作者我从未谋面，譬如年轻一代中的赖彧煌，他的那篇文章写得妙趣横生，可惜他早逝了。

对我来说，获得来自评论的深切理解，当然是很大的安慰，譬如我读姜涛的那篇文章时，就在想：精妙的倾听，智识与感性在他那里并存。还有一些后来写出来的好文章没有被收录进来，譬如麦芒的《无人赋予使命》，李章斌的《成为他人》等。

马小盐关于《清河县》第一部的"环型剧场"论，为我写作《清河县》第二部带来过启示，这是批评在切实地影响我的创作。

崖：身兼诗人、艺术策展人，两个身份之间的张力构成在您这儿是相互启发、相互促进、相互提升的关系吗？

朱：开始时，两个身份之间的龃龉不少，时间和精力的分配、知识系统的调整、个人习惯的改变等，譬如过去我只能在自己的书房里写诗，后来，等到我也能在上午时分的旅馆里写诗时，情况就开始好转了。

现在看来，从事策展，尤其是写作艺术评论，让我有机会深入到他人的思维方式之中，帮助我在某种程度上缓解了诗人身上的两种常见病：一半是高士、一半是怨妇式的自我中心主义，遗老式的文化优越感。

崔： 您先后出版过法文版诗集《青烟》和英文版诗集《野长城》，在中外诗歌交流活动中获得哪些启发，创作中会受潮流的影响吗？

朱： 没有什么潮流等着我去汇合，更多的意味着我得以置身在异域，以一个观光客的身份观察着那里的"好天气"。出版《青烟》的收获，是我被邀请去了出版社所在的城市拉罗谢尔，回来之后以那里为原型写出了《小城》这首诗。当时，出版社安排在大西洋沿岸的一些小城镇做了几场朗诵，有一座小镇为我们举办了隆重的晚宴，但是镇长迟到了，他来了之后一个劲儿地道歉，原来他是为一头母牛接生去了，在日常的工作中，他交替担任镇长和兽医这两个角色。

受限于语言能力，我对西方诗歌的了解绝大部分仍然来自中译本。对于国外的同行，我近年的记忆里倒是有一些零星的片段：在一次互译活动上我邂逅了安妮柯·布拉辛哈，荷兰的一位女诗人，我为她的那首诗激动过，《蒲福风级表中的贝多芬》起势平缓，然后旋律一浪高过一浪，结尾臻于一种近乎抽象的虚无。此外，德国的杨·瓦格纳应该是一个极其用功的诗人，2019 年我们一起受邀参加了鹿特丹诗歌节，有一天清晨，在旅馆门前，他一边观察着草地上的鸟群一边记着什么，好像画家在写生，后来，那些鸟厮打起来了，不知道是否干扰或改变了他的思路。

崔： 您关注"90 后""00 后"年轻诗人的创作吗？如何评价他们？有什么建议？

朱： 属于他们的时代正在到来，最近两三年，我和"80 后""90 后"之中的几位渐渐有了一些日常的交流，虽然读他们的作品并不多，但他们的修养、趣味和判断力都显得可靠，只要有闲暇的时间，我很愿意彼此以朋友的方式一起谈论诗歌，分享写作的进展；在我的同代人那里，这种激情变淡了，话题开始变成无休止的怀旧之类……

时间确实过得很快，我也到了给别人提建议的年龄了，那就"修辞立其诚"吧。

周伟驰,1969年10月生于湖南常德,现为中国社会科学院世界宗教研究所研究员。著有诗集《周伟驰诗选》《避雷针让闪电从身上经过》等,翻译诗集《沃伦诗选》《梅利尔诗选》等,诗论集《旅人的良夜》《小回答》。

诗是一种复写

——周伟驰答诗人崔丽娟

崔丽娟(以下简称崔):周伟驰老师您在《我的星座》一诗中有句话"我醉心于三门手艺:宗教、哲学、诗歌"让人印象深刻。对此,诗人、批评家西渡在《读诗记》里有独到精准的评论,我不再赘述。学者、诗人、译者,您最看重哪一个身份?

周伟驰(以下简称周):我要先感谢西渡的评论,他对"手艺"一词也曾经有过诗作和评论,这些年来这个词像金币上的头像一样在不同的手上流转,其形象有所磨损,不过不妨碍我在这里多说几句。年轻时总觉得自己有很多可能性,现在,我觉得这辈子能把一件事做好就不错了。写《我的星座》时,我大概还认为自己有一点儿可能性,因此效仿海子"三次受难""三种幸福"写了"三门手艺",但实际上,今天还在持续做的只是作为职业的宗教学罢了。哲学需要游戏范畴、编织词网、严密逻辑,不是泡在咖啡馆里凭借词语联想就能写出来的小品文。诗歌偶尔还在写,但要看机缘,我也并不勉强自己。

至于"身份",庄子说得好,"无为名尸,无为谋府",照我的理解,人是活生生的,不要被诗人、学者、译者这三个"名尸"框定了。我将它们视为流动的行为,而不是静止的定义。创造力衰弱时,做翻译可以调节神经,刺激精神,节制涣散。情感兴发时,可以写诗,顺境写顺诗,逆境写逆诗,悲欣交集,随物赋形。至于学术,是一种按部就班的工作,看到新材料,反驳旧观点,逐渐就摆出一些"成见"。至于"成果",那仅仅是活动显化的"痕迹"。至于"成就"如何,有无影响,我们自己宛如身在庐山中,不得而知。

相对来说,我还是喜欢写诗,完全抛却烦恼,沉浸于词语游戏。前几天见到一位曾经写诗的朋友,他也是这样想:只要有两三个月完整的时间,不用为琐事操心,就能写出好东西来。可是生活就是这么琐碎,多少人的诗人梦在里面破碎。我只看到过两三位诗人,能够抛弃一切,完全献身于诗,真正做到了"纯粹",令我肃然起敬。与他们相比,我只是一个业余诗人,我要关心的事情太多了,生活中的坛坛罐罐太多了。

崖:接下来问一个诗学层面的问题,如果新诗"当代性"算是一个诗学概念的话,您怎么理解"当代性"?诗歌与现实是什么关系,它们之间有没有一个恰当的契合点衔接?您对当今诗坛现状如何研判?

周:诗歌与现实可以有多种关系,一种关系就是完全没有关系。那种完全凭想象而出的诗,它跟现实的关系就像纯粹数学跟物理学的关系,先存在于想象中,后来才出现在实验室里。我们受反映论的毒太深了,所以老要它们发生关系。"诗圣"杜甫和"诗仙"李白都有存在的价值,诗歌的水平不是根据"当代性""现代性""现实关联度"来衡量,它可能还有很多别的标准。你完全可以像博尔赫斯那样无关现实,只关玄想。

大部分读者只关心跟他的生活密切相关的诗,如果写了当代生活中的烦恼,写出了我们的心声,便更可能引起我们的"共鸣",成为传诵"一时"的"名篇"。但这并不能排除一些奇想联翩、与我们的生活几不相干的诗。我认为曾经存在过这样的诗,将来也还会有这样的诗,而且是非常好的诗。但这是诗歌的"窄路",就让小部分诗人在那里活动吧。

对于诗坛,我无法预见到其趋势。就我看到的一些青年诗人来说,我觉得"各写各",不"合流",多元就好。我有这样一种感觉,就如神学在中世纪达到巅峰,旧体诗在唐宋达到顶峰,电报和收音机的使用在20世纪达到峰值,当代则是电脑、网络和手机的时代,随着时代的变迁,人类热衷的游戏本身也在存亡兴衰。虽然诗歌、神学、哲学会以不同的形式长久存在,但我相信会有巨大的断裂或低谷,因为所谓的"时代精神"会如灵魂轮回到不同的身体那样,以更新颖的形式而不再是诗歌、神学、哲学表现出来。这几门技艺成了巨大的遗存,当代精神生活留给诗歌的空间已经不多。但这不排除在这个不大的空间里面,出现晚熟而集大成的诗人,成为废墟上的花朵。时间对于后来者总是有利的,只要他能集中注意力,全力以赴。

崖:现代诗是从外国诗演变和引进的,并没有什么优势,您认同这样的观点吗?新诗从西方现代诗中吸取到哪些营养?作为译者您在翻译西方诗歌过程中有什么感受,如何做到"信、达、雅"?

周:不能说中国现代诗没有什么优势。现代诗运动是一种波浪状的运动,后浪有时也反推前浪,时间有先后,影响有大小,但不能说英语诗歌受到了法国诗歌影响,俄国诗歌受到了德国诗歌影响,后者就没有优势,说不定反而有"后发优势"呢!俗话说,"文无第一,武无第二",有时主题、题材、风格、个性很难比高下,只能以特色和贡献而论。诗歌与语言关系密切,我们很难说某种语言就比不上另一种语言,某种语言的诗歌不如另一种语言的诗歌,只能就每种语言自身内部的各个不同的诗人的情况来作判断。象征主义诚然发源于法国,但是很难说德国的、俄国的象征就不如法国吧?至于语言之美,我们怎么能否认德语或俄语就没有它自身的美,说它不如法语美呢?只是看它的诗人是如何最大限度地呈现它的美罢了。

古代汉语多为短句,描述多,散点透视。西方语言总是离不了"是"(判断),定状补,长句较多,语序也有差异,如果严格按照西方语言来翻译,自然会造成欧化句或翻译体。在晚清传教士中文中,可以发现浅文理的句子也是越来越长,双字词变多了。对比今天的汉语跟明清汉语,变化是显著的。

新诗的发生,跟语言观念的转变有关。口语或白话一直存在,《朱子语录》

《红楼梦》以及说书、戏文,已非典雅文言文。晚清时,一些传教士在中国办学校,把新教国家的现代语文观念带过来,教学生用口语写作。19世纪60年代,山东狄考文学校学生所写的文章,如果不注明作者年代,跟今天学生所写的白话文没多大区别。到黄遵宪"我手写我口",口语提上了日程,但黄遵宪还是要五言、七言,要押韵,还是有旧诗词的形式。到新文化运动,自由诗了,不押韵了,放脚了,最终目的是什么呢?我的观点是,新诗的最终目的就是要把日常口语的"味道"写出来,如果它没有"韵味",那也要把它的"味道"发明出来。这个"味道"是可以体会到的。口语或白话可以表达旧的思想,更可以表达新的思想。在这个过程中,新诗向先行一步的欧美学习。无韵体诗、素体诗、自由诗,重在语气而非音步和韵律的诗,新诗学得更多一些。

在当代翻译中,各种策略、风格都有,归化也好,欧化也罢,我觉得只要效果好,就都是可以的,并没有一定之规。就好的翻译诗歌来说,原诗和译者是一种"双向成就"。比如,戴望舒翻译的几位诗人的作品,如洛尔卡、耶麦、魏尔伦、果尔蒙、保尔福尔的作品,都达成了这种最好的效果。我曾经有文章分析过戴望舒自己的创作跟他的翻译之间的互动关系。我觉得戴望舒的翻译与创作都集中地体现出了白话的味道,这味道是文言文做不出来的。连现代语文所建立起来的标点符号都是文言文所没有的,都能够传达出一种口语结晶体的味道。

在民国时期的诗人翻译家中,戴望舒、梁宗岱、冯至是比较突出的。在那时,白话文运动刚从文言文"放脚",还存在着许多种可能性,翻译更是如此。后来,随着词典、政治、社会的一致化,许多可能性丧失了,固定的"对译"出现了,准确性提高了,但是灵活性和活泼度减少了,译文的"板化"出现了。在当代诗歌翻译中,这种现象比较严重。我自己的翻译,总是苦于词语贫乏,虽然竭力在语气、语态上传达一点儿感觉,但是大多数是不能令自己满意的。

信、达、雅,这是严复提出的老旧的翻译标准了,不一定符合今天的实际。我觉得信当然是第一,但是如果原文是"质朴的",译文就不必雅,那样就"伪"了。诗歌翻译中,那种感觉、口吻、语气、语态、暧昧和感性,有时可能反而是最重要的。

崖:时有听到读者诟病现代诗隐喻晦涩难懂,如果读者只与自己心灵亲近的文学作品产生共鸣，这种诟病会不会导致原本已经小众的诗歌读者不断流失？写作本是作者与世界的对话，提高"写作难度"与降低"阅读难度"可否达成一致？

周：由于"前三十年"新诗的民歌化和大众化，20世纪80年代开始有个反弹，就是为无限少的人写作，甚至只为自己写作，这样可能导致远离了普通的读者。对这个我倒是觉得无所谓。看你写诗是追求什么了。"为己"更真实，更自我，率性而写，"为人"要考虑的太多，放不下。但这只是写作的主观意图，客观效果可能相反。焉知"为己"的不更为人们所喜欢呢？所以写作的后果是不可预测的。一个人奔着畅销书的目的去写作，很可能反而写成了滞销书。我觉得诗歌写作是一种冒险，也许一个人一辈子就虚耗在毫无意义的写作上了，也许有意义但是没有人能认识到你写的有意义，因此，一个诗人一开始就应该搞明白，我的这些东西有必要写吗？我有读者固然好，有人喜爱固然好，没有读者、没人喜爱，也无所谓。我留下的只是存在呼吸的痕迹而已。

"写作难度"是一个含糊的词，可以分几种情况。比如修辞的复杂、意象的繁密、内容的个人索引过多、太多或故意的省略、道理的深奥等，我倒是觉得只要是语言，就是人类思想交往的工具，就是可分析的，最终没有什么是难的。包括那些故意写得语意晦涩但其实没什么内涵的诗，我们完全可以把它分析得体无完肤，将其内在的空虚刨个一清二楚。《约翰福音》是四福音书里句法最简单的，词汇量最少的，但是它反而是最难的，它是思想象征上的难，但即使是这种难，也是可以分析出来的。由于读者是无限的，各种情况都有，因此，不能以含糊的"读者"来界定"难度"。

我个人偏爱的诗，是将用典化在日常语言中的诗，表面看来"平易近人"，实际上，却可以对不同的读者呈现不同的面相和意义，因此，读者就如照镜一样，照见的是自己的水平。这种诗你大概可以名之为"诗镜"。比如弗罗斯特的诗，你只读他的一些意象、意境是可以的，觉得很美，你读出了他里面的一些典故，又有一番感受，也是可以的，你再了解了他的一些个人索引，又有更深的一种理解，也是可以的。

崔：数学家、哲学家、历史学家、建筑家、银行家……中外诗人中有不少著名诗人从事的职业与诗歌无关,写诗似乎没有门槛,写好诗似乎又需要很高的技艺。这是否是一个悖论?对于诗歌写作而言,现在是最好的时代,还是最坏的时代?

周:由于生产力总体的提高,将来会有更多的人从事白领、教育或文职工作,不用像陶渊明或打工诗人那样从事体力劳动。就我接触的诗人来说,近来涌现了很多的"博士诗人",这是全民教育水平提高在诗歌领域的一个表现。相应地,以才华入诗,就成为他们写作的一个特点。他们都有谋生的"职业",写诗只是"业余"事业,当然对于一些人来说是"志业"。

业余诗人的职业各式各样。拉金靠在多家图书馆当馆员维持生活,有的诗人甚至很富有,人们常想到的例子是史蒂文斯,而其实梅利尔更有钱,他可是富二代。那种没有谋生的职业但又能坚持写诗的,现在已经很少看到了。就此而言,诗歌是"人生的奢侈品",是古代所谓"有闲阶级"的事业。

不过,职业只是一个外在的表象,跟诗歌的难易、优劣没有必然联系,反例总是存在的。跟个人的诗歌志向和修养倒是密切相关。你的诗不因你是政府官员而更好,也不因你是大财主而更差,诗歌似乎总是"非理性地"出现在打破人们预期的地方和人物身上。

就我的感受来说,在学院里待得太久,容易沾染上雕砌修辞的毛病,一丁点儿的内容配上一大堆的巴洛克,词语意象都卷得厉害,其实就是一只小螺壳,但还是在里面做了一个道场。口语诗我偶尔也写,确有一股淋漓酣畅感,但是直抒胸臆,只是讲一件奇闻奇想,虽时有惊悚感,却成了新闻报道,言之不文,行之不远。口语诗读多了,太多的新闻看多了,新闻也就淡忘了。我觉得这两种倾向都不是新诗的正途。我觉得口语诗可以经过修改变得凝练,思想上更有深度,而不是单纯传达一个奇闻奇想。学院诗可以削去弯弯绕,不在修辞而在内涵上下功夫。

新诗因为是用白话写的自由诗,而且操作的标准也就是分行,因此门槛太低,正如前几年韩寒所讽刺的那样,只要把口语按一下分行键就成为"诗"了。网络写作更加重了这种随意的喷发和美丽的混乱。人工智能写作也在向报刊灌水,因为报刊的编辑以中庸居多。但是写出好诗终究是难的,经典诗人仍旧是我们的榜样。陶渊明的诗,可能接近于当时的口语,但是他的口语诗有语言的魅力,有值得回味的经验和思想,有人格的力量。现在这个时代,对于好诗和好诗人是一种

"湮没"。据说中文世界每年生产出来的诗有几十万首,但恐怕大部分是废品。我梦想汉语新诗能有《英诗宝库》那样的诗选,每隔一代人重新选一次,淡入淡出,几百年下来,就能看出谁是贯穿各时代的大诗人,谁是一时的次要诗人,谁是被遗忘的小诗人了。我们都要做好当小诗人的准备,不管你现在看上去是多么大的诗人,心态都应该放平淡一点儿。隔一代选一次,是因为在诗人们活着时——尤其在我国——存在着太多的非诗因素,包括政治—社会学的因素,以及诗歌美学风尚本身的因素,干扰对诗人们的准确判断,只有等人事都平息,后来者才能更客观中立地看待诗本身,那些真正具有白话之韵味和精神之风骨的诗人才能留下来。就此而言,我不认为有"当代文学史",这相当于将活着的人盖棺定论了,实有太大的美学风险,而且引发不好的风气。我们没有超验的宗教传统,一切都押在今生的"三不朽"上,让诗人们太焦虑了。当然,这不是说我们不能基本判断出同时代谁是好诗人,谁是差诗人,但这属于评论而不是历史。诗歌是冒险的事业,是面向未来的事业,诗人要为虚无做准备。

对于诗歌来说,我认为是诗人创造了最好的时代,或最坏的时代。陶渊明的时代因为陶渊明才是最好的,若是乱世求温饱,人们无余暇从事写诗,那时代就是最差的。诗人们需要的是外在的和内在的自由,就此而言,现在说不上最好,但也不是最差,很可能是一个二流的时代。我认为真正好的诗人是沉潜的,他们没有太多人关注,但是写出了一二十首或更多好诗留在那里,作为一笔珍贵的遗产放在那里,等着将来的人们发现发掘。我甚至害怕我喜欢的诗人太出名,有太多的追随者,那样会毁了他,会使他对于自我的评估发生变化,而影响了写作的心态,使他的诗歌质地变得浮躁而轻浅。我们需要在粗糙的生活中摔打,以成就一个客观且普遍的自我。

崖:在诗论集《小回答》关于"辛波丝卡的六世界"里,您谈到哲理诗时说,哲理诗有着先天的名为"抽象"的原罪:"一旦读者获得了作者要传达的某个观念,阅读就会中止。"这个观点很有意思。哲学与诗歌作为两种不同的思维方式,一个要求逻辑推理,一个要求形象直观。哲学与诗,诗与哲学,在您这里是不是获得相互启迪、相互提升的力量?哲理诗与哲学诗是一回事吗?

周：辛波丝卡是我非常喜欢的诗人。她的诗幽默、机智，她的诗被许多人称作"小论文"，我觉得这很好，能以一二十行生动的形象、幽默的语言就把一篇长篇大论才能说清楚的事就讲清楚，这是不是一种禅宗机锋式、公案式的写作呢？从前，人们把歌德和席勒的诗作对比，认为后者的诗太哲学、太抽象，主题先行，丧失了诗歌的特征。其实，大部分的诗写作时都是主题先行的，因为我在写之前，大致是知道我要说什么，表达什么意旨的，我总不能完全"从一个词语开始"，自由联想，衍生出一篇不知所云、没有终点的诗吧？这样意识流的诗有什么难度吗？能出多少成品呢？百分之一可能都不能到吧。不过，诗写的魅力在于其过程中有意外因素或神秘性，如某个突如其来的比喻、奇想、词句，总是能打破写作者的预期，因此，大致是主题提供了一个"圆盘"，但是"弹丸"在里面怎么走，还是要看具体的写作过程。如果一首诗我完全清楚主旨，有时反而丧失了写它的动力。对于阅读来说，大概也有这样的情况。平铺直叙、一览无余的诗，总是令人昏昏欲睡。

不能说汉语诗歌缺少哲理诗，宋诗，大抵是哲理的多，跟理学兴起和时代趣味有关联。但是汉语诗词的体量普遍短小，类似《神曲》《失乐园》《浮士德》那样的长诗是难以想象的。新诗也以短篇抒情居多，有人做过叙事诗的尝试，如吴兴华，但我不认为成功。中国诗歌总体上偏向于抒情诗，缺乏戏剧诗和哲理诗，或者说后两者不发达。

哲理诗，我更愿意称之为哲学诗，以诗的形式传达根本的、神学的、哲学的、形而上的思想，乃至政治的、社会的理想、冲突、经验、历史等，卢克莱修的《物性论》就是一个开始。如果说哲学写作是以公设公理作为大小前提逐步推衍出各种结论，遵循形式逻辑学的方法，那么，哲学诗就是以共有的经验、愿望、历史（或起源想象），以形象的演变来推进，遵循的是情感和经验的逻辑，它是一种通过讲故事来讲道理的写作。哲学也有不同的写法，比如英美分析学派分析词语的意义，用数理符号和现代逻辑来做演算，俄国、法国哲学与文学结合，着重人的自由意志。在诗歌写作中，达到同一个道理，你可以用感性的、意象的、词语的方式，也可以通过哲学诗的方式，但要说得形象、生动、有趣、幽默，用到各种修辞方式，也是不容易的。

我自己做过哲学诗的尝试。2000年前后，我写过一些诗，我自己称为"新打油诗"，但实际上算是哲学诗，如《对怀疑论者的三分法》《对一个但丁或叶芝的疑问》等，几年后写的《博喻课》也算。它们不属于事境诗或情境诗，它们就是理境诗或哲学诗。我认为新诗史上这类诗很少，正如也很少幽默诗一样。旧诗中聂绀弩，新诗中袁水拍、艾青、流沙河、黄永玉，我觉得是有幽默感的。

至于诗和哲学，一般认为是形象思维和抽象思维的区别，不过根据新的认识，其实我们对世界的感和知都是基于身体的感受而来。哲学也有多种做法，像德国古典哲学那样抽象是一路，像英国那样经验主义也是一路，像法国那样与人的生存处境相连也是一种，所以，要看你跟哪种哲学比较。现象学对身体的关注和描述，实际上也是很具体的。就宗教哲学而言，跟人的生存处境密切相关，没有什么抽象。我认为那些用了诸多"大词"，竭尽"抽象"之能事的哲学，并非好的哲学。我认为好的哲学往往能用禅宗式的大白话，举经验事实的例子，将思想深入浅出地传达给人，说的是"人话"。当然，我们认为哲学难懂，很大程度上也跟翻译有关，一些哲学家的书被翻译成中文后，我就看不懂了，而如果回到他的原文，反而平易近人，并不难懂，那这就意味着我们的翻译出了很大的问题。也可能是我们的新哲学还处于"格义"阶段，比较僵化，没有彻底消化西方哲学，只有当哲学达到禅宗那种以日常语言、生活例子、机锋言谈来谈论西方哲学的时候，我们才可以说，西方哲学融入我们的生活中了。这个时候，可能它就跟诗歌不远了。对于西方人来说，哲学是他们的一种生活方式和谈话方式，是一个活的对话、交流过程，随时可以反驳、辩论、推翻了重来，总之是一场不间断的"活动"，而到了我们这里，就变成了一种宗教，截取下来的一些信条，变成了不容反驳只能当作人生指南的信仰起点，一种专断的知识机制。这是对哲学精神的一种东方异化。哲学在我看来，本质上是怀疑精神和批判精神，是"破"，而不是一种要坚守的凝固的意识形态，所以哲学不是一种"学"，更不是"主义"，而是必须回到它的原意，即"爱—智慧"，而且要突出的是"爱"这一"活的行为"，而不是某种现成的作为"结论"的"慧见"。各种"立"出来的观念只是"破"这个"活动"当中暂时的结晶，不可能一劳永逸地成为一种教条，那是宗教化后的结果。宗教是"执"，哲学是"破执"，二者相辅相成。一些现代哲学家把哲学异化成了宗教，成为各种主义，以哲学当宗教，把哲学的本义搞丢了，到中国这个情况更严重，把各种哲学结晶当作宗教来膜拜、实践和运用，并且和自己的利益捆绑起来。

当然，就哲学诗来说，既然它与哲学有关，那就必须有怀疑和批判的精神，既然它是诗，那它就是一种语言艺术，要具备好诗的一切品质。

崖：接着上面的问题，您曾开玩笑说，中文系的诗人写的是"文人诗"，哲学系的人写的是"哲人诗"，您似乎偏爱"哲人诗"。对了，您怎么理解"爱情诗"？

周：这个当然是玩笑，相当于"系别决定论"。如果不是系别决定，而是性格和气质决定，那么大致也可以说成是唐诗宋诗之别吧。唐诗丰腴，丰富多汁，宛如唐朝的生活本身；宋诗清癯，枯干挺立，就如宋代的理学透彻。虽然唐诗可能接近于诗歌的主流，但是宋诗也自有其魅力和趣味。英诗中不也有"玄学诗"一类吗？如果是出自人的好奇、好理、好求知的天性，我倒是觉得宋诗反映了人的"自觉"的一面。反倒后来的诗，如明清诗，刻意模仿唐宋，失去了生趣和理趣，就如盆景一样，不同于园林本身的活境了。

前面我把诗分为三类境界，情境、事境、理境，大致对应于抒情诗、叙事诗和哲理诗，自己也都有尝试。爱情诗可归到情境诗一类。这类诗可用情绪的发展为线索，但情绪有起伏、明灭、反复，不太好捉摸，不如事境诗那样可用事件的先后为线索（顺写、倒写或插写），也不如理境诗那样可以有逻辑或伪逻辑的推衍，因此，抒情诗反而不太容易写好。作为人类存在的基本经验，爱情、亲情、友情、乡情的诗是我们最常见也最常写的诗，也有最高的重复率，因此如何写出独特纯粹而又真情流露的诗，是不容易的。抒情诗有其纯度，也有其复杂性，越到当代可能越复杂。比如叶赛宁和海子的一些抒情诗，是高纯度的，而另外一些诗人的抒情诗则注意到了情感里的反讽。我自己的写法，是增加戏剧性，以面具写作尽量容纳驳杂但真挚的情感。二十多年前，我注意到西方诗歌跟戏剧的密切关系（如莎士比亚、勃朗宁、叶芝），中国抒情诗传统相对缺乏，而经过戏剧化处理的抒情也更为丰富驳杂，诗人也不必去"裸写"（像米沃什所说的那样光着身子在大街上行走），《滑冰者》是当时的一个尝试（更早些是《剧场假象》）。戏剧结构可以同时容纳真挚与反讽，悲欣交集，对应于我们在生活中的情感体验的二重性或多重性。

崔：诗人应该对语言负责，您对语言有着很好的把控能力，如何理解"诗到语言为止"？诗人如何从普泛的感受中淬炼出属于自己的独特经验，并以陌生化的语言表达为读者提供新鲜的审美体验和诗学价值？

周：我曾在一篇《形成"复写"》的访谈里说到，诗歌语言相当于乘法、化学反应，也即前人所说的跳舞或酒，这是相对于散文来说的；而散文一般被比喻成加法、物理反应以及走路、米饭。"诗到语言为止"是韩东提出的，大概有20世纪80年代在我国流行的维特根斯坦哲学的背景。以前我们理解诗歌，语言只是一种形式，是要表达内心的思想的。但是在现代哲学看来，语言即思想，人区别于动物（比如大猩猩）就在于人发展出了语言，能够进行抽象思维，不受周围环境的支配。这种想法当然很古老。比如，奥古斯丁继承了斯多亚派，依据三位一体说和《约翰福音》发展出了"内在之言"的思想，认为我们的思想、思考本身就是一种"内在的言说"，"思想即言说"，你可以理解为"思想即说话"。20世纪80年代，Word这个单词翻译得很蹩脚，翻译成了"词语"，"思想即词语"——当然，从语言的要素之一是"词语"来说，这么说也大致不错。所以追根溯源，"诗到语言为止"这种说法并不新鲜。在维特根斯坦意义上说"诗是一种语言游戏"，也是可以的。真正语言游戏玩得好的诗人，比如写"胡话诗"的高手英国诗人李尔，美国当代诗人马克·斯特兰德等人的轻诗，能带给我们极度的语言愉悦。

但是，不能将诗歌的重点单纯放在语言或"内在的言说"上，因为这无非是揭示了诗歌是一种说话，那么任何一首诗都是"诗到语言为止"了，这无助于我们将好诗和坏诗区别开来。现在，一些明显平庸的诗，或不能激发起我们审美本能的诗，却得到了长篇大论的评论、细读、鉴赏和推荐，一些好诗却被人无视，这是不正常的。难道我不能就一首平庸之作的语言大谈特谈，将它夸得天花乱坠吗？但是这样一来，我们如何面对真正的好诗呢？所以抽象的理论面对的只是诗歌整体，对提高我们真正的鉴赏能力却没有多大的帮助。在这种点上，我的观点也与哲学家有所不同。比如，康德发明了一套审美语言来谈论优美崇高、形式内容之类，但在具体谈论到诗歌时，他举的例子却可能是一首平庸的德国诗歌，这就出现了巨大的反讽:哲学家用的一套美学词汇,面对具体的美学实践和鉴赏时,是否不过是在拿着范畴的刷子"隔靴搔痒"?我们也可以看到,一些理论家可以就内容与形式、美感与乐感说得头头是道,但是一旦涉及具体作品的评价时,就大失水准了,仿佛他是活在一个"理论世界"里,而跟真实的审美生活完全抽离似的。所以我们还是回到具体的一首首诗吧。

西方的现代诗和中国的新诗的发展有它们自身的脉络,要理解一首诗,将之放在诗史脉络里是一个办法,这样我们可以看出它的创新性在哪里。一旦新诗以口语或白话作为语言材料,要体现出这个材料的味道,要说出说这个话的人的生活感受和思想,各个诗人就开始"开疆拓土",在抒情、叙事、讲理上拓展,在各个主题、题材上纵横驰骋,就像在棋盘上迅速占领空白点一样,但是后来者永远有优势,因为他只要努力学习且有足够的才能,就可以在某个点上超出前人,因为前人的视野还不够大,白话的潜力还没有用尽(白话可以写出不同的风格和味道,比如凝练、典雅、结晶、舒缓等),而后人可以吸收前人的经验教训,有所突破。比如幽默诗、讽刺诗、悼亡诗、惊悚诗,其实都还有很大的发展空间。但对于绝大多数诗人来说,写诗是自发的,是一种情绪的表达,还没有达到文体的自觉,题材和风格的自觉。

当然,还应有新鲜的体验与观点,这是内容上的震惊和新奇,一些诗人自觉了,但有时又过分了,比如在一行诗里安排两个"惊讶点",出乎读者的预期,这些讲究如果过分了,就会造成不自然,有违修辞的初衷。修辞本是为了让人更好地理解我们所要传达的内容,但是如果修辞过度,就反而令人讨厌了,就如一个新闻播音员如果过分突出他自己,而让我们在看新闻时将注意力放在他身上而不是放在新闻上,那就出问题了。所以好的修辞是不动声色的,是"隐形"的"背景",而不是从"背景"里跳出来成为"主角"夺人眼目。当然,想要达成特殊效果的诗除外。

崖:您接受诗人李浩访谈时提及《话》那首诗,说它很有自己的声音,后来自己也模仿不到了,只是"存在的瞬间"。那诗人凭借灵感写作就不会是常态吧?您是利用整块时间写作还是听从灵感的召唤,是一气呵成还是反复修改,写完之后是雪藏冷处理还是马上发表出来?

周:我有时候有这样的情况:在某一种情感状态下,头脑里忽然出现一个曲调,萦回一两个小时,但是我没有记乐谱的手段,因此,时间一过,这个曲调就消失了,永不可复现了。诗也是这样的。如果我能集中注意力,有时会忽然冒出一两个句子,它们带有自己的口吻、语气和节奏,这时如果我能持续注意,可以将这个口吻、语气和节奏发展下去,发展到四五句,成为一节,如果能再延续,就可能发展成为一首三四节的诗,它的口吻、语气和节奏是连贯的。比如有一阵我迷恋写那种五六行内的短诗,在坐地铁时会思考出几个句子,但没有写下来,过一阵子就逐渐淡忘了,这几首诗也就不复有原来的口吻、语气和节奏了。个别的记了下来,从开头的几句,写时发展出完整的一首诗。所以我说诗是"存在的瞬间"留下的"雪泥鸿爪",是一时呼吸的脱落与遗存。写诗需要完整的时间,但生活过于琐碎,陷于"吴世茫"状态,总是被打断,因此留下来的完整的诗就不多了。我希望能抽出半年的时间,把想写的诗集中地写出来,我以前有过这样的经验。至于具体每首诗是怎样写出来的,各有各的情况。有的诗是一气呵成的,比如《话》有一百行,中间只停过一次,还是衔接上了。有的诗是经过多次修改的,比如《对一个但丁或叶芝的疑问》,我将这称为复写,就是涂涂改改,同一个词语处留下不同的字痕。但是电脑写作后,这个复写的痕迹就看不出来了。即使是复写,也应尽量显得语气、口吻是连贯一致的,而且语法和词语要自然,最好是行云流水。那种把"的"放在行首的做法,或故意的阻滞,是我不喜欢的。就我的经验而言,修改可能比初写还重要,耐心可能胜过初次的灵感。在复写的过程中也会有灵感自己冒出来,因此灵感不是一次性的,而是叠加的。我知道有的诗人的写作习惯是一次性的,不事修改,但从其作品总量来看,其诗歌"完成度"是不高的,许多止于达意阶段,可是真正的好诗需要润饰。诗终究是一门语言艺术,要精益求精。我年轻时一夜写几十首是可以的,但是"成品率"很低,现在不这样浪费精力了,一般是有了想写的内容后再写,反复修改而成。

我的诗很少在正式的诗刊上发表,年轻时主要发表于朋友们自办的民刊上(如《偏移》《南方以南》《活页》等),有时会被朋友们拿到《北大诗选》一类的书里,因为我不是职业诗人,不存在发表的压力,我把自己的诗归入"为己"一类。

这个也有不好的地方，因为很多诗写了几句或一半，就放在那里"止步不前"了，成了"烂尾工程"。如果有发表的压力，可能会努力完善一下，将之写完。有的诗从来没有完成过，烂在肚子里了。收入诗集的诗，一般是自己觉得写得尚可的。

崔：读您的诗能真切地感受对于社会生活的精确揭示和对于历史现实的深刻思考，写作题材也涉及多学科领域，显然阅读、思考对于打开创作视野起到重要作用，接下来请谈谈您阅读的书或有什么具体创作计划？

周：我阅读的口味很杂，这大概是20世纪80年代过来的人的共同特点。读中学时，我父亲在县城武装部宣传科工作，家里常常能看到各种杂志，从小说、诗歌到医学等，各种杂志都有。到了读大学时，天天去书店翻阅，那时每年出的书还不是太多，基本上哪个领域出了哪些新书都能了解。现在已经完全不是这样了，书太多了，专业分化也很严重。另外网络、微信上资料的获取非常容易，以前是"想读书但没书读"，现在是"书太多但没时间读"，萎缩为只读专业书，连诗歌也读得少了。近十年来，随着对晚清新教资料的搜集（大多无法再版），很多时间用于读今人少读的书，走上了一条阅读的窄路。现在历史类的书读得较多，希望历史不会压倒现实感，但是有时在历史中发现现实，或者在现实中发现历史，也是很有趣的事，从这个角度看历史倒是成了现实。我经常和朋友聊起小时候读书的事，发现有一个共同的经历，那就是小学时在路上看到一张有字的纸片都要捡起来看一下，可见我们对于文字的热爱是天然的。不过，以我写诗的经验看，如果要集中时间写作，最好把所有的书都抛开，免得受到它们的压迫。在图书馆架子间穿行过的人可能都有这样的经验：世界上已经有如此之多的书，我还有必要增加一本书吗？如果你觉得你有一点儿新的经验、思想、语言，那你就写吧。我觉得，就诗歌而言，由于总是关于一己之悲欢的，而人的性格、遭遇和才华又是各不相同的，因此，诗歌永远有重写的必要。我写作没有具体的计划，只是有大致的估计。这几年我写得比较少，有几首诗觉得值得写出来，但是生活琐事总是打破计划，时机总是延迟，等一阵子再说吧。

姜涛

姜涛，1970年12月生于天津，毕业于北京大学中文系，获博士学位。现为北京大学中文系教授，著有诗集《洞中一日》《好消息》《鸟经》等，学术专著《"新诗集"与中国新诗的发生》等，曾获刘丽安诗歌奖、东荡子诗歌批评奖等奖项。

诗歌批评浓郁紧张的氛围，有助于激发写作和解读的新向度
——姜涛答诗人崔丽娟

崔丽娟（以下简称崔）：姜涛教授非常感谢您百忙之中给我机会完成这次访谈。诗人、批评家张桃洲教授的《我特别希望树立起"姜涛的诗歌批评"这座标杆》一文曾引起业界关注。您从事诗歌创作、诗歌批评、诗歌研究已经三十年，硕果累累。张教授说："（姜涛诗歌批评）这个标杆在某种程度上也是一种尺度，以之去衡量当下诗歌创作和批评，厘定诗歌批评在当代社会文化中的位置。"诚如张教授所言，在文学批评领域，恐怕没有比诗歌批评更充满争议的了。您进行诗歌批评的志趣因何而来，秉持的批评标准、原则是什么？

姜涛（以下简称姜）：丽娟老师好！桃洲的文章是一次讨论会发言的整理稿，感谢他的鼓励，但老朋友的表扬未免有点儿"耸人听闻"，千万不可当真的。我最初写一点儿诗歌批评，主要是为了解决自己写作中的困惑，也顺带整理一下阅读当代诗歌的感受。后来这件事做得还算顺手，就歪打正着，不断写了下去。但诗歌批评，在我这里仍然是某种"副业"，自己的主业是在学院里教书、做文学

史方面的研究。可能正因为是"副业",心态倒也放松,不必特别关注"现场"的种种,跟进什么最新的动态,更可推卸"表扬"的任务,只是在自己关心的问题脉络上,根据此时此刻的心境发言。

正像你提到的,在文学批评领域内,诗歌批评的位置有点儿特殊,这大概和当代诗的基本文化处境有关。怎么说呢,新诗这一文体的发生,虽然是传统士大夫文化下沉、解体的结果,一开始包含了平民化的面向,但由于先锋性、精英性的取向,也不得不一直扮演了某种文化异端的角色,处在重重争议之中。这种状况在朦胧诗之后的当代诗歌中,表现得尤为鲜明,用个不一定恰当的比喻,诗歌写作和批评像一对"难兄难弟",始终摸爬滚打,在共同的磨砺中成长,批评主要起到一种辩护、说明、保驾护航的作用。久而久之,这种"为当代诗一辩"的态度,也可能会导致某种内倾性、封闭性。比如,针对外界误解和非议的抗辩,对于诗人诗作的细致分析,如果缺乏内在的紧张感,难免也会陷入某种感知和观念的舒适区,变成对现代诗学一些基本原则的反复重申。更低级一点儿的表现,就是诗歌批评蜕变为诗歌表扬,无论什么诗集出版、什么样的诗人出现,出于私人情谊或诗坛关系,按需生产一些细读或评价的文字。这样的话,诗歌批评好像成了一种服务行业,只是寄生于看似热闹其实内卷的文学生意之中。

诗歌批评应该有更远大一点儿的抱负,在阐发诗歌形式奥义和独特文化使命的同时,也能澄清一个时期观念上的迷思,通过审慎的、有想象力的写作,来提供一种好的判断力,塑造更活跃、也更严肃的诗歌文化氛围。这种氛围也包括适度的紧张感,这就是说,能时刻对可能落入舒适区的感知结构、观念结构,保持一种反思的敏感。更强力的批评,是将当代诗的讨论放在更广阔的思想和文化视野中去展开,在诗歌写作、阅读与其他文学、艺术、人文知识工作之间,创造积极的内在联动,回应总体性的思想课题。正如常被人称道的海德格尔对荷尔德林的阐释、本雅明对波德莱尔的阐释那样,使诗歌仍能成为一个时代文化经验中耀眼且深邃的部分。

崔:您刚才说,诗歌写作和批评像一对"难兄难弟",的确如此,诗人兼事批评成为风尚,有一个原因似可归结于批评对解读当代诗歌的无力。批评家、诗人冷霜在《分叉的想象》一书中对"诗人批评家"现象研究颇为深入。青年诗人赵目珍也把这一现象的研究课题结集为《探索未知的诗学》，该书由长江文艺出版社出版。诗人的批评术语与批评家的批评术语确实存在微妙不同，为理解当代诗歌提供了独特而有效的视角。作为学者、诗人、批评家，您如何看待这一现象？

姜：对诗人批评家的关注，确实不是一个新话题，冷霜的文章应该就是他二十多年前的硕士论文。我想造成这一现象的原因，有多方面，一般批评的无效、无力是其中之一，但不一定就是主要原因。因为从历史的角度看，现代诗本身就是一种批评意识、反思意识极强的写作，诗人批评家更是不胜枚举。先不说外国的"洋大师"们，仅就20世纪的新诗而言，郭沫若、闻一多、朱自清、梁宗岱、废名、艾青、袁可嘉，哪个不是重要的批评者。

诗人的术语和批评家的术语，确实会有微妙的不同，特别是诗人批评不必有论文腔、学院腔，往往更挥洒，更能凸显个人的才情。当然反过来说，这样的差异，我也认为不是什么本质性的，因为诗人的批评和批评家的批评，生成于共同的知识氛围和当代文艺的圈子中，引述的资源、依托的观念以及可能的毛病，或许都差不多。就像学院化的批评，常被认为是概念化的、笼统和没有才情的。在追求个人风格的诗人批评那里，这样的问题可能同样存在。一些所谓的诗人批评看似洒脱，实际也不免笼统、偏执，甚至更喜欢搬弄概念。不是说有一定的写作经验，就一定会避免思维的直观和僵硬。

崖：从青年诗人、批评家王东东主编的《雅努斯的面孔》里的三篇文章《一份提纲：诗还有未来吗？》《诗歌何用？》《现代诗教漫议：何谓正常的写作？》可窥见现代诗学面临诸多自身难题，不得不引人深思：当下新诗发展处于什么阶段，未来前景如何，其发展有规律可循吗？什么样的写作才是有效的，诗人何为？抱歉，每一个问题都太宏大，请择其一二回答吧。

姜：这些问题确实很宏大，也不太可能有明确的答案。但写诗的朋友们能不断提问，不断构想诗歌的可能性和文化位置，还是好的，说明当代诗的自我意识还是相当活跃，没有停留在前面说的舒适区里，只是依据一些现代诗的原则或"惯性"将当下状况看作是自明、自足的。我个人感觉，近年来确实有不少诗友在思考当代诗的新前景，比如，为了突破现代性逻辑而提出当代性的问题；通过借镜传统或重申浪漫主义，希望能纠正现代诗的否定性、碎片化美学，赋予诗歌写作一种浑然的整体感和超越性；或站在尼采式的"反历史主义"立场上，强调诗歌与时代的对峙，凸显不合时宜的精神肖像；或者，希望强化与其他的人文思想工作的内在联动，破除那种直观化的个人感知，为当代诗的写作和阅读注入更多的思想力和现实感。这些思考选取的路径不同，所依托的对于当下现实情境的判断也迥异，彼此之间甚至是冲突、对立的，但这样的局面要好过大家闷头自顾自写所谓好诗的状态。事实上，现代及当代诗歌观念和美学的活力，都是涌现于观念和价值立场激烈冲突或发生转换的时刻，一种浓郁、紧张的氛围，往往有助于激发新的写作和解读向度。刚才提到的几种讨论，还是发生在局部，尚不能形成什么大的潮流，但局部也是好的，至少有一点儿制造氛围的效果。

崔：2022 年，第八届鲁迅文学奖诗歌奖同时颁给了学院派和民间写作的两位代表性诗人，由此我联想到 20 世纪 90 年代那场影响很大的"盘峰论争"，现在回过头来看，与当下众声喧哗却语焉不详的网络批评声音（包括一些"网暴"现象）相比，那场论战在中国当代诗歌史上的积极意义大还是消极影响大？

姜：这个问题和上一个问题好像有所关联。当年造成"盘峰论争"的原因很复杂，甚至涉及诗坛话语权和出版资源的争夺，有一部分是意气之争，不完全是诗学理论方面的问题。中国当代先锋诗歌内部的"共同体意识"由此瓦解了，这可能是消极的影响吧。但现在回头来看，相比于后来网络上的一些喧哗乃至一些网暴，"知识分子"和"民间"的论战还是很有质量的，提出了一些重要的、并非只是泡沫的话题，像如何理解诗人的文化位置和角色，在一个市场化、世俗化的场景中，批判性的视角如何持续有效？如何理解写作和外来影响、理论话语的关系？如何理解诗歌语言的开放性和活力，如何看待中国当代诗歌取得进展的同时自我封闭、固化的可能？这些讨论都包含了真实的诗学意义和现实针对性。

而且，在更大一点儿的视野中，在 20 世纪 90 年代其他人文思想和知识领域，类似的论战或分裂也在发生，这与中国社会的整体转型和矛盾的显露有关。和 20 世纪 80 年代改革开放的意识状态下，国家、社会和知识界有大致的共识不同，20

世纪90年代中后期对于中国社会的走向、文化的走向,开始有了越来越多的分歧。诗歌界的争论和其他人文知识领域的争论有某种同构性,都在一定程度塑造了后来的文学场域、知识场域的分化。还有一点,和其他人文知识领域发生的争论相仿,由于论争的双方你来我往,执着于各自的立场,有比较强的阵营意识、攻防意识,一些比较重要的问题,虽然被提了出来,但没有得到特别深入的展开。记得当时臧棣的一篇短文,给周边的朋友留下了深刻的印象。如果贴标签的话,臧棣应该算"知识分子写作"一方的代表,但他却认为"民间"一方对诗歌写作过度知识化的批评是有合理性的,诗歌和知识的关系并不是自明的,需要做更多的检讨,他进而提出"诗歌是一种特殊知识"的命题。这样的思考突破了论争设定的逻辑,将问题翻转到一个全新的层次,是论争中为数不多非常有启发性的发言。实际上,这个话题还可进一步延展:在一个专业化、知识和感受不断分化的现实情境中,如果"诗歌是一种特殊知识",那么这种特殊性怎么理解?如果仅仅将特殊性理解为想象力、感受力,那是否一定程度还是默认了现有的知识分化格局?其实,在中国传统诗学和西方浪漫主义的传统中,诗歌往往和人类更高级、更有整体性的认知能力相关,诗歌作为一种知识的特殊存在,是否可以包含对现代知识分化格局的突破意识、不同认知领域的联动意识以及情感和认知更深层的综合意识?对于开放中国当代诗歌的问题视野,这样的讨论都有必要持续而且深化。

崔:从学术角度,诗人代际以十年来划分是否科学有效?如"50后""60后""70后""80后""90后""00后",这样的划分是否更有利于彼此在中国当代社会文化中的位置辨识,抑或相反。诗人安琪和黄礼孩共同提出过"中间代"的概念;张桃洲教授对"70后"学人、诗人也有过精辟论述。对此,您有什么见解?

姜:代际的话题,时不时会被谈起,好像每隔十年,自动会有一代人登上舞台。这样大致说说,倒也无妨,可较真儿一点儿的话,代际的出现,并不是简单依据自然年龄的差距。同一代人的感觉和意识,更多还是由特定的历史经验来塑造,在社会状况和文化潮流剧烈变动的时期,往往会将一代人推向前台。而且,即便是同代人,由于社会位置的差异和不同的价值立场,也不一定就有共同的代际感受。过去了的20世纪,因为是一个革命和战争的世纪、社会持续重造的世纪,变动的节奏很快,大概每过十年就会一大变,这样也形成了一种印象,每隔十年就会冒出一代人。但这种代际节奏,是不是可以持续,还有待观察。特别是在文学的意义上,能否构成一个新的世代,还要看是不是真的创造出新的文学可能,带来风气和观念的转变。

当代批评有一个可以检讨的积习,那就是喜欢频繁发明各种标签,身份的、性别的、代际的、阶层的。这些区分性、归类性的说法,不是不可成立,也不否认会带来新的视角,但希望更耐心一些、更审慎一些,不必匆匆忙忙,只是作为一种标签随意张贴,或一个大个儿箩筐,将不同的人和事囫囵装入其中。这么操作会具有话题性,吸引一些注意力,但实际价值可能没有提倡者期待的那样大。

崔:以下问题同样困惑关心诗歌的人,随着社会的发展、时代的进步、文化语境的变迁,尤其是自媒体的勃兴,极大改变了诗歌创作方式和传播方式。现在诗歌写作非常活跃,日产量之高可以用盛世来形容;与此同时,当下的诗歌写作也频遭质疑。积极看法判断标准主要是文本大量诞生;悲观看法判断标准主要是读者数量锐减。评价新诗有哪些基本标准?

姜:新媒介的发展,极大改变了诗歌的生态,带来传播、交流便利的同时,难免也会泥沙俱下,抱平常心来看待即可。本来,文学的标准在历史中始终在变动,像朱自清当年辨析的,文学阅读的传统标准是百读不厌,但在一个民主化、平民化的时代,雅俗共赏也可以是新的标准。再比如,古典诗歌推崇温柔敦厚的美学,但在革命、战争的年代,爱憎分明也会成为新的美学、新的标准。

至于新诗的标准问题,一直以来就纷纷扰扰,好像很难取得共识。希望能确立稳定的标准、规范,好让新诗编入有唐诗宋词的中国诗歌家谱的,大有人在。深谙新诗的现代性品质的诗人和批评家,却会强调挣脱传统给定的感受方式,不断自我刷新,才是新诗最值得珍惜的活力。这样的分歧不会轻易化解,保持一定的分歧和对话,也没什么不好。形成标准的共识很难,但这不是说,在具体的个人阅读和判断中不存在标准。一些基本的文学标准,也包括传统的文学评价尺度,还是起到支撑性的作用。诗人席亚兵有一个观点,我觉得很有意思,他认为中国古人所谓"二十四诗品",可以重新引入到现代诗的评价,比如,先有了雄浑、冲淡、纤秾、沉着等不同的风格和功能设定,再来讨论相应的标准,这样避免了判断的单一,更有助于现代诗多元美学的成熟。这是一个可以玩味的思路。再有,从批评和研究的角度看,标准不完全只是形式和美学的,也会包含一些更整体的社会和文化方面的考虑,比如,一种写作是否提供了新的文学经验、创造了一种新的文化位置和功能,或者在向更多人敞开的过程中,提供了一种新的人和人之间的链接。

崔:我注意到您在做诗歌研究的同时,还做一些诗歌普及或诗歌教育工作。2010年您曾参与由钱理群、洪子诚主编的《诗歌读本》的编辑工作,编著的是《大学卷》。您怎样看待大学教育对诗人的意义?1994年您在清华大学生物医学工程专业本科毕业,弃理从文,直接考入该校中文系读研究生,1999年考入北京大学中文系攻读博士学位,2002年毕业后留系任教至今。您的经历是否可以佐证您的观点?

姜:诗歌普及的工作,我做得并不很多。钱老师、洪老师主编的那套《诗歌读本》分为《学前卷》《小学卷》《初中卷》《高中卷》《大学卷》《老人儿童合卷》,贯穿的是钱老师提出的"诗歌伴你一生"的构想。这套读本面向一般的读者,目的不完全在诗歌的普及,而是更偏重于诗教的一面,强调诗歌对于审美感受力的开启、情感的教育以及健全人格的塑造作用。诗教是一个传统概念,现代诗作为一种纯粹的文学,以个体的自由为前提,看起来与强调社会功能的诗教距离较远,可事实上,现代诗的阅读和接受,也提供了一种人格养成的方式,或者说,也包含了一种现代诗教的可能。前面的提问中,好像也提到了与这个问题相关的文章。

我当时编选《大学卷》的时候,对于钱老师的想法领会不深,更多还是从现代诗自身的立场出发,视野虽然扩张到了诗歌阅读、诗人形象、诗歌翻译等方面,但主要还是面向现代诗的爱好者和写作者,更偏重"为现代诗一辩"的态度。如果有机会重编这个读本,我可能会多考虑一些诗教的因素,更多考虑诗歌和现代中国人精神形式、情感结构的联系。再补充一点,按一般理解,诗歌的普及和教育就是让更多读者接受诗歌、了解诗歌，这对于诗歌文化的培植而言，这自然很重要。然而，普及不完全是单向的，按照老套的说法，普及也伴随了提高，当你不只是在小小的诗人共同体内部思考问题，而是考虑通过诗歌与更多的人建立关联时，那么你的思考方向和感知方向，或许会有很大的不同。从诗教入手的思考，也会为诗歌写作打开新的方向。

说到大学教育和诗人的关系，我想这里的大学教育不是指一般的学院专业教育吧？物理系、数学系、计算机系的教育，哪怕是中文系的教育，与是不是写诗，关系应该都不大。大学能提供的主要还是一种阅读、交流和感知氛围，在当代诗歌教育的展开中，很多高校也是重要的策源地，这个不用多说。说到我自己，最初写诗确实和八九十年代之交北京高校浓郁的文学氛围相关，如果不是参加了校内的文学社团，人生的轨迹会有很大不同。我自己"弃工从文"，最后留在学院里以文学为业，只是个人的选择，其中有一些偶然性，并没有特别值得解释、引申的东西。

崔：前面我们用较大篇幅讨论您的诗歌批评，现在谈谈您的诗歌创作。迄今，您先后出版四部诗集。2020年诗人、评论家、学者周伟驰对您的诗歌创作进行过深入批评。除了诗歌批评，您的诗艺同样为同行称道。新诗集《洞中一日》与早期诗集《鸟经》比较，感觉创作风格变化挺大的，这种变化是人生积淀还是艺术追求？

姜：伟驰兄的文章写得非常细致，也很有洞察力。我觉得他的意图，是通过检讨某个人的写作，来回溯20世纪90年代以来一个"诗歌青年"的蜕变史，顺便带出不同时期的文学氛围和群体心态的勾勒。这是我读的时候感觉最会心的部分。我写诗的时间应该不算短了，虽然作品数量不多，但也经历了几个不同的阶段，个人的轨迹和当代诗歌风气的转换也有一定的呼应。大学时代，最初习作的抒情意味较浓，喜欢用一些自然或宗教性的意象，还有祈祷的语气，这和当年海子的覆盖性影响，以及对里尔克的阅读有关。后来，转而追求修辞的密度和包容性，写了一批技巧繁复过于冗赘的组诗，这与20世纪90年代诗歌综合性观念的激励大有关联。大致在2000年之后，才开始有了更多写作的自觉，主动降低语言密度，尽量写得更放松、更精准一些，也将题材范围，缩小至个人情感和周边的社会和社区生活，试图在"微讽"距离中形成某种洞察。这其中有特殊的个人趣味，可总体上说，还是在20世纪90年代之后个人化写作的习惯之中。这些年写得少了，甚至基本停笔，除了忙于其他工作，无力分身之外，更内在的原因是，那种旁观、冷峭、有点儿虚无的态度，已成了某种感受力的痂壳，不能激发新的写作欲望和活力。当然今后还会有写作的规划，希望那时能一定程度走出个人化的峡谷，在相对高一点儿、宽阔一点儿的地方，首先更新一下自我和世界、和他人的关系。

崖：北大是新诗的母校。其实，清华大学也有非常光荣的诗歌传统。北大诗脉与清华诗脉二者似乎互为渗透又各呈异彩。您的好朋友、诗人、批评家、清华大学教授西渡曾经写过一篇文章《百年清华诗脉》。你们的经历挺有意思的，他曾求学于北大，现任职于清华，您曾求学于清华，现在任职于北大。西渡的博士生、青年诗人王家铭编的《那无限飞奔的人：清华学生诗选》，您和西渡都写了推荐语。理科生与文科生写诗的差异性大吗？

姜：北大和清华，互为隔壁，常被拿出来比较。北大是新诗诞生的摇篮，北大百年诗脉也没有断绝。清华的情况不太一样，因为20世纪50年代院系调整后变成一所工科院校，清华的文脉、诗脉即便没完全中断，但还是受了不小的影响。我在清华读到大一快结束的时候，发现原来这里还有一个文学社，在比较枯燥的理工科环境中，还有一小群终日无所事事、喜欢闲聊和写诗的人，感觉惊喜又意外。后来又进一步发现，这一小群写诗人，基本都是校园里的"异端"分子，不怎么认同当时学校里的主流价值，也不愿意参与"考托""下海"等潮流，与其说是因共同的文学旨趣，不如说是出于对周围环境的不满、活跃的天性以及对更生动思想交流的需求，才凑在一起、抱团取暖的。这种状况和隔壁的北大诗友或许十分不同，特别是，这个小团体没有太多参与中国当代诗坛的意识和抱负，心境更为素朴、浪漫，文学活动更多以喝酒、唱歌、"秉烛夜游"等共同生活的形式展开。简单说，大家不太把写诗当成一个专业、一个可作未来志业的行当，更看重的，似乎是以诗为媒介形成的兄弟情谊以及某种热烈又严正的态度。这是20世纪90年代初期到中期的状况。后来清华的文科发展很快，校园内的人文气氛更为浓郁，文学活动的展开方式，应该有很大的变化，应该更丰富多样了。这是我不太了解的。家铭最新编选的清华诗集，收录的就是更为晚近的新世代校园作者的作品。记得两三年前，有一次参加西渡、格非二位老师组织的"青年诗人工作坊"，在清华文创中心轻奢又古雅的小楼里，一众诗友高谈阔论，我当时就颇感慨：清华园中有如此高尚的、可以谈诗的空间，在二十年前是不可想象的。那时清华写诗的朋友，好像只配坐在路边、操场或草地上，各自抱了一瓶啤酒，在黑暗里说话。

崖：一种观点认为，我国新诗是从外国现代诗引进和演变的，不读外国诗写不好中国新诗。另一观点则认为，所谓的意境、意象、隐喻、象征不过是中国古典诗歌的传统，翻译腔无助亦无益于中国新诗发展。作为诗人、学者、研究者、译者，您在中外诗歌比较研究方面有哪些具体感受和建议？

姜：如何看待外来影响和传统资源之间的关系，是新诗史上的一个老问题，翻来覆去，像一个解不开的连环套。这样的争议既是一种客观实存，又是一种认识的"装置"，有时需要绕开孰是孰非的判断，追问一下争议生成的特殊语境和文化逻辑。比如20世纪90年代初郑敏批评新诗断裂于传统，观点并不新鲜，影响为什么很大，这和20世纪90年代初反思激进主义的文化守成思潮，就有很大关系。追问争议的生成语境，会在一定程度将中外、古今的关系理解为动态的、诠释性的，避免抽象、孤立地看待问题。无论"化欧"还是"化古"，都是新诗十分内在的要求，如果刻意构造对立，那或许是一种认识上的"强迫症"，并无多少实际意义。

还有两点提醒：其一，外国诗歌的影响和传统资源的转化，对新诗的展开都起到了非常重要的推动作用，但是否构成了决定性的因素，这个问题需要考虑。从某个角度说，要把握新诗自身的主体性，还是要着眼于现代中国的社会和文化变迁，新诗人对于新的语言形式、新的想象力的构想和实验，离不开对外部和传统的参照、借鉴，但更根本的，还是基于"丰富和丰富的痛苦"，基于对现代中国人自身历史经验的开掘和表现。其二，无论外来影响，还是传统资源，都不能作为一个笼统的整体看待，其中的差异很大，构成非常复杂，每一个具体的写作者只是在自身的脉络中转化、承袭其中的某一个部分。比如说到传统，一般的批评和解读的关注点，总落在文学层面，如象征、意境、意象等。事实上，对于诗歌写作发生影响的传统并不局限于古典诗歌这一个方面，还要考虑包括经史子集在内的整个古典传统的存在，文学和审美之外，也涉及政治理想、社会伦理和人格修养多个方面。张枣在早年的一篇短文中说："任何方式的进入和接近传统，都会使我们变得成熟、正派和大度。"这个说法隐含的态度，便不只是在文学意义上，更指向一种文化和生活的整体，传统提供的是一种如何在这个世界上安顿自我、敞开自我，以及如何形成完满人格的路径。当然，这些看法都是很多朋友的共识，这里也只是大致说说。

李心释,1971年3月生。现为西南大学文学院教授。著有诗集《诗目所及:李心释十年诗选》《非有非无》《诗扫把》等,以及诗学专著《"语言"的语言迷途》《黑语言》等。曾获教育部名栏·现当代诗学研究奖等奖项。

当代诗歌的语言本体意识与"否定"诗力说
——李心释答诗人崔丽娟

崔丽娟(以下简称崔):李心释老师,您好,很高兴有机会做这样深入的访谈。您是语言学博士,和一般诗人、批评家的知识背景都不一样,您关注语言本体意识,对诗歌语言内核展开深入研究,某种程度上助推了当代诗语言学特征的进一步思考与探索。我很好奇,诗人大多比较感性,您怎么选择这种较为费劲儿的智性写作?

李心释(以下简称李):我大概是在20世纪90年代中期的某一天开始写诗,每个星期都写,但都是偷偷地写,没有拿出去示人。那时候的诗人早已跌落神坛,网络还没完全兴起,跟写小说相比,写诗似乎没有那么理直气壮。那时候我写诗,不看别人写的,更不会模仿哪个诗人,教科书上那几个又看不上,就自己瞎写瞎琢磨。那是在浙江大学读硕士期间,我有一个室友叫詹子方(笔名子方),与我同乡,他写小说,已经小有名气,大概是浙江大学学生文学联合会主席。他写小说在痴迷级别,昏天地暗地写,常常晚上写到东方既白。他在宿舍写,伏案写作;

我是在床上写，冬天了就躲被窝儿里写。我在上铺，他在对面下铺，所以他根本不知道我在写作上是他的邻居。毕业后有一天他看了我的诗，竟给我写了篇诗评长文。我自叹不如，无法给他的小说写评论，多年以后才写了个两千多字的短评《从子方到郊黩：与现实的狡黠对话》，将他在用两个笔名期间写的小说做了个简单的比较。我和他在学术上的兴趣都不大，他修的是世界文学，我读的是语言学，但我们之间从不提写论文的事，也不交流写作，就是打牌、喝酒、瞎侃。但我看得出专业背景给了他很深的影响，他的小说叙述手法很现代，很丰富，运用也娴熟，文本读起来显得很魔幻，有些扑朔迷离而又意味深长。回头看我自己写的诗，很难看得出有什么语言学知识背景的影响。语言学方面的书离文学太远了，这可能也是大家的共识，虽然写诗直接跟语言打交道，但跟语言学研究的语言不是同一个对象，或者说，不在同一个层面。语言学的研究对象是死的语言或语言的历史文献，诗歌相反，诗歌做的事是想办法让语言起死回生。因此，若说有影响，那就是语言学对我写诗的困扰，我可能比没有语言学背景的人更了解诗歌语言跟实用性语言的不一样，更了解具体的不一样在哪里，这很微妙，感受强烈，却难以说出个一二三来。通常从读诗的角度，同样能体会出诗语和日常语言的不同，然而差别往往聚焦于人云亦云的声韵、节奏、文辞等。只有当写了诗，并且一定是写自由诗，才能了解两者的差别根本不是那么回事，最重要的还是在诗的语言求活，能生长出与生存场景血肉相连的充满神经细胞的语言感官，并且不落俗套。我觉得这一影响有些反讽，这是一种无影响的影响，由于我的语言学专业学习，使我从离诗歌更远的距离上更深刻地认知诗歌的某种特质，我不知道这算不算是歪打正着。

您可能会奇怪为何后来我还去读语言学博士？这也许和我们国内对西方语言学比较陌生有关。我对语言学最有感觉的地方在普通语言学理论，随着读书的面增大，触须必然延伸到各种语言哲学上去（大体上有语言学的语言哲学、英美语言哲学和欧陆语言哲学，以及传统的符号理论）。我发现西方语言学理论跟哲学、文学、美学、社会学等是那样的接近，在今天的中国语言学界，这一接近程度仍然是不可想象的；更显著的感受是，索绪尔语言学对20世纪西方人文社会科学的影响几乎是方方面面的，不懂索绪尔及现代语言学理论是不可能真正读懂20

世纪哲学和文学理论的（尤其是法国思想，而法国思想是20世纪思想的发动机）。这激起了我的叛逆心理，我可以身在曹营心在汉，但也是有机会归汉也不归。除了索绪尔，我还感激雅柯布逊把诗学变成语言学的一个分支，克罗齐将美学理论与普通语言学相提并论，感激卡西勒和朗格把哲学转化成符号理论，及后来的古德曼进一步融通符号理论与诗学、美学，也动情于拉康对索绪尔理论的挪用、梅洛·庞蒂对语言与言语对立的反转、维特根斯坦划出的语言界限、图根特哈根关于自我意识的语言分析、从维柯到海德格尔对诗性语言的正名……说实话，我不喜欢别人问我是什么专业出身，我没有专业意识，《黑语言》自序里讲我的问题就是我的专业。因此我学术做的自然是自己关心的问题，即诗歌语言方面的研究，因此我受罗兰·巴特、克里斯蒂娃、巴什拉、瓦莱里、博纳富瓦等人影响可能会更直接一些，我会亲近阿甘本的"否定诗学"，但较反感巴迪欧的"事件诗学"，因为已有人打他的"事件"旗帜传递"语言论转向"。总之，我做诗学研究没有规范，与文学界、语言学界、哲学界的学术圈没有产生瓜葛，有点儿四不像吧。

关于语言本体意识，我很奇怪中国诗人很难理解，他们一开始就会拒斥，以为那是西方人走极端了。哲学上的语言学转向为哲学提供了语言本体意识，千年西方哲学演进中，本体论、认识论、语言论之间风水轮流转，转到语言论上并非一时兴起。一种范式的改变不是说来就来，说改就改，或说抛弃就抛弃的，它不是赶时髦，不是从现代到后现代的各种理论之间的相互否定（更何况难分对错与轩轾），我们在不能透彻理解的时候是绝不可能弯道超车的。在诗学上，对语言本体意识的阐述主要归功于海德格尔和梅洛·庞蒂，前者认为诗人写诗的主体不是诗人，而是语言中的"道说"，是本性语言自身在说，诗人只是倾听者；后者从存在的裂变与可逆性理论出发，同样否定了诗人写作中的"唯我论"。这样的语言与极限、生成、可能性相关，与无（nothingness）、沉默、死亡、否定、悖论相关，与最敏锐的直觉、具体的生存情境血肉相连，就是与作为语言历史事件沉淀而来的约定俗成的现实概念语言无关。令人悲哀的是，我们常把语言本体意识误解成唯语言论、唯形式论、修辞技术论、语言拜物教等，要么故弄玄虚说什么"诗到语言为止"（不说出是怎样的语言，这个警句就是瞎扯淡），要么把它扭曲成一个靶子来打，自说自话，高呼超越它，自以为很高明。这两方面的中国诗人和批评家本质上都持相同的语言工具观，他们坚定不移地认为诗人和生活才是诗的源泉，语言终究是次一等的东西。人们也很容易把庄、佛的语言观理解成语言工具论，认同语言是有极大缺憾的表达工具，写诗就是自我的表达，以为语言问题就是表达得好不好，与更根本的诗歌的格调、境界无关。更有人批判诗歌写作中的语言拜物教或呼吁当代新诗要走出语言自造的神话云云，让我感到很无语。我不能评估诗歌界语言本体意识的缺失，对中国诗歌写作及诗歌批评有什么损失，我只知道它对我自己的诗歌写作与研究很重要，并沉浸其中完成对自己的承诺。

其实，跟传统作家比，具有现代性意识的作家写作都很自觉，是带有高度反思性的、自觉进行自我约束的写作，作品的智性氛围大都比较浓烈。这可能不是选择的问题，而是自然而然的。就写作本身看，很难分出智性写作与非智性的写作，因为写诗不可能是理智的或理性的，更不是为思想而写，或为思想找个修辞外壳，诗歌同样是直觉的艺术，情感、想象与心灵是发动机。并且语言本体意识也与智性相冲突，智性中的主体是非常鲜明的理性人，前者却要求人放弃主体地位，消除主客对立。在这个意义上说，并不存在智性写作。也许智性的感觉是从读者角度看到的，比如我的诗歌读起来比较费脑筋，是不是倒过来说，写起来也费劲儿？其实不是，这也许是一种气质吧。

崖：都说诗歌是语言的艺术，其实诗歌似乎又不完全是语言就可以涵盖的，它可以打开到很广的尺度范围，包括：历史、现实、文明、自然、社会、人性……诗歌有很多描写世俗的生活经验，但是它面向的绝不仅仅是单一的世俗经验。诗人在语言上如何处理好"经验与超验"的关系？

李："诗歌是语言的艺术"这个判断更多是分析性的，因为诗歌就是在跟语言打交道。我们也可以说，小说是语言的艺术，相声是语言的艺术，广告是语言的艺术，哲学也是，比如在德勒兹看来，哲学是概念的艺术。但很显然，一切都不是语言所能涵盖的，我们还可以说诗歌是直觉的艺术，诗歌是生活的艺术，诗歌是一种文明，诗歌是没有形而上学的形而上学，等等。我想，每一个关于诗歌是什么的回答都会漏洞百出，但每一个回答都在强调诗歌的某个面相，至于这些面相之间哪个更重要，与时代、个人、问题情境等息息相关。在我们这个社会和历史里，诗歌的语言面相长期被漠视，本来是一个常识，一个分析性的思考就能明白的事，却不被承认，一再被否定，或被极度贬低，视同形式化的瘟疫病毒。即便赞同这一命题，似乎也并没什么好讲的，急切地从语言滑向您说的历史、现实、文明……只有当我们意识到语言是人类的宿命，意识到语言魔法中的解放与禁锢、自由与奴役、建构与解构、逻辑与悖论……就不会轻易抛开语言对语言所建构的一切东西侃侃而谈。如果给历史、现实、文明、社会、人性、意识形态及各种符号开膛破肚，会看到关键的脏器都是语言化的。然而语言本身的面相又极其复杂，语言结构、言语活动、话语与修辞等各个部分各有特质，语言的经验性、超验性、可能性、逻辑性、社会性、创造性等都是矛盾性的兼容。与语言相连的两端：一个是无边的沉默；一个是无边的潜能。诗歌的语言如何定位？我觉得常人的语言固守在两端之间，而诗人的语言是冲击两端的冒险者。前者在所谓的约定俗成的范围之内，无论是历史还是人性，大致在现实的权力的意识形态的网格上运行，也就是经验的层面生存着，但后者不同，它必然是非现实的、异质的，与未知、他者相伴，反抗约定俗成的束缚，自由地冲击权力话语，具有天然的超验性。诗意既可能来自超常的体验，也可能来自任何平常的经验，诗歌描写世俗的生活和经验，但是它面向的不是世俗经验。诗意的产生本身就是超验的，就像海德格尔认为，诗人是在神隐去的时代写诗，其职责是沟通神人。但是诗歌写作也受时代风气影响，诗歌有抒情的面相，也曾以抒情为中心，当里尔克说诗歌是经验、没有一事一物不可以入诗的时候，实际上是一种纠偏，它同样是诗歌的一个面相，与诗歌的本质思考无关。朦胧诗曾被认为是一种青春期写作，情感泛滥，超验意绪强烈，20世纪90年代引入叙事性和戏剧化，强调起经验和介入写作，思考讨论诗歌如何处理经验，这样的做法很可能变为二元对立中浅薄的翻转。也有人说诗歌是一种特殊的知识，或不是知识的知识，它是人的想象和感觉的语言化成果。这里的知识与经验处于同一层面，超验在里边变为一个不必说的背景。我的写作从不将经验与超验对立，我警惕的是别的一些东西，比如名称的姿态、语言的经验化和模式化、想象的复制等。自后现代以来，尤其是进入后真相时代，人们很容易通过复制和名称的使用把一个好东西玩坏，超验、经验都可以伪造，到头来我们会发现书写超验的不等于超验，超验的书写姿态也不是超验，经验中也生出种种套路，貌似经验，其实已经背离真实的生存处境。我想，诗人应该有能力像一个虔诚的基督徒一样，到处都能看出神迹，在日常生存中从不缺神圣体验，道成肉身，道在屎尿，并不是说说而已。不过，每个诗人会有极其特殊的打开超验体验的经验，光线、色彩、物品、语词、天气等都有可能是他进入世界背后的通道，博纳富瓦极其敏感于光，我则敏感于黑和黑中的纹理。我觉得可见的与不可见的都在相互成全，语词是诗意的肉身，诗人对语词没有感觉是不可想象的。我真的无法想象写诗者仅仅把语言当作表达工具，那至少在认识上是多么的粗糙和迟钝（也许他们在写作实践中无意识地放弃了工具态度）！

崔：您阅历颇为丰富，用套话"诗和远方"来归纳挺吻合的，地域写作也是一个诗学话题，请问阅历和异地视角对您创作题材的拓展有直接关系吗？

李：远方一直在我心中，诗却只在当下。我肯定谈不上阅历丰富。我对于远方的看法是：远方就是远方，不能拉近，也不可接近，它只作为远方它自己而存在。诗不向远方求，诗产生于当下、眼前、对生存境遇的直面，真诚或赤子之心是一个诗人不可或缺的素质，诗人不回避邪恶、强权、屈辱，没有幻象，抵达自我的真实极限，浪漫、滥情恐怕是差诗人的不二表征。经历对于诗人的写作一定有影响，但不一定是正向的影响，经验的积累有时反而是语言上的禁锢与剥夺，并且，外部的经历和内心的经历也不成正比，外部经历少而内心经历无限丰富的人，应该更适合写诗，比如佩索阿。我通常羞于说出自己的经历，在简介中会大而化之写一点儿，您可能从我的简历中看出我去过一些地方，但我在人前几乎闭口不谈。可能因为有点儿社恐，也可能社恐掩护了我的孤僻，我现在坦诚面对您的提问，且当自言自语吧，否则我很难去谈自己的经历。在我的每个年龄阶段，我都显得又瘦又小，外形很容易屈从于外部暴力，内心的反抗却不平和，往往在决定后，什么都不顾就去做了。我的人生主线是上学、读书、教书，早年上学工作都在江浙一带，从瑞安到温州、杭州、上海、南京，一直读到博士，其间在《温州晚报》、嘉兴学院工作数年，后来到广西大学教书，再到美国哈佛大学访学，赴马来西亚等地学术交流，也在泰国华侨崇圣大学兼职任教，最后来到重庆的西南大学，不想动了。从上学到工作中报课题、评职称等，我从不缺对各种考试考核的痛恨，也不缺在处理师生关系和其他社会关系中的屈辱感，是痛、屈辱、压抑等伴随着我在他人眼中的一点儿成功。我出生在浙江瑞安的乡下，却没有一丝对故乡的感情，那里是我父辈受尽屈辱的地方，邻里都会为一点儿鸡毛蒜皮的事大打出手，底层互害无以复加，所以我的诗歌写到故乡的人与事时，没有一丝温情，写到后来去过或生活过的地方，反而偏向暖色调，比如《从哈佛到东营》《在泰国》《瓦尔登湖：致梭罗》《斑鸠村》等。我的写作基调是自我对话，带有审视目光，无论是诗歌还是随笔，都有这个特点。或者说，在我眼中，每个地方都是异域，我的故乡也是异乡，故而我的诗歌中萦绕着不满和哀悼，似乎契合一种被抛在世的人生根本境遇。我的诗在题材上没有偏好，也没有想着去刻意拓展，都是随物赋形，随境而转。写什么是次要的，在哪里写也是次要的，就像读什么专业做什么学问是次要的一样，我信奉所有的可能性，信奉老天在每一个地方都布下了通道，道路自己会开辟自己。

崖：您说："没有语词不等待回应，诗再加一等。"语言在召唤回应，如果写作是作者与他者与世界的对话，如何处理提高写作难度与降低阅读难度的问题？如果仅是为"无限的少数人"或为自己而写，写作者与读者之间期待维持的是一种什么关系？

李：是啊，我相信语言的诞生就是在回应神秘的召唤，包括人与物、人与人、人与天地之间的召唤。召唤—回应是语言内生的结构，无论是哪一级语言表达单位，在交流中必须成为一句话，才是真正的语言现象，所以雅柯布逊、巴赫金等都认同语言的本质在于对话。人们为何喜欢听山谷回音？人们即使在荒无人烟的地方喊出一个非语言的声音，也在期待某种回应，更何况语词？诗歌是存在的声音，是人领悟到存在的声音，它等待回应的迫切性甚于普遍的语词，如同新的水位有更强的势能。

如果我的写作是真诚的，那么写作难度就是个伪问题，一个为大众而写的诗人或就在大众水准上写作的诗人，你想让他增加难度也增加不了，反之，降低难度就成了另一种诗人的作伪。如果我是在语言的极限处或边界上写诗，阅读的难度就一定会出现，诗不是为"无限的少数人"而写，而是结果如此。诗歌读者为小众才是正常的，诗歌处于社会的边缘化位置也是正常的。因此我也不会刻意想着降低阅读难度，我想，人们在阅读叶芝、艾略特、兰波、布罗茨基、米沃什、默温、辛波丝卡这些诗人的作品时，即使可能比较难理解也不会质疑他们怎么就不为读者着想。当然，诗歌更渴望期待读者的回应（不是所有读者，而是潜在的读者），读者的阅读使诗有了第二次生命，诗人可以往言语整体上易于理解的方向调整，而这调整的度只能由诗人自己做出判断，诗人有这个意向就好。反过来说，读诗者必须明白，包括我自己，诗歌是反概念的语言，是在意识形态之外的语言，是用于感觉的艺术，必然会经常遭遇晦涩难懂的东西，读诗就是为了更新自己，甚于情感上的满足。我希望读者去感受语言，不断重温那些被诗句擦亮的语词，将上面的光引入自己的内心；而诗人则保持赤子之心，永不作伪，不去生产像诗歌的东西，不去为了掩盖经验的空虚而写得晦涩，更不应故弄玄虚，在一种文明之子的姿态里写作。

崖：您笔下的词语和内心的距离如此之近，总能找到精准的语言以恰当的修辞方式来完成思想意识和情感的传递，为此您做了哪些努力和探索？您的诗歌语言密实精致，诗歌语言与日常语言根本区别何在？

李：谢谢您的阅读！您已经点出我诗歌写作中最关键的地方，即词语、内心、生存处境之间的距离最小化。理论上说，它可以做到自然而然，但现实是，必须经过不懈努力才能克服其间的巨大距离。一个词语必然走向概念化、钝化、意识形态化，如漂浮在生活水面上的死鱼，诗歌的愿望是让它起死回生，但也不再可能，可能的是它活着时的回响，与死后的悼念。人的存在境遇也差不多，我们的内心被欲望和权力扭曲、异化，生存处境通过利益化、圈子化和信息茧房的定向喂养被伪饰、蒙蔽、虚构，我们很难抵达真实，况且还有像逃避自由一样逃避真实的倾向。所以我的确是在探索，写诗本身就是探索，不仅仅是怎么写的探索。我可能是一个最不把诗歌当一种文学范畴的写者，它就是语言，就是我的思，我的人生行动和意义体验，这个世界没有文学我也依然会写诗。由于上述讲的巨大距离，我赞同诗人应尽最大努力去做修辞练习，发展诗歌的技艺袪除现实语言的腐尸臭，享受修辞的愉悦，来增强语词的可感性。但这一探索很容易走火入魔，代价往往是丧失直面生存真实和内心真实的能力。我看到一些诗人技术失控，进入语言的狂欢，批量生产诗歌，却被欢呼为典范。诗歌的技艺必须伴随技艺的死亡，一个诗人不可以控制词语，而只能期待词语的到来，或去倾听词语之间彼此的碰撞与私语，来回应最隐秘的内心与当下最真实的生存情境。与此相反，另一典范则是语言工具化的表达，将诗当史，道义担当，满目介入写作，诗歌本身也沦为工具。绝大多数诗人介于两者之间，回避内心的扭曲，回避强权、不义与屈辱，在诗中做一个多愁善感者或高贵心灵者，他们一般都有一个或多个外国现代诗人父亲，移用他者的生命触角和境遇写诗，对诗的评价也能理直气壮地来自他们——这是一种通过向他者献媚曲折地服从规训的媚俗。对我来说，此三者都会构成诱惑，我的探索不仅要摆脱日常语言建构的世界，还要摆脱这些诱惑。我自知命定踟蹰于思与诗的边界，或符号与神秘主义的交叉路口，我愿意游走于语词、自我、生存的边缘，即诗集《非有非无》代跋中所写的那样。

如果说有修辞，修辞也只是个过渡物，一个方法或途径，就像博纳富瓦说艾吕雅的诗句"聪明的乌鸦比以往更红地重生"不能因为隐喻这一修辞游戏而降格，它不是修辞，而是诗歌劳作之开端的词语联想，是被召唤来的。巴什拉《空间的诗学》把这样的诗句叫作诗歌形象，其中词语之间的关系拒绝被分析，只能去感受。诗歌形象与修辞手段有质的差别，通过诗歌形象，灵魂证明自己的在场，而修辞手段本身是无灵的。我曾经在一篇文章里区分三种修辞：一种是给概念或事物修饰的修辞；一种是修辞幻象；一种是从表达之难与逻各斯根源处诞生的修辞。只有最后一种修辞配得上诗歌形象。所以我的注意力只在第三种修辞上，我的写作从不将修辞当修辞，它就是语言本身。

语言的存在形态多样，彼此差异也丰富。就文学而言，我们最有感的莫过于诗歌语言与日常语言运用的差别，它们虽然同属于一种语言之下的不同状态，即它们的基本语义与底层结构是相同的，但一死一活，形同而已。对诗歌语言与日常语言根本的区别我有坚定的认知与感受，即日常语言是概念化的，诗歌语言则是非概念的，或反概念的。诗歌语言像存在的肉身，浑身充满了感官，这些感官可能是一个节奏、一个韵、一个谐音、一个语调、一个比喻、一个异常搭配、一次语法偏离，等等。还有一个根本性的区别，即诗歌语言的语言形式本身具有决定性的作用，日常语言表达概念之后可以完全忽略语言形式。也就是说，诗歌的意义不先行于语言，诗意与语言形式同出，皮肉不能剥离，如"当全部黑暗俯下身来搜查一盏灯"完全不同于"黑夜"的概念，"我以目光扫过那座石壁／上面即凿成两道血槽"完全不同于"看见石壁上的两道槽"的概念解读。

崖：您的诗散发出深厚的人文气息，恐怕还是与您身处教授圈子和学院文化相关，但您似乎自觉与"雅文化"对决（麦种语），请问您意识到分离的危险吗？应该如何正解"否定"诗力说？

李：我问过自己，如果我不是教授，不在高校任职，我的生命重心会有变化吗？不会，我还是会到思考与写作的路上。也许，那时我为生活而挣扎的时候可能会多一些，尊严更少一些，所受的屈辱更大些。但也不尽然，我想，重要的是走出从小生活的地方，走出家庭目光的包围，只要到了外边，可能性就能由自己创造。这个"外边"原理适用我现在的任何处境，包括专业、读书、学院圈子等。学院的"雅文化"是安全的，它基本无视、无感于我们真实的生存处境，这就是您说的"分离"吧？可以热烈讨论作为他者的文化符号，古代的和外国的。每一种符号都有其自身的游戏规则，并有充足的意义供应，人们很难逃脱规训，只有站出来，站到"外边"，才能有所觉察。在"雅文化"中感受到的具体"分离"包括"词与物的分离、诗与人的分离、学术与人生的分离、观念和感受力的分离、超我道德感与经验的分离、有限与无限的分离、宏大观照与日常细节的分离、言说与行动的分离……""否定"诗力说是"90后"作家麦种（徐颂赞）讲的，我的理解是，他借我的诗谈了他自己的梦想，看得我也很感动。他很快要去英国剑桥读神学博士，但愿他不忘化为这黑底白字的热血。

否定并不一定要对什么进行批判，否定也可以只是对否定现象的描述而使之显现，如上述所讲的"分离"。作为批判的否定，则有可能变为否定而否定，并最终为某种意识形态所俘虏，在争论不休中失去本该有的力量。我不知何时从何处感染了一种否定的命运感，甚是怀疑人生在世能知道什么，已知之于未知，可见的之于不可见的，犹如杯水之于大海，有太多曾经肯定的东西都反转为它自身的反面，种种悖论或轻或重地击打我的头颅。拿语言来说，它对世界的遮蔽与敞开如影相随，无始无终。"道可道，非常道"，"佛说般若波罗蜜，即非般若波罗蜜"，"是"即"非"，"非"也已说了"是"。这一"非"被普遍默认为消极，我却一点儿也不觉得它是需要被克服的障碍，反而认定它是生命意义成为可能的条件，作为语言的动物，唯能以否定的方式推动未知，推开生存的境界。反思是无止境的，也等于否定是无止境的，我在取消自我中才能体验到真实的自我，对于生命、学术、社会、文明等何尝不是这样？我在否定中与自我、他人与世界构成对称？似乎有这么一种感受在。所以我的诗歌语言也埋着一股自我取消的兴奋劲儿，我把自己当成了那一个丧失与不在的在者。在具体的生活与心灵层面，我不得不将否定理解为更现实的张力，从物的有限性看，生命终究是一种张力，丧失张力的人间是可怕的，我愿意站在促进张力形成的一边。

崔：社会发展和时代进步带来文化语境的变迁，您如何评价互联网时代的诗歌创作氛围？自媒体给当代诗歌创作方式和传播方式带来什么影响？

李：我不知道社会是否发展了，钢筋水泥、飞机汽车、互联网元宇宙、智能手机人工智能等，其中的繁荣与衰败是共生的，我都能感受得到，更不能确定与诗歌写作有关的当代人文环境是否变好了。我从来不敢断言时代进步了，尤其当我看到科技的进步或经济的繁荣给特定个体的人生带来毁灭性的灾难时，我想到的是"电车难题"，颇为怀疑人类的大多数有什么正义。"变迁"一词是客观的描述，它给当代诗歌带来的影响也只能是客观的，比如内容、题材、用语等变化，很难进行价值判断。自媒体的勃兴同样也会带来诗歌客观面貌如写作数量、传播等的变化，我不太赞同这有什么革命性意义。至于诗歌本身有何根本性的改变，主要看与诗歌直接相关的那些因素有没有发生断裂，如语言观、审美观念等。您可以说我是个落后于时代的人，也许我能顺势保持着与时代的距离，向阿甘本意义上的同时代人致敬。

我可不可以将互联网时代的诗歌称之为这个时代脸上疯狂的笑容？我看着它只觉得心里发怵，这是自发的诗歌大跃进。诗歌写作的门槛是现在所有文学门类中最低的一个，会写字、会敲回车键的都可以写诗，当门槛很低时，这样的繁荣是相当可疑的，它与当代诗歌批评的普遍无能或瞎扯淡相对应。导致门槛低的原因恐怕非现代诗教育之失败莫属，若追问下去，就到404（表示错误的代码）了。

崔：我们这个时代有没有所谓的诗坛？是不是像史蒂文斯"田纳西的坛子"一样把它置放于山顶，万物都围绕着它建立秩序？当下新诗发展处于什么阶段，未来发展前景如何？抱歉题目太大，简言之吧。

李：对于诗人，我只想说，写吧，不为文学史而写。思考这些问题是批评家的事，他们有义务描述这个时代真实的诗坛，发现当代诗歌写作中的秩序与正义的问题，发现当代诗坛话语权的运行特征，反思当代诗歌的历史语境，对未来提出期许。严格地说，我既不是诗人，也不是诗歌批评家。我只是写着诗，从没想着进入诗坛，偶尔对自己的写作有所反思，欲与某种传统建立隐秘的关联。我不关心的东西并不意味着它不存在，我知道有人的地方就有江湖，它在建立秩序过程中一样充斥着尔虞我诈、钩心斗角，诗坛没有一点儿神圣感，我觉得用史蒂文斯的"田纳西的坛子"比喻也许不恰当。此前我跟友人提过，我社恐，干不了批评家的活儿。

"当下新诗发展处于什么阶段"可能是个过于自信的问题（且不说当代诗歌也可能处于什么退步阶段），这个阶段不可能从诗歌的群体面貌做出判断，而只能通过发现最上乘的个体诗歌作品来判断，我不知道今天有哪个批评家具有顶尖鉴赏力并且下过足够的发现功夫。未来同样也在于发现，从过去推导未来的做法在艺术创造领域并不可行。也许批评家更应该去发现已经过去了的未被发现的"已然未来"，这样做更可靠一些。关于当代诗坛现状，就是当代的投影，我无话可说。只盼望还有反思能力的朋友们不僭越自身责任，不去指导诗人写作。因为诗人也有头脑，并不比批评家弱，两者只是分工不同。

崔：诗歌在哪些方面重塑了您？笔名"李心释"有什么特别含义？有人说，在诗歌创作中，灵感、激情、经验、知识、想象力、创造力……哪一个都不可或缺，诗人需要具备哪些方面的能力？

李：您说得对，是诗歌重塑了我，尤其是诗歌的语言，给予我如何逃脱现实规训的示范，使我的卑微有了向上的通道。

关于我的笔名，大家通常会对"释"顾名思义，以为是一心向佛的意思。我也不辩解，这么想不算误解，只是有点儿把我归类了的感觉，所以借您提问坦白一下我自己的意思。我本名"李子荣"，重名者众多，老一辈的人听到我的名字总提"杨子荣"，我的存在好像是别人的影子似的，这让我心里很不安。也许写作的人都敏感，才都想着取个笔名，使自己的存在更稳固一些。2005年我博士毕业后，决定彻底改名，派出所的人要理由，我说服不了他们，改名后博士文凭的认证也是个大麻烦，因此就以笔名在世吧。想到"李心释"，算是一次性的缘分，脑子里跳出来后就认定了它，跟写诗句的状态差不多。然后上网一查，至少网络上没有重名的。回头想想，这个笔名跟我多少有点儿抑郁症相关，我下意识里把"心释"解为"放下"之意，而"放下"不就是佛家的劝诫嘛。自2006年下半年起，我发表诗文、著作出版皆署名"李心释"。第一次听到有人唤我"心释"是2007年4月的某一天，在哈佛大学（再也无法忘怀），当时我正与同在哈佛的何朝晖兄（现为山东大学古典文献学教授）过马路，耳边传来数声轻柔的"心释"，当时真的是反应不过来，愣愣地抬头，发现不远处田晓菲教授微笑地看着我，她和宇文所安先生在一起，看起来也是要过马路，我赶忙和他们打过招呼就分头走了。可惜我们很快断了联系，大概由于我在与她邮件交流中一些表达比较唐突吧，或兴趣点差异太大。就这样，第一次的"心释"还在等待着心释，当时的我显得有些太"自我"了。我对"李子梨子栗子"的21世纪旧体诗提不起兴趣，而她能从中发现现代汉诗的另类历史，说明我的视野还是窄了。

请原谅我还有唐突的老毛病，我觉得用"灵感、激情、经验、知识、想象力、创造力"这些词来讲诗歌写作太老掉牙了。我不相信有灵感，只觉得写作需要进入状态，这个状态就是摆脱概念化思维的控制，让直觉变得敏锐起来。我的诗里也几乎没有激情，可能比华兹华斯的"诗歌是宁静中回忆起来的情感"更宁静。经验于我也是无差别的，我不倚重某种特别的经验，就看这块滑板能否带我上天。知识更是我反对的，知识使得诗歌像打肿脸充胖子，我非常讨厌那种明显的互文写作，盗用他者文化的诗没有一首是真诚的，写诗不真诚，一文不值。想象力不是刻意的东西，进入状态时，语言就成了想象力的化身，诗与想象力是重合的，如果有诗之外的想象力,也已跟诗无关了。我想,好诗人就是诗人,不好的诗人写再多的诗,也不是诗人,诗人应该有能力随时并持续进入非日常的生命状态,有回视自身的目光,不控制语言并能准确聆听语言。

崔:您的诗学随笔《黑语言》分别以《语言与世界》《语言与诗》《语言与艺术》三个章节展开阐述,这是您的诗观吗?新诗在我国已经有一百多年历史,仍然有读者表达对新诗"晦涩""不知所云"的失望,这是由于语言自身造成的问题吗?如何找到准确解读诗歌文本的可靠途径,或许诗歌根本就不需要去刻意"读懂",也不存在什么路径?

李:您太敏锐了,这几章标题的确能折射出我的诗观,如果把"与"改成"即",就更明显了。语言即世界,多像维特根斯坦的语言本体论;语言即诗,多像从维柯到海德格尔的语言本体论;语言即艺术,多像古德曼的语言本体论。我还没能好好厘清它们之间的关联,我的注意力更多在具体的语言学诗学问题上面。《黑语言》本来不分章节,是我在 2021 年之前五年中的诗学思考记录,出版时才做了较粗疏的整理,发现这些思考基本上围绕这三个主题展开,也有许多交叉的部分,就随便归入某个部分。

说到一百多年的新诗历史,我觉得新诗在艺术探索上至今没有形成相对独立的空间,总是不断被诗外的思想观念或现实社会诱拐到别处,您想想现在还有读者抱怨新诗"晦涩"或"不知所云"的话,这新诗有多失败!新诗实在不必理会读者,新诗应有创造读者的抱负。现代诗教育的失败使大部分读者摸不着读诗的门槛——是的,读诗与写诗都有门槛——他们以为读诗跟读散文和日常文本没有两样,都是概念化的解读,从未想过诗歌也是艺术的一个门类,要像听音乐、看画那样去感受,是去感受诗的语言,而不是穿过语言去索要观念性的东西;体会诗歌如何更新我们的语言,从而更新我们的大脑,就像绘画如何更新我们的看,音乐如何更新我们的听。换个角度,就不存在读懂读不懂的问题,我们不会形容一个乐曲怎么晦涩,听懂它不是因为懂了这个乐曲表达了什么,而是内心受到触动,被吸引,能回味。至于好坏判断,得靠一些更专业的训练。诗评家陈仲义《现代诗:接受响应之要论》一文里有好诗的"四动"标准,即"好诗=感动+撼动

+挑动+惊动"，这是从读者角度提出的非常精到的观点。但是这种效果论严重受读者水平制约，依当前新诗的读者水平，错过好诗的概率是很高的。众所周知，古典诗与现代诗的接受有着巨大差别，古典诗背后有一套统一的意识形态，写诗者与读者会共同去参照，诗歌自然容易被解读——也可能不是真正的解读，只是有一个共同的语言游戏空间——现代诗背后的统一参照系不存在了，既没有统一的思想意识，也没有统一的语言游戏场域，人与人面对面都失去了太多可沟通性，何况还隔着一个诗歌文本。写诗者角度的判断会更可靠，对于促进新诗发展更直接有益。我们实在不必在意有普通读者读不懂诗歌的现象，新诗要长时间专注于创造自身的读者。我一直想弄一个当代诗歌选本，目标就是写诗者角度的好诗，这个选本眼中无诗人，也不为文学史而选。但因为迟迟未遇同道而被无限期搁置。我心下明白，此事一个人做不得，局限太大。写诗者角度的好诗判断，如同对待修辞，修辞之差是绝对的，修辞之好却是无止境的。我只能说好诗有基本的门槛，即反概念，词在沉默边界活动，有一副完整的语言身体，感官敏锐，绝无陈词、冗词，意味精确。

张桃洲,1971年4月生于湖北天门。现为首都师范大学文学院教授、博士生导师,中国诗歌研究中心专职研究员。著有《现代汉语的诗性空间——新诗话语研究》《中国当代诗歌简史(1968—2003)》等。曾获首届唐弢青年文学研究奖、北京市第九届哲学社会科学优秀成果奖等奖项。

我看重源自"实感"的写作
——张桃洲答诗人崔丽娟

崔丽娟(以下简称崔):张教授您好,您有多重身份:诗人、评论家、教授、学者、译者,我们开门见山进入访谈吧,在这多重身份中如何转换自己的角色?借用一句老话"理论是灰色的,而生命之树长青",如果诗歌创作是生命的吟唱,那么,您的诗歌会否倾向理性色彩而带上"灰色"的理论眼镜?

张桃洲(以下简称张):说起来,这些所谓"多重身份"都是缘于人生的际遇。我中学时是一个狂热的诗歌爱好者,与同学一道组织诗社、油印刊物,自己在几个笔记本上留下了很多涂鸦之作,那算是创作的起步。后来读研、读博,受制于理论研究的任务和习性,创作的兴致渐渐被压抑了,很长时间竟然一首诗也没写。但也正是读博后期写论文期间,为了缓解烦琐的查找整理文献和边冥思苦想边"码字"造成的压力,某种写诗的冲动又恢复了,当然呈现的面貌已有很大不同,确乎沾染了一层"理论"(莫若说理性)色彩。后面断断续续,基本上保持了写作的习惯,写得不算多,但都是有感觉了就写,不遵循什么写作规则、风格流派,也不刻意谋求在公开刊物上发表，只是把它作为记录自己心境和感悟的一种方式。

　　现在看来，对我而言，理论（研究、评论）与创作是对等的，在二者之间不需要进行"角色转换"，因为它们不存在不可逾越的鸿沟，都是一种"表达"，都要经过与语言、经验的磨砺，当然都很难（要让自己满意的话）。在这点上，我这几年进行的翻译也一样（个人趣味更浓些），都涉及遣词造句、都要字斟句酌。总之，是用词语跟人和世界打交道。

　　崔：诗学研究涉及的问题较为庞杂，自现代新诗诞生起就面临什么是"新诗"的争论。20世纪90年代以来，当代诗歌观念的一大进展，或许是人们对于什么是"诗"，何为新诗的"新"都有了越来越开放和包容的态度。您在自己的诗学论集《语言与存在：探寻新诗之根》中表明诗的根本在语言，除此之外的情绪、思想、形式、声音、想象力……也都是评价标准吗？

　　张：在拙著中，谈到诗关乎语言和存在这两大"根本"，这还是一种过于学术化的表述。您提到的想象力、形式等，这些当然也是诗的要素。我曾经提出一个看法，所谓"新诗"就是诗没有"标准答案"，每一次书写都是对"诗"的发明，是对"诗"的重新定义，包括形和质。

　　"新"或"标准"是相对的。就我写作和阅读的切身体会而言，一首诗一定要有"实感"，是有所触动后写出的，否则会流于空泛、造作、夸饰和炫技。这个"实感"也好、"触动"也好，我以为它构成了写作者与自己、与周边的现实发生"摩擦"的原动力，也是避免文字出现"空转"（各种原因包括思维和写作"惯性"所导致的）的支点。不过，这里还要评估：这个"实感"究竟"实"到什么程度，能否支撑起一首诗的发生直至完成。我多年前读到过一位著名诗人的一首长诗，据说是他参观某处古迹受到震撼（并且流了泪）后写成的，也许不用怀疑其率性流露出的情绪的坦诚，但从该长诗虚弱、涣散的文本来看，我斗胆猜测，他可能形成了一种惯性，让自己的情绪（眼泪）沿着某个既定通道、迅速升华为诗句，其受到的震撼（"实感"）被易于自我感动、升华的惯性机制稀释和损耗了。倘若诗有"标准"，这就是我看待一首诗的最基本的"标准"：必须是由真正"实感"出发的写作。

崔：我很赞同您关于诗歌从"实感"出发写作的观点，然而，创作者的"实感"与读者感受到的"实感"是否达成一致也是不能忽略的问题。近年来，诗歌重归公众视野，但时有读者表达对新诗"不知所云"的失望。对于"当代诗歌阅读何以成为问题"许多诗歌批评家纷纷寻找解决良策并给出不同的答案，效果似乎不尽如人意。请您分析读懂文本最为可靠的途径究竟在哪里，或者诗无达诂，诗歌根本就不需要去"读懂"？

张：我刚刚发表了一篇文章，谈到一直以来新诗阅读面临的困境，以及读写之间存在的隔阂。新诗阅读的议题确实颇为复杂，涉及诗人、读者、文本及阅读环境等因素，大致来说有几个问题值得留意或重新思考：一、读诗是否以"读懂"为目的？二、"读懂"一首诗究竟是清除了字句理解的障碍，还是消除了诗的晦涩本身？三、"读懂"一首诗是否意味着对诗里每个字句含义的"落实"和对诗文本意蕴的"还原"？四、读者对一首诗的不理解，其真正原因是理解力的不足还是诗歌观念的偏差？五、果真如诗人臧棣所说，一种诗歌写作能发明一种诗歌读者？显然，这些问题不会有明确答案。

在对新诗阅读的认知上，我很赞同洪子诚先生建议的，在阅读过程中要"留出空间给予难以确定的、含混的事物，容纳互异的、互相辩驳的因素"。另外，我很注重阅读者读一首诗的时间点及其置身的大小语境，一首诗总会经受历时的阅读，其中的阅读方法、技巧固然重要，但阅读的具体情境同样值得留意。

崔：作为一名诗歌批评家和研究者，构建一套诗歌评论路径的组织形态至关重要，在选择好文本进行诗歌批评时，您坚持什么原则？诗人、批评家西渡是您多年的好朋友，2020年9月上海民生现代美术馆分享会、2021年8月"北京文化周"活动均由您来主持，这里能否请您选择他的某一首好诗做简要的文本剖析？

张：大概受早年阅读的影响，还有性格使然，我很长时间偏好"纯粹"的诗歌，其对应的理想范型出自多少被"简化"了的里尔克、瓦莱里。如果要确定一个心目中的诗人形象，我会选择波德莱尔，因为他身上集结了诸多质素：穿透力、创新性、形式感。我曾粗略地将对诗人的判断分为三类：个人情感上喜欢的诗人；虽不太喜欢却觉得有必要留意的诗人；重要的诗人（须郑重对待）。基于这些想法，我若是选择诗歌文本进行批评，会首先考虑它的效力、可阐释性和可能包含的问题；《神曲》《四个四重奏》这样的作品不消说了，我指的是短诗，它不必显得繁复，但一定具有穿越时间的有效性，并包含了伸进历史、现实的隐秘触角，如波德莱尔的《天鹅》、叶芝的《当你老了》、布罗茨基的《黑马》等耳熟能详的诗篇。

在中国当代诗人中，西渡是"纯粹"诗歌写作的一个代表，他秉持一种严肃诗学理念，其诗中保留着某种纯正之音。我曾在多个场合提及他早年一首不大为人注意的短诗《悟雨》，认为它能够显示西渡诗歌的"底色"，这里略做分析：这是一首十四行诗（也许不是刻意的），表面上看它的音调是柔和甚至轻快的，诗句都是由比较均衡的音组和停顿构成，"地""雨"与"笠"，"声""梦"与"动"，"得"与"叶"，"唱"与"响"，"燕""尖"与"南"押韵尽管不十分规则，但由于配合了均衡的音组和停顿，加上"青葱""梧桐""疲倦""摇篮"等句中词的呼应，形成了一种适度、谐和的韵律，而贯穿于全篇的轻烟一般的"雨"的意象，为诗句铺设了一抹宁静的色调；可是，透过显得流畅的语气和清丽的景象（"青葱""雨燕"），一种内在的阴郁音调却始终挥之不去："一个人曾经歌唱／现在他一声不响——"，这种阴郁音调的起因，不在于抒情者置身"墓地"，而是他在此情此景中突然想到了远在江南的父亲（"摇篮"一词既为抒情者带来了回忆中的亲情，又将他的视线拉回人生的起点，与"墓地"形成对照），浓重的夹杂着伤感与悲悯的意绪油然而生，因此这首诗具有双重的声音设置，在表层以平和以至略显轻快的节奏，消除了"墓地"背景所带来的阴冷色调，在深层则仍然回响着徘徊于死与生、观察与冥想之间的忧郁低音。

崖：您参与策划的《白鲸文丛》出版后反响很好，最近我又重读丛书中由您翻译的新西兰诗人詹姆斯·k. 巴克斯特的诗集《耶路撒冷十四行诗·秋之书》。问一个老生常谈的问题：诗人如何处理"翻译体"与母语写作的关系并从中吸取营养？您在翻译西方诗歌过程中有什么感受？

张：关于中国现代诗与外国诗歌（翻译）关系的问题，还有关于诗歌翻译本身，已经有不少讨论，我自己也参与过前一问题的探讨。外国诗歌翻译之于中国现代诗的功用自不待言，其中确实存在一个如何看待所谓"翻译体"的问题。对此我的基本态度是认可,甚至主张要为"翻译体"辩护。当然,"翻译体"本身有着轻重(程度)、高下(层次)之分以及必要与否的问题,一部分关涉翻译实践过程中的诸多问题(意译、直译,归化、异化,通顺、不顺,等等)。一般来说,意译得过于顺畅的译文,会受到是否抹去原文中"异质性"的质疑,而翻译的一个重要预期即是移入"异质性";由于直译更多地保留了原文的"印迹"(虽然难免造成译文的阻滞),因此,译文可能会改变汉语的句法、词语含义甚至用词习惯等,令汉语的表达从语法到思维得到某种颠覆性的更新。

前面说过,我之翻译诗歌纯属个人兴趣,翻译巴克斯特的作品的缘由在诗集的译后记中有所交代。至于其中的体会,这几年通过读英文原文诗集、诗论著作以及众多译诗集,慢慢积累了一些。比如,我的核心观点——诗歌翻译的前提是研究,或者说诗歌翻译的过程就是对翻译对象展开研究的过程。但当前比较普遍的情形是,同一个译者翻译的对象太多了,多达十几甚至几十位诗人的作品,实在不可思议。这让我心生疑惑:译者是否对每一位翻译对象做过深入研究?他是否做到了字斟句酌、反复揣摩原诗的句式和语感?有些人误以为做翻译只要精通外语就够了,仅仅是两种语言之间的对接,殊不知翻译(尤其是诗歌翻译)需要有高度综合的能力。我看过太多译诗也许"意思"都对了,但总体上缺乏诗感或者才情;也看过很多译作可以说是失败的,原因在于译者在翻译之前没有做足功课,没去深入了解和理解原诗作者、诗中涉及的背景,错讹之处遍布译文就难以避免了。另外,过于光滑流畅的翻译,也会令人生厌和排斥。诗歌翻译的理想情形也许是一个译者毕生只翻译一位外国诗人的作品,但如此是否意味着一位外国诗人应该只有一个译本?如何兼顾翻译的准确性和多元性?这的确会出现冲突。"信、达、雅"……翻译之前我们会默念这三个字吗?

崔:您在高校进行诗歌教学和研究,也写作诗歌、评论、随笔,著述颇丰,有丰富在场体验,您一定很关注大学生诗人群体,诗歌写作有窍门可以教、可以学吗?是以理论指导创作还是创作跟着感觉(灵感)走?大学课堂真的可以培养出优秀诗人吗?

张:我在学校里给本科生、研究生都开设了与诗歌相关的课程,其中有门本科生的选修课《现代诗写作入门》，就是讲诗歌写作的，带有"入门"性质。这门课的第一次课我就要跟学生讨论：诗歌写作能否教？我想这个问题应该从不同角度或层面进行思考和回应。也许从根本上说，写诗不用教、不能教、不应教，像兰波那样的诗人怎么教得出来？并且，成为一个诗人所需要的条件何其复杂（人格修养、生命体验、审美能力、文字感觉等），大部分是无法"教"的，甚至与一般的学校教育没有直接关联。既然这样，那我为什么还要开一门诗歌写作课程呢？我几年前在一篇文章里谈到过诗人的"手艺"，当很多诗人把写诗看作一种手艺时，缘于两种行为之间确实存在不少相似性；可另一方面，正如诗人奥登说，"写诗并非如木匠活儿……木匠能够决定按照一定规格做一张桌子，他尚未开始就知道结果将正是他想要的。但没有诗人会知道他的诗会像什么，直到他完成了它"。也就是说，写诗还包含了很多神秘、未知、不可预测的因素，这跟前面提到的一些"软性"东西一样，是不大可能通过"教"而获得感知的。不过，尽管如此，对于初学者来说，关于现代诗的某些基本特性和要素、写诗的某些"程式化"的基础性的步骤，还是可以教的——这正是我愿意开设一门诗歌写作课程的原因，所谓"师傅引进门"，"入门"之后能否成为诗人就靠各自的造化了。

我当然关注大学生诗人，大学校园里的写诗、读诗，始终是校园文化、青年文化的重要部分。我这门课选修人数少的时候二十多人、多的时候有六十多人，我并不抱有要"培养出优秀诗人"的预期（虽然有学生听完课后考取了研究生），只是想着：每期几十个学生，不管出于有心还是无意，接受一点点诗的熏陶，或许能够稍稍塑造他们的心性，说不定会潜在地对他们今后的学习、生活产生影响（此刻我想到的是诺瓦利斯的《花粉》这个标题），其中若是再有那么几个真正对诗感兴趣的，岂不妙哉！

崖：关于20世纪90年代"知识分子写作"与"民间写作"，"学院派"与"口语诗"这些重要诗歌术语或论争事件，我在做其他诗人访谈时也都提问过，一些判断似乎已经成为某种定论，您如何评价这些理论主张与当今现实的关联？

张：关乎这些术语的"判断"既然"已经成为某种定论"，多少暗含一个意思：没有继续或重新讨论的必要了。主要是由于这些术语无论作为诗学概念还是诗学话题，都已经丧失理论的活力与效力及问题生长点；至少，倘若我们不重新设置问题的角度和关联域，那么它们就成了一个个僵化的词。比如，"知识分子写作"由于诗人身份的急遽"跌落"，这一概念本应具有的"知识分子"内质被抽空了，很多基于它发出的表态似的倡导和呼吁就变得空洞无力；"民间写作"里的"民间"对于诗歌来说，显然绝非一个一劳永逸的价值尺度，这一概念的提出者既没有认识到"民间"本身的芜杂，也无视了其自身所体现出的体制性："民间本是由个人构成，但它一旦构成，却又异化为一种排斥个人的力量……它在本质上就是非诗的"（邵建著《你到底要求诗干什么——"诗外人"说》）。"学院派"更是一个似是而非的提法，在此不必细辨。至于"口语诗"之类，我曾指出 20 世纪 90 年代诗歌中两个影响最大、却被误解最多以至遭到本质化的范畴——"叙事"和"口语"，它们被诗人和评论者过度推崇并强化，极大地限制了 20 世纪 90 年代及之后诗歌视域的拓展。毋庸讳言，进入 21 世纪以后，"口语诗"的负面效应正经由网络等媒介不断扩散，"口语"的泛滥、无限"扩张"和不当运用所带来的恶果有目共睹，在一些为口语而口语的作品里，"口语诗"成了一种即时的、与个人内心触动和时代焦虑完全无关的文字积木，一种无深度的写作转向了无难度的写作。

崔：对当下诗坛生态有两种截然不同的评判，积极的看法主要来自诗歌界，判断标准主要是文本，这种观点认为，现在诗歌写作非常活跃，可以用繁荣或者盛世来形容；悲观的看法则是来自数量庞大的网友或大众，判断标准主要是读者数量，这种观点认为，当下诗歌都是"垃圾"，诗人"死了"。诗人真的被边缘化了吗？诗歌的困境在哪里？诗歌对大众生活是否有用，对此您有何高见？

张：略做回顾不难发现，对于 20 世纪 90 年代后的诗歌来说，边缘化是对其在社会文化里的位置的一种厘定，兼有"被迫"和诗人们自我认定的成分。前面提到的"知识分子写作""民间写作"，当时诗人们在讨论时便不约而同地把各自的写作同"边缘""独立""批判"等词语联系起来，以此表明某种态度和取向，即认同自己的"边缘"地位、强调自己写作的"独立"性、突出写作的"批判"色彩。这种态度及其背后的写作意识在一定时间范围内是有效的，诚如洪子诚先生曾经指出的："'边缘'并不完全是有关诗歌地位的负面判断。对于认识这个时代的问题和认识这个时代的诗歌问题的诗人来说,'边缘'是需要身心(包括语言)的'抵抗'才能到达的位置,是有成效的诗歌实践的出发点。"不过,时过境迁,如果诗歌依然刻意固守"边缘"、凸显"边缘",就难免自我封闭乃至板结,使"边缘"变得姿态化和标签化。

我对于当代诗歌的观感,既非一般公众所指斥的那么不堪,也不是诗人们自我感觉的形势一片大好。据我观察,当代诗歌一直处在不同的焦虑之中:对古典诗歌压力的焦虑、对西方诗歌影响的焦虑、对是否具有历史意识的焦虑、对能否获得现实感的焦虑、对书写重大事件的焦虑、对技艺的焦虑、对认同的焦虑(还不包括面对各种世俗诱惑的焦虑)……正是种种焦虑挤压着当代诗歌,加上面对各种受限所产生的围困感和无力感,都在销蚀着写作的创造力。

当前的文化氛围中洋溢着某种虚无主义和犬儒主义相混杂的气息,"诗歌写作面临的不再是诗意的全面跌落,也不复是理想主义所陷入的无物之阵,而是文化创造力的分崩离析"(引自本人旧文)。这是当代诗歌面临的困境。至于"如何走出困境",我似乎还没有想到可行的方案。但不管怎样,我仍然认为诗歌对于个人和社会不是说"有用",而是不可或缺的。

崔:能否聊一聊您的童年和少年生活,还记得是哪些人和事促使您喜欢诗歌的吗?还记得发表的第一首诗吗?在您成长过程中,诗歌对您的生活产生了什么样的影响?

张:我的童年和少年生活很贫乏,没进过幼儿园,上小学后印象深刻的是听故事,在学校里听音乐老师讲悬疑故事,在家里听父亲讲《三侠五义》《三言二拍》《水浒传》,课外读物则是哥哥姐姐们的手抄本(一些鸡汤文章、格言警句),以及不知从哪儿弄来的侦探小说、《故事会》等。对诗歌的模糊兴趣产生于初中阶段,在读《红楼梦》、《镜花缘》、金庸的武侠小说的同时,也读了很多古典诗词(苏轼、辛弃疾、李清照等的作品),在它们的熏染下试着填了一些词。真正对现代诗有感觉是在上高中之后,跟一帮"志同道合"的同学兴致勃勃地办诗社、印刊物,某天同桌从省城带回了一本《朦胧诗精选》(华中师范大学出版社出版),

里面的一些诗给予我很大的冲击，让我强烈感受到了汉语本身的力量，那种尖利字词、新奇句法所带来的内在震荡持续久远，可谓给我施行了一次现代诗启蒙。现在想来，自己写诗的机缘除了青春期外，所读书籍的激发无疑是十分重要的（如各种中外诗选、小说集以及文艺报刊），此外还间接受到了20世纪80年代浓郁的文化、诗歌氛围的影响。

说起自己"发表"的"第一首"诗，应该是在高中的油印刊物上，虽然当时写了不少，但基本上没怎么在铅印的特别是公开报刊上发表作品，或可一提我参加的全国中学生诗歌联盟"太阳子诗社"办的某期《太阳子诗报》上，登载了包含我的几首小诗和一则诗观、一帧相片的小专辑。从那时起到现在，诗歌伴随着我，不断塑造着我也给了我许多慰藉。我也曾自问：如今以诗歌研究为主职的我，算是将年少时的兴趣变成了一份"必须"去做的工作，这是幸运呢抑或尴尬？

崔：阅读对您创作有什么影响？您喜欢电子书还是纸质书？接下来有什么创作计划？写诗、写评论、翻译三管齐下吗？

张：平时读书比较杂，当然还是以诗歌（作品和理论）为主线，旁及与之相关的哲学、宗教、历史等方面的书籍。阅读对创作的影响是潜在而深远的，我对各类书籍的阅读可以说是"殊途同归"，全部"搅拌"在一起，以促进自己视野的扩展、心智的锻造、词语的累积等。电子书和纸质书都会搜集，大多数时候读纸质书，查阅资料有时用电子书。

今后的工作会延续目前的状态，"写诗、写评论、翻译三管齐下"。目前应一家出版社之约正在继续翻译巴克斯特的诗歌，拟出一本较全面体现他诗歌创作成就的诗选；之后打算选择翻译一本他的诗论集，他的诗歌理论成果非常丰富、成就也很高，值得引介；也有朋友对他的戏剧感兴趣，我会择机翻译他的戏剧集。这些年我搜集了数百种质量上乘的外文原版诗学论著，很想挑几种译过来。此外，我早就萌生了一个念头：编译一本当代西方哲学、文化（包含语言、文学）学者论述诗歌和诗人的论文集，其中包括阿多诺、布洛赫、列维纳斯、阿伦特、薇依、福柯、德里达、巴迪欧、拉巴特、南希、雅各布森、弗莱、肯尼斯·伯克、尤瑟纳尔、库切等学者；其他关注诗歌的哲学家已有专书翻译出版，如狄尔泰（《体验与诗》)、海德格尔(《荷尔德林诗的阐释》《诗·语言·思》)、伽达默尔(《诠释学的实施:美学与诗学》)、汉斯·昆和瓦尔特·延斯(《诗与宗教》)、本雅明(《发达资本主义时代的抒情诗人》)、巴什拉(《空间的诗学》)、阿甘本(《诗的终结》)、朗西埃(《马拉美:塞壬的政治》)等,则另选未入集的论文;当然,布朗肖可以单独精选一本。但愿有一天能编译出版一册或多册这样的书。

凌越，1972年2月生，安徽铜陵人。诗人、评论家、译者。著有诗集《尘世之歌》《飘浮的地址》，评论集《寂寞者的观察》《见证者之书》等。曾获刘丽安诗歌奖。现居广州。

戏剧性面具可以有效解放我的想象力
——凌越答诗人崔丽娟

崔丽娟（以下简称崔）：凌越老师您被誉为注重诗歌戏剧性写作的当代诗人之一。作家的语言选择是为了风格和叙述的需要，您追求词语的"战栗"效果，诗人怎样建立自己的语言系统？诗人的责任是语言吗？语言是技巧的一部分吗？

凌越（以下简称凌）：每个诗人都有自己惯常的写作路径、写作策略，戏剧性面具是我多年来写作诗歌的常用手段之一，可能是因为这个原因，有人会认为我是当代中国注重诗歌戏剧性的诗人。从中国诗歌传统看，戏剧性诗歌一直是比较匮乏的，这当然和中国戏剧传统的羸弱有关，作为以某种"创新"为己任的写作者，有意识地给抒情诗歌加入戏剧性因素，其目的从大的方面说也是为了给汉语诗歌增添某种新的视角或者说新的养分，而在具体的写作过程中，我发现使用戏剧性面具，可以有效解放我的想象力，使我的诗可以便利地触及更广泛的题材，从而获得更开阔的视野，不用说，这些都是我乐于看到的。

另一方面，写作中所有的路径、策略、方法，最终都要落实到诗的语言层面，也就是说它们是否激发了语言的活力，如果不能做到这一点，它们就是无效的路径和策略。因此，我想我可以回答您的第一个问题了——诗人的责任首先在于能否给本民族语言带来活力，换言之，诗人的大敌永远是陈词滥调，诗人的想象力、道德感，只有在语言创新的基础上才有实现的可能。至于语言系统，每个诗人有意无意总会有一个自己的常用词汇表，这个词汇表会赤裸裸地显露每个诗人心之所系。

语言不是技巧的一部分，准确地说语言的活力是所有所谓技巧想要获得的东西，尽管在过程中，它经常会感觉力有不逮。

崖：2021年7月24日您作为"诗歌来到美术馆"嘉宾来到上海民生现代美术馆做活动，在分享创作时您谈到"诗人最本质最正当的工作就是赞美"，这是您的诗观吗？请问诗人的使命是什么呢？

凌：我在分享会上提到"诗人最本质最正当的工作就是赞美"，和诗歌本身的颂歌传统有关，另一方面无论什么风格的诗歌，在状态好的时候所呈现出来的语言欢乐的本质也在支撑着这个观点。

如果说诗人有使命的话，在最低的限度上是写好每一行诗，最高的意义上则是——刚才讲过——增添本民族语言的活力，使它免于因陈词堆积而腐烂的命运，这几乎可以说是一项庄严的责任了。

崖：对于当代诗发展阶段曾看到过这样的简要归纳：从20世纪80年代的情绪抒发到90年代的大日常叙事，再到当下注重客观理性。您也曾说到自己比较早期的《隐逸之地》是一种传统的抒情诗写作，到了组诗《虚妄的传记》才开始直接处理城市题材加入现代元素，在手法上也增加了讽刺和反讽的技术。这种改变基于什么考虑？

凌：首先我认为文学进化论是不存在的，每一种诗风都是对同一圆点在不同路径上的迸发，因此每种诗风的优劣比较恐怕无从谈起，因为每种诗风里（在巨大的标签下）总有好诗和坏诗。

20世纪七八十年代兴起的朦胧诗，在我看来是处于浪漫主义诗歌和现代主诗歌交界处的一种抒情诗,当然产生过非常好的作品,但太多劣质作品空洞的抒情也让后来的写作者越来越厌腻,从而产生了两种基于"叛逆"(弑父)的写作范式。一种以"他们"诗派为代表,以世俗对抗崇高(在他们看来,那自然是假崇高),以平淡的说话语气代替高亢的抒情语调。另一拨诗人则针对朦胧诗过于主观的倾向,试图增加诗歌的客观性。

20世纪90年代以来强调叙事性的诗歌是其代表,他们尝试在诗歌中增加情节因素,扩大诗歌的基本词汇表,去纠正烂俗的抒情诗写作容易犯的空洞和狭隘的毛病。应该说,这两种写作范式出发点都有其合理性,但好的诗歌永远是难以捕捉的幻影,当你自信满满以为可以唾手可得时,你多半已经被它所抛弃。上述两种出发点不无合理之处的写作范式,由于过于自信,很快倒向另一种极端,滑向另一个深渊。过长的词汇表、过于具体的情节、过于拥挤的内容,都使诗歌本身变得臃肿和怠惰,而反崇高的世俗语气也很容易流于油滑。

我自己的诗歌写作正如您所说,也有一个从纯粹抒情写作到增加叙事性、强调反讽、有意将诗歌场景置换到城市景观的变化过程,但是在这种变化中,我始终留意到无处不在的陷阱,我从来没有觉得改变一下写作路径(策略),就能一劳永逸地解决诗歌写作的诸多问题。自然调换跑道是获得崭新活力的尝试,但跑道是有限的,而每一首诗都有一个属于自身的广阔宇宙,关键是你要发现它,并将它在语言中镂刻出来——很多时候,这两者是同一回事。在我看来,写诗的困难和乐趣也正是潜伏在这一秘密的几乎无法言说的过程中。

崖:1999年联合国教科文组织在第30次大会宣布每年3月21日是世界诗歌日,目的是为了推广诗歌这一优美的文化形式的创作、阅读、出版。2022年诗歌节来临前恰好访谈您。请谈谈作为一名译者,您和梁嘉莹合作翻译了许多外国诗集,包括美国诗人马斯特斯《匙河集》,还有《兰斯顿·休斯诗选》《赫列勃尼科夫诗选:迟来的旅行者》《荒野呼啸:艾米莉·勃朗特诗选》等,选择翻译的标准是什么?翻译过程有什么体会收获?

凌:我们挑选翻译对象的标准很简单,就是重要且鲜有中译,到目前为止,我们翻译的《匙河集》和《赫列勃尼科夫诗选:迟来的旅行者》都是这两位重要诗人唯一的中译本。《兰斯顿·休斯诗选》是这位美国黑人诗人首个中译本，只是在我们的译本出版数月后，上海译文出版社又推出了兰斯顿·休斯的第二个中译本。《荒野呼啸：艾米莉·勃朗特诗选》是例外，可是在翻译过程中，我们并不知道另一个中译本的存在，只是在翻译工作完成以后，才知道在多年前的一套勃朗特姐妹文集中有一本艾米莉·勃朗特诗全集。作为译者，我始终觉得首译比锦上添花式的翻译重要得多，而且首译可以避免多个译者之间相互的指责和争吵，这太没劲了。当然，诗歌本身的歧义性，也使同一诗人多个译本的存在变得合理，因此，我觉得我们的艾米莉·勃朗特诗选自有它的价值，不过要是早知道有一个中译本已经存在，说不定我们也就不会翻译了。还有太多优秀外国诗人至今没有中译诗集，完全没有必要扎堆去翻译某个诗人的作品，像阿赫马托娃、茨维塔耶娃、狄金森或者佩索阿有必要有七八个乃至十几个中译本吗？而且很多后出的译本根本没有明显的进步（甚至有的还不如以前的译本），这只会造成资源的浪费。也许有些译者是出于商业的考虑，中国读者熟知的诗人市场通常要好得多，但我们的想法很简单，就是这位诗人是否重要，是否还没有引起中国读者和中国诗人的注意。另一个原因可能是，我自己就是一个不善或者不屑"经营"自己的诗人，因此，我对别的语种中骄傲地待在角落里的诗人有一种亲近感，我愿意翻译这样的诗人，而不屑于像追星一样去翻译某个"明星诗人"。我认为处于遮蔽状态的优秀诗人是最有魅力的。

我们翻译的几位诗人在各自国家的文学史上都是经典诗人，虽然风格迥异，但毋庸置疑都是很棒的诗人，所以我们在翻译过程中是很愉悦的，经常边翻译边被那些精彩的诗句所打动，叹服于它们奇诡的想象力，叹服于它们将经验融汇于语言的能力。

崔：既作为诗人也作为诗歌评论家，当您评价好诗人或好诗时着眼于哪些因素来展开？如何才能做到相对理性客观？

凌：我引用过几次波德莱尔的名言，这里再用一次，大意是"现代诗人是天生带有批评器官的诗人"。浪漫主义之后的诗人，仅凭激情和灵感的驱使，是没法写出好诗的。诗歌史的慢慢延长，使诗人必须要有一种历史意识，他需要了解诗歌史上诗人们各种不同的写作路径和写作策略，并以此为依据在自己的时代决定自己所需要采取的路径。因此，现代诗人通常有一种分裂倾向，一方面他是那个被激情所驱使的诗人，一方面另有一个冷静的他者在一旁打量这一切，并帮助那个激情的诗人保持一定程度的克制，以保证诗句本身达到最优效果。这个自我打量的过程其实就是一种批评的过程，也就是说批评参与了诗的创作，因此我们不妨稍微武断一点儿地下结论——一个优秀的现代诗人必定拥有出色的批评能力，哪怕他没有写过一篇批评文章。

我喜欢的诗歌批评往往是优秀诗人所作，总体而言是谈诗歌创作过程中的得与失，他们有大量创作经验，因此他们的文章总能切中肯綮，但他们也总是习惯于从自身的创作经验出发，哪怕在评论别人的诗歌时也经常如此。他们的诗歌批评文章骨子里总是主观性很强的，尽管冷静的语调给这些文章披上了一层客观性的外衣。话说回来，诗歌批评为什么要"客观"，这并不是衡量诗歌批评优劣的有效标准，这方面的反面例子太多了，大量平庸的诗歌批评正是在"客观"的视角下，容纳了太多拙劣的诗歌，并令人意外地发现了许多"优点"。

各种风格各种路径都可以产生好诗，好诗一定是千姿百态的，你很难从中归纳出某种僵硬的共性，或者说，好诗总有一种逃离既有有效套路的倾向。不过，我也可以主观地回答这个问题。对我来说，一首好诗带来的愉悦感先于对它的理性分析。这种愉悦感是诗的音韵、节奏、意义、意象和情感综合作用的产物，我喜欢的诗通常在我初读时就能立刻打动我，也只有以此为前提，我才有兴趣探究它打动我的原因。不过我要强调的是，这种对于诗歌生理性的瞬间触动也不是客观标准，因为很显然每一个读者囿于他自身的知识储备和理解力，他们对同样的诗句可能会产生完全不同的感觉，令张三感动涕零的诗歌，李四有可能完全无感，而让李四动容的诗句，张三可能又嗤之以鼻。

狄金森曾经在给友人的信中提到过这个问题："如果我读一本书，这本书使我浑身发冷，什么火也不能烤暖我，我知道那就是诗。如果我有一种切身的感觉，好像天灵盖都被揭掉了，我知道那就是诗。这就是我认识诗的唯一办法，还有其他方法吗？"虽然说得有点儿夸张，但在对诗的好坏的辨识上，直接的生理性的感触确实要比头脑的理性分析来得靠谱，因为你完全有可能被自己洋洋洒洒的理性分析不自觉地说服，转而去"欣赏"一首明显的拙劣之作。

崔：怎么理解"先锋""实验""超现实""当代性"这些现代诗歌中涉及的诗学观念（概念）？

凌："先锋""实验""超现实""当代性"这些术语多半是职业批评家喜欢使用的标签，这是典型地从"外部"谈论诗歌的方式，他们自然有权利这样做，既然他们没有能力从"内部"谈论诗歌问题。我以为出色的诗歌创作者一般不会太在意这些标签，他们关心的核心问题就是如何实现和保持语言的活力，当然在这一努力过程中，他们难免要使用一些新（或者是被遗忘已久而在此刻显得新颖）的创作方法——诸如增强戏剧性、叙事性，使用隐喻等，这时候创作者会触及你提到的这些术语，但是顺序不能颠倒，不能为"先锋"而"先锋"，不能为"实验"而"实验"，否则诗歌内在的有机机制一定会受到损害。

"超现实"是现代主义诗歌中很重要的诗学概念，也是一个被广泛使用的诗歌技巧。有经验的写作者都知道，用"超级写实主义"的方式去描写"现实"，未必能抓住现实的实质，而通过"灵视"（超现实）的视角，你反而有可能看到"真实"——一种对日常生活主观性投射。

"当代性"是一个很奇怪的概念，是强调诗要写当代的日常生活吗？意大利学者克罗齐关于历史有一句名言——所有的历史都是当代史。套用这句话，一个当代诗人就算是写古代题材的诗歌，他的诗也必然就是当代诗。

崔：网络时代诗歌写作方式和写作群体构成随之发生变化，如何看待"网络诗歌"现象和社交媒体时代的诗歌？诗歌和诗人的尊严如何体面地在大众传媒中体现出来？

凌：不管是什么时代，一个诗人写作时所面临的困境是一样的，简言之，就是如何用语言处理经验，并在此过程中令语言生出异彩。网络时代可能为诗歌的传播提供了较为便捷的途径，在某些平台，诗人们也更方便交流切磋诗歌技艺上的问题了，如果他们交谈的兴趣不总是落在所谓"八卦"的陷阱里。

这种便利的交流会带来另一个需要警惕的问题，就是强化了诗人写作的同质性——写同样主题的诗，写同样的愤慨，用相近的技巧，体现相似的道德感，诸如此类，而同质性不正是诗人首先需要挣脱的枷锁吗？我自己在写诗的最初几年有兴趣和别的诗人交流，可能那时候写诗的自信心还在确立过程中。后来我对这种交流不再上心，我始终觉得写比说重要，说得再好也不能保证就能写好，那么还不如多花时间在写上面。此外，交流的目的很多时候是为了取得共识，我刚才说了这对写诗没什么好处。

我认为诗人不必浪费时间考虑传播的问题，诗人只要全力以赴写出优秀诗歌就好，诗歌一旦写出就有了自己的命运，它或者立刻广为人知，或者经历一段漫长的被遮蔽的阶段，然后慢慢为人所知。我喜欢后一种感觉，因为那更自然也更从容。我感觉我的诗歌就像是我的孩子，我喜欢和他有更多独处的机会，等他长大了，他自然会慢慢走到人群中，而我则会带着复杂的情绪目送他远去。诗歌到底不是一般的所谓商品，好的诗歌不需要"兜售"。

诗歌和诗人的尊严也是很内在的问题，我曾经说过，作为诗人，写出好诗就是最高的道德。诗人的尊严只存在于美妙的诗句中，而不会在任何别的地方。

崔：能否聊一聊您的童年和少年生活，还记得在自己的成长过程中是哪些人和事促使您喜欢诗歌吗？诗歌对您的生活产生什么样的影响？

凌：前些年有一次整理诗稿，我突然发现了自己写了不少有关童年和故乡的诗，而在我早年的诗歌中，你根本找不到"童年"这个词。也就是说，我的童年和少年时代的经历在不知不觉中已经进入我的诗歌。总体而言，我有一个平静、平和的童年和少年时代，现在回头看，也可以说那就是一个"幸福"的童年，作为某种源头性力量，它将"善"持续注入我的生活，对此我是到近些年才恍惚意识到。我是外婆带大的，我对她有很深的感情，直到现在我也会想起她的样子，她的表情，她说过的话，我在好几首诗中写到过她。

走上诗歌之路，则是受到我的一位诗人堂兄的影响，在我读中学时，他是安徽颇有影响力的青年诗人，他20世纪八九十年代的一些诗就是以现在的眼光看也是很出色的，而且他为人谦和、低调、有风度，在亲友中备受尊敬。我和他年龄相差较大，直接的交往其实很少，但作为我少年时代的"偶像"，显然在无形中将我引上了文学之路。

至于我为什么写诗，说来话长，我曾经专门写过一篇文章——《我珍视诗歌的非理性基础》——来回答这个问题，到目前为止，我的想法没有太多变化。

写诗让我走上一条人迹较少的人生之路，我享受它带来的寂寥的美感。写作作为一种创造性劳动，难度很大但也会带来很大的满足感。

崔：有些诗人写作一气呵成，有些诗人写完之后不停修改，您的写作习惯是什么？能否结合自己的创作谈谈灵感、激情、经验、知识、想象力……哪个因素对您的创作更为重要？

凌：我写诗喜欢那种灵感灌注的感觉，喜欢诗歌的闸门打开之后，诗思一泻千里的感觉，但诗歌之闸的打开谈何容易，并不是说我一坐下来，就诗如泉涌，不是这样，经常就是枯坐，等待灵感的降临，等待一个奇妙的句子，就像等待"芝麻，开门"的咒语。一旦感觉有了灵感，我会紧紧抓住它，这时候就会写得很快，初稿完成后再看几遍，改动也不是太多。这样写出来的诗，我自己也相对满意一点儿。

最近五六年我的写作速度慢了很多，其间伴随着反复的修改。这种改变我想和我近年从事诗歌翻译工作有关，翻译别的语种诗人的作品，你一定得尽量斟酌、揣摩原作者的本意，而且大量词汇是多义词，你得在某种语境下挑选出一个最准确恰当的词义。这种反复的斟酌和揣摩，和我自己以前写诗的经验很不一样，而且我发现一首经过仔细"抛光"的诗，其成色确实有可能会有所提高。这种反复斟酌的工作方式显然在无意间已经影响到我自己的写作。有时候，修改会变得很夸张，我有几首诗经过反复修改后，只剩下原稿的一两个句子，完全变成了另外一首诗。我现在也意识到，写作速度的放慢使我更关注诗歌的细节，但是它也有问题，就是我从前喜欢的那种泥沙俱下的力量感会被削弱。写作速度越慢，你就越会意识到写作的陷阱无处不在，以至于你甚至寸步难行了。这时，你又得提升写作速度，大胆地径直跨过可能的滩涂和陷阱。这两种写作方式对于我，就像汽车的两个挡位，我经常会在高速挡和低速挡之间来回切换。

至于"可遇不可求的佳作"，还是留待别人去说吧。

灵感、激情、经验、知识、想象力——这些词多半产生于诗成之后的分析，当我写诗时，这些词我一个也不会想起，否则我恐怕一个句子也写不出来。我写诗时，在我眼前晃动的多半是某个让我有所触动的人物形象——男人、女人、老人和孩子，或者是某个让我难忘的场景——纯粹自然的或者有人物在其中活动的场景。我想一定是某种人类的情感激发了我最初的表达欲，然后再想方设法让它们在词语中显形。

崖：阅读对您创作产生什么影响？您生长于安徽铜陵，在上海读大学，到了广州工作，异地流动的经验对拓展创作视角有何影响？

凌：由于好奇心，也由于长年撰写书评，我杂七杂八读了不少书。主要的阅读兴趣，起先自然是文学（诗歌、小说、文学批评），之后慢慢外溢到历史、哲学、社会学、政治学。社科类著作的阅读看起来和诗歌写作没有明显的直接关系，但是它们显然让我的视野变得开阔了，也修正了不少之前可能的褊狭的观点。它们使我可以更好地观察社会，并增强自己的社会理解力。一个优秀诗人绝无可能是象牙塔里的诗人，作为社会的一员，他就是一个社会敏锐的触角。他当然不会在诗中生搬硬套社科名著中的观念（那样的诗一定拙劣不堪），但是社科方面的知识储备有可能会让他变得更加敏锐——在更广阔的意义上。自然，也有读书越多越冥顽不化的例子，但错误不在那些书籍本身。

我写诗，从古今中外许多杰出诗人那里汲取了很多养分，这里就不列举了——那将是一个很长的名单。在漫长文学史的前提下，完全凭生活经验写诗是不可能的，当你使用语言，就一定会沾染上或遥远或晚近的文学史气息。当你在诗中写下"月亮"这两个字，它可能是你抬头看到的夜空中的那个金黄色的圆盘，它也可能指涉到李白、苏轼或者张若虚的月亮，甚至指涉到诺瓦利斯或者狄金森的月亮。诗作为语言符号中最精致的佳构，它首先是文化产品，你写的诗但凡是优秀的，就会被吸纳到那个庞大的语言银河中，用时下流行的说法，那是一个平行宇宙，并对稍纵即逝的肉体经验产生永恒的吸引力。

成为一个诗人，是一种内在表达的欲望，外在环境在其中的作用微乎其微，当然，这些环境因素都会进入诗人的诗歌，毕竟那是他的所见所闻，但外部环境只是给诗人提供了一堆混乱的素材，从这些素材到诗歌，中间正好隔着一个诗人的距离。

从文学史的角度看，19世纪以来移民文学充满活力，有太多文学大家属于移民的行列。我想这可能和移民对于新的环境更加敏感有关。我在安徽老家长到十七岁，然后是四年上海的大学生活，二十一岁来到广州。在我到广州最初几年的诗作中，我记录了一个外来者对这座城市以及居住于其中的市民的各种观察。"文学是日常生活的新闻。"我想移民作家对这句话会理解得更透彻。

冷霜，祖籍重庆，1973年6月生于新疆库尔勒，毕业于北京大学中文系，现任教于中央民族大学文学院。大学期间开始写诗，著有诗集《蜃景》，编有《马雁诗集》《百年新诗选》（合编）等。曾获刘丽安诗歌奖、"诗建设"诗歌奖等奖项。

当代诗需要与其他人文领域形成主动的认识思想连带
——冷霜答诗人崔丽娟

崔丽娟（以下简称崔）：冷霜老师，我知道您的硕士研究生李海鹏、马贵、苏晗、李娜等都是优秀的青年诗人。2022年我访谈过您中央民族大学的同事敬文东教授，"敬门多高足"，敬文东教授培养了很多优秀的学生，令人钦佩。访谈就从"教学相长"这个问题开始吧：您在上写作与欣赏课时，如何让学生更容易捕捉到诗意，有什么教学体会和我们分享？写诗有窍门可以教授吗？

冷霜（以下简称冷）：丽娟老师您好！我在学校开设的诗歌方面的课程从属于一般中文系的课程体系，和现在国内一些高校设立的创意写作专业或课程不同，并不以教学生写诗为目的，不过，课上总会有不少时间用于品读、分析具体的诗作，和学生一起讨论，有时为了帮助学生理解，也会带出一些自己写作的实际经验，所以与写作课应该也有少许相近之处。我面对的学生可能和大部分高校中文系的学生一样，除个别以外，大多数对现代诗的了解很有限，而且也许由于中小学语文教学的偏向，读诗的方式比较单一，往往停留于作品主题的提取和意义层面的把握上，所以我在分析作品时，会让学生多留意它们构造的方式，形式和节奏的特征，学会去体味它们语言质地上的差异，特别是提醒学生面对作品要首先开放自己的感官，用感受力去接触乃至拥抱一首诗，而不是一上来就套用一些知识和概念去建立所谓的理解。用我经常对学生说的话就是，对于一首诗，不仅仅是要去理解它，更需要去体验它，需要身心全面的参与，如果我们能够像闻一朵花、呲一颗糖、抚摸一只小动物那样去感受一首诗，感受它的气息、味道和温度，辨别出它语言和形式的特点，我们才能与它形成真正的联结，在这个基础之上达成的理解才是完整的理解。我觉得我们今天在思考诗歌的细读时，也不应该忽略这一体验性的层面。而且从这个层面出发，诗歌的读和写的能力才会在最深处被贯通起来——每个诗人最初读到那些让他开始走上写作道路的诗所感受到的激动不宁，不是都带有这种强烈的身心体验的成分吗？另外，从教学的角度，我觉得鼓励学生多动用感觉、感受，也能帮助学生克服面对现代诗常有的畏怯感，因为他们的感官非常活跃，只是在常见的教学模式包括文学教学的实际中往往处于被抑制的状态，另一方面，它们又经常是芜杂、不稳定和缺少方向的，所以需要一定的导引。读诗和写诗的方法、技巧很多，但我想这种体验性通道的敞开和感受力的训练是一个必要和基本的门径。而且它并非只是一个起点，而是需要我们始终保持，在这个意义上，感受力的训练和身体肌肉的训练颇有些相似之处，只是感受力并不是一个孤立的领域，它也会随着我们阅读的积累、人生经验的增厚、关切焦点的变化而扩展和伸缩，由此和理解力越来越深地交融在一起，汉语中常用"含咏""体味"等词来表达对诗文的细致阅读，恰恰提示了阅读和鉴赏行为这种需要连通身与心、融合感受与理解的特征。通常，在课程进行了一段时间之后，多少会有一些学生开始学会用感受力进入诗歌，去体会它们的语言和修辞特质，并且和其他的读解手段结合起来，在读学生的作业时，我也不时从他们对一些文本细节的感知中受到意外的启发。尽管目的主要不在帮助学生学习写诗，我也希望这样的教学方式对那些想写诗的学生能起到一点儿作用，使他们对写诗这件事、对语言和技艺有更具体、确切的理解。

不过，话又说回来，从根本上我认为写诗是不可教授的，或者说，可以教授的，尤其是在课堂上能教授的，只是有限的一部分，比如写作起步阶段一些带有普遍性的经验。创意写作类课程的设立有它的意义，过去大多处于感性经验层面的写作实践中一些需要具备的意识和能力，可以通过这样的课程的分解和训练来加以掌握，但是对于写诗来说，语言上的自觉，写作技巧的熟练和拓展，都只是必要的基础，因为写诗说到底和写作者的人格、视野和人的整个生命相关，如果把它作为志业，可以说是一场没有止境的修行，更高层面的很多东西还需要每个写作者独自去面对、体悟和建设。您提到的这几位年轻诗人，我主要是他们专业学习上的指导老师，和他们有关写作的交流大多是在课下随兴的交谈，他们写作上的成长得益于很多方面：他们都曾是民大的朱贝骨诗社非常活跃的成员，文东兄的教学和著述也给予他们很多的教益，而且他们读博期间的导师也都是非常有成就的诗人和诗歌研究者。

崖：有目共睹的是，全国各地高校诗歌创作无疑成为当代新诗发展不可或缺的重要环节，在某种程度上反映了新诗创作的精神面貌。在新诗历史上，大学与新诗创作和新诗教育的关系非常密切，有人将高校诗教所承担的任务归纳为三项：培养诗人、诗歌研究者、诗歌教学人才。您在高校任教多年，大学诗教在沟通当代诗歌与大众阅读中扮演了什么角色？是否起到桥梁纽带作用？

冷：的确，自新诗诞生以来，大学一直是新诗教育的重要场地，早期新诗历史上，以及"新时期"以后，也有很多诗人是在大学校园中成长起来的。大学的诗歌课堂让一些年轻人初次发现现代诗的魅力，被它召唤而走上写诗的道路，这样的故事确实不乏其例。不过，对于诗歌教育与诗歌写作之间的关系，我觉得也不宜夸大，因为诗人的成长最重要的还是自我教育。换句话说，诗人在终极意义上不是可以培养出来的，而是要靠他自己去挣扎长成的，所以我们会看到在各种不同的环境里，都可能出得来诗人。而在大学的环境里，相比诗歌课堂，一个有着活泼友好而又互相砥砺氛围的文学社团，和一个图书种类丰富的图书馆，对初学写诗的年轻人也许更为重要。这也是我自己的经验，因为我大学虽然就读于中文系，但读的并不是文学专业，印象里北大中文系当时也没有专门的关于现代诗的课程。在我的理解里，大学的诗歌教育属于广阔的人文教育的一部分，尽管它也会吸引少数学生逐渐成为专业的诗歌研究者或诗歌教学人才，但它根本的目标还是在于培养学生成为真正合格的现代人：拥有开放的心智、批判性的思考能力，而且借助于诗歌阅读这一媒介，不仅获得理解自我、他人和广大世界的耐心，也能始终保持感性的湿润。

说到沟通当代诗歌与大众阅读方面所可能起到的作用，我想，尽管从表面上看这并非大学诗歌教育的主要目标，但相对于各种形式的传媒、诗歌出版等工作，大学诗歌教育也构成某种潜隐性、基础性的环节，如果就用"桥梁"这个比喻的话，它大概属于桥基中的一块。也是在这个意义上，我认为大学的诗歌教育理应关注当代诗的发展状况，能够把当下写作中一些新的问题和现象带进课堂讨论空间，而不是只讲授那些已经逐渐经典化的对象，也就是说它应该具有一定的探索性，我想这也是大学诗歌教育的活力所在。另一方面，面对各种影响和左右大众阅读的比较顽固或更为强势的意识习惯和观念势力，它又应当构成一种反思性和纠正性的力量。

崖：批评文集《分叉的想象》是您作为研究者在某个阶段对诗学问题思考的结晶，比如当时您对"诗人批评家"现象研究就很深入，后来很多研究者、批评家反复引用您的观点。自20世纪90年代以来，诗人批评家对诗坛最主要的贡献是什么？

冷：您过誉了，那篇讨论20世纪90年代"诗人批评"的文章是我的硕士论文，当时因为一些特殊原因准备时间极其有限，其实写得比较仓促。选择"诗人批评"这个题目，既是因为它在20世纪90年代诗歌发展的历程中构成了一个重要的现象，值得做深入分析，也是因为我个人最初认识、理解当代诗歌时也受益于不少诗人的批评工作，故而想借此加以整理和消化。大致从20世纪80年代后期起，一些优秀的当代诗人经由诗思的掘进和诗艺的积累，逐渐形成各具特色的诗学观念和写作方向，由此写出的一些批评性的文字，包括诗学随笔、诗论、诗评等，对于我们理解他们各自的诗歌写作有着不可多得的意义。另一方面，他们在其批评文字中对自身或趣味相投的同人的写作意识、诗学观念所做的命名和阐发，以及由此提供出来的问题线索，对于我们认识当代诗歌写作的走向，不同时期诗歌写作的主要面貌，也都产生了很重要的影响。由他们提出的那些概念、说法，有的直到今天在讨论20世纪90年代以来的诗歌时仍然常被提及。此外，一些当代诗人的批评实践也体现出比较自觉的文体意识，包含着对好的诗歌批评或诗人的诗歌批评应该是怎样的思考和实验。这些方面，我觉得是20世纪90年代的诗人批评带给当代诗歌的贡献。不过，当代诗歌领域相对于其他文类的情况有一个特殊之处，就是从事诗歌批评的绝大多数人都有写诗的经历，或始终在写诗，举个例子，已经去世的陈超主要以诗歌批评家为人所知，但他生前也写了不少诗，而且我觉得他是一位有自身坚实风格的好诗人，我在讨论20世纪90年代"诗人批评"时之所以没有把他的批评文本列入分析对象，和他从事诗歌批评工作时的角色定位有关，我们把他的批评论著和那些与自身写作实践显示出更紧密说明、辩解关系的诗人批评文字对照来读，可以看出其间存在着一定的差异。可是，从他的批评论述中，我们仍然可以感知到他的诗学理想，捕捉到他的批评着眼点与他作为诗人的倾向性之间的关联。这样的例子我们还可以举出一些。所以，"诗人批评"的边界也许并不那么清晰，在当代诗的场域中它的位置和内涵也还在发生着变动，同时，尽管"诗人批评"大多数情况下与发言者的自我定位有关，但身份（意识）和言说姿态并不能自动成为"诗人批评"具有创见的保证，"诗人批评"能够获得更广泛和长久的价值，仍取决于一个写作者整体的眼光、胸襟和修养。而且，我觉得一个健康的诗歌批评生态应该由诗人的批评、职业批评家或学者的批评、有素养的"局外人"的独立批评等共同构成，好的诗人的论说值得认真聆听，但也不必神化它们，如果我们要为当代诗的未来打开新的空间，其中一部分工作恰好需要我们对以往的"诗人批评"有所反思，既看到它们的洞见所在，又能对其偏见与盲视之处有所体察，在承认它们的历史贡献的同时，也需要从它们所提供而如今已经高度结论化、板结化的那些概念、范畴、认识模式、观念构造中跳脱出来。

崔：批评家要同时具备才学、胆识、眼力，其价值意义之一还在于"发现"，批评文本更要经得起时间的检验。在文学批评领域，恐怕没有比诗歌批评更充满争议的了。您认为目前的诗歌批评存在哪些问题，诗歌研究对诗歌现场的关注和指导是不是滞后了呢？

冷：我很同意您对从事批评所需素质和批评价值与意义的这些看法。就我个人视野所及，诗歌批评领域应该有少数批评家符合您所列举的这些条件，他们的批评性格各不相同，但他们的批评工作都保持着很高的水准，我从他们的批评文字中不断得到认识上的增进和激发，尽管这样的批评家为数不多，但是由于他们的努力，从我的角度看，当代诗歌批评的成绩至少不逊于其他批评领域，相对于整体的批评界，我更关注这些具体的批评家。

当然，我理解您的问题指向，在我看来，诗歌批评（它也可以归属于广义的诗歌研究的范畴）应该有其独立性，它通过剖析诗歌现象、提炼诗学问题来干预和介入当下的诗歌创作，但这种干预和介入并非指导与被指导的关系，而是两种不同的主体之间的对话，反过来说，诗歌批评与诗歌创作之间也不是服务与被服务的关系，诗歌批评引起的各种争议可能有一部分就与此有关。另一方面，客观来看，诗歌批评与诗歌创作之间的关系又是共生和共振的，正如出色的作品总是会激起深入阅读和批评的意愿，如果批评的声音萎弱贫乏，也很难想象创作有真正的繁荣活跃。当下的诗歌批评的确也还存在不少问题，有些大家经常也会谈到，比如，真正的批评和针砭仍然不够，太多表扬和捧场性质的评论，这些就不用我多说了，我觉得还有几个方面的问题值得我们思考。首先，如您所言，优秀的批评家需要兼具才华、学养、见识、裁断等多方面素质，所以诗歌批评可以被作为一种志业，以专业的心态去从事，但它却不应受制于今天专业细分的趋势，成为一种格局越来越狭小的行业化的写作。批评最基本的职责还是沟通创作与阅读，好的诗歌批评应该既能对从事创作或批评的同行和内行带来启发，也能有益于那些有积极认知意愿的普通读者。其次，批评写作有不同的形态、类型，也应发展出更多的可能。我们现在不缺乏概括现象提出问题式的批评，文本细读式的批评，以批评为创造、以他人写作为桥梁言说自己思想的批评等，这些批评方向都各有其价值，但如果要使当代诗的创作与批评不至陷入日益封闭的境地，眼下还需要更多一些的是那种与其他人文领域的实践和探索形成主动的认识、思想连带的批评。还有，我觉得我们也应该多一些"眼光向下"的批评。批评家的注意力常常会更多投向那些已经成名的诗人，这里面有很多原因，如果名实不符，再多的评论也只是掩耳盗铃，如果一位诗人经由不懈的努力终于形成足够坚实独特的写作面貌，因而吸引了越来越多的批评和阐发，这是完全可以理解的事。但批评工作不应只是迟到一步的肯定，它更应该是您所说的发现，不仅是发现新人，发现那些年轻或无名却展现出新的气象的写作者，也是从中发现新的有价值的问题（因此这和那种被简单代际逻辑所支配的做法并不相同）。虽然批评作为"发现"的含义并不限于这些方面，但这种"眼光向下"的批评，我想正是对一个批评家的批评才能的考验。

崔：您20世纪90年代求学于北大，工作几年后又考回北大攻读硕士、博士，现在主要从事现当代诗歌研究，中国新诗史上有没有哪几位诗人的作品总是让您觉得没有"读完"，从而成为激发您持久开展研究的原动力？

冷：我有个感觉也许不一定准确，我们一般会说读完了一篇文章或一部小说，但似乎不常说读完一首诗，更多会说读过一首诗或读罢一首诗，我想这大概与诗的文体特征有关，大多数诗因为形制短小，因而读完所含有的那种跨越了一定时间长度的阅读感受在读诗时并不明显；但另一方面，我们所欣赏和期待的诗又总是具有一种不可能被"读完"的品质，它无法被概括为一个道理，或者像一个故事那样易于被"消费"。同样，每一位杰出的诗人也都是难以被"读完"的，我们在不同的时候或从不同的角度读，总是会有新的体会和发现（当然，那些卓越的作家亦是如此）。

中国现代和当代诗人中，我个人喜欢而感觉常读常新的可以列出不少，这里只说其中两位吧。

一位是废名。他的诗歌和诗论都非常有个性，在新诗早期，很少有人像他那样强调想象、幻想和自由联想的价值，我们完全可以说他是新诗中的超现实主义的开端，但他的这种超现实主义诗观和诗风的形成并不是因为受到同一时期西欧超现实主义的影响，而是熔铸了包括佛经、晚唐五代诗词、他所谓的"厌世派"文章和西方近代文学的各种资源，因而内涵更为丰富，在有关新诗一些关键命题的认识上也能带给我们诸多启示。另一方面，他的诗观中又有来自儒家诗学的影响，主张"修辞立其诚"，他的诗歌个性与他那种认真近于执拗而又不失童心的性格是分不开的。这就使他成为一个既复杂又独特、绝不会和别人相混淆的诗人。

他曾用"贞操"这个有强烈儒家道德气味的词,来赞许某个诗人从其性情本源处生发出来的诗歌个性,我觉得也可以说他就是这样一位有特别"贞操"的诗人,虽然他的认识前后发生过多次变化,但如果不是局限在某种美学话语内部来看的话,其中仍然体现出内在的一致性。我曾经写过几篇讨论他的文章,但仍觉得意犹未尽,将来还会再写一些。

另一位是骆一禾。我刚上大学时,和身边的一些诗友一样,也曾有过一个短暂的模仿海子写诗的阶段,但内心感觉更亲近的是骆一禾,是他在《先锋》《歌手》《生为弱者》等诗中传达出来的那种生命意识和诗歌声音,海子去世后他为海子写的几篇文章所展现出来的超卓的批评才具和高贵的德行也让我由衷钦佩。当代诗的读者和研究者对海子诗歌的认识很大程度上都绕不过骆一禾这些知音式批评的中介,而与此同时,作为诗人的骆一禾的价值却由于种种原因在相当长一段时间里隐而不彰,我也是近些年重新读他的诗文,完整和反复地读,才越发体会到他的重要性和独特性。他的创作中内含的那种宏大却并不空洞、有其朴素感受经验来源的文明视野,他为当代新诗所赋予的高远的价值根基,今天仍然值得我们认真思考和对待。每次读他的诗文,我都有一种仿佛身处于高原之上、胸腑被凛冽清新的空气充盈的感觉,我想这肯定也不是我独有的感受。这些年已经陆续有一些有识者对骆一禾的诗歌与诗学展开探讨。2022年我受张桃洲兄之邀,在此基础上编定了一册骆一禾研究文集,接下来打算把我自己对骆一禾作品的阅读和思考做些整理、写成文章。

崖:诗歌如何介入现实,反映生活?这几年来,疫情波及全球,打破了人们的日常生活,对政治、经济、文化乃至世界格局都产生难以估量的影响。您写过疫情诗吗?或者有没有写过对其他一些重大社会事件进行反思的诗歌?

冷:我没有写与疫情经验直接相关的诗,但相识的诗人朋友们写的这类诗我读过一些,其中不少也都引起我的共鸣。和汶川地震或其他一些重大社会事件不同,这三年的疫情,每个中国人都是亲历者,诗人作为社会一员,以它为题材写诗,自是正常和正当的反应,其中那些优秀之作,相信也会成为将来人们回顾这段历史时一份诗性的见证。

诗与现实的问题，是新诗历史上被反复提出的老问题，由于对"现实"的理解在当代一度被高度教条化的观念所笼罩，加之20世纪80年代以来当代诗革新的主要向度在其他方面，很多诗人对这一问题要么缺少兴趣，要么出于反拨的意识而采取质疑和解构的态度，但当现实发生急剧变化的时候，它又会被重新提起，比如20世纪90年代初，还有就是最近这些年。诗人们对疫情现实的观察、思考和书写也可以放在这个脉络里来认识。诗与现实之间的关系，在不同诗人的写作中存在着多种理解、构建方式，可以被发展出多种样态，这取决于诗人个体的选择，但如果谈到诗歌如何实现对现实的介入，它就不单纯是一个题材选取的问题，而也需要对写作的一些前提性或关联性问题有所觉察和反思，比如，我们的写作建立在怎样的发言位置上？我们的作品又是经由怎样的媒介、被哪些群体所阅读？为了所要写的事物、经验，是否需要调整或重构自己的语言？是否能够把写作主动置入种种相关的及身性的实践之中？以及，影响和塑造我们现实感知的是哪些管道、因素，如何才能形成更加确实和深厚的现实感？等等。我们必须得承认，在今天的文化境况中，诗歌是非常弱势的一种媒介，但我们也知道，这一文体又始终蕴含着"以柔弱胜刚强"的力量，在某些时刻仍然可能迸发出惊人的"撄人心"的情感、精神能量，所以，诗歌是否还能够介入现实、诗歌如何有效地介入现实，实在不是一个容易回答的问题，也不是一个仅凭理论思辨就可以论证、解决的问题，但我想仍值得对此感兴趣的写作者、研究者去正面地思考和探索。

崖：现在我们聊一聊您的童年和少年生活。您为什么写诗，还记得在哪个刊物发表的第一首诗吗？在您成长过程中与诗歌有关的记忆，最难忘的是哪件事、哪些人？

冷：如果从与写诗相关的角度来说，我幼时的成长环境其实是颇为贫瘠的。虽然很小就喜欢读书，但我所读的书都是从邻居和同学家借来的，大多数是童话、历史故事、通俗演义，只有很少一点儿属于现代文学，其中也没有什么诗，我读到整部的现代诗人的诗集已经是上大学以后的事情。或许堪可弥补的是生长在天高地旷的边疆小城，远处巍峨的天山，积雪融成的宽阔河流，连天的戈壁荒漠，都能让年少善感的心生出无穷的感兴。我最早读到的现代诗是初中语文课本里选入的何其芳、艾青写于 20 世纪 40 年代的两三首诗,记得有《黎明的通知》,似乎课上并没有讲,但我很喜欢,反复读过很多遍,后来上高中时又从某本语文刊物上读到一些台湾诗人的意象诗,也很受触动,就开始自己摸索着写起诗来。比较幸运的是我进入大学以后,有了一个藏书量极其丰富又可以天天泡在里面的图书馆,也逐渐遇到了一些写诗的同好,写诗在 20 世纪 90 年代初的大学校园里已经是日渐边缘和小众的事情,所以这个小氛围对我还是很有帮助的,而且那时的大学生活也没今天这么卷,虽然年轻时代总难免有这样那样的困惑和苦闷,但没有什么焦虑,有大把的时间可以用来阅读、发呆、游荡和交谈。

我最初发表诗歌是在北大中文系的系刊《启明星》上,这本系刊直到我读本科那些年仍然是一份纯文学刊物,而且诗歌所占的比重一直很高,我在上面读到了好些学长的诗作,以 85 级至 88 级为主,让我开了不少眼界,有的还一度令我非常崇拜。由于当时它在我心目中的地位过于神圣,编辑第一次向我约稿时,我因为自觉当时写得还不够好,竟然拒绝了,是又隔了一期才拿了新作投过去的。总之,从上大学开始,我的生活就和诗歌越来越深地关联在一起,很多年前应邀写一篇回忆大学生活的文章,我为文章最初所起的题目就叫"都与诗有关"。如果一定要挑出最难忘的一件事,我还是会选那篇文章里也写到过的,刚读大学二年级的秋天,我在宿舍偶然读到民刊《倾向》"海子骆一禾纪念专号"的那个下午。回头看,那个沉醉在阅读中的下午,我对这两位诗人很难说理解了有多少,但内心感到的那种新鲜、惊讶和震动,应该是我和诗歌结下不解之缘最为关键的契机之一。为此我始终感激这两位诗人以及这本刊物的编者,和我至今也不知是谁的那个把它带进我宿舍放在共用桌上的人。

崖:诗人、批评家草树指出,学院派写作通常长于修辞,重于想象,对于描述性的语言,似乎生恐它们不够诗性而有意无意加以排斥。但他却认为"被归于学院派的冷霜是当代诗人中为数不多的、真正洞晓语言的秘密的人,《小夜曲》不单显示了他的不凡技艺,也可作为他已经从其他学院派诗人中脱颖而出的一个杰出范例"。您是怎么理解诗歌语言与处理技艺的?

冷:我很感谢草树兄为《小夜曲》所做的细读,他的这个评价太高了。不过他提到的这种写作现象，的确关涉到我们怎么理解诗歌语言、修辞和技艺的问题，我可以试着谈一谈。从 20 世纪 80 年代起，当代诗的发展很大程度上就伴随着修辞的多样化和逐渐复杂化的趋势，这一趋势在 20 世纪 80 年代中期以后，由于受到现代主义诗歌与诗学的普遍洗礼、先锋诗人对语言的自觉而得到进一步强化，进入 20 世纪 90 年代，一部分诗人认为市场化社会转型中现实的复杂需要以修辞的复杂给予回应，也从一些特定的维度延展了这一进程。在这个过程中，当代诗歌的语言和修辞的可能性都被极大地拓展了，这方面的价值毋庸置疑，另一方面，对修辞复杂性的注重在一些诗人的写作推移中似乎又逐渐失去了认识的弹性，而蜕变成一种刚性的写作教条，和一种偏嗜复杂化修辞的写作趣味，并且和其他一些因素共同作用，在晚近的诗坛上衍生出某种写作风气。修辞的复杂化固然是一定的语言能力和思维意识水平的体现，但它并不必然带来诗歌内涵、意味的深刻，也不等同于诗歌技艺的高超，尽管每个写作者难免各有语言、风格的偏向，但在最好的情况下，诗歌的语言和修辞应该是"随物赋形"，随题材、体类和写作意图而相应调整变化的，这方面，无论是杜甫，还是艾略特、奥登，都是很好的榜样。我一点儿也不排斥对诗歌修辞的探索，在学诗的过程中，诸如句式、句法的伸缩变化，对词语的轻重、明暗、顺涩、清浊等不同维度感觉的掂量，词语之间的不同组合衔接方式，节奏和语气的调整，字音和韵的调用以及结构的选择、语风的确立……凡此种种，我都很有兴趣，我觉得对语言和修辞的这种自觉和敏感，也是使我们从语言运用的惰性本能中摆脱出来、与语言建立起新型关系的必要训练，而这种训练最终要抵达的，从一个角度讲，是前面说到的"随物赋形"的能力，换一个角度讲，则是逐渐形成一种积极的类似"第二天性"的语言能力，直至"得之于手而应于心"，使语言重新连接并彰显出内在的身体性。我想这也就是"技艺"最一般的含义吧。而从这个意义上说，对修辞的讲求也并不指向某种特定的修辞风格形态，如果不是基于所处理的题材等的特殊性而做出的有意选择，单纯追求修辞的繁复，可能会使语言显得过于堆叠、琐细，更重要的是，使诗歌的语言能量出现不断耗散和"边际递减"的问题，加之二三十年来我们对节制抒情的强调很多时候已落入对抒情的无意识的废除，使得这种写法更易给人较为窒闷的阅读感受。而这样一种写作现象背后的那种比较机械地对待诗歌语言的态度，其实并不仅仅表现于此，不针对个人风格取径，而是从更宏观的写作关联的观念风气的角度来看的话，那种把日常口语视为诗歌语言的充要条件的诗歌立场，和这种一味展演陌生化语言和复杂性修辞的诗歌趣味，在我看来都未免各执一偏了，虽然表象不同，但都可能被一种狭隘的、绝对主义的认识所限制，而重新陷入单调。大而言之，诗歌语言和技艺的问题不能被孤立地看待，否则很容易像诗人钟鸣所言，被种种观念的笼子一而再，再而三地俘获。另外，我感觉我们的诗歌体裁、类型还是不够多样，这也会影响我们对语言和技艺可能性的理解。最后我还想说，虽然学院派这个概念现在已经被越来越多的人所使用，但我仍觉得它是似是而非的，上面所谈到的写作现象，也应该可以找到更准确的方式去剖析和命名，这个问题我没法在这里展开来谈了，尽管草树兄在那篇细读中也使用了这个概念，但他却并没有囿于这个概念通常所含有的成见，这也是我很感谢他的地方。

崖：《La Vita Interiore》被视作您的代表作，题目来自擅长体察人物微妙的心理变化的意大利小说家莫拉维亚的同名小说。诗人连晗生评价您这首代表作是"当列为20世纪90年代诗歌中具备某种文体自觉性和有效性的优秀文本"。您理想中的诗歌是怎样的？

冷：这首诗写的是记忆中一些难忘的瞬间，当时想用诗的方式为它们留个影，我想因为晗生兄是写心理知觉的行家里手，所以他会特别注意到并看重这首诗吧。说到理想中的诗歌，我们往往是在不写诗的时候思考它，写作的具体过程中，伴随着我们的则是一种面对想法、材料和能力的实际感，即使心怀某种写作理想，或者要寻求写作上的变化，也难免仍然要在既有的写作经验基础上往前推进。前面我虽然说了那么些关于语言和技艺的理解，落在写作实际中，其实如己所愿的时候又何其少。曾看到我很敬佩的诗人说反复遭遇过像是完全不会写诗的情况，这是深研诗艺的人说的实在话，和我说的那种"随物赋形"的能力也并不矛盾。要说我理想中的诗歌，当然是文明处在最繁盛状态时的那种诗歌，比如盛唐诗或西欧文艺复兴时期的诗歌，它们以感性的灵敏和统摄力，作为种族的触须，伸展在时代的精神领域的最前端，既不乏发舒畅达、感通人心的直接性的力量，又有其极尽微妙之处。有这样的理想中的诗歌做参照，可以让人在努力的同时减少一些虚妄。

崖：20世纪90年代中期是您创作的一个高峰期，您的诗作结集于《蜃景》，曾获刘丽安诗歌奖、首届"诗建设"诗歌奖等。但是恕我直言，回头看，您并不属于高产诗人。前面您提及最近编定了一册骆一禾研究文集，接下来打算把您自己对骆一禾作品的阅读和思考做些整理、写成文章。那么对于诗歌创作，您有什么计划，有什么新作会出版吗？

冷：其实即使是在高峰期，和很多诗人的情况相比，我的写作量也仍然算是低产的，虽然在不同的写作阶段，有些作品写成了却因为自己不满意而未收入诗集或从未示人，但加起来总量也不是太多，今后再有新作，恐怕也不会很多。这里有我个人的才性的原因，也是我对诗的一种特殊的不足为训的虔诚吧。您的问题，这些年也有一些朋友先后问过我，我很感念朋友们的期待和关切，但多说无益，只有将来奉上新作作为回报了。

伽蓝，本名刘成奇，1976年7月生。2004年开始诗歌写作，有作品在《诗刊》《诗探索》《诗潮》等刊物发表，并入选多种诗歌选本，著有诗集《半夏之光》《加冕礼》《磨镜记》。曾获"诗东西"青年诗人奖。

所有的诗都是情诗
——伽蓝答诗人崔丽娟

崔丽娟（以下简称崔）：伽蓝老师，您好。您的诗集《磨镜记》在2021年11月出版，这是《白鲸文丛》中的一本，也是您的第三本诗集，感谢您签名赠送。诗人、诗歌批评家西渡评论道，读《磨镜记》又一次被震到。被震到的原因有几个：首先是写得如此出色；其次是如此出色的诗人居然几乎没发表过诗；最后是如此出色还居然如此高产。西渡由此断定，从以上事实也可看出，诗对于伽蓝的意义与那些热衷于发表和获奖的诗人，完全不一样。对于伽蓝，诗完全是一个内在于生命的故事。这样的评价与众不同。请问您写诗的最初动力来自哪里？

伽蓝（以下简称伽）：非常感谢您援引西渡的评论。西渡的评论与无私帮助对我的写作是非常大的鼓励，是诗歌前辈对迟来者的厚爱。尤其，当一个人在漫长的"边缘"写作状态中被发掘出来，无异于一次自我生命的重新发明，这是诗歌带来的至高荣耀，让我从内心里充满了感激。

长期以来，阅读与写作为我的内心提供了庇护。从我诞生的那一刻起，生活给予我的是漫长的忍耐、贫瘠的环境、无尽的劳动、贫困的物质条件、来自家庭的朴素之爱与烦恼以及闭塞而辽阔、落伍而自由的乡土……这些构成了我的基本生存背景。十五岁之前，我完整阅读过的书籍只有《堂吉诃德》和《鲁滨孙漂流记》两部，是班主任帮忙在学校图书馆里借的。巧合的是两本书的主人公都具有诗人特质，不知道这两本书是否已经奠定了一个人心灵的方向，给予我个人成长以某些暗示？此外，所有的事物都很难和诗歌发生关联，当代诗歌更是天外之物。后来我下山求学，在师范学校里混了一个图书管理员的差事，帮助老师整理图书，好处是可以多借几本书。那时候图书馆里几乎没有现当代诗歌，或者因为我的注意力并不在诗歌上，没有对诗的发现。三年以后回到山里教书，在同事的推荐下读了一些当代小说选本，刘恒、格非、莫言、路遥等人的作品，开始模仿着写一点儿短篇。诗歌方面则开始阅读郭沫若、闻一多、戴望舒、艾青等现代诗人的作品，当代诗歌里，最早接触的是顾城、海子，1999年买了他们的诗全集。在诗歌写作上的尝试几乎为零，写不出什么像样的东西。2004年开始接触网络，开启诗歌写作模式，写作量很大却泥沙俱下，值得保留下来的作品，不过寥寥几首而已。从不断尝试到把诗歌写作定为最主要的创作方向，是一个不断辨认与审视自我的过程。诗歌像激进的狂飙进入一个普通的生命，并使之痴迷，这当然源于诗歌自身所承载的心灵能量。我们知道好的诗歌总能唤起读者沉睡的感官，让一个人的身心成为诗歌发生的现场。这时，阅读与写作的快乐成了我的生命支柱，并使我渴望过一种不同的人生。事实上，周遭的一切都不能带给我语言的奇迹所给予的抚慰。诗歌打开的世界，足够一个贫乏的生命驻足、徘徊与流连。与此同时，网络也打开了与诗友交流的渠道，这种交流解决了许多诗歌写作上的困惑。这些诗友有一个共同的特质，就是对诗歌的执着与虔诚，他们大多来自民间，有着丰富的生活经历，在诗艺的锤炼上讲求精益求精。那个时期，现实生活中因为一些朋友陆续离散，能够谈论诗歌、艺术的人也几乎没有了，这个时候网络恰好打开了一个新的天地。有人担心，网络会损害诗歌的品质，但在我看来，网络与诗歌具有某种共性，因为诗歌的功能之一正是通过语言联通彼此，消除边界，消除时间与空间的限制，人与人之间的隔阂，让人的心灵互相敞开。如果没有网络，像我这样一个普通人，也许永远找不到通向诗歌的秘密小径，而如果没有诗歌带来的醒悟，他只能是一粒沙。现在通过诗歌写作，他明白：生活中的一切磨砺都有可能让他转化为一粒觉醒的沙，在本质上已然不同。此外，给我更多教诲的或者是这样一些熠熠生辉的名字：里尔克、惠特曼、艾略特、希尼……我从对他们的阅读中获益良多，并且愈加坚定起来。

当一个人的生命与诗歌联系在一起，生命的力量就是诗歌的力量，诗歌的力量又激发生命的光彩，诗歌就是这样在不可能中创作可能，从一片荒芜中召唤、改变一个乡村青年，而他通过改造自己重新发现一个不同的世界。或许，诗歌正是这样一种打破西西弗斯式荒诞循环的方式，像一束光让朴素的心灵得到抚慰，比如：当我完成一首诗的时刻，世界已经不是从前的世界了。

崖：从刚才叙述里我们更清楚地了解到，长期生活在北京门头沟山区的生活经历锤炼了您辽阔的诗意，雄浑的群山、流水、花草、虫鸟等熟悉的生活场景都寄托了您的情感，《山居》《沐风》《山间长跑》《将进山》《在椴木沟口远眺》描述的都是您对大山生活的种种感受。"诗来源于生活"是您的诗观吗？

伽：门头沟在北京地区有自己的独特性，大部分地区是山区，同时离市中心并不远，从门头沟城区到天安门的距离不过三十公里。我青少年时期就是在门头沟山区度过，外出求学三年后又回到山区工作，一下子就是十九年。我现在的工作单位也仍然在山脚下。或者这样讲，我是地地道道的山里人，从我出生的时刻开始，北方的群山就构成了我的生活环境。在现实生活中，依山而居偶尔会有隐士的幻觉，更多时刻却意味着资源的极度匮乏、低收入或无收入人群聚集，以及无休无止的劳动（是那种一年到头很难见到收入的劳动，似乎劳动成了人本身的使命，能够糊口就很不错了）。我打小看到的就是这样的情况：大人们在地里干活儿，孩子们在地边帮忙或游戏。要知道这些田地不是大块的沃土，而是一块一块不规则的山坡地和河滩地，经营这些土地更多靠的是骡马和人工。土地里产出的作物，也仅够一家人食用，剩下的粮食一年压一年地在缸中储藏起来。从20世纪80年代起，村里、乡里开始兴办一些小作坊式的企业，到20世纪90年代末期，全都倒闭了；21世纪以来，村里的居住环境得到了一定程度的改善，人们有点儿收入和补助作为生活保障，然而要靠着这点儿钱做什么，肯定是做不了的。

以我居住的村子为例，二百户的规模，常年在家的多为老年人，五十岁以下的常住人口只有九个人。年轻人不得不离开这里到市区工作或打工。从前大山是村里人们的栖身之所，同时也是阻隔与禁锢；现在这种安宁、阻隔与禁锢似乎都被打破了，人们走出大山谋生、求学……出生的村子成了客栈，难以安放漂泊的灵魂。事实上，外出谋生、求学依然是艰难的，其中必定有种种不堪与曲折。不像我小的时候，村子里有一座小学校，屋舍简陋但整洁，学校的院子里有两棵大槐树，开花时节满院芬芳，条件差却能够满足上学的要求，当然是有学可上的最低要求。对于京郊乡村四十年的变化，我是一个经历者；同时因为有一份工作满足温饱，我又是一个旁观者。因为有这样的双重身份，山里生活进入诗歌是自然而然的。有一段时间，描写农村经验被认为是过时的，因为农耕文化已经被工业和城市化进程所压迫与替代，所以诗歌写作应该深入到城市生活中进行贴身描写，似乎唯有如此才能表现这个时代。然而山中这些被边缘化的生活，并不意味着消逝或不存在，而是与城市文明的进程有着密切的勾连，仍然是这个时代中鲜活的一部分，我们需要重新思考它的存在价值与意义。不过，对我来说，书写乡村经验并不是一种深谋远虑的写作策略，而更近乎一种条件反射：这生活摆在我眼前，我熟悉它，并和我有切肤之痛。福克纳在这点上早已做了我的榜样。我坚信在所有朴素平庸的事物中间，蕴含着同样的真理。我也坚信一个诗人写好他自己的内心世界，也就能写出他的时代。因为无论怎样他都是这个时代所塑造的，作为一个具体的证据。

您上面提到的几首作品，确实是源自山居生活的某种触动，而视角或者仅仅是一个"过客"的视角，调动了以往的经验。在这个时代，似乎每个人都是"过客"，都有一个回不去的故乡。至于您提到的"诗歌源于生活"的诗观，我想这是一个朴素的认知，因为诗观是随着诗歌写作的逐渐深入不断修正的。诗歌写作或者如里尔克所说的源于经验，但这经验不仅仅是生活经验，更是心理经验与艺术经验，需要诗人做个人化的艺术处理。即便我们在写作任何一首短诗的时候，调动的也是自己全部的经验与认知。我个人认为，我们这个时代是一个足够产生大诗人的时代。因为生活本身提供了太多的东西，甚至许多事物已经远远超出了我们的想象，真正的诗人应该潜心创作，以优秀的诗作表现这个时代，虽然时代的经验有时候非常残酷。然而，诗人应该背负这样的"残酷"进入语言，并创造与之对称的"诗境"。

崖：您在诗里有对中国文化先贤和古典传统的深深敬意，如《哭梅》是借了《梅妃传》典故，《石上吟》《微雨》等带有古典诗神韵；《春夜与吕二喝酒并谈起从前事》《王道士在终南山下遇太阳雨》《雪夜访朱耷》从标题到境界都饱含中国古典文化的元素。现代想象与古典想象之间的自由转换并非一日之功，您是如何借鉴古典想象来表现当代经验的？

伽：最初唤醒我的生命感觉的，或者就是一些散落在教材中的古诗，比如孟浩然的《春晓》。我想自己通过品读可以意会其中的禅意，体悟生命之美的瞬时性。或者是王维、陶渊明、杜甫的诗歌。很长一个时期，阅读他们的作品让我深怀喜悦，虽然这阅读并不一定深入，然而对生命状态确实有一种滋养。后来接触庞德、斯耐德等美国诗人翻译的中国古典诗歌作品，白居易、李白、寒山从英语重新转译成中文的诗，以及诗人们自己带有古典诗意味的意象派作品，味道很新奇。另外，在山里工作的时候，读过徐放翻译的《杜甫诗今译》，也是古诗今译的方式，整体的感觉虽觉有些别扭，但毕竟也算有益的实践。那时候自己也做过一点儿古诗今译的练习，不算成功，只是学艺期间技法上的尝试，或者也是自己走的弯路。事实上，我觉得古典诗歌所给予我们的财富，乃是气韵、风骨和肌理，是博大生命的现实关怀，至于形式反而并不重要。我们能够接受到的最有价值的信息是与当代经验相契合又无法直接说出来的信息，一种绝对迷人的气质。

个人以为，真正能够接续古典精神并把这种经验变为活现实的作品，恰恰是自"五四"以来发轫的新诗。新诗从诞生的那一刻起，就承载着这样的使命，并在世界文化的交流中逐渐丰富自身，经过百年的实践与淬炼，已然形成了新的传统——新诗的传统。您提到的几篇诗作：《哭梅》，我是在消解王者的权力之后重新打量他作为个人所具有的真性情；其他几首作品是利用了一些古典元素，或者追求某种空寂的境界，或者打通时间的界限，产生的互文效果，只能由读者去意会。我想，这些也不算什么高明的技艺，因为从某种意义上看，我们与古人面临相似的困境，当然也有某些相近的精神追求，很多方面都是相通的。我们很容易发现自己身上"古人"的那部分，而古人的心灵也有现代的成分。当我们面对某些古今汇通的情境，古人就会在我们身上复活。换个说法，我们和屈原、陶渊明、李白、杜甫等所有优秀的诗人其实处在同一空间，这就是艾略特所说的诗歌共时性，骆一禾称为"古今诗歌共时体"，并不是用上了手机、电脑、汽车、飞机这些东西我们就是现代人，也不是某人不用这些东西就不是现代人。决定人的精神世界的并不是这些工具，而是另一些东西。

古典诗学是一座宝库。当然，当我们重新审视这个传统，要将其放在现当代诗歌、世界诗歌范畴里，这样做可以避免狭隘与盲目，切实地从中汲取营养，化古典以为今用，融古典精神与现代想象力于一炉。在这方面做得好的诗人很多，我算是他们中间的一个追随者。

崖：在所有文学体裁中，诗歌对语言要求最高，诗人还应该对语言负责，您对语言有很好的把控能力，语言对诗歌的重要性在创作中如何落实？

伽：在一次培训班的即兴发言中我曾经说："最初是诗，最后还是诗。"这话说得有些绝对，可能会引人误解。实际上我强调的是心灵的纯粹与朝向语言极限的努力。这也许是我自己的一点儿偏见。诗歌是语言的最高形式，每个纯粹的诗人都是汉语的守护者和创造者。而语言作为诗人创造的直接材料，需要诗人以高超的技艺进行一次一次再加工，直到满意为止。可是每个长期浸淫于诗歌写作的人都知道，诗歌写作似乎永远处于一种未完成的状态。时过境迁，一些曾经满意的作品，就会充满漏洞，常常激起动手改写的欲望。而这种修正充满着可能，也许更好，也许更差，也许在原有的基础上建造了另一首诗，这首诗与原来的基础有某种关联，或者已经没有任何关联了，只与作者保持某种隐秘的联系。这大概是一种普遍的状态。诗人的一项重要的能力就是要知道在什么地方开始，在什么地方终止。在什么地方开始，源于刹那的感觉，源于一个词，一个句子突然到来；接下来就是诗人的才能作为支撑而向深远处纵深；最为重要的是，诗人要能够知道在什么地方停止，或许可以叫作对"完成度"的感知能力。你必须知道一首诗接近完成，还是已经完成。这情状和书法、绘画、音乐极其相似，只不过诗歌的材料是语言。在某一瞬间，你听见了一个声音，预见了一个结构，感知到一种节奏，你模糊地感觉到它，凝神完善它，让它成为语言的现实。在此之前，你不知道那是什么，你的任务是让它慢慢清晰起来。所谓清晰并不是将要表达的东西全都表露无遗，那样就没有任何意味了，而是要在清晰的语境中保留一种模糊性，如象外之象，意外之意，这种模糊又是极为清晰的，笔笔如在目前，意味丰富又无可尽言。诗是精致之瓮中凤凰的骨灰（美国诗歌批评家克林斯·布鲁克斯语），一个绝妙的比喻，充满着向死而生的力量。诗人作为语言忠实的侍奉者，需要有这样的决然，对语言充满虔诚，因为唯有语言才是真实的存在，或者是存在最为真实的见证。语言的重要性就在此。

个人的诗歌理念在创作中的落实与践行，实际上是一个交互过程，即：在继承体悟诗歌语言中汲取营养为我所用；同时要有一种反抗意识，即：一个优秀的诗人必须是对其他优秀诗人的反对。所谓"学我者生，似我者死"（齐白石语）。反对是一种"继承性的修正"，不是去挤一座独木桥，而是条条大路通罗马，是另辟蹊径。对于诗人来讲，语言的极限是怎样的面貌？每个人的领悟不尽相同，语言的边界也就不同。显然，你需要尝试各种各样的手法、使用各种技法来丰富个人的历史与现实想象力，以表现当下复杂的现实。

崖：非常赞同您说的"（诗人）需要尝试各种各样的手法、使用各种技法来丰富个人的历史与现实想象力，以表现当下复杂的现实"。的确，从普泛的感受中淬炼出属于自己的独特经验，并以陌生化的表达为读者提供新鲜的审美体验和诗学价值确实是对优秀诗人的严峻考验，在创作中您有什么体会？

伽：诗人表现"现实"必须有自己独特的发现。这种发现一方面与集体的经验相连，但不是主要的，另一方面必须有独特的发明。前者是基于大众审美基础的，后者则是诗人自我诗学的个性化选择。好的诗歌可以引起普遍的共鸣，但其初衷并不是为大众服务的。因为大众是一个相当宽泛模糊的概念，每个人都有权利表现自己的好恶，发表自己的观点，但是诗人无法据此写作。许多被大众舆论认可的诗歌，多数情况都是被裹挟被利用的产物，而真正的诗歌是去除功利性的，无用是它显著的标志。正像诗人叶芝的诗歌无法挽救爱情，希尼的诗歌不能阻挡坦克。

然而诗歌的无用并不是说诗歌毫无价值，而是说诗歌的价值无法用功利来称量，它对心灵的疗愈与滋养胜过许多灵丹妙药，却全然是无偿的奉献。

从我自身的创作而言，我觉得诗歌必须创造一种个人化的审美经验。这就要求诗人必须是一个独立的、单独的、不可复制的、健全的个人，并且通过诗歌保持这个人。当然，心灵上的独立并不代表生活上与世隔绝。因为无论如何逃避，你始终在群体中，必然是社会生活的一部分。所以，作为一个经历者写出你自己；作为一个旁观者，写出你身边的人物，这是非常重要的。因为即便是桃源人物，创作一部田园牧歌，放在诗歌共时体中来观察，我们看到的也就不仅仅是出世的逃遁，而是对现实的一种反对。从这样的角度观察每个人的创作，或者会有不同的判断。

此外，对于诗歌难度的理解，或者也应该加以说明。新诗经过百年的发展，已经建立了自己的传统。这传统是超越时空的世界主义的诗学，诗人的创作也在全球视野上展开，这是任何一首诗创作时的大背景。然而背景越宏大，我们越能感觉到卑微与细小的珍贵，我们就越应该回到个人性，作为个体生命以独立视角观照这个世界。从普通事物中发现异质性，表现某种微妙的差异。诗歌的难度并不是一种固定的范式，将一种风格做到极致，必然会催化另一种风格。或者在尖端上仍然能够突破局限性，这些都是困难的。

一首诗的写作，可以是即兴的，也可以精雕细琢，这些与诗人本身的审美追求密切相关。看起来浑然天成的诗作，可能是精雕细琢的产物；看起来精雕细琢的，或许是浑然天成的。这需要诗人全面的语言才能，我们无法分得很清楚，或者连诗人自己也搞不明白。然而好的诗作必定是诗人在长期自觉创造过程中诞生的，诗人像匠人一样工作，终会锤炼出一件又一件神品。

诗歌的难度不仅体现在诗歌的面目上，更体现在诗歌的灵魂上。有的诗歌一副肉身里居住着几个灵魂，这需要诗人高超的语言平衡能力，也需要读者悉心意会。

崔：您从1996年开始写诗，2004年创作走上正轨，近二十年的诗歌写作堪称熟手，您说"有的诗歌一副肉身里居住着几个灵魂，这需要诗人高超的语言平衡能力"，借您的话问问您，如何在自己的诗中平衡处理诗与真、诗与善、诗与美、诗与思的关系？抱歉，展开回答确实复杂，简言之吧。

伽：按照诗人弗罗斯特的说法，成就一个诗人的时间大致是二十年。我在前面已经回忆了自己的阅读历程，事实上也是回顾自己走过的道路。诗歌这条路从来没有作为一条主要的路存在，而是一条偏僻的小路，供我在闲暇时独步，没想到这样一走就是几十年。您在提问中称我为"熟手"，这引起了我的警惕。因为诗歌创作必须时刻警惕这种"熟"，避免滑入写作的惯性。一首诗总是在与另一首诗的陌生中显示自己；一批诗歌的存在与另一批诗歌的存在也是这样，诗人必须写出不同的诗歌，在不同的方向做出有益的探索，或者朝着一个方向不断深入，穿透无穷的黑暗打开新境界。

关于您提到的我自己如何处理"真、善、美、思"与诗歌的关系，我觉得这里是两个不同的层面。"真、善、美"是目的，"思"是手段。或者说，"真、善、美"是诗的灵魂，"思"是诗的身体。然而，诗歌并不仅仅要表现"真、善、美"，诗歌很多时候并没有目的，是无为的状态，无为而无不为。强调"真、善、美"，仍然是一种束缚，一种禁锢，诗歌一旦有了明确的目标，就像做选择题，就会降低其美学价值。诗歌需要打破这些镣铐，去创造一个独立的精神空间，这个空间可能很狭窄，也可能是包罗万象的，可能是一粒沙，也可能是一个宇宙。此外，"真、善、美"的标准，因人因时而异，是不断被颠覆与重置的，诗必须以"思"不断重估其价值，建立新的标准。我相信，优秀的诗作会把句子与银河焊接在一起，也会与朴素的生命焊接在一起。

崖：有读者嘲笑写诗就是把散文变成"分行文字"，您考虑过新诗是什么，新诗有哪些标准等这些诗学问题吗？如何让"分行文字"产生诗意，您有哪些经验可以和读者分享？

伽：事实上我一直在考虑这一问题，即：什么是诗？每走过一个阶段，我就会返回到这个问题进行思考。尤其独自面对自己的诗作，我要考虑这些"分行文字"是不是诗，有哪些地方需要改进。我是在肯定、否定、肯定中颠簸着，常常暗暗地拿自己的作品与当下的一些诗作进行比对，看看自己是不是已经写得足够好，是否能够立得住。我想这个问题将会一直困扰我，虽然我的一部分作品已经发表和出版了，得到了一定的认可。然而，我想这不是让自己满足的理由。于我而言，诗是没有写出的声音在远方发出的召唤，我将一直跟随那召唤。诗是一个四维生命体，它的存在有自己的理由。诗最终是一种对生命的信仰，它宁静的核心燃烧着悲悯与热爱。我不想这样为诗下一个定义，因为诗显然比这些更让我心动，就像我自己的呼吸、心跳、行动……所有的一切。因此，我赞成诗人全方位地探索，而无法为诗下一个定义，规定一个标准。试想谁能够为心灵规定一个身体？诗歌正是在不断打破语言与现实的局限性中发展建立起来的，那么就让它自由地发展和建立。以美国诗人威廉·卡洛斯·威廉姆斯为例，写作长诗《佩特森》的诗人与意象派时期接受中国诗歌影响的诗人根本不像一个人，然而，这样的奇迹就发生在同一个人身上。我希望每个诗人都能够拓展对诗的认知，并拓展与丰富诗的标准，把我们带入新的语言的奇境。

"分行"也许不是"诗意"的条件。我主张凡具有诗的内容的文字，都属于诗的范畴，分行只是诗的常用形式，或者说诗人的一种习惯。我提倡一种打破形式的诗，也就是说诗可以使用散文、小说、戏剧的身体来完成自身。比如帕维奇的小说、博尔赫斯的散文和小说，迷人的程度大概可以和诗歌媲美，或者说已经达到了诗的高度。我自己在散文诗上也做过一点儿尝试，在这方面鲁迅、昌耀、商禽，是先行者。

在这里我想对诗意补充一点儿看法。诗意在大众眼中常常和浪漫联系在一起，这既廉价又可疑。所以，我觉得诗人要减弱对诗意的追求，而让诗（语言）本身来言说。廉价的诗意只能对真正的诗歌造成遮蔽，让人以为诗不过如此。实际上，从 20 世纪 80 年代至今，当代诗歌走得非常深远，取得了非常大的成就，当然诗人们面对复杂的当下经验还需要继续努力。

崖：听说有些和您差不多一起开始写诗的人后来有的不写了。您仍然保持旺盛的创作力，除了写诗，还有什么写作计划？

伽：和我一起写诗的人，大多数还在写。当年诗歌论坛里的诗人李敢、太白酒桶、国志峰、龚纯、李景云属、还叫悟空、蓝亭、曾纪虎等一大批诗人还在写，或者默默无闻地干着与诗相关的事。他们中的许多人写出了非常优秀的诗作，有自己的审美追求，并且越写越好。女诗人成名的很多，大多也都在写。我从不觉得他们江郎才尽，现实的压力（精神与物质的双重压力）给诗歌留下的空间并不大，但这不是问题，我相信他们不会放弃。我自己一年中有几个月写得比较多，其他时间只能在时间缝隙里偶尔为之。最好的状态，每天早晨写一点儿，有时候心力不足，难以完成一首诗，所幸并不焦虑，而是等待诗歌自己生长出来。近几年，事务性工作很多，也发表了一些作品，这对我的写作是很大的鼓励。狄更斯说，这是个最好的时代，也是个最坏的时代。我感受到了时代给予的幸运，却也一直感受着时代所面临的困境。我想自己仍然会直面这些困境进行写作，写出更好的作品。在与一些多年的朋友深入交流的时候，他们都劝我留下一些诗歌的入口，这很像劝我交代身后事。事实上，触动心灵的永远是最优秀的诗作，所有的技法、思想都在其中有完整的保留。不过，我也许会写一点儿诗学随笔，整理一些零碎的看法。同时，对旧诗稿做一次彻底整理，这些都需要投入很大的精力。

崔：《创世纪》《情书一种》《秋分，我们谈情到午夜》等可视为爱情诗吗？您怎么看待爱情诗写作？另外，我发现您关注现实是将现实与历史做隐形对比来写的，比如《该隐的谎言》《武松》等表现的是一种对人世荒诞的认知。把审丑带入诗歌审美范围，引起人们对人性更为深刻的思索，这是您借鉴过来的一种对日常经验和题材拓展的技艺吗？

伽：弗罗斯特说，我和这世界有过情人般的争吵。事实上，诗人暗示了个人与世界之间的关系，如何面对或处理这样的关系对个人的价值观和人生观的形成具有深刻影响。我觉得弗罗斯特找到"情人"这个词语是非常准确与微妙的。在我看来，所有的诗都是情诗，正像诗人阿米亥说的"所有的诗都是政治诗"一样。诗人如果没有丰沛的情感，可能就难以写出优秀的诗作；然而诗歌如果仅仅表现情感，又是单调和乏味的，不如音乐更直接。所以，把这些诗放在里面作为生活的一部分，让它们成为整个诗集的元素是非常重要的。因为生活本身如此多样，精神世界的完整性需要同样的多样性作为匹配，唯有这样才能算更多更真实的反映。此外，我觉得在这个世界上，爱情来得太容易太快捷，不像木心《从前慢》

里的时代,"一生只够爱一个人"。大多时刻人们的感情流于物质和欲望的表面,很难深入骨髓了。然而,我愿意在诗集中保留这样一些纯粹的甚至具有原始感的诗作,让它们突破时空的局限揳入鲜活的现实。

对人世荒诞的认知与表现,让审丑进入诗学的视野,这些并不是新鲜货。西方的诗歌提供了题材与技法上的足够的参照,波德莱尔、艾略特、贝克特、加缪等均可以触动诗思。然而,真正引领我创作的当然是现实。我从身边的环境、人物、事件身上感受到了足够的荒诞性,我看到了人性的分裂、扭曲、变形、偏执,被欲望控制,挣扎却又难以摆脱的日常生活。很多时刻,我感到可笑与气愤,随后是一种释然。这时候的我站在旁观者的角度审视自我和环绕着自我的一切。我看见了贝克特的戏剧活生生地在现实中发生,我自己也是其中一个拙劣的演员;我也看见人性的堕落与危险,像毒一样蔓延;我看到某种美好的东西被撕碎与毁灭,而自己无能为力……这种感觉每天都在发生着。生命一阵痉挛,充斥着焦虑感、幻灭感。我试着表现这些感受,写了一批这样的作品。这些作品大多是瞬间的感受,然而产生的基础却是长期的观察和体验。

同时,我又不得不从这些感受中跳脱出来,到大自然中去寻找慰藉。有一段时间,一个朋友承包了一块地,过着陶渊明式的周末生活,我经常到他那儿去。放假的时候,我很喜欢到北京市最高峰东灵山脚下小住几天,那里海拔较高,风景宜人,我岳父一家是那里的土著,在村子里经营民宿。我在那里读希尼和沃尔科特。一花一叶总关情:大自然中任何细小的事物都具有治愈的力量,让我恢复元气,增加对生命的信心。温柔的光线,澄澈的溪水,鸟声林语……总会吸引我并渗进语言里面。这时候,诗歌就像心灵的庇护所,让疲倦的身体得到休息。诗人必须学会通过诗歌进行自我疗愈,这是一种强大的能力,尤其在当下,我希望能够在与大自然的沟通中不断发展这种能力。

崔:作为一位中学教师,您在语文教育方面怎样对学生进行诗的启发与引导?教学理念与应试教育发生冲突怎么办?您提倡在中学开展诗歌教育吗?

伽:这是我非常想谈,也是我不想多谈的问题。作为教师,我的主业当然是教学和育人。事实上,在语文教学过程中我更注重文本细读、读写结合、群文阅读,以及有意识地加强生活与语文学习的联系，在生活中培养学生观察、感悟与表达能力。我自己有十四年的数学教学经验，介入语文教学主要原因是包班的工作需要。我很想一直把文学作为自己的后花园悄悄打理，工作与爱好互不干扰。然而开启语文教学模式以后，就打破了这种平衡。语文教学与数学教学有许多不同，有很长的时间要学习与磨合，最后才慢慢找到自己的路。说实话，我自己对语文教材中的许多课文的选择并不满意，许多文章编入教材时进行了删改，像被人工打磨过的变得光滑，而失之自然，与原作相比较也缺少了粗糙的生气。语文教材里有诗歌单元，意图让学生初步感知诗的形式，唤起想象力，但是选择的诗作比较一般。比如：诗人苏金伞的诗歌《三黑和土地》，从诗歌价值的角度看显然已经不适合孩子阅读和学习；而更多优秀的诗歌作品，没有被选入。教材修订以后，增加了相当数量的古典诗词，现当代诗歌很少，这也是非常遗憾的事情。要想让学生有更多收获，就必须补充更多优秀的古今中外经典诗作，让学生开阔视野；文化的自信不是抱着唐诗宋词不放手，而是以开放的心态广采博收，进而形成自己的审美能力。语文教学归根结底是引导学生阅读与表达，即：如何读，如何读得深入；怎样表达，怎样表达得合理、准确、充满想象力。在阅读与表达的交替过程中，让学生尽可能多地在布鲁姆所说的"分析、综合、评价"的高阶思维上获得发展。

语文教学尤其应该关注文本的文学性，是文学性让文本呈现丰富多彩的面貌，而这种丰富让语文教学充满了魅力。一个优秀的语文教师必定善于驾驭这种丰富性，引领学生体验语言的奇观；一个优秀的语文教师必定对语言文字有着敬畏，并把这种敬畏导入学生心中；一个优秀的语文教师也必定通过语文教学对学生进行人文熏陶，通过文本教孩子辨识自我、感悟生命、认识生活。

所以您不说"语文教学"，而说"语文教育"，我觉得这是非常恰当的。评价语文教育是否成功，主要看学生对语文学科的兴趣是否被激发出来，以及口头与书面表达能力有没有得到发展。语文教师能够带着学生走多远的路，就取决于此。

这是一种活的语文。我希望能有这样一种语文学习：即通过培育核心素养而全面提升语文能力，并且通过对学生进行多元的表现性评价提升学生语文学习的兴趣与自信。我从来不觉得自己的教育理念与应试教育相冲突，事实上只要学生的语文素养上来了，应试方面对考试技巧稍加训练，就能够轻松应对。我相信，活的语文胜过死的语文，素养培育与应试并不矛盾。

在实际教学中，我发现很多孩子都具有诗人的潜质，他们对诗歌有着浓厚的兴趣，稍做启发性引领，把他们带进一个生机勃勃的语言世界，并鼓励他们动手尝试，他们就可以写出非常好的诗歌。然而，也有一些学生思维被禁锢了，打不开思路，想象力非常贫乏，迫切需要打开自己的视野。而且这种打开需要有持续性，如果不能持续，蜻蜓点水，所起的作用是非常有限的。他们需要大量阅读古今中外最优秀的经典作品，尤其现当代的经典作品，而现实留给他们的空间很狭窄。

即便在高考语文试卷上已经允许诗歌体裁写作存在的今天，也很少有人敢以写作诗歌来冒险。现当代诗歌教育在学校环境中被边缘化，与对现当代诗歌的认知密切相关。就我个人观察所知，学校教育中对现当代诗歌的认知不具有任何当代性。无论是学生还是教师对现当代诗歌的误解都很深，他们不认为教育会和现当代诗歌发生密切关联。

然而，诗教传统古已有之。孔子说，"不学《诗》，无以言。"现当代诗歌具有当代语文教育所需要的一切，尤其和人的心灵成长密切相关，是去除功利的内功。以现当代诗为路径，结合教材的研读与经典文学书籍的辅助阅读，可以为语文教育打开一扇大门，让学生登堂入室，爱上语言的学习。

张伟栋

张伟栋,1979年3月生,黑龙江宾县人。中国人民大学文学博士,现为宁波大学人文与传媒学院教授,博士生导师。著有诗集《没有墓园的城市》《动物诗篇》《虹》《子夜歌》等。曾获刘丽安诗歌奖等奖项。

如何想象一种诗学

——张伟栋答诗人崔丽娟

崔丽娟（以下简称崔）：张伟栋老师我们先从一个有意思的话题开始聊吧。互联网的兴起,极大改变了诗歌的写作和传播方式。2022年以来,新媒体大众流量逐渐从微信公众号平台转移到抖音、快手、小红书、B站等平台,很快B站、快手相继联合出版社推出诗集《不再努力成为另一个人：我在B站写诗》《一个人,也要活成一个春天》,网络让诗歌出圈和诗人速成成为一种现象。最近爆火的人工智能软件ChatGPT可以模仿人类写论文、写方案、写代码、编程序,还能聊天、写诗……更早之前,人工智能微软小冰横空出世并有诗集《阳光失了玻璃窗》在出版社出版。不禁让人感慨：自媒体时代不仅人人可以成为"记者",人工智能时代连软件工具也可以写诗。那真的是诗吗？写诗需要别才吗？诗人可以速成吗？

张伟栋（以下简称张）：崔老师好！这的确是很有意思的话题,但也非常复杂,因为这里面还有着太多的不确定和未知,无论何种盖棺定论都还为时过早。

这个话题中，我非常反对一种说法，人工智能没有心灵和审美，他们的意思是说，即使这些人工智能能够替代一般的工作，却无法进行更高层次的，需要心灵感通和审美体验的工作，比如写诗。我觉得这是所谓"愚蠢人类"的想法，一种带有人类中心主义色彩的想法，事实上我们根本无法从现在的已知推导出未来，人类那点儿可怜的理性和想象力，面对不确定和未知的时候，绝大多数时候会犯错误。我的意思是说，作为"非人"的人工智能，即使是从人类手里诞生的，但也有着人类无法理解的潜能和现实。按照斯蒂格勒说的，假如将我们的这个世代叫作"人类纪"的话，我坚信未来的世代或许就是"非人纪"。即使我上面所说都不成立，但有一点是非常明确而且确定无疑的，就是当代的诗和诗人都发生了很大的改变，毫无疑问，今天的诗人拥有了以往任何一个时代不曾有过的历史感受力，本雅明所谓的"发达资本主义时代"距离现在真是遥不可及了，波德莱尔在我们的时代除了极度失神、震惊之外还是会失神、震惊，因为今天诗人的历史感受力里面有一个核心点，就是智能技术，这是以往任何时代都不曾具备的。

两三年前的一个会议上，我曾发表了名为《技术——逻各斯情境中的新世纪诗歌》的文章，谈论的就是这个话题。我想说的是，无论是微信，还是抖音、快手、小红书、B站等这些所谓的平台，都不被仅仅理解为身体之外的工具，身体可以自由操控的工具，想打开就打开，想关闭就关闭，操控自如，这样的想法只是个幻觉，事实上理应将其作为身体的一部分来加以认识，而且是身体无法直接切断的一部分，与身体的其他器官形成了一个环路。比如，很多时候我们必须通过中介才能有所感知，而无法直接感受事物，一张滤镜中生成的风景照片就是如此。所谓智能技术与以往的技术所带来的历史感受力的不同之处在于，我们无法置身于互联网之外，一般人的理解是我们坐在电脑前上网，我们在互联网的外边，实际上不是，实际上整个世界都在互联网之中，每个人都是互联网上的一个接口。今天的诗人与以往相比，更加"机器化"了，诗也更加"机器化"或者说"无器官化"了。最明显的表现是，我们与事物之间的距离因为间隔了许多中介而变得遥远了。一种技术无意识在控制着我们。无论是在微信，还是在抖音、快手、小红书、B站写诗，发表诗，我觉得如果一个诗人能自觉到这些，他就是我们这个时代的诗人，如果仅仅将这些媒介当作纸媒的替代，那么无论在哪儿写作都一样。

我觉得，判断一个诗人最重要的标准，就是看他对自己的写作和自己所身处的历史自觉到何种程度，我很喜欢台湾的一些诗人，就是因为他们的自觉程度很高，知道应该在哪个历史关节点上努力，比如说唐捐。有时候，你读某些人的诗，总是感觉缺少点儿什么，这就是他的自觉程度不够。在这个意义上，写诗的确是需要别才的，但也没有绝对的特殊性，只能说是一种差异，写诗所需要的注意力、感受力、理解力和想象力、自由能力等，人类的其他行当也需要，只不过是诗人的与其不同而已。当这些诗歌的能力都上升为某种自觉，真正的诗人就诞生了。速成的诗人是绝对不可能的，任何创造性行当都无法速成，所谓速成一定有章可循，而创造是自由的游戏，它必须得等待那个特殊的时机。

崖：好吧，我们身处网络时代，感受到从未有过的便捷和机遇，诗人纷纷从纸上写诗改为在电脑上、手机上写诗，每天生产数以万计的诗歌，微博、微信、公众号、网络平台纷纷扮演公民诗歌训练场的角色。这种"众人狂欢"的局面对诗歌的健康发展是否有所助益？诗歌在大众生活中究竟扮演什么角色，"低门槛"诗歌创作是否会对真正的诗人造成冲击？

张：这个问题好像几乎没怎么困扰过我，但我理解这种困扰。我觉得什么样的写作都可以存在，无论什么人也都可以写，无论是否成立的写作都可以发表，拥有自己的读者或粉丝也不奇怪，这些都没有什么关系。在现实中，我们的确见过那样的诗人，他们通过否定别人来确认自己，他们说这个写得不行，那个写得很差，这个写的不是诗，还没入门，那个写的没有生命感，不说人话等，这种鄙视链似乎帮助这些诗人建立写作的信心，但很狭隘和局限。我是想说，"低门槛"的诗歌一点儿都不可怕，即生即灭，随时灰飞烟灭，真正可怕的是那种有着狭隘视野和意识的写作，他们不仅党同伐异，而且培养着新的狭隘和目光短浅，脑子里充满着似是而非、一知半解和平庸肤浅。而且善于制造虚假的问题，比如一种流行的论调，将诗歌与技术对立起来，这种论调认为，诗歌的晦涩虚假、无关痛痒、形式主义、浮夸矫饰、回避现实等问题统统归结为一种技术主义，诗歌就是技术和转化啊，就是一种"生命技术"，还能是别的吗？诗人基本上都是既自大又自卑，有时候觉得自己写的好得不得了，有时候却非常不自信，对自己的作品没有把握，但如果自大而愚蠢，就非常可怕。而所谓真正的诗人，我是这样理解的：第一，将诗和写作视为人生使命的人；第二，他的作品或人生能够为后来的写作者提供某种榜样；第三，他的写作为后来的写作提出了某个真实的问题或是解决了从前的某个问题，无论是历史还是观念中的。这也就是说，真正的诗人是难以被埋没的，杰出的诗歌总是会闪现出来的，我不太相信埋没，暂时的遮蔽是极有可能的，长期的遮蔽也是可能的，因为当某种诗歌类型成为主导，人们往往会对与之无关的类型视而不见。至于诗歌在大众生活中究竟扮演什么角色？这不取决于诗歌，而是取决于大众，大众对诗漠不关心或是尊崇有加都没什么重要的，这是选择的自由，所以我觉得"众人狂欢"也不是什么坏事。诗人在日常生活中没有特权，如济慈所言，所有诗意的事物中，诗人是最没有诗意的，他不能充当先知或是引领者，不能扮演大众精神导师的角色，诗人的使命是创造历史，从而有益于某个民族或某种文化。

崔：您在《修辞镜像中的历史诗学》里提出的历史诗学的命题极富创见，这是您诗学研究领域的重点。新诗已经走过一百多年历史，如何走向一种崭新的诗学，诗歌何用，诗歌前景如何，未来诗歌如何，可能等等关涉诗歌的现代性、当代性诸问题，恐怕只有置身于新的历史诗学情境中才能获得更为清醒的反思和更为清晰的认识吧？是否可以理解为，关于未来诗歌的问题很大程度将取决于构建新诗自我革新的动力？

张：您的这些问题都是我的困惑，我只有一些思考过的痕迹，但没有答案。我所提出或者说构建的历史诗学，核心的问题是思考诗与历史的普遍性关联，并以此来回应当代诗的困境。与当代诗中一些比较重要的建设性诗学命题有很大不同，比如生命诗学（陈超）、个体诗学（王家新）、感叹诗学（敬文东）、诗性空间（张桃洲）、伟大诗歌（海子）、元诗（张枣）、魔怪书写（唐捐）等，这些诗学主张之间有着相异性，在具体的诗歌形式判定和历史语境的理解方面也都互有冲突，但都属于主体诗学这一个更广泛的范畴，也就是创造的主体——诗人是这些命题的核心问题，被视为创造性的根源。我的文章《如何想象一种诗学？——当代诗歌批评的理论建构》曾试图去阐述以上命题。也可以说我的历史诗学对以上命题都有所吸收，但是非常不同的地方在于历史诗学是将历史作为主体，世界本身才是创造性的根源，而不是诗人，因此将诗歌理解为"历史性机器"，它随着每一次运作而转变为另一部机器，正所谓"凡一代有一代之文学：楚之骚，汉之赋，六代之骈语，唐之诗，宋之词，元之曲，皆所谓一代之文学，而后世莫能继焉者也"。王国维的说法是对这种"机器说"的最好表述。无论何种情况，诗人只应被定义为文明之子，寄居在过往的文学传统里而创造新的文学经验，所以并没有不学而能的天才，天才之所以显得幸运而神秘，是因为他是历史精心孕育和催化的结果，并经过了反复的锤炼。具体来说，历史诗学所思考的诗与历史的普遍性关联主要有这几个层面：第一，相对于把诗仅仅看作是一种文学体裁，或是某种特殊的知识，或是语言的创造性表达，或是心灵的表现等，历史诗学更为强调的是，诗在历史中的生成与实现，诗与历史的递归关系，恰如海德格尔所理解的，"诗的本性不会被那些高于所有历史的东西决定，而只能源自历史，并被历史性地决定。"第二，相对于仅仅将诗歌看作是作品文本那样的对象，或是描述为某种诗意的实现，历史诗学更为强调诗歌是作为一种机制，始终的动态的转化机制，蕴含着特异的关于现实历史的计算法则；第三，相对于仅仅将诗歌看作是阅读的、体验的、理解的、阐释的对象，或是一种书写行为，或是介入的工具，历史诗学更为强调诗歌只有作为生产的、沟通的、行动的对象时才得以可能形成。简单来说，历史诗学按照亚里士多德通过古希腊悲剧所确立的古老传统，将诗理解为一种行动，强调诗的力量在生命中的实现，是修复或构造主体的行动，因而是一种"生命技术"，它强调诗的力量在历史中的行动，因而诗是"历史性机器"。我将这一种历史诗学称之为普遍诗学，行动、技术和机器是其核心的概念，以区别将诗视为某种文类或某书写机制的特殊诗学，后者将书写、技艺和文本理解为根本。

崔：从20世纪80年代到当下新诗发展处于什么阶段？您对诗坛现状如何评价，主要存在哪些问题？对未来前景有什么预判？

张：20世纪80年代至今，涌现出很多重要的诗人和作品，无论从哪个层面，都算是新诗史的重要时期。阅读这一时期的作品，是我成长过程中非常重要的事件。我觉得身处其中的人想对这个时期做出客观的判断几乎是不可能的，就如同我们无法真实地理解我们所处的时代。对于当下新诗处于什么阶段，也就难以做出真实的判断，很多事情还未水落石出。但我们可以大致把握基本的历史逻辑和它面对的困境。开始于20世纪80年代的当代诗，与之前的两个时期非常不同，更深地陷于现代主义诗歌的逻辑之中，我在很多文章都有谈过，具体来说它有这样几个特征，也是它的困境：第一，就是历史的消解，总体性的历史被瓦解了，普遍的历史不再可能存在，在前两个时期，也就是1917年至1949年的新诗时期，1949年至1976年的社会主义诗歌时期，总体性的历史还在，20世纪80年代之后我们逐渐感觉到历史的消隐；第二，就是个人写作的盛行，当代诗被看作是进入了一个个人写作的时代，但这是一个脱离了总体性的个人，他只有某种内在性可以坚持，而无法与现实建立真实有效的关联，他更多的是表达了某种主观的意愿而不能真正地客观起来；第三，语言的本体论意识，这一时期的当代诗将文本的有效性、书写的可能性、语言的新颖性作为首要目标，将创造力和想象力理解为诗歌语言的变化、更新和新颖或猎奇性，而不是对于历史的创造；第四，官能的技术化，这是现代诗歌的一个基本前提，席勒"感伤的诗"的概念最早表达了这一内容。由于日常生活的日益技术—逻各斯化，我们的内在官能也在日益改变，这是一个不可逆的进程，官能的技术化在造就当代诗人前所未有的历史感受力的同时，我们的诗歌作品也有着以往时代不曾如此明晰的机器化、自动化、数据化、屏写化、无器官的历史特征。我所想象的是，不是取消这一切，而是如何在一种历史诗学中去克服这一切，这是我对未来前景的预判。

崔：问一个老生常谈的问题，新诗如何面对西方诗歌和中国古典诗歌两大传统？您秉持什么文化态度、立场？隐喻和象征其实是中国古典诗歌的写作方法，为什么应用于现代诗时常被诟病晦涩难懂？古代隐喻与现代隐喻有哪些区别？您如何看待新诗写作的"翻译腔"？

张：这并非是老生常谈，而是一个非常困难的问题，也许可能是还没有真正开始的问题，目前的新诗研究还不能够很好地对此做出回答。我只能说一些我认为的东西，还有待于将来的讨论。首先，必须明确的是采取何种立场，是进入这一问题的关键,在我看来,根本就没有所谓"两大传统的阴影",我比较认同郑敏的说法,必须持有两种清醒:一是"对古典汉语诗歌传统的盲目否定,与对西方诗歌的新潮的盲目追随",二是"除去20世纪以来以西方文化作为世界文化中心的心态",我们今天的诗歌和批评对这两个层面缺少足够的反思,因而日益陷入"现代主义的贫困"之中,对诗歌的根本紧要问题无思无觉,沉溺于空疏浮泛的假问题之中。其次,我并不认为新诗是与古典诗断裂后的产物,我认同杨牧的说法,新诗"是三千年汉文学传统里一无先例的突破"。也就是说,新诗从未离开古典传统,而是古典的创造性生成,早期白话新诗拒斥传统,尝试新形式,是为了新的生成开路,此后的历史一再表明,新诗不断地复归传统,比如20世纪20年代闻一多的中西结合的诗学主张,新月诗人的格律诗实验;30年代林庚、卞之琳、何其芳、梁宗岱、废名等通过象征主义诗歌和古典诗词的化欧、化古;40年代吴兴华的古典实验;50年代的新格律诗讨论、新民歌运动;70年代台湾的《龙族》《大地》诗刊反对横的移植,余光中、洛夫、郑愁予、杨牧等诗人的古典转向;80年代江河、杨炼的整体主义以古典神话为主题的新史诗;90年代郑敏、任洪渊、张枣等人的创造性转化。所谓复归古典,并不是复古,复古的古典没有意义,只有通过掌握古典的精髓予以创造性转化一条路可走,因为新诗的根基不在于所谓的古典性还是现代性,新诗的根基就在于汉语以及汉语的当下生成,新诗的使命也就在于"寻找母语,寻找那母语中的母语"。再次,我更为强调新诗是20世纪中国历史孕育催生的产物。而主流的文学史都将新诗叙述为与古典诗断裂的白话文学,是向西方现代诗歌学习,后发于西方诗歌的一种新文学品种。于是将新诗与浪漫主义、象征主义、现代派等西方诗歌流派比附对照研究,而忘记了任何文学理念只有在特定的历史中才能生长出来,忘记了"没有什么比学会自由地运用民族性的东西更为困难了",诗人首先需要学习异己和陌生之物。强调新诗是20世纪中国历史孕育催生的产物,意味着诗无法高于历史,唯有通过足够长的历史,我们才能真正把握诗歌的奥秘,唯有对历史逻辑的深刻理解之后,才能解开诗的生成与演变、创造与休止、繁衍与迭代的关系。这意味着新诗并不是后发的,而是同时共生于20世纪文学的,《野草》与《荒原》几乎是同时代诞生的,《死水》与叶芝的《钟楼》也是同时代的,等等。按照西方文学的标准和时间线,新诗就是后发的，按照20世纪的历史，新诗就是20世纪世界文学的一部分，是20世纪历史最重要的见证。如果从这些角度去看待新诗，你会发现另一部不同的新诗史。

崖：写诗、进行诗歌批评、搞诗歌研究，您真正的志趣在哪里？写诗和写评论、做研究对您而言究竟是什么样的关系？做诗歌批评时，您坚持什么原则？

张：我将批评、文学史研究和写诗都看成是写作，我把写作理解为对某种书写法则的追寻和探求，我把书写原则理解为某种构造或修复主体的"生命技术"。所以说，没有区别，只有工作状态的不同，批评在什么状态下都可以写，诗歌不行，必须是在不受干扰，时间比较充裕的状态下才可以写；批评或研究一般需要长时间的准备，写诗不需要，只要状态对了，立刻就可以写。有人认为，这是两种对立的写作状态，批评是观念的、认知的和理性的，写诗是感受的、回忆的、情感的，这种区分表面看来是有道理的，也不完全错，但只是比较低级的认识，实际上在创造的状态里，观念与感受、认知与回忆、理性与情感是互相渗透交融、不分彼此的，纯感受或纯观念的状态是不存在的。无知者善于制造对立和区隔，真正有创造力的诗人往往能够打破区隔与对立，汇通融合。我从事诗歌批评和研究，从根本上不是为了服务于某种学术体制或是学术机器，从一开始直到现在，我所接受的唯一信条，就是波德莱尔的那个判断，他说，一切伟大的诗人本来注定了就是批评家。我可怜那些只让唯一的本能支配的诗人，我认为他们是不完全的。也就是，批评乃是通往伟大诗歌的必备条件，没有诗人能绕道而行。一个显而易见的错乱就是，将批评单纯理解为对某种诗歌的解释、评论和阐发，这只是一种评论而已，并不是真正的批评。真正的批评的出发点和最终目的都是为了探究诗歌的边界、可能以及未来，真正的批评永远是朝向一种未来的诗学，这是批评与文学史研究的一个区别，文学史研究是朝向过去的、经典化的。真正的批评也是非常困难的，和创造性的诗歌一样困难，我时常对自己从事的当代诗歌研究灰心，老实讲，我读到的绝大多数诗歌作品都不能令我获得真正诗歌上的满足，甚至会无聊、沮丧，我必须读得非常多，需要在非常多的诗中拣选，而且读的很多当时令我触动或喜欢的作品在很多年后往往也会变得索然无味。这就是当代文学这种非经典文学研究令人沮丧之处。没有经过历史和时间之火淬砺的文学,无论怎样我们都无法真正判断其价值。诗人只是作品的接生者,作品的成长需要漫长的历史时间。所谓经典作品,就是永远可以在历史中生长的作品,而作者并不能真的决定,也无法决定这一切。面对非经典文学,我觉得我们要做的并非是将其经典化,这是不可能的事情,而是应与其共同成长,通过它去想象和生成一种诗学。诗歌和批评有着共同的目标,就是诗学。

崔:在您看来,好诗有哪些标准?诗人应该具备哪些能力?在生活中,您愿意被称为诗人吗?

张:我的理解是,好诗是诗歌的最低标准,独一性是诗的最高标准。所以,好诗的标准非常多,可以是打动人心的诗,令人落泪的诗,给人以启发的诗,能够帮助我们的诗,一首新颖之诗,或是能够被确认为某种典范的诗等。好诗就是有价值的诗,烂诗就是没什么价值的诗。写一首好诗并不难,比如通过学习或模仿经典的诗,只要天赋还不差,就可以写一首好诗,每个诗人都写过好诗,只有天才而幸运的诗人,才能写出具有独一性的诗。诗人应该具备哪些能力呢?当然是多多益善,比如感受力、想象力、记忆力、情感力、判断力、趣味能力、预见力等,但我认为,诗人最基本的能力是自由的能力和爱的能力,这是个非常复杂的话题,只能说自由和爱的能力是比较稀缺的,而不自由和冷漠则是常态,比如心灵充满谬误和偏见就是不自由的。因而,在日常生活中被称为诗人是尴尬的,但我并不介意,在我们的时代,成为一名诗人就意味着要承受误解、责难和被诅咒的命运,即使是在诗人之间,这种误解和责难也不曾减弱半分。

崔:您觉得现在还存在"官方""学院派""民间写作"这些区别吗?如何看待口语入诗?

张:所谓的"官方""学院派""民间写作",我觉得只能算是一种战术性的提法,不能完全当真,也就是说,是为了反对"敌方"而提出的暂时性策略,至于提法本身是否真实成立都并不重要,重要的是起到什么作用。当然了,任何标签都有强调的作用,一旦贴上了就会不断强化其某一特征,比如将某个诗人命名为部长诗人、双学士诗人、挖煤诗人，也会有人觉得有道理，以出身、年龄、性别、阶层、职业等来对诗歌进行命名，考虑的都不是诗歌的问题，或者说是无能于诗歌的问题。

今天的诗人之间几乎不能谈诗，到处可见的是狭隘的、偏执的、被禁锢的平庸心灵，今天的诗人之分歧和争论往往是出于狭隘和愚蠢，而不是创造和智慧。口语诗就是一个例子，如果单纯强调以口语入诗，问题非常大，实际上没有什么语言不能入诗，诗有三万六千道法门，哪条都可以，诗的高下优劣，不是依靠诗的类型、内容、题材或主题来区分出来的，如果只能以自己喜欢的或认同的某种类型的诗来判断全部诗歌，即使不算愚蠢也是目光短浅的。无论怎样，我觉得诗人必须维护语言的差异性和多样性，没有差异和多样就没有语言，任何纯洁化语言的行为，或者试图用单一语言取消多样性语言的行为，都是非常可怕的，历史曾多次向我们证明过。

崔：作为学者和研究者，您不仅对宏观、抽象诗学这些智性思考与写作得心应手，作为诗人，您身上似乎还有一种对小动物特别喜爱、怜悯的情愫，《我所是的动物》《动物诗篇》《不可见的动物》《动物之变》等诗歌里都有所体现，诗中的隐喻究竟表达诗人何种思想意识和精神性意义？在创作中，您坚持什么诗观？

张：我一直以为所有的诗人都对动物和植物有着某种天然的情感，后来我发现并不是。我是一直对动物和植物很亲近、喜爱的。我小时候非常不喜欢买有人的风景的明信片，只买没有人的风景明信片。我小时候养猫和狗，后来它们都意外死亡了，很多年来，我一想起它们的意外死亡，内心还隐隐自责，所以我写了《猫与狗》来纪念它们。动物和植物在教给亲近它的人以善，而人更多地教给我们如何识别恶。动物是文学的永恒主题，仔细阅读任何一部诗歌史，都会清晰地看到一条连绵不绝的以动物为主题的诗歌之河。受到德里达的影响，我对动物的书写有很强烈的兴趣，所以比较关注。2010年我到海南的第一年，我就开始写组诗《我所是的动物》，没什么特别的想法，只是将动物作为自传来写，写完之后我才意识到，"动物"应该是我非常重要的主题，我能够写出和别人完全不一样的东西。

之后我又写了三组，分别是《动物诗篇》《不可见的动物》和《动物之变》，这个时候我就开始有自觉了：《动物诗篇》将人和动物对立起来，写"非人"的主题；《不可见的动物》思考的是某种"超验"的主题；《动物之变》写的是灾难，或者说与"技术"有关的主题。实际创作中，什么样的诗歌观念，我都不坚持。我的感受是，具体一首诗的创作中，我们的主动性并不占主导的地位，让我们去书写的事物或情感、主题等才是占主导地位的。很多时候，我是写完了或者写完很长时间后才知道自己写的是什么，所以我会在修改的时候去强化它。

崖：您是黑龙江宾县人，在北京求学，后来到海南工作，这种地域色彩对诗歌风格会产生影响吗？自己有没有感觉作为"异乡人"写作发生什么变化？比如那首创作于海口的《雪人》，开头第一句就是"我仍像喜鹊一样梦到北方"，感觉就是您到海南工作后对东北老家的思乡之作。东北出了一批非常优秀的诗人，在中国诗坛是一股不容忽视的力量，平时你们经常交流创作吗？

张：很多因素都会对写作发生影响，生活环境尤其具有决定性，对每个诗人来说都是如此。在黑龙江、北京和海南是三种很不同的生活状态，在黑龙江的时候是一种感觉主义的，在北京的时候是一种混杂的惠特曼主义的，在海南的时候我在努力接近某种古典主义，实际上三种生活各有不同的困境，是这些困境真正激发了我的写作。东北的确有一批非常优秀的诗人，文乾义、张曙光、朱永良、桑克、冯晏、宋迪非、李景冰、钢克、刘禹、袁永苹等，我在哈尔滨的时候和他们有很多年的交流和交往，收获很多，他们身上有些共同的品质，比如说视野开阔、趣味纯正。另外，我认识的所有的哈尔滨诗人的阅读量都很大而且兴趣广泛，对哲学有持续地投入，对艺术有广泛的兴趣，关心历史和现实。张曙光就比较典型，你会发现哲学、艺术、历史等都是他诗歌的基本主题。哈尔滨之外的东北诗人，我也有关注，但是交流比较少。这种关注的确有对故乡的情感在里面，也有将东北这样一个特殊的地理和历史区域诗学化的考量。

杜绿绿，1979年8月生，女。诗人，兼事批评。著有诗集《城邦之谜》《近似》《冒险岛》《她没遇见棕色的马》等。曾获陈子昂诗歌奖。

诗人热爱写下的每首诗
——杜绿绿答诗人崔丽娟

崔丽娟（以下简称崔）：杜绿绿老师，您好。在2023年3月21日世界诗歌日到来之际完成我们的访谈，感觉特别有意义。在您提供的这份简历里虽然没有提到获奖情况，据我所知，您曾获珠江国际诗歌节青年诗人奖、《十月》诗歌奖、现代汉语双年十佳、中国诗歌网年度十佳诗人（2018年）等奖项，确实是非常优秀的诗人，臧棣、西渡、张桃洲、冷霜、宋琳、霍俊明、胡续冬等诗人和批评家都写过有关您的评论文章。2023年第1期《上海文化》刊发李娜写的评论《云端之梦与云上自省》，从女性观察角度较为客观地评析了您的诗集《城邦之谜》。您的诗歌语言凝练精准，融入极富个人奇异体验的感性认知，充满戏剧性，带着独特的梦幻气质，与我们平时读到的诗歌不太一样。诗歌对您意味着什么？您在创作上做了哪些探索，注重表达什么？

杜绿绿（以下简称杜）：崔老师您好，谢谢您始终耐心等待我的回答。访谈拖这么久，一方面是因为我的懒散，另一方面也有我的畏惧心理作祟。我不太喜欢谈论自己的写作，有限的几次都是为了配合刊物的工作。不过，这恰恰表明我不是沉默的人，我热爱倾诉，我写下的每句话都不能是谎言。但谈论一首诗的创作想法，让我感到害羞。那是我内心的隐秘，即使它们毫无秘密可言。我无法做到不诚实。所以，我基本上会避开直接谈某首诗而谈一些与诗相关的话题。您问，诗歌对于我意味着什么？实话说，我从未考虑过这个问题。大部分诗人除了写诗，都必须从事与文学完全无关的工作。不能否认，有一些诗人试图在文学史中留下虚妄的身影，而对于更多的诗人来说，写作是因为有话要说，写作即是生活。诗人们的每一天，都在积累经验以及捕捉意识，丰沛的涌动的现实刺激着诗人们的心和观察，塑造着诗人们的观念。所有的一切，都处于变动中，语言、认知、情感、意识……我们写诗，便是为了努力在变动中找到一点儿坚固的东西，妄图发现某种可能存在的永恒的力量。

至于您说，我的诗与别人的诗不太一样，那要从哪里来看。每个诗人都身处传统中，除了自身的经验，必然受惠于前人的启发。众多前代诗人和同代诗人的声音汇聚于我们。学习书法的人"纸抄纸"，临百家帖，学习笔画、结构的技术，可如果书写者没有从碑帖中提取出自己的笔法，那他只能成为模仿者、抄写者，有了个人的笔法，若行文中没有独属的气息，也依然不行。每一步都很难，气息尤其难，这点是一个人的综合呈现，涉及人的天性、人世的方方面面，并且不是潜心学习就能得来的。往往格局的高低，就在这最后一步。有的人，天生就有了。有的人勤奋一生，也没有。

写诗也是如此。我想，诗人的不同更多是自身的声音不同，声音不同，没有优劣之别，异质化也不一定算优点。说到底，要看有没有找到自己真正的声音，然后将这个颤抖的、粗哑的、犹豫的、逃避的抑或是响亮的、肯定的、惨不忍睹的、醒醐的、风雅的声音，用准确的语言呈现出来。你得允许你的声音是虚伪的、不堪的、高尚的、卑微的，真实地表达它们是对写作能力的考验，也是对诗人的勇气和诚实的考验。缺乏这些，很难能写出让自己喜欢的诗吧。当然，呈现的方式又是个难题。多迷人啊，写诗，在难题中寻找通关的路径。

您问题的每一个小点，都能引发复杂的回答。关于我诗中的戏剧性问题，《城邦之谜》北京分享会时，张桃洲、李洱、西渡曾经讨论过，他们谈得很深入，拓展很开。那次对谈已整理好,据说要发表出来。

崔:确实,关于您诗中的戏剧性问题,专家们分析比较透彻。诗集《城邦之谜》出版后,在北京、广州等地分别开过分享会,我每次都关注。您谈到自己很看重这本诗集,认为是2015年至2020年写作趣味和写作能力的综合体现。这首《城邦之谜》同名诗在各类诗歌刊物或平台上常被推荐或评论,您自己也在不同场合朗读过,写作至今,有没有哪几首诗是自己特别满意的作品,这首诗可视作您的代表作吗?

杜:出版诗集,在没有外力支持的情况下,太难了。相对来说,年轻点儿的诗人出诗集更难,得等待机缘。机缘什么时候来,就什么时候出。为什么我看重《城邦之谜》呢?这本诗集恰好是我的写作产生了变化后的一个阶段体现。不是说这本诗集写得有多好,好不好,差不差,自己说了不算,甚至同代人说了也不算。而是,我明确地在这本诗集里看到了变化,与此前不同,与出版后我新写的诗比较,也有不同。变化,应该受到写作者的重视,它的出现对写作者是提醒和肯定,也是反省和可能的否定。不可害怕变化,"坏"的变化也是好的,或者是对好的预示。我们必须在写作中探索那细微的曲线走向,稳定对写作的伤害性太大了。而对于我现在走过的线路,其实我不够满意。

每一本诗集,都可看作对过去的小结和终止。若不是要时常为一些平台整理自己的诗,我很少会读旧作。我尽力忘记它们。偶尔我会读更早前的诗,比如十多年前的,企图修改它们。旧日的诗行稚嫩而极具诚意,使我感动,读最早的诗像读一颗陌生人的心,以至于修改工作很难进行下去。

关于代表作这个问题,作者自己来说是否有些不妥?这或许应由批评者和读者来确定。诗人会热爱写下的每一首诗,那每一行诗都付出了对生活的真意与理解。一个真正的诗人,必然会被纷至沓来的经验裹挟。这些经验,塑造了诗人。如果诗人诚恳地写出它们,怎么可能不爱呢?我个人不太愿意甄别哪首为代表作,我的孩子,都是我的代表。如今的处境是:很多属于研究者的工作,都被创作者自己做了。自媒体经营时代,大家都焦虑。

多次朗读《城邦之谜》这首诗,是因为同名诗集刚出版不久,为了给读者加深印象。您看，您关注到了。总体来说，在不同的场合朗读诗，我一般考虑那个时间点、那个地点合适读哪首，偶尔也比较任性，随意选一首读。我不大乐意用外在力量去给一首诗增加多余的东西，即使这个东西是发光的。诗就是诗，它用自身表达。

崖：2020年诺贝尔文学奖获得者是美国女诗人露易丝·格丽克，我看到一个标题"她用十四本诗集，反抗女人的一生"。格丽克的作品，突出女性的自我表达，也隐喻着对社会既有规则的质疑。作为女性诗人，不管是认同还是反感，"女诗人"身份总会被鲜明地标识出来，性别对诗歌创作有何影响，性别差异可能会在哪些方面体现出来？新诗一百多年历史诞生了很多优秀女诗人，也有不同的女性诗歌选本出版。我注意到，2022年的诗歌选本《舞动青春——"青春诗会"女诗人手稿集》收入了您的《她没遇见棕色的马》，之前在各种女诗人诗歌选本中也常看到您的诗歌入选，这些选本代表的自然是编选者的眼光。您被诗人西渡誉为当今诗坛最好的女诗人之一，写作时您会注意自己的女性身份吗？

杜：每一次访谈、对话、分享，几乎都会问到这类问题。每代女性写作者，时刻面对着复杂的女性话题，未来或许会更多。首先要说，这是件好事。日常生活中想不起谈论的、不敢不愿谈论的，都进入了公共领域热烈的争论中。在漫长的历史中，女性不被属于社会，不被属于表达的主体，而是被定义为倾听者。我被当作女性养大，社会给我定义了性别该有的样子，那么我自然拥有属于我的那份意识。不同的女性，由于成长环境不同，对女性的认识也是千差万别。所以，无论我在写作中是否有意调动，我的写作理所当然包含了我的个人意识。男性写作者也如此，他们的写作中也充斥着他们的性别意识。在对男诗人进行访谈时，很少会问他们作为男性写作者如何来看待男性意识，因为男性自古以来就理所当然属于创造者、表达者，女性不是。当女性成为创造者，这个问题就出现了。这不仅是女性写作者面对的问题，所有正在创造的女性都会被提问相关话题。比如，女艺术家、女发明家、女导演、女演员等。

或许我们应该思考一下什么是女性意识？女性个体独有的意识被如何促成？或者说，一个人的意识被什么塑造？近日，我突然回忆起一件往事，当时我在某机关单位编内刊。某天我们部门集体外出参观，接待的兄弟单位负责人在饭桌上，时不时拿我的身形开玩笑。他的语言肆无忌惮，我深深感到了屈辱。可我没有任何爆发，肯定不是害怕他，他的权力完全威胁不到我，然而作为一个"乖"女孩，我并不知该如何应对。甚至可以说，我产生了羞愧感，为自己的身形被注意到而羞愧。因为身体而羞愧的可能在男性身上基本不会出现，但在女性这里是常态。近年有一点儿变化，但似乎又触及了另一个危险的性别困境。这是非常复杂的讨论，暂且回到我们的话题。那时还没有 Metoo（美国反性骚扰运动）的概念。我只能尴尬地等待他闭上嘴巴。这件事已过去十多年，不知为何又想起，可想而知当时给我的刺痛和压迫感。

我提起这事是想说，作为女性的每一天，生活都在塑造你。让我们思考一下，我为什么要对这件事感到羞愧呢？明明不是我的错，我却因为对方的错而羞愧。女性经常会面对这种情况——因为男性的攻击性话语——他们有时意识不到这点，性别教育使他们不能发现正在实施的伤害，从而错误判断为"风趣"——而产生自我怀疑和痛苦。在类似的事件后，不同的女性会在意识深处走向不同的方向。或许不会那么及时而清晰地显现，但潜在影响必定深远。有句话说得挺好，"女性是一种生存状态"。

女性必须接受女性身份带来的各种可能性。并在此之上，得出个体的认识、反思和解决办法。写作也是办法之一。

我们对女性的认识依然受困于既有的观念，女性该如何做，女性该怎样思考，女性该怎样言说……不外乎就是那些用烂了的束缚性词语。请注意，这些女性的行动都是被局限的，它们要在一个合适的框架中进行。我有个好朋友，她是位很棒的艺术工作者，在某次聊天中，她这样说："女性主义对我的教育特别大。当我开始意识到作为个体的我（女性）无论如何努力变得强大，都始终被界定在一个边缘化的群里（'你的表达不重要'），我理解了我的身份；与此同时，当知道了自己是'弱者'时，我才逐渐开始理解性少数、族裔、劳工、殖民等一系列问题，也即这个世界的现行制度如何将人类中的一部分造就为弱者的问题。"

如此境况中，女性当然应该去写作，写作即创造，即表达，表达的能量会汇聚成光，刺破这个封闭的软绵绵的装模作样的虚伪球体。永远不要对表达丧失信心。它比核武器不差，长远来讲，胜过任何。生活中、媒体中，我一般不会强调女诗人的身份，这不是对女性身份的犹豫，而是没必要。不说也是女性。性别议题始终颇受关注。然而，诗不应被这些限定。

最后说一句，"女诗人"一词隐含的各种误解，应该立刻被停止。

崔：诗歌是紧紧围绕语言展开的艺术，要求语言对时代经验的高度吸附与精准的审美表达，这涉及一个诗学问题，即诗歌语言的真实性除了源于诗人主体的真诚之外，还要求其内容具有真实性。对"诗与真"，您在创作中有何经验和体会？中国古典诗词很少被批评，新诗却不断受到质疑乃至诟病，主要是部分读者对象征、隐喻觉得晦涩难懂。诗人过于重视个人经验的主观表达或专注于内心世界，是否会对读者构成阅读障碍而导致读不懂呢？

杜：古诗几千年了，经历漫长的成长才逐渐成熟与止步。新诗一百多岁，还是儿童呢，人们对孩子除了呵护，最擅长的便是批评。但是请别忘了，儿童的想象力最自由最丰富最无所畏惧，也最难懂。我们都有的常识是，一个婴儿生下来便懂得如何拿捏成人的心，控制成人为其服务。可是哪个成人敢说，他完全懂婴儿的心呢？成人若想照顾好婴儿，需要努力去学习、理解婴儿。同理，读者没必要把时间放在抱怨新诗晦涩难懂上面，若想和新诗同行，那就去学习阅读、理解新诗，而不是气它为什么不按我自己容易明白的方向生长。儿童怎么可能听任成人摆布呢，他只会长成他也不知道的样子。这个未知的样子，会塌了还是立起来，还得再耐心等等。但培育的过程，才最有意义。诗人们投入自身的真实来完成一首诗，这很了不起。

哦，您提到了内容的真实性，我只想说：您能确定您的生活是真实的吗？对诗人来说，一切都必须置于质疑中。

崔：您也兼事诗歌批评，评论写得很好，我读过您评论诗人陈先发那首著名的《养鹤问题》的文章，观点犀利，机锋暗藏，颇有洞见。对于优秀的诗人来说，写评论是必须的吗？对于优秀的诗歌批评家来说，写诗是否又是必要的呢？创作与批评到底是一种什么关系？

杜：谢谢您关注到，还请勿将我称为批评家。这不是谦虚，而是自我定位。写诗十年，写了两三本诗集后，我才有一点儿勇气确认自己是诗人。文章我写得少，还不成系统，哪里能说是批评家。何况，诗人本是最高的荣誉，若能担负起这个身份已是我的莫大荣耀。对于诗人来说，写评论或许不是必需的，但极有可能是命中注定的。即使你并不想在这方面努力。写诗到了一定时期，会有些想法需要总结明确，便自然而然开始写文章。文章也成了考量诗人的一关，文章写不好，他的诗也是可疑的。好诗人写文章会比较容易完成，他的语言、观念、结构从诗转成文章，似乎水到渠成。当然我说的不是体制化的、讲究规范的学术文章，而是自由度较大的批评随笔，当然若想在批评体裁里有所建树，那是一件需要独特才能，需要付出时间与精力的艰苦工作。

我从未计划过写批评，但是写了。写得少，主要因为懒。西渡曾给我的一首诗《迷失的雾》写推荐语，他这样开头："如果杜绿绿肯努力，她会证明自己是一个在抒情、叙事、评论几个方面都具有才能的作者，但到目前为止，她的主要精力还集中在诗上。……"我这样散漫的人，最适合的是写诗。写诗，想得多，动笔少。在我看来，做任何一件事，都是在为一首诗做准备，绝对不局限于阅读、语言练习、听音乐、散步、临帖、做家务、跳舞，给枯萎的花剥离花盆的时刻，同样会产生诗。文章写得少的第二个原因是，我对于诗的想法，多数已用诗来体现了。我有些诗，便是在讨论诗本身。

大概，我会继续偶尔写一些文章。写文章的过程很有趣，最有趣的是教会了我忍耐和梳理自己。我感觉，对写诗还是有益的。优秀的诗歌批评家，最好也写点儿诗，但或许这两种工作不应该分得如此泾渭分明。想写什么就去写，不想写，千万别胡来。

崖：很多诗人注意到，2023年2月，首届南方诗歌奖刚举行线上颁奖活动，因其首倡自印诗集、评论集可以参加评奖而引发热议。不难发现，当代诗坛确实存在为数不少默默无名的诗歌写作者。该奖期待发现当代诗歌写作中优异的陌生者，以鼓励长期默默努力而受到忽视的优秀诗人，这或许传达出来更多积极的信号吧。您作为评委之一，在这些参评作品中发现了什么？

杜：前面已经提到诗人出诗集处境艰难，诸多官方奖项将评奖范围局限在公开出版物中，对很多没有条件出版诗集的诗人来说不太公平。无法出版诗集，不代表这位诗人的作品不值得被阅读。文学在当下属于小众，诗更是，精神的流动和探索不可能属于大多数人。无须抱怨时代不够慷慨，在处境艰难的情况下依然从事诗歌写作，更可体现诗艺的强悍生长性。诗性从来都是从瓦砾中蔓延出来的。这点微小的光芒会缓慢渗透进普通读者的内心。没有诗的世界，是不敢想象的——很可能是世界坍塌的时刻。所以，诗人们在写，在自印诗集。我们将评奖范围扩大到自印范畴，是作为诗歌写作者的感同身受和力所能及的互相支持。不出所料，在收到的参评诗集里，有不少不为人知的名字，他们的写作令人尊重和欣喜。时代给予诗的铜墙铁壁已经太厚了，我们作为写作的人，理当尽力穿透过去。不敢说实现了，但这是我的期许。

崔：20世纪90年代诗坛进入主智时代，强调对日常经验的书写，通过叙事完成一首诗的生成。的确，伴随着文化多元化发展，抽象空洞的滥情或假抒情因缺乏真实和生动细节逐渐失去读者。难道可以由此说抒情诗已经落伍了吗？诗歌如何介入现实，叙事的诗对我们当下生活真的更有作用吗？

杜：抒情、叙事之争，不那么重要，拉金《上教堂》、毕晓普《在渔屋》、佩索阿《烟草店》，抒情叙事都有吧。滥情和假抒情不在讨论的范围内，它们毫无被提起的必要。这里引用我的朋友，诗人、译者厄土的一段话。他说，我现在比较倾向"我们需要努力奔向一种准备的感受"，要重视经历的时地性，不惧怕抒情，但警惕抒情的"概念化"。警惕清晰的情感。他说完后，产生了自我怀疑，于是他又补充了很有意思的比喻，"可以说，诗歌就是一种回笼觉——破除迷糊的尝试。"

诗歌介入现实是必然的，每首诗都在现实中，逃避的诗也在介入现实。我们对现实的定义一向过于狭隘和自大。而谈到诗的作用问题，唉，我想我不愿意功利地来谈论诗。诗，无须承担作用，虽然它无意间承担了一些。

崔：您从安徽到广东生活，能否谈谈"异乡人"身份对创作产生的影响？安徽有很多优秀诗人，您和他们有很多互动；其实您不仅和安徽诗人、广东诗人交往密切，在北京、上海也有不少诗人朋友，也请谈谈诗人友谊对您的影响。

杜："异乡人"也是经常被提起的话题。如同女性话题常被问起。诗人在精神上永远处在异乡。仅从地理概念来把我称呼为异乡人，我感到稍微的不满足，或者说我期待批评家们能找出一个更准确的词，而不是延续精神的异乡人说法。我的朋友看似不少，但不好意思地说，事实上我比较宅。多数时间，我待在山边的家中。诗人之间的友谊，对我影响很深，细谈起来得长篇大论。简单点儿说吧，他们给了我安慰和力量，蕴含在生活当中，使我学会了理解他人、理解自己，理解此时。如果说从前代诗人那里认识了过去，那么同代诗人带给我的是当下和未来，观察他们的写作，也是观察自己的写作。若从最浅层的方面来说，和诗人们的交往最令我放松。在他们那里，我从不需要成为一个恰当的形象，我只需要成为我，不合时宜也很好。友人们对我的包容和照顾，让我惭愧。

崔：很多诗人注重诗歌与音乐、戏剧、摄影、绘画、书法等融合，"诗人"逐渐指代一个更为综合的艺术活动者的身份，纯粹文本性的深掘与综合艺术互相渗透似乎同时进行，呈现出多元跨媒介融合趋势。有人开玩笑说，写好诗不仅是脑力活儿更是体力活儿，要将写诗进行下去更需要耐力。您经常运动，还坚持研习书法，这些与写诗有关还是纯属个人兴趣爱好？除了这些，您还有哪些兴趣爱好？

杜：您对我的日常生活有很多了解，可见我是个不擅长隐藏表面生活的人。怎么说呢？我小的时候学过芭蕾，这可能打下了运动的基础。身体喜欢动。运动能舒缓压力。没有想过坚持，就是断断续续地运动着。这一年，我很少运动，停也就停了。我尽量不勉强自己做什么事，不得不为的事情已太多，何必在能做主的事上为难自己？我系统地学习过三年瑜伽，那是次神奇的召唤，某一天突然有强烈的意图想要学习瑜伽。于是我就去了。这帮助我对身体进行了很好的观察和认识，认识内心，首先要认识身体。在柔韧和力量的平衡探索中，我确实获得了一些平静，但并不够深入。后来有一段时间，我十分厌恶瑜伽，我不想听到身体的指令，不想将身体后弯成一个圆，不想做任何一个瑜伽的体式。在那种极度的静中，我感觉快要无法忍耐了。我说过，生活的每一天都在对写作产生影响，运动自然也是。这种影响是潜移默化的，而且回避不了。

　　书法练习，是近一年才产生的爱好。如同瑜伽的到来一样突然。我忽然想写字，就开始临帖了，并且从初次尝试笔墨开始，就没有停下过。与纸、笔、墨的交流，乐趣无穷。而且，我明确地感受到这件事我似乎能做好，就像写诗一样。现在说此话有点儿吹牛，毕竟我才不够勤奋地学习一年，据说书法要写三千个小时才算入门。那我还早着呢。写不好也没有关系，我写字更想从恢复笔墨的工具性方面尝试。我这一代人从写作初期就使用电脑，输入法对写作的影响不可否认，这种影响早期来说是好的，随着智能技术的不断发展，或许我们该警惕一切便捷。人写作的本质是人本身的体力、脑力的输出，添加入非本体的事物，不要立刻否定，但最好也不要长期一味接受与肯定。妄图恢复笔墨的工具性，是极其漫长的过程，试图笔随心意，还只能慢慢来。幸好目前来说，写字对我不是任务，而是乐趣。我基本不做任何需要坚持的事情。那太累了。写诗这么多年，也是顺其自然。我有个优点，也可以说是缺点，喜欢一件事便容易沉迷，很难脱离。写诗，是我喜欢的事，我从未停止过对写诗的喜欢。写字，还不知道能喜欢多久。

　　无论运动、写字，或是其他的兴趣，从最初的那一刻来看，肯定不是为了写作。但做得久了，必然会和写作产生联系，互相启发。比如，我常在临帖时，想起诗的写作，笔墨的运动与语言、心智等运动的关系。每一件事，哪怕再朴素的事，它的发展逻辑和处理方式，都可与诗对应。世上万事皆通，这是世界的平衡与通透，也可说是世界重复的建构。我最近比较关注"重复"这个词，并为这个概念写了首诗。

　　任何一个人都应该是丰富的，一生都应不断拓展身体、技能与思想的边界。写作者尤其是。更多地去体验各种艺术实践，去感受生活，去做未曾做过的事，不要害怕它们占用了写作时间。它们会为写作带来多样性。

崖：您有什么良好的写作习惯来保持旺盛的创作欲望和热情，遭遇过创作低谷、有过写作瓶颈吗？最近您的好朋友、小说家魏微的小说《烟霞里》颇受关注，您为她写了一篇印象记，文笔生动，将来是否会考虑尝试写小说？接下来有什么创作计划？

杜：我没有什么良好的写作习惯，这不说明我将写作的工作性降低。每个写作者都需要找到自己的工作方式。有的写作者习惯清晨写作三小时，写不写得出来，都面对电脑坐着。有的人习惯夜深人静时坐三个小时。我大概属于习惯最不好的那种，我有时写一天，从黑夜写到黑夜，有时一个月不写。我也曾打算调整一下。写作期间，我脆弱的睡眠会更加脆弱。

魏微写《烟霞里》是对体力、脑力的极大挑战，她经常昼夜颠倒，写着写着就天亮了。写小说嘛，没办法，体积搁那儿呢。小说家得踏实下来，有颗做农民的心和意志力。关于魏微的那篇印象记，是应某刊约稿而写，字数有限制，浅谈了一下。熟人的印象记不好写，尺度不太好把握。我前段时间写了首诗赠魏微，诗题是《我写作》。写作的苦与甜，写作者都明白。

我在疫情期间写过两个短篇小说，动念写小说是想让时间规律起来，不可能天天写诗，精神上受不了。写小说会有平缓的工作周期，拼图一般，能锻炼耐心和持续性。写完后，我发给小说家格非、李洱等几位老师看了。老师们很认真，既鼓励了，又提出了修改意见，让我好好改。格非老师说可以发表了，但最好别急，认真改完再发，要对自己负责，写一篇算一篇。他让我要多写，写下去或许发现更适合写小说。魏微说，你可别把我们小说当成游戏。我本打算认真修改，因为懒和拖沓，就一直放在电脑里。后来，格非老师还问起过，我惭愧极了。小说和诗的语言完全是两回事，在尝试写的过程中，我力图平衡两者的关系。而且，写小说时我有些害怕，那种对人性的观察像无底深渊，既有诱惑力，又担心出不来，像是进入了一个大虚无的境地。我偶尔会想起那两个短篇小说，应该会整理出来吧。我是个急性子的人，但在写作这件事上完全不着急。最有可能的理由是，我从不认为自己的写作会因为时间的行进而停止。中途有停滞很正常，谁能没有瓶颈期呢？忍耐、再忍耐一下，做点儿别的事，会进入写作全新的阶段。忍耐是极具意味的状态，我曾在几首诗中尝试从多个方面来理解它。

我很少做明确的创作计划，但会有个大致的方向。这里就不说了。没做的事情，说出来没什么意义。

一行,本名王凌云,1979年10月生于江西湖口。诗人、批评家、哲学学者。任教于云南大学哲学系。著有诗集《黑眸转动》等和诗学著作《论诗教》《词的伦理》,译有汉娜·阿伦特著的《黑暗时代的人们》等作品。现居昆明。

诗的真实与批评的真实

—— 一行答诗人崖丽娟

崖丽娟(以下简称崖):"一行是少见的真正懂诗的批评家,你一定要访谈他。"这是不少朋友给我的建议。首先祝贺您的《诗艺四论》获得首届南方诗歌奖批评奖,评委会在授奖辞中认为:"一行敏感于汉语新诗的技艺与伦理,始终对同时代写作者的创作保持敏锐的观察,是当代诗坛少数兼具广袤理论视野与细致文本解读能力的批评家之一。"在《诗艺四论》中,我注意到在探讨"当代诗的语言可信度问题"时,您提出诗人在语言上应处理好真理与真诚、超验真理与经验真实的关系。我理解为:诗歌语言的真实性除了源于诗人主体的真诚之外,还要求其内容具有真实性。换言之,诗之真实不只是"真诚说出的话",还是"揭示某种真相的话",这是否是正解?

一行(以下简称一):崖丽娟老师您好!感谢一些师友对我的推荐和认可,但"真正懂诗",我肯定受之有愧。诗的疆域如此辽阔,其秘义又如此深不可测,估计没有人能懂得所有的诗——一个人或许只能懂某些类型的诗,或者说从某些情境和性情中产生的诗。一位批评家，也只有在状态最饱满、最为虚己的时刻，才能真正理解这些诗的部分窍要，而一旦他急切地想寻求解释或被某些过于强势的定见主宰，他对诗的阐释就是不可信的。"懂诗"是建立在阅读者与作品的"真实相遇"的前提之上的，但这种相遇的发生无法事先保证；专业素养能提高它发生的概率，但诗的存在本身始终有从专业性的捕捉中逃逸的性质。真正的诗总是有其不可理解的层面，正是这种不可理解性召唤着我们去理解。我们与诗的相遇，需要意愿和机缘，更需要耐心和专注。

南方诗歌奖是一个民间诗歌奖项，我将评委会的授奖辞视为对我的激励。我的诗歌批评活动始于1999年夏天。当时我收集、挑选了一部分我认为很好的新诗作品，编成了一册《二十世纪中国新诗选》（开始是抄在一个很厚的笔记本上，后来敲到自己办的网站"逻各斯"上），我自己给这个私人选本写了一篇序言叫《神往：二十世纪中国新诗选序》，对我为什么要选这些诗作了一些说明。这就是我最初的批评文章，虽然写得极不成熟，但其中包含着我从事批评的主要理由。1997年大学本科三年级时我开始写新诗（之前写了多年旧体诗），但从未加入任何校园诗社，最初两年也不认识任何诗人或圈内人士。我写新诗并且选诗、论诗的原因，是被某种力量所驱动。用一个很平常但也很真实的词，即神往，这力量是一股生命的热情，它超出了主体的能动性但又构成了能动性的条件。在我今天的理解中，这力量一旦被激活或唤醒，它就在身体、自然、社会和语言之间往复运转，像一阵风吹动树叶般簌簌作响的词语，使它们应和着来自宇宙和生命深处的节律。诗就是这股力量、能量或热情的往复运动，它驱动着诗人的创作，也驱动着批评家的工作；而一旦这种力量或热情消退、削弱，诗的真实性和批评的真实性都会出现危机。

我之所以要讨论"当代诗的语言可信度问题"，其动机也与此有关。"语言可信度"其实就是诗的动力充分性，它首先来自言说的真实性（其次来自具体性和亲密性），而"真实"却是一个在其单纯性中蕴含着深奥层次的词。"真"之理念具有非常复杂的拓扑学结构，包括"本质之构造"（例如符合论、融贯论和现象学之"真"的相互冲突）和"形态之构造"（例如知识论之真命题、历史—社会中的真相、个体生存之真—诚和超验真理等）。诗之真，主要与历史—社会中的真相、个体生存之真—诚和超验真理相关,但在诗的行进中这三种"真之形态"并不是彼此分离地存在着,而是相互依存并有可能相互转化的。我将诗理解为福柯意义上的"诚言"或"说真话",它是一种"自我技术"和"动力装置"。诗人、批评家张伟栋兄将其称为"生命技术"和"诗歌机器",意思和我所说的相近。我认为,今天我们需要以可信度(动力性或真实性)取代古典诗学的美和现代学院诗学的专业性(文本有效性),作为诗的主要评判尺度。诗的真实性,部分取决于它是否是"真诚说出的话",但主观性层面的真诚是不充分的,也不是真—诚的本义。真—诚只有在生存论和本体论层面才能得到透彻的理解,"真诚之言"必须安放于生存之真—诚中,也就是安放于生命对自身根基的探寻,以及生命与世界、与他者的相遇事件之中,其"真"才是可能的。而生存之真—诚在其自身之中就与经验真实(历史世界)和超验真理(绝对他者)相关。

经验真实就是被诗人的感受和观察所捕获的历史—社会的一些切面(周围世界)之闪现,但经验真实并不等同于历史—社会真相(真相需要在更多势力的斗争、更多视角的综合中才能获得)。经验,即是诗人在生活中的感和观,而今天不少经验主义诗人更偏重于观,也就是观察、阅历和回忆。感更倾向于以抒情来呈现,观则更倾向于叙事和场景描写。诗人的心灵有多宽广和成熟,这种经验真实就有多辽阔和丰富。超验真理是人对尘世之上、垂直性的超绝力量(神或天道)的命名,它以神话和宗教(包括启示宗教和伦理宗教)作为最初载体,历史中那些伟大诗歌的创作几乎都建立在对超验真理的领受之上。超验真理赋予了诗以神性之美或崇高性,而经验真实则赋予诗以沉稳、扎实的现实感和生活感。一般认为,20世纪中国新诗从80年代向90年代的转换,大体上可以概括为从超验向经验的转换,这一转换深刻地塑造了近三十年来中国新诗的方向和面貌。但是,这一转换也带来了新的诗歌危机:对神性或超验真理的削弱和压抑,是违背到目前为止的人性的,今天的人(至少是某些人)仍然具有不可遏止、不可消除的对自身神性根基的追问冲动,这是生存论的真实;同时,对超验的祛除也往往伴随着对整体之绝对意义视域的祛除,诗歌在转向经验真实及其相对性视域之后该如何重新获得自身的整体性和稳定意义的来源,是一个问题。当代诗的不少作者敏感地意识到了这一问题,部分诗人的方案是寻求超验与经验之间相互转化的可能性,也就是我所说的中间地带的真实——其中超验者变成能够与我们亲密对话的存在，或者通过日常的、与我们平齐的人和物来显示其踪迹，而经验真实也被诗人理解和感知为包含着对更高存在的指引，经验在其强度和深度中总是溢出自身而指向某个超验者。我认为这一中间地带的真实驱动着当代部分诗人的写作，但它并不是唯一有希望解决问题的方案。我们还需要尝试和寻找更多的方案。

在超验真理、经验真实、中间地带的真实，这三种"真之形态"之间，并没有预设等级排序，它们在当代新诗中的先后出场也并不能理解为历史辩证法的否定或扬弃关系。20世纪90年代的新诗品质并不一定就高于80年代的新诗品质，今天的诗总体上也未必就比20世纪的诗更真实。这是因为，这三种"真之形态"都有自身的成真条件，在它们转换为"诗之真实"的时候也都有自身的内在困境和可能陷阱。概括而言，这三种"真实"都需要体现于它们与个体生命的相遇事件之中，否则就都是空洞和虚假的设定而已：超验真理如果不能击中、贯穿生命并带来个体的重生经验，它就只不过是象征性的大词；经验真实如果并没有引发诗人对某些迫切现实问题和自身历史处境的深切追问，对它的描述和叙事不过是一种写作惯性和文本套路罢了；中间地带的真实是将超验经验化的努力，它对神圣与世俗之分的削弱方式容易"鸡汤化"，或者成为一种想要两头讨好（既要超验维度、又要经验维度）的高级人设写作。但如果相遇事件确实发生在诗人身上，且其贯注之力保存于语言之中，生成为诗的动力装置，那么，无论诗人写的是20世纪80年代的抒情诗、纯诗和史诗，还是20世纪90年代的叙事诗、口语诗和分析性诗歌，抑或是21世纪以来的保守主义新诗，都可以是真实的，都能产生好作品甚至杰作。

崖：诗人不是一个固定职业，各行各业都可能产生优秀诗人。在您的经验里，诗歌与哲学二者是怎样一种关系？阅读对创作产生什么影响？您的诗歌语言高度精练，哲思也是突出特色，似乎专业学术背景打上独特烙印，《伦理学》《桃核记》《感官的疑问》《鸟》等诗于日常叙事中充满哲学思辨。

一：我特别同意您的这一说法：诗人不是一个固定职业。任何人都有可能成为诗人，只要他受到自身生命渴望的驱动而开始写诗，他就是诗人。写诗是一件神奇、充满挑战但又能使人感到深刻幸福的事情，虽然在今天让周围人知道自己在写诗可能会有些难堪。诗没有门槛，它唯一的要求就是说真话，以言说/书写的方式来真实地面对自己的生命和自己所在的这个世界。而当一个人决定用写诗来说真话，他就在某种意义上越出了这个世界的惯常系统，因为系统的本质就是对真、对真之欲望的压抑。但是，渴望真实、渴望创造、想给世界留下点儿不一样的东西，是人的根本特征之一，因此，写诗是我们作为人（而不是作为系统中的零件）活着的一种方式，在某些人那里甚至是让他们能活下去的一种力量。这就能使我们理解，为什么今天仍然有许多从事与文学完全无关行业的人，在别人一无所知、在几乎没有发表和回馈的情况下，能坚持写诗几十年。

我的职业是高校哲学教师，也做一些哲学研究。在我的经验之中，诗与哲学的关系无法笼统地确定，在不同的情境和条件下，它们会产生不同的关联方式。有些年，我觉得自己的哲学阅读和思考削弱了我的直觉和感受力，与诗歌写作形成了冲突，但事实上，这种感觉是不准确的。在那一时期我找不到写诗的感觉或动力是因为生活出了问题，而不是哲学造成的。诗与哲学的关系，首先取决于这里的诗是什么意义上的诗，哲学又是何种哲学。如果进行思想史的考察，会看到不同哲学框架下对这一问题的不同论述。在柏拉图式的思想框架下，观看永恒理念的哲学与制造影像的模仿之诗处在纷争之中，但柏拉图并不反对正义之诗，他的那些神话叙事、他建造的"言辞中的城邦"本身就是诗。当诗不再被理解为模仿，而是被理解为表现、想象和象征之后，诗与哲学的关系就发生了重大调整。例如，在《德国观念论的最初体系纲领》中，审美直观与理智直观、诗与哲学是统一的，它们呈现的是相同的真理，而美作为"将一切协调一致的理念"，涵盖了所有理念："哲学家必须像诗人那样具有更多的审美力量……精神的哲学就是审美的哲学。"由此就要求一种"新的神话学"，它同时是哲学的神话化和神话的哲学化。与这种介乎浪漫主义和观念论之间的观点相关但又有内在差异的，是认为"诗（艺术）是真理的发生/显现"的观点。尽管黑格尔和海德格尔对诗与哲学及二者之间关系的理解有很大差别，但他们都有一种从"真理论"的构造安放诗与思（黑格尔那里是思辨体系，海德格尔那里是存在之思）之位置关系的努力。这个"真理论"的模式一直延续到巴迪欧的诗学之中。我的哲学背景主要是现当代欧陆哲学，在这一谱系中对此问题进行思考肯定会受到黑格尔、尼采、海德格尔和德勒兹等人的影响。我现在更倾向于将诗与哲学视为两类不同的自我技术：诗以创造"新感性"的方式来塑造自我，而哲学以创造"新理念/概念"的方式来更新自我。具体的诗歌能够在特定条件下与哲学理念相遇并进行不同类型的连接，由此产生出各种奇妙的"观念感性"。我在自己的诗歌写作中也常常会进行这类连接尝试，您提到的《桃核记》《感官的疑问》《鸟》以及《爱的逻辑》《重叠》《反巴什拉》等诗作，从不同的方面对思辨和感性进行了对接。

谈到阅读与写作的关系，除了哲学阅读和思考会渗透进我的写作之外，我的一部分诗作也受到诗歌阅读的影响。比如我有一组诗是阅读特拉克尔之后的仿写，还有一些童年回忆的诗作明显有诗人雷武铃写法的痕迹。仿写当然不太可能获得风格上的独一性，但是，如果这种仿写是基于自己与他人诗作中的真实经验的相遇，那么仿写也可能成为打开自身生命的钥匙，继而成为在未来通向独一性的练习和准备。但如果仿写只是为了通过拆解和复盘原作而获得方法论意义上的配方或套路，继而批量生产一种近似于诗的东西（诗人、批评家王东东语），那么仿写就是有害的。当代有不少诗就是相互仿写和自我仿写的产物。另一方面，我比较排斥把自己阅读到的东西作为材料或知识直接塞进诗歌（我很少在诗中进行文本引用），因为我认为这种不经消化就直接征用的做法与我对诗歌的理解相违。

此外，我觉得我的诗从技艺的角度来说是有缺陷的。有一段时间，我苦恼于自己的语言不够高级，句法不够有柔韧弹性和内在褶皱。我认为我对诗的理解或意识水平要高于我的语言技艺水平。语言技艺的训练有两种途径：一种是靠短时间内高强度的写作训练对既有的各种技艺范式（主要是大师和当代杰出诗人的技艺范式）的模仿、混合和压缩式征用（我称之为速成性的"二手语言"）；另一种主要依靠个体语言在其生命历程中的自然成长和蜕变（它当然会受到历史中特定事件的影响）。前一种语言技艺由于是借来的，一旦成型、熟练后就会停滞不前，只能通过更换新的配方/风格来改头换面；而后一种语言技艺可以不断进行内在的自我更新，因此能持续成熟。但后一种语言技艺的完整成型需要非常漫长的时间（只有真正的诗歌天才能将这一完整成型的时间缩短到三到五年之内），今天不少直奔"高级感"而去的诗人都走了前一条路。我不是诗歌天才，但我又不想走前一条路，所以写成这个样子我也只能接受，以后再慢慢改变吧。

崖：若以哲学思辨深入诗学研究，厘清诗与真、诗与善、诗与美、诗与思的关系是否有助于进一步拓展研讨当代新诗的问题？真诚、真实与技巧、技术哪一项对诗歌写作更为关键？

一：您所说的从诗与真、善、美诸理念以及诗与思之间关系出发对诗的研究，我将其命名为诗歌哲学。但对我而言，诗歌哲学不是美学，更不是诗化哲学。因为我认为今天有效的诗歌哲学是从对历史中具体形态的诗作的理解（细读）和当代诗的创作经验出发对诗的哲学论说，而不是从对笼统意义上作为一种整体文化现象的"大写的诗"（诗人王敖语）的理解出发的。诗歌哲学也并不预设某种浪漫派的"诗与哲学统一"的观念。尽管"具体的诗"与"大写的诗"相关，但那些不断谈论"大写的诗"的美学家们多数时候并不具备丰富、细腻、独特的对"具体的诗"的经验，更不用说他们可能从未写出过任何一首体现当代感受力的诗作。我从不相信这些美学家们对诗的谈论，他们的言说几乎都是空泛、笼统、一厢情愿和没有现场感的。

在一个同样非常笼统但具有一定历史感和现场感的意义上，我们可以认为，当代诗的理念中，真和新已经大体上取代了美和善的位置，成了诗的核心追求。这构成了诗歌理念的"古今之变"的一个方面。但这并非全称命题，而只是提供了一个解释性的模型。如果仔细观察今天的新诗写作现场，会发现不少诗作仍然将美和善作为诗歌的至高目的和终极朝向，比如21世纪初兴起的保守主义新诗。但即使是保守主义新诗的作者，也会在写作中时刻感受到真和新对他们的要求和压力。他们会害怕自己写出的只是虚假的美和虚伪的善，他们也在不断寻找、发明自身风格的新异性与独一性，使自己的声音与其他诗人区分开来。

估计很少会有人反对诗与真的连接，但人们对当代诗的"求新"一直存在着严重误解。"新"本就是新诗应有之义。一种较为恰切的理解是，"新"并非简单的标新立异和哗众取宠，相反，一切真实的"新"都植根于对我们时代重要问题的通盘理解之上，诗人必须要知道我们时代不同于以往时代的那些关键性的特质和层面，才有可能作出"新"的诗。在这一意义上，"新"是源于真的，亦即源于对当代处境的真切感受和把握。同时，我们可以参考格罗伊斯在《论新》中对现当代艺术之"新"的复杂思考：现当代艺术的"新"是"文化档案库"与"世俗世界"之间进行价值交换的结果，它既不能被理解为一种乌托邦，也不能仅仅从现代主义的"本真性"逻辑和当代思想的"他者性"逻辑出发得到定位。对格罗伊斯来说，"新"并非对被传统所遮蔽、压抑的本质、意义、自然和美的揭示，而是在"文化经济"的逻辑中对旧有价值界线的移动或重估——作为"文化档案库"的博物馆或美术馆，通过接受世俗世界中那些原来不被认为是艺术之物，而更新了原有的价值层级排序（但这一价值层级仍然还在），使之朝向一种平等的审美权利的制度转换。我们可以将格罗伊斯对"新"的论述略做改造后引入到对"新诗之新"的理解中："新诗之新"作为一种价值重估，并不取消原有的价值层级的存在（换句话说，古典诗歌杰作仍然是杰作），但它不断往我们的"诗歌档案库"中添加一些从未出现过的元素（那些以前不被认为是诗的东西）并赋予它们以诗性价值，寻求着在新诗与古诗之间的平等地位。我们也可以从一个更强调专业性的角度，认为当代诗之"新"是建立在对整个诗歌传统的熟悉或精通之上的别开生面。对"新"的追求，不是对一种单薄、轻易的"新"的追求，而是对一种具有"结构"意义的"新"的追求，这种"新"能够改变我们的感知、理解和想象方式。

在前面的回答中，我已经将可信度或真实性理解为诗的首要标准，真实性主要体现为从相遇事件而来的动力充分性，它在诗的语言中生成为一种"动力装置"。"动力诗学"是我和诗人楼河不约而同地提出来的一种新的诗学观念，我在《诗歌的引擎：论当代新诗的动力装置》一文中对此有较为详细的展开。在"动力诗学"中，真实优先于技艺，动力性优先于肌理，感受优先于写作能力，被动性优先于主动性，诗的偶然性优先于诗的控制力。动力性、感受、被动性和偶然性都是对真实这一理念的进一步说明。真实是诗之技艺成为一种生命/精神技艺的前提。然而，今天在学院中较为流行的是另一种诗学：它更关心诗的写作技艺或文本有效性，而技艺又被理解为写作者的主动能力和控制力的体现，在文本中显示为语言形式感和肌理微妙性。张伟栋和楼河的许多诗学文章都在进行对这种学院诗歌生产机制的批判。我们将这种诗歌体制称为"专业主义"或"文本主义"诗学，其主要目标就是产生具有"文本高级感"的诗作。对"文本主义"诗学来说，写诗就是一种竞技活动，评价一首诗的最高尺度是其技艺的专业程度。但由于这一诗学几乎无视诗的动力来源和动力装置问题，受它支配的写作将肌理（所谓"最佳文字的最佳排列"）当成诗的核心特质，而肌理的高级感则是一套复杂的写作方法论的产物。我们认为，在今天的诗歌场域中，各类"方法论诗歌"大行其道，它们大多是不真实的，极易滑向动力缺失的语言景观制作、姿态表演和词语空转，而且会带来各种诗歌套路的自我繁殖。动力缺失的实质，就是诗歌写作失去了生命感受或至深情志的推动，能量之流不再在身体、社会、自然和语言间进行传导和往复，写作变成了封闭于语言或文本内部的制作活动，按照某种由诗歌体制预先规定的"配方""程序"和"行业标准"进行生产。口语诗有自己的配方和套路，学院诗歌和保守主义诗歌也有，只不过复杂程度有别而已。当代诗中的大部分诗作都是这种文本主义写作程序的产物，遵循着各种复杂或简单、高级或低级的方法论。"方法论诗歌"可以速成和批量生产，如果作者足够聪明，诗可以写得很专业和精致，但这种诗没有真实的热情和生命强度（而只具有修辞密度），也无法作用于作者的精神成长。我们提出"动力诗学"的构想，并重提语言可信度和诗之真实的问题，就是为了打破这种文本内部的空转机制，以真理来破除方法之迷思，使得诗歌从"方法论制作"变成"生命事件"。当然，如果没有更多诗人和批评家的创作、批评、生命实践的共同推动的话，这也可能只是又一种理论化的观念和高调。

崖：您是诗人兼诗歌批评家，如何理解您说的诗歌批评是一种"向诗学习"的方式？诗人与批评家处于哪种状态才可以被称为互相懂得？作为诗人批评家，开展诗歌批评的出发点和落脚点在哪里？作为诗人，从批评中收获哪些反哺？

一：我在南方诗歌奖批评奖的获奖感言中，将自己的诗歌批评解释为"向诗学习"的方式。我想，这只是我自己的个人理解和个人意愿，并不具备普遍有效性。诗歌批评有很多种类型、路径和方式，每一位批评家都会在批评实践中寻找专属性的、最适合于他的那一种批评。就我个人来说，最初写诗歌批评文章，目的是为了更好地学习写诗，将我从那些热爱的新诗作品中获得的认知和经验，记录、整理并保存下来，方便自己的重读。后来，撰写批评文章对我来说成了一种日常的精神操练，我通过批评来拆解和重组诗歌，探究其中的深渊和秘境，借此感知现代世界的精神状况和现代人的生命结构。通过批评，我比单纯的阅读获得了更准确、细腻、深入的对诗的把握——每一次我都能感觉到，是诗在教育批评、训练批评，向批评发出挑战和召唤，又在对诗的精妙结构的呈现中将人类心智的奥秘作为礼物赠予批评活动。

如果用"动力诗学"去理解批评和诗之间的关系，我会认为批评活动是作为诗的原初动力的"能量之流"在自然、诗人、文本和社会之间进行循环往复流动的重要环节，好的批评能将文本中的能量之流更好地导入、传递到社会之中，有时是将这股能量之流进行变异和放大，使其完美地回馈到诗人那里，并在社会中再生产出新的诗人。可以说，我的批评的出发点是"向诗学习"，而落脚点是诗歌教育，培养出更多当代诗的优秀读者（知音）和作者。当然，要培养知音，批评家自己得先是知音。有两种类型的知音（懂诗的）批评家：其一是准确地感知到了诗的"能量之流"的特质和强度，对诗的"动力装置"的运行细节了如指掌，并能将诗的能量以批评语言忠实地进行传导和反馈；其二是在感知到诗的"能量之流"的同时，对其运行路径和方式进行一种"变异的想象"，亦即想象出它的变奏形态的诸种可能性，在此条件下对诗的"动力装置"进行改造和重新发明。前一种知音贵在"听／评得忠实"，后一种知音贵在"重新发明／变奏"。二者各有难得之处。我个人可能更偏爱第二种知音／批评家一些，但第二种批评家确实存在着过度阐释的危险，特别是当他们沉迷于智性炫技、以各种新奇理论角度对诗做出改装性的解剖与缝合的时候。一首诗经过这种重组和变奏性的批评，常常生成为一具"弗兰肯斯坦"，它当然是创造性和生成性的，但它也可能会"咬人"。

在我的师友中，有不少诗人批评家。我想，他们都会对"批评如何反哺诗歌写作"有自己独特的体会和见解。我自己的感受是，批评活动不仅能使人对诗的理解变得更细腻和深入，还能使我们迅速地识别那些既有诗歌套路和诗歌人设的内在缺陷，从而使自己的写作避开一些"坑"，而那些不从事批评的诗人可能相对容易被这些"坑"所迷惑。

崖：作为年轻一代诗人、批评家、学者，您拥有完整的高等教育背景，体现出良好的综合素养。诗歌写作有窍门可以教、可以学吗？大学课堂可以培养出作家或诗人吗？是否赞成在年轻人中普及诗歌教育？在您任教的云南大学哲学系，您会和自己的学生互相交流读诗写诗吗？对如今高校中源源不断涌现的校园青年诗人，您如何评价？

一：我曾经在云南大学中文系开过一学期的新诗课程，而我太太谭毅多年来一直在云南大学艺术与设计学院开设当代新诗与艺术创意方面的课程。我太太和我都认为，诗歌确实包含着一个可以教/学的部分，但最重要的那个部分或许是不可以教/学的，它取决于学生的生命本身。可以教的主要是如何读诗、如何写诗的技术性的方法，但要学会写诗，最重要的是学生自己能够在较长时间内（两年左右）坚持写作，在达到某一水准之后才能形成"不退转"的诗歌感受力和写作能力。就像一架飞机，在起飞阶段需要一直不断地加速和爬升，才能在进入平流层之后进行相对稳定的飞行。但这也只是学会了写诗，并不意味着他们就成了诗人。只有生命热情或原初动力的保持才能将写诗的人变成诗人。

今天中国大学课堂的普遍困境在于，我们只能教会学生他们自己想学的那些东西，而不可能教会他们不想学的东西。诗歌课程也是如此，学生们最缺乏的，是学习的意愿。大学能培养出作家或诗人的前提是学生中仍然有一些人能够被作品深刻地触动，并形成写作的强烈意愿。意愿来自生命的热情，但多数学生没有热情，或者说曾经有过却早早地被教育损毁了。要修复、唤醒这种热情需要付出极大的耐心和努力。我当然赞成在大学中普及诗歌教育，但就现状来说，这种普及是非常艰难的。

我并没有在云南大学哲学系开设诗歌课程，但会在某些课程中提到现当代诗歌作品。哲学系也常常会出现一些默默地独自写诗的学生，他们有时会和我交流并将作品发给我看。我指导过的学生中有好几位喜欢写诗，比如有一位已毕业的研究生姚彦成，他就经常和我交流写诗和读诗的心得，他写一种很独特的观念论诗歌，思辨性极强，也写得很好。

当代中国已经涌现出了一大批高校青年诗人，我读过其中不少人的作品。就近十几年来各大高校诗歌奖得主的作品来看，我认为他们在写作技艺上已经达到了相当高的水准，语感、修辞、句法和结构等方面的能力都较为完备。他们比20世纪八九十年代的校园青年诗人有更好的学诗条件和更高的写作起点，但是否比往昔的青年诗人更有生命热情，我不好判断。据我所见，他们中有一些人迅速地被体制化了。如果青年诗人能够摆脱诗歌体制的局限，他们的未来会更值得期待。

崖：这个问题我也问过批评家、诗人、学者王东东博士。如果从20世纪60年代出生的诗人（简称"60后"诗人）开始，以十年为代际对诗人群体进行划分的话，在"60后"诗人到"00后"诗人这几代诗人中，"80后"处于承上启下阶段。您是否赞成做这样的代际划分？从20世纪80年代到现在，当代新诗发展呈现怎样的景象？对每个年龄阶段的诗歌创作情况作何评价？您更关注前二十年的成熟诗人，还是更关注后二十年的青年诗人？

一：以十年一代为单位对当代中国诗人进行代际划分，这只是一种权宜性的讨论诗歌的方式，并不具备历史学、社会学、心理学和诗学上的严肃依据，因此我基本不认同这种划分方式。我自己有另一个相对来说要更具弹性的代际划分法：我将1963年以前出生的诗人称为"晚年诗人"，将1964年至1983年之间出生的诗人称为"中年诗人"，将1984年后出生的诗人称为"青年诗人"。这样做的目的是使讨论更加简明化，同时它们也指向大体上差异明显的诗歌状态和意识状态。今天的诗歌场域中，"晚年诗人"开始逐渐退场，"中年诗人"已成为主力和中坚力量，而最活跃的却是"青年诗人"构成的各个群落。我在2004年以前，阅读的主要是1963年以前出生的那一代诗人（如今他们都已成为"晚年诗人"）的诗，而后慢慢地转变为以阅读"中年诗人"的诗为主。目前我仍然会不断阅读"晚年诗人"和"中年诗人"们的新作，同时特别关注当代女性诗人们的作品；我也关注更年轻的一代诗人，如李琬、江汀、李浩、方李靖、甜河、李海鹏、黎衡、周鱼、郑越槟等人。我经常阅读青年诗人的作品，这些青年诗人大概有三十个，每过一段时间会找以前没读过的诗人作品来看。我一般不对某一代诗人进行总体评价（除非是进行诗学特征上的描述和界定），但我会对我感兴趣的诗人的个体贡献和局限性进行单独评价。

崔：随着自媒体的兴起和社会文化语境的变迁，诗歌写作和传播方式的改变给当代诗歌带来重要影响。借助网络开展宣传及线下诗歌活动是否有助于诗歌的繁荣与发展？现在网络平台批评诗歌的声音众声喧哗却语焉不详，甚至出现对诗人的网暴现象，您对此怎么看？

一：我极少观看与诗歌有关的网络视频和直播（印象中比较完整地看了的只有诗人方商羊的诗歌分享会直播），我更习惯于读纸质诗集，诗集电子版也可以。这并不是因为我拒斥诗歌视频和直播节目，实在是因为时间和精力有限。同样出于这一原因，我也较少参加线下的诗歌活动，但如果能抽出时间还是会去的。前段时间我参加了"虹——2022昆明城市诗歌节"的活动，从现场情况看，这些活动对于诗歌传播能够起到一定的作用，至少它提供了让许多诗人、艺术家、青年读者相互交流的空间。我想，任何秉持着对诗的热爱和正直良善之心进行的诗歌宣传、诗歌展示，都是有益的。

至于网络平台上出现的对某些诗人进行网暴的文章，我也读过一些，大致知道其来龙去脉。对当代新诗的批评只要是出于公心并且以说理方式进行，再激烈我也能接受或容忍；但是，那些基于私人恩怨或派系利益的相互攻讦，乃至于无中生有的构陷、捕风捉影的阴谋论思维，以及将不尽如人意的诗坛现状的罪责都归于某些个人的做法，我都是完全不能赞同的。我觉得，当代新诗的确需要严肃、尖锐的批评之声，但这种批评应该针对的不是某些诗人和诗歌官员个体，而是诗歌体制；批评应该以诗学问题为中心，以文本分析和观念辨析为依据，而不是动辄进行"黑材料"的搜集和上纲上线的人身攻击。

崔：您的笔名"一行"有什么特别的意思？福克纳在接受《巴黎评论》采访时说："做一个作家有三个条件：经验、观察、想象。有了其中两项，或有时只要有其中的一项，就可以弥补另外两项的不足。"您认为哪一项条件对写作者更重要？诗歌以情绪意念并伴随心理趋向或自我意识而引发读者共鸣、思考和认知，语言陌生化的表达更独具标识，诗人如何建立自己的诗学坐标以增强辨识度？

一：我的笔名是在1999年网上发表诗作时第一次使用的，当时所取的意思是"一意孤行"。这当然是某种现代主义文艺青年的惯常心理状态，现在想来非常狂妄。后来我太太谭毅将其重新解释为"一路同行",含义就转换为"寻求诗的共同体"。或许,这一转换也暗合于我自己的诗学从个体主义诗学向某种未来共同体诗学的变化。在此种转换过程中,最重要的是我和我太太的长期交流对我的影响。我太太是比我好得多的诗人,她写一种基于"形态学感受力"和"场所精神"的想象性诗歌,这种诗是我从来没有在别的地方见过的。阅读她的诗改变了我对诗的很多定见,也促使我思考许多以前没有想过的诗学问题。

在福克纳所说的三项条件中,我认为经验最重要。在前面的回答中,我说过经验是感受和观察,其中感受又是更重要、更原初的东西,它直接相关于诗的动力来源。如此,这三项中的观察应该被理解或反思取代。当然,理解力和想象力也是极为重要的条件,但它们都需要被来自生命深处的热情(感受力的集中形态)所推动,变成"理解的热情"和"想象的热情",才能真正发挥作用。很多人在理解力和想象力方面的贫乏,并不一定是因为他们缺少理解力和想象力本身,而是因为缺少热情。对写作来说,关键在于感受力对理解和想象的渗透性:没有感受力作为作品基底、作为具体性的来源,理解不过是干枯的观念运作,想象不过是空洞意象堆积的狂想。

谈到诗人写作的辨识度问题,我想其关键在于诗人风格的独一性。和前面谈到的语言技艺的成型相似,有两种获取风格独一性的方式:第一种是以自我规划或风格设计的方式制造、经营出某一独特风格,使之成为自身写作的人设或标签;第二种是通过精神生命的修行和语言的自然成熟而逐渐形成的独一性,每一位诗人只要将其生命的独一性渐次、耐心地展开,其风格自然是独一的。前一种独一性是设计出来的制造物,可以迅速获得;后一种独一性是生命自身成熟的果实,只能在等待中到来。但实际存在的一些诗人的辨识度,却具有某种吊诡性质:这些诗人经营的自我人设就是"耐心等待生命成熟的修行者",他们不断在诗中向读者表明自己是朝向天道和智慧而生活的人。我不太相信任何诗人在自己的诗中过于明确、急切地显示出的自我形象,或许,真正的修行者不会在乎、更不会设计自我形象。

崖:现代新诗的窘境在于,一些圈内人纷纷赞誉的好诗,在大多数读者读来却晦涩难懂，不知所云。提高写作难度与降低阅读难度是不是一个伪命题？有没有可以彼此抵达的路径？

一：诗人不需要刻意地提升写作难度，也无须刻意地降低阅读难度，他只需要全神贯注地聚焦于真实。这里也有一种难度，但它首先是生命朝向真实打开自身的难度，其次才是文本层面上的写作技艺的难度。写作技艺中当然也包含着生命的感受、理解和想象，但它成为一种套路性的方法论之后就可能与生命脱节，此时写作难度的提升类似于竞技性体操动作中的"上难度"，固然难能可贵，但很可能危害到生命本身。总是以写作难度来自我标榜的作者，类似于通过经年累月的训练娴熟地掌握某些动作套路的职业运动员，能获得好成绩（写出繁复、精致的诗歌文本），但他们可能并不真的热爱这项运动（写下的诗没有热情，是奔着各种奖项、头衔和受人崇拜的位置去的）。职业体育只是体育中的一个特定分支，并不是体育的全部；同样，强调写作难度的诗也只是诗中的一类。将写作难度当作诗的评判尺度，相当于认为体育只是职业运动员的事情，或者只有职业运动员才可以声称自己在锻炼。如果我们承认，体育是属于所有人的事情，其首要目标是生命的健康，而不是运动成绩或打破纪录，那我们也应该承认，诗不只属于那些能掌握一套有难度的写作技艺的人。

诗人也没有必要去刻意降低阅读难度。诗只要写得真实，它呈现为什么样就是什么样，不用讨好任何人——我们应该相信，真实一定会吸引那些同样寻求真实的人，虽然他们常常未必是大多数人。这一问题涉及对"诗歌民主"的恰当理解。我认同博伊斯的著名说法："人人都是艺术家。"在某种意义上，每个人都能成为诗人。这个说法的关键，正如格罗伊斯看到的，是使民众从艺术（诗）的被动接受者、消费者、读者的位置，转换为主动参与者、生产者和创造者。因此，"诗歌民主"并不在于去推广某些"阅读难度低、能引起大众共鸣的诗"，恰恰相反，这种"大众性的诗"并不民主，因为它们总是诉诸人的自恋和感伤并对人进行情感操纵，而没有将读者当成"有智识的人类"（杰弗里·希尔语）。推广这类诗歌的结果，不过是制造出一些销量很好的草根诗歌明星，让那些只是消费诗歌的读者去崇拜、仰望、感动。这仍然包含着诗歌明星与普通读者之间的不平等秩序。真正的诗歌推广，是唤醒人对"属于自己的诗"的渴望，让他们意识到他们也可以写出和那些诗歌明星一样好甚至好得多的诗。只要写得真实、写出了自身独有的生命感受，一首诗就可以成立；至于它能被多少人理解、能感动多少人，并不那么重要，也不是人写诗的动力。真正的"诗歌民主"并不制造明星，而是鼓励每个人去写属于他自己的诗，并寻找、缔结与自身相契合的诗歌共同体。诗的空间足够广大，能够允许各类诗歌的存在，无论它们是单纯易懂的诗还是晦涩难懂的诗，是能感动多数人的诗还是仅仅在少数人心中留下深刻印记的诗。每一种诗都能在诗的空间中获得自身的位置，就像大海能够容纳常见的鱼群和虾蟹，也能容纳珍稀的海鸟和奇鲸，只要它们是真正的活物。

崖：首届南方诗歌奖因为接受自印诗集、评论集参加评奖而引发热议。事实上，目前确实存在为数不少默默无名的诗歌写作者和评论者，他们似乎也不太热衷于出版诗集、评论集和在诗歌刊物发表作品。尽管现在各类诗歌评奖活动屡遭诟病，但南方诗歌奖或许传达出来更多积极的信号吧。您对此如何评价呢？

一：我赞赏南方诗歌奖对无名诗人、批评家和自印作品的开放态度。我有一种感觉：那些不热衷于发表的、默默无闻的诗歌作者中，一定有一些非常杰出的诗人。在不预设、不预期出版和发表的情况下，诗歌才能摆脱种种人设、姿态、高级感和专业性的顾虑和辖制，成为生命本身的纯粹表达。写得好不好，其实始终是次要的事情，更准确地说，这种"好"只能通过自我成长和自我克服的斗争来获得。最重要的仍然是诗与我们生命关联的真实性。谢林说，人之存在有两个中心——"至高的天空"和"至深的深渊"。当我们出于我们的自由本质，出于对天空的热情和对深渊的渴望，以诗这种形式来呈现与世界、他人和自身关联的时候，诗才是生命整体的显现。

熊焱，1980年10月生，贵州瓮安人。现为成都市作家协会主席。著有诗集《我的心是下坠的尘埃》《爱无尽》等，长篇小说《白水谣》《血路》。曾获茅盾新人奖、华文青年诗人奖、陈子昂诗歌奖、艾青诗歌奖、海子诗歌奖等奖项。

通过生命经验提炼主题，决定一首诗的广度和深度
——熊焱答诗人崔丽娟

崔丽娟（以下简称崔）：熊焱老师您好，您的《我的心是下坠的尘埃》诗集代序以《我写诗，是为了抵达孤独》为题进行自我阐释，让我也增加了对您的了解。别人写诗是为了消解孤独，您宣称写诗是为了抵达孤独，这倒也别开生面。基于当今世界、时代、社会的多元化、复杂性，使得孤独在您诗中的呈现也显出多义复调性。这么说吧，在您诗中，我读到源自您内心深处的对话与诘问，虽然这种自我内在的质疑不一定完全是对抗的、违和的，但确实不止有一个声音传达出各种各样的孤独，您是不是一个特别享受孤独的人？

熊焱（以下简称熊）：大众认知的孤独，是寂寞、失落和孤单，是茕茕独影、离群索居的状态，是无所事事的无聊、苦闷，但我理解的孤独是超越世俗精神的平庸，这是一条没有终点的精神之途，在这条路上是要反叛、否定世界的腐朽，从而超越大众的庸俗，所以在我这里，孤独不是一种心境，而是一种能力。既然是能力，那便意味着它已成为生理机能的一部分，是生命本真的一部分。因此，

当我写作的时候，便是在下意识地要与世俗的平庸保持距离。然而，这是艰辛的、烦恼的历程，写作中无数次的搜肠刮肚、绞尽脑汁却又一无所获时，你会感到那是一种痛苦，但又像是一个怀揣火种，在黑暗中向着曙光进发的人，心里又有着诸多期盼和憧憬。当最终写完后，自己又相对满意，那么便会有一种不可描述的愉悦和满足。这过程既让人痛苦，又让人着迷。因此，我不喜欢热闹，即使在人群中我也喜欢一个人待在角落里，独自冥想，不愿被人打扰自己的精神世界。

崔：为了做好这次访谈，我还研读了您的另外一本诗集《时间终于让我明白》，您写了很多日常温情的场景，对日常生活的挖掘构成文本独特的美学框架。尤其是《第一辑 当爱来到身边》，您写给父亲、母亲、妻子、女儿的那些诗盈满爱意，不仅题材引起读者的共鸣，而且带着情感温度的文字，朴实、温馨、克制，感人至深。福克纳在接受《巴黎评论》采访时说："做一个作家有三个条件：经验、观察、想象。有了其中两项，或有时只要有其中的一项，就可以弥补另外两项的不足。"您认为好诗人应该具备哪些能力？

熊：成为一个好诗人，应该具备很强的综合处理文本的能力，比如出色的写作技艺、归纳提炼题材的能力、自我突破的创新能力、不断提升的精神境界。如果非要选择，我认为有两个方面必不可少：一是需要具备出色的诗歌的敏感度。我们在直面事与物的时候能够快速捕捉到与众不同之处，我们在创作的过程中能够不经意地呈现灵光一闪的神来之笔，这看上去是依赖于一种直觉，与一个人与生俱来的天赋有关，但也与后天的努力有关。二是有效地调动生命经验的能力。写作就是在调动生命经验，你的认知、感受、体察、想象，都与生命经验息息相关。我们不能对生活和现实照搬照抄，对事与物进行表面的还原，而是把所见所闻转化为生命经验，通过这种生命经验去处理你的题材，提炼你的主题，这决定着一首诗的广度和深度。

崔：诚如您所言，好诗人具备的这些能力远非人工智能可以取代。2023年12月您应邀来沪出席第八届上海国际诗歌节，这届诗歌节一方面因有1986年诺贝尔文学奖得主索因卡等多位国际重量级诗人与会而受到瞩目。另一方面，诗歌节的主题设定为"诗,面对人工智能"也受到关注。在研讨环节,嘉宾们纷纷提到早在几年前人工智能微软小冰横空出世,唱歌、主持、写诗,出版的诗集《阳光失了玻璃窗》引起过争议。现在,人工智能软件ChatGPT更可以模仿人类写论文、写方案、写代码、聊天、写诗……那么,ChatGPT真能代替人类写诗吗?现场听了您的发言后仍意犹未尽,请再简要介绍您的主要观点。

熊:我首先重复一下我之前的观点,就目前来说,人工智能写的诗还相对粗糙,暂时是无法代替人类写诗的。但人工智能具有非常强大的学习能力,随着算力、算据、算法的不断强化,有朝一日,人工智能必能写出好诗,甚至可以惟妙惟肖地模拟某位大师的作品,从表面上达到以假乱真的地步。这对没有创新能力、只是跟风和复制的写作者,必然构成巨大的威胁。以前我认为人工智能不可能取代诗人,有一个重要原因是人工智能所获得的经验都是间接经验,缺少在人类社会关系和自然环境中所产生的直接经验,也就是人类内心深处的情感和精神体验,是人工智能无法直接体会的。而诗歌建构和维系着人心之间的广袤世界,那些悲伤、喜悦、孤独、迷茫……人心深处那种幽微、细腻的,甚至是若隐若现的情感的风吹草动和精神的蛛丝马迹,那是人工智能所不具备的。由此也引出另外一个问题,未来我们的写作如果还只是致力于修辞的实验、形式的花哨,而缺少内在的情感和精神的丰富性,那么这样的写作就可能成为一种无效的写作,因为你的语言再华美、形式再多样,人工智能却做得比你还好。

现在,我想延伸一下我的观点,我前不久看到新闻,说美国企业家马斯克推出了他的机器人女友,该机器人女友除了不能生育孩子,其他方面具有社会人的一切能力,那就意味着随着科技的不断发达,人工智能也会获得它对这个世界的直接经验,而它在间接经验上又远远超过人类,所以在未来,人工智能真有可能会取代大部分诗人,只有极少数的,在直接经验上是人工智能所不及的诗人,才会继续以诗人的身份存在。到那个阶段,所有艺术都只是极少数精英的精神生产,那么人类的精神创造能力将会成为一片荒漠。希望所有科技工作者恪守伦理,不要轻易突破某些底线,让人类的精神家园永远蓬勃、无限长青。

崔:我们索性就科技改变生活的话题再做进一步深入讨论,自媒体极大改变了诗歌写作与传播方式，不仅每天数以万计的诗歌出现在各种自媒体，而且网络上针对诗坛、诗歌、诗人的批评可谓众声喧哗，甚至出现网络暴力现象。这里想问您几个问题：诗歌和诗人的尊严在大众传媒时代该如何体现？如何看待"网络诗歌"现象和社交媒体时代的诗歌？作为两种文学杂志的负责人，您对互联网的巨大冲击是否产生过危机感？作为编辑，您认为好诗有哪些标准？

熊：自媒体的兴起在客观上刺激了诗歌的生产力，但也让大众处于一个自嗨状态，在这个网红无比挣钱的年代，很多人都想当网红，也由此出现诸多乱象。雪崩时，没有一朵雪花是无辜的。不论你出于何种目的，也不论你是以什么样的身份和姿态出现。海德格尔认为，艺术家和作品互为本源。从这个意义上说，诗人和诗歌互为本源。诗人和诗歌的尊严如何在大众传媒上体现，那便是应该以好诗人和好诗歌的形象体现。很可惜，很多人对诗歌缺乏敬畏之心，导致大量粗制滥造的作品泛滥成灾。在互联网刚刚兴起时，诗歌的创作确实因为互联网思维从技术上、审美上、价值取向上都发生了变化，这样的诗歌可以称得上网络诗歌，今天的网络诗歌不过是把诗歌的阅读和发表途径由PC端更多地转到手机终端罢了，本质上跟二十年前的网络诗歌并没有太大的区别，诗歌文本的创作质量也并未得到太多提升，反倒是增加了喧嚣。不过，由于自媒体的监督，这对诗歌生态的建设在客观上产生了一定的促进作用。比如反抄袭力度的加强，对文抄公确实是一种强大的震慑。至于互联网对文学杂志的巨大冲击，这当然是客观存在的，但更重要的原因，还是在于人们不愿意读书了，尤其是这个碎片化阅读的时代里，在五光十色的社会信息的吸引中，社会大众对于文学的精神追求在大幅减退，这才是文学期刊不断萎缩的重要原因。但事实上网络也给文学期刊带来了巨大的流量和发展的可能性，像董宇辉给《人民文学》带货一事，网络的助推力也无比强大，只是由于种种原因，文学期刊的网络转型暂时还没有特别成功的案例，还需要进一步摸索。

至于好诗的标准问题，早已是老生常谈了。一千个读者，就有一千个哈姆雷特。虽然没有统一标准，但还是有普遍意义上的最大公约数。我理解的一首好诗是语言和思想的有效结合，两者缺一不可。但是做到语言和思想的有效性，也不一定就是好诗。我们常有这样的感觉，有时读某首诗，其语言表达很顺畅，也有一定的思想性，但总觉得不算好诗，因为它充满了匠气。所以，还需要有创新性，给人以启迪；或者要有情感的共鸣性，能够打动人心。

崖：您的写作有一个明显的特点就是关注人类的心灵和精神世界，关注个体生命的存在。"中年"一词在您的诗中出现的频率相当高，这与您的年龄相吻合。您以"中年"为轴线，观照"童年"和"青年"。从自身生命体验出发，写自己最熟悉的东西。中年在人生阶段里是一段相对漫长的时光，《中年的修辞》一诗是中年之感的集中体现，因为有一定的人生经验积淀，可以回顾和总结；《自省书》一诗则是自我精神世界向外的投射，从自己的立场理解世界（生活），从世界（生活）的立场理解自己，从而达成与世界（生活）的和解，自洽、自处、自立、自强。这是您的诗观吗？

熊：一个写作者的关注重心，往往与其人生经历息息相关。我从小就体弱多病，所以对个体生命的存在、人心深处复杂的人性、人类多维而深邃的精神境况，我就关注得多一些。到了中年阶段，由于负重前行，对心灵世界里那些微妙的变化变得更加敏感了。但中年人要处理好作为社会人的属性，就必须得与生活达成和解，否则只会头破血流。这也是一种真切的生命体验，我只是把它真实地呈现出来，写中年的困顿、焦虑和挣扎，以及在中年的负重中所必需的坦然、旷达与坚韧。但这只是我诗观中的一部分，因为这些只是在生命此岸的现实，还有在生命彼岸的那些遥远的、幽微的、若隐若现的灵魂之光，还需要用笔去捕捉。

崖：语言是工具，是载体，但是语言的内涵与外延又会衍生出多义性。语言值得诗人信赖吗？时有听到读者对现代诗诸多诟病，认为诗人不好好写诗，只会用晦涩难懂的隐喻、象征、意象等文字、修辞造成阅读障碍。您的诗典雅清幽、情感细腻、气韵流畅、节奏明快，词语本身具有极大的张力，在您看来，提高写作难度与降低阅读难度互相矛盾吗？

熊：不客气地说，社会大众对现代诗歌的认知还处于早期的启蒙状态。包括许多一直在写作的诗人，他们对诗歌的理解还停留在浪漫主义、古典主义和现实主义，而对现代主义和后现代主义了解甚少。而今天的诗歌早已是融浪漫主义、古典主义、现实主义、现代主义、后现代主义等为一体的多层次、多向度的审美格局。也就是说，一首诗歌，可能既有浪漫主义和现实主义的笔法，又有现代主义和后现代主义的笔法。在浪漫主义中，本体和喻体是非常明晰的。但在后现代主义里，很多时候本体是隐藏了的，并取消了"仿佛""好像""宛若"之类的比喻词，而是以隐喻、暗喻的方式来让读者去想象和感知。当大众还抱着浪漫主义的修辞美学来理解现代主义，那当然就觉得费解了。事实上，如果对现代主义、后现代主义的写作技法有相对深入的了解，那么对这类诗歌的阅读就不会产生障碍。但是，我们也必须要认识到的是，有一些诗人胡乱地堆砌词语，连最基本的语法规范都不遵守，结构和逻辑混乱，把诗写得生硬晦涩、语无伦次，这样的诗歌我也不喜欢，不在我们讨论的范围。而提高写作难度，在我看来，更重要的是要找到事与物被遮蔽的真相和本质，发掘精神深处不为人知或被人忽略了的东西，探索人类认知中的局限之地，呈现写作者越发宽广的情怀和逐渐深邃的思想，而不是在词语和修辞的花活儿上故弄玄虚。所以，从这个意义上，真正有追求的写作者，都会不断地提高写作难度，当他越来越多地展现其宏阔的境界和广博的思想，只会让读者越来越喜欢他。

崖：今天，诗人如何继承中国古典诗歌传统，在致敬优秀古典诗词和借鉴西方现代诗歌二者之间如何平衡取舍？您的诗散发出深厚的人文精神，古典意象和当代经验之间存在着一种什么样的关系？您如何理解和把握诗歌的当代性特征？

熊：我认为现代诗仅仅是在形式上与中国古典诗歌进行了割裂，其内在的精神气质是对古典诗歌的传统进行了传承和发扬的。首先，就技术层面而言，古典诗歌通过平仄、对比等要素所形成的韵律，对现代诗的节奏和气韵仍然有很大的借鉴意义，当然，我们也不可能再重回平仄和押韵了。其次，古典诗通过意象的建构所营造的意境，展现着中国人在审美上的旨趣、情怀和心胸，即是说，是通过"境"来体现"意"，言有尽而意无穷，这一点非常了不得。再次，古代诗人们在诗歌中所呈现出来的那种宏大、浩博的精神气象，才是最值得我们学习和传承的。比如陈子昂的《登幽州台歌》，写的虽然是孤独和忧伤，但在悠悠天地间一个人怆然涕下的场景，呈现出来的那种浩大的宇宙观才是值得我们学习的。

在过去，西方文艺思想走在我们的前面，包括今天，西方的哲学思想仍然比我们丰厚。由于地域和文化的差异，西方人看待事物的眼光与我们有别，西方诗歌中所呈现的某些对我们有启发意义的思想、别出心裁的思维视角，包括语言表达陌生化运用的技巧，我们仍然可以去借鉴。事实上中国古典诗歌同样影响了很多西方诗人，比如中国古典诗歌中最重要的要素之一——意象，就对西方诗歌的意象派产生了深远影响。在今天，中国新诗经过百年发展，已经取得了丰硕的成果。中国新诗既有古典诗歌伟大而悠久的传统，也有百年新诗发展所形成的新诗传统，我们也不能丢弃了中国新诗的传统。

与旧时相比，今天的世界早已发生了翻天覆地的变化。古典意象也随之发生变化，甚至是消失。比如炊烟、牛哞、犬吠，这些当年乡村比较普遍的意象，在今天的乡村已经很少了。古人远行，多是乘船或骑马，但今天的出行工具却是疾驰的高铁和汽车、一去千里的飞机。甚至连月亮这样的意象，在今天也有改变。古人说"月上柳梢头"，但在今天可能是"月上高楼顶"。如今生活的节奏较快，很多写作者都在怀念慢时代。确实，太快让我们显得浮躁，静不下心来，但是如果要你像古代那样，骑马进京需要花费数月时间，只怕那也是一件折磨人的事情。意象随时代、环境而发生变化，今天的世界也在不断产生新的意象。而我们对古典意象的传承，更多的是借鉴它的意。意既有一种事物的客观存在之美，也包含了我们主观上的美学价值观。

要理解当代性特征，首先得理解什么是当代性。福柯、本雅明等人对当代性都有过阐释，在此，我倾向于引用阿甘本的论述，阿甘本认为，当代性就是一种与自己时代的奇特关系，他既依附于这个时代，同时又要与这个时代保持距离。他不仅在空间上与当下拉开距离，同时还要在时间上不断地回望过去。这就意味着我们的写作在深入生活的同时，又一定要跟我们的生活保持距离，要在适当的时刻从生活中抽身而出，对我们的生活进行审视，对过去的历史进行回眺，这样才能更好地观察、更好地理解、更好地凝望我们所处的时代以及我们所经历的生活。这要求我们要把看到的、感知到的生活，通过生命内在的经验转化为文学的经验，这是一个归纳、整理、分析和提炼的过程，涉及了怎么写的问题。怎么写并不只是一个技术问题，更是一个审美的问题，是美学价值观的问题。而美学价值观又恰恰决定了作品的趣味和品味。

崔：诗歌如何反映社会现实？地域、海洋、乡村、都市等题材被反复抒写，您怎么看当下很火的"新工业诗歌"？诗歌如何避免陷入越写越窄的局面？

熊：我刚才说到了当代性问题，我们的写作要具有当代性意识，就不能是对现实的照搬照抄。即是说，现实首先要内化为生命的经验，再转化为文学的经验。诗歌对现实的反映，并非仅仅是对社会责任的担当，更是对更广阔的外在世界以及人类心灵世界的真实认识、记录和洞悉。此外，从技术层面上来说，也需要以诗意的语言艺术性地反映现实。过去这些年里，我们的诗歌在反映现实时过于强调了它的道德立场，而忽略了语言的艺术性，这就导致了大量的现实题材的诗歌变成了肤浅的、泛道德化的作品，这不能不说是一大缺憾。

工业改变着世界，对工业的书写，其实也是对时代变迁和社会发展的记录，今天的"新工业诗歌"可以让后人从中看到这个社会的风貌、生活的肌理和时代的脉络，新工业的书写也可以像旧时的诗歌那样，形成一种恒久的意象。但当下的"新工业诗歌"也仍然存在着一些问题，依然还沿袭着对过去的工业题材的审美，更多地表现为对工业成果的歌颂和对工人辛勤劳动的赞美，也包括对工人的同情与悲悯。而工业文明应该还有更多维、更广阔的向度，尤其是新技术带给人们的精神冲击和心灵悸动，写作者不应该回避。高科技给人类带来福音，但也带来了诸多不确定性，带来了惶恐、怀疑、孤独和焦虑，比如人工智能能否在某一天觉醒，全面接替人类？这些都是不确定的，也是让我们忧虑和惶恐的。这些已经完全构成了群体性的精神境况。看看满大街的人乐呵呵地刷着短视频，你就知道某些新工业给人类带来的精神瓦解有多么可怕。有的人甚至连过街的时候都在看手机，几乎是全民沦为了手机的奴隶。

要避免诗歌陷入越写越窄的局面，重要的是要丰富思想和提升境界，善于从不同的视角去观察和打量这个世界，善于从直观性的事与物中找到新意和被遮蔽的真实。这些都可以从阅读、行走和思考中获得。有的人看似创作数量颇丰，但一直都在书写着相似的题材和表达着雷同的主题，不是在复制自己就是在复制他人，这样的写作完全是在原地转圈。

崖：您如何界定"诗人"身份？后悔成为诗人吗？诗歌在您的生活里扮演什么角色，又在哪些方面改变了您？

熊：我理解的诗人，是那些对诗歌恒久地充满热情和敬畏，并且写出了一定数量的诗歌作品的人。在今天，没有人会把写诗当成职业，因为写诗无法养家糊口。因此诗人这个称谓，强调的是精神属性。既然是精神属性，那么恒久的热情和敬畏，就显得很重要。有的人年轻时写过少量的诗，后来就没写了，这种人当然不能称为诗人。除非他天赋异禀，一出手就是佳作，留下了历史佳话，哪怕很快就不写了，但他是天才，当得起诗人的称谓。有的人默默地写了一辈子，都没有写出好作品，但他仍然是诗人，只不过是普通的诗人罢了。对我来说，诗歌将永远伴随着我。像米沃什那样年近九旬，仍然还能写出《晚熟》这样的佳作，其蓬勃的创作活力令人惊叹。我很庆幸我成了一个诗人，我感谢诗歌为我打开生命的一道门，让我高山仰止地向着人类诗歌史上那些伟大的灵魂去靠近，去感知他们的光辉以丰盈我的生命。我无数次地表达过，诗歌已经成为我生命的一种本真，一种生命中的机能反应，就像渴了要喝水，饿了要吃饭，困了要睡觉一样。

一首好诗要留白，有余韵，有意味，给读者留下想象和沉思的空间。多多阅读好诗歌，最能培养和提升一个人对于文学的鉴赏能力。更重要的是丰富心灵，陶冶情操，充实生命。因此，没有诗，人类的生活和精神世界将是荒芜的。在今天这个众声喧哗的时代里，我还能安静地坐在一个角落中读书、写作，向着广袤的精神世界前进，全都是因为诗歌涵养我的生命。

崖：除了广泛阅读，您有什么好的写作习惯来保持旺盛的创作欲望和创作力，有过低潮期、遭遇过写作瓶颈吗？您还有两部长篇小说《白水谣》《血路》被出版过，您的志趣在写诗还是写小说？您如何看待跨文体写作：诗歌、小说、散文……对您而言，多种文本之间的相互关联是什么？

熊：其实我也没有什么好的写作习惯，就是靠一种写作的自律性。每个人都是有惰性的，必须要学会抵御那些五彩缤纷的诱惑，比如抖音这么火，可我就是下载过，游戏我也坚决不玩，控制刷手机的次数，尤其是今天的大数据精准推送的算法，让各种你喜欢的信息总是应接不暇地呈现在你的面前，你若是不控制自己，很快就陷入其中而不可自拔，从而浪费了大量时间。为了克服惰性，就得对自己狠一点儿，于是我制定了阅读和写作的任务，这就会逼着我始终保持在阅读和写作的思维状态里。此外，古人说：读万卷书，行万里路。这真的是至理名言。一个人总在习以为常的空间中打转，心里往往会麻木，而异地他乡的风物会为你好奇而期待的神经打开另一扇窗，带给你新的感知和体察，从而激发创作的欲望。还有，一个写作者必须要对你所处的时代、你所经历的生活保持着敏锐的感受力，你要有你的独立判断，而不是随波逐流。当你想要发出属于你自己的特立独行的嗓音，你自然就会有话要说，心里就会涌动着绵绵不绝的创作源泉。但无论你多么勤奋，写作都会遭遇一个又一个的瓶颈的，因为一个人的写作不会是线性进步，在某一段时间内总会有什么困扰着你。而伟大的作家总是在不断地突破瓶颈，当有一天不能再突破之后，也就失去了创新能力。就在接受这个采访的当下，我就认为我的写作又抵达了一个瓶颈之处，至于如何去突破，我也不知道，只能靠积累，滴水穿石，日拱一卒，也许在慢慢向前中能够有所收获。

　　其实我一直都喜欢小说，只是之前对小说我属于玩票，缺乏敬畏之心，虽然读了不少，但从未好好研究过。小说那种宏大的表达模式、广阔的话语空间，是诗歌所不及的，这也是我偶尔写写小说的原因之一。目前我还是更爱诗歌一些，用我以前的一句话来说，诗歌是我血液中的盐，而小说暂时只是我餐桌上的盐。不过，我从2023年就立过志，以后要认真地对待小说，要花更多精力去写。今后，可能对我来说，诗歌和小说都是并行之路。每一种文体都有其内在的规范和文本的肌理，但它们之间并不存在牢不可破的篱笆和泾渭分明的界线，文体之间的相互借鉴在呈现文本的张力时，也在不断拓宽写作的疆域。但是，每一种文体，必须要恪守最基本的文本规范和内在要素，比如，你把一个优秀的小说文本进行分行，那就成为一首优秀的叙事长诗了吗？显然不是这样。两者的语感、表达方式、文本结构和叙事逻辑，都存在着一定差异。但是，不同文体间那种内在的精神气韵却是相通的，它们都在挖掘人类心灵深处那些丰饶而深远的精神世界，对大千世界、生命存在投以深深的一瞥。

胡桑，1981年6月生，哲学博士。诗人、译者、学者。现任教于同济大学中文系。著有诗集《赋形者》《你我面目》等，散文集《在孟溪那边》，评论集《隔渊望着人们》等，另译有奥登、洛威尔、辛波丝卡等人的作品。

诗源于一个内在的决定
——胡桑答诗人崔丽娟

崔丽娟（以下简称崔）：胡桑老师，我们都算"新上海人"，很高兴访谈你。此前我访谈的嘉宾以外地诗人、批评家居多，很多人尚未见过面。我们倒是时不时能在上海一些诗歌活动上"偶遇"。迄今为止，我访谈的三十多位嘉宾中，集诗人、批评家、学者、译者于一身的"学院派"占一半比例。"学院派"作家有多重身份是不是普遍现象？你也是其中之一，多重身份对你构成的是相互影响、相互促进、相互提升的作用吗？你真正的志趣在哪里？

胡桑（以下简称胡）：在我的世界里，并不存在"学院派"诗人。我只是碰巧在大学工作，但这和我写诗没有关系。现在的大学对教师并不友好。学术研究和写作之间的深渊在机制上很难跨越，虽然在深层次的思考上是可以互通的，比如对世界的好奇、对人性深渊的探究。大概没有多少诗人会循着学院的工作理念来写作。写作面向生活，面向自然，面向未知和可能。大学在20世纪迅速扩张，所以成为很多诗人的工作选择。但只是一份工作。奥登、布罗茨基、策兰、博纳富瓦、洛威尔、毕晓普、詹姆斯·赖特、希尼都先后在大学工作，但他们不为大学写诗，也不依赖大学的工作理念写诗。他们写生活和命运让他们写的诗。策兰在巴黎高等师范学院工作，但院长并不知道这位德语教师是在世最好的德语诗人之一。大学有自己的使命：知识传承，探寻真理，特别是对年轻人的教育，让年轻人在知识学习中获得成熟、健全的人格，这是不可或缺的。在根本的意义上，写作与大学的理念又是一致的。

学院和民间的分野是20世纪90年代一次"运动"的产物，是某种矛盾的后遗症。但距今已经二三十年，早就完成了历史任务。我们应该超越这种粗暴的区分。从历史的陈迹中走出来，走向鲜活的当下生活，创造新的命名。

至于将诗人、批评家、译者这样的多重身份叠加在自己身上，这是一种自我要求，应该也是许多诗人希望自己走向开阔和丰富的途径。特别是翻译，让诗人进行"异"的摆渡，让他们在语言之海上接受语言异质性的考验，让自己的母语得以在变形中获得新生。庞德、奥登、布罗茨基、策兰、博纳富瓦、洛威尔、毕晓普、詹姆斯·赖特、米沃什、希尼、默温都是译者，让母语得以新生的译者。翻译是写作的延伸。任何一门语言看待世界、表达世界有其独一无二之处，也有其限度，翻译就是去跨越边界，超越限度，丰富一门语言的独一无二性。

我认可的文学批评并不是一般意义上的学术研究。我偏爱诗人的诗学批评文章。他们并不会拘泥于流行的学术研究范式，而是在语言之海上泅渡，在诗的深渊里呼喊，他们在倾听一首诗最深处的回声。希尼、布罗茨基、奥登、博纳富瓦、米沃什的诗学文章一直让我受益匪浅。他们做的工作，和翻译一样，是苦苦穿越语言之林后，将甜美甚至苦涩的浆果带到我们面前——但一定是让我们犹如经历了穿越了一次丛林的那种艰辛和愉悦。

我是诗人。其他的身份都是诗人身份的一次次涟漪。

崔：你的诗歌兼具智性、抒情、叙事，在对社会生活写照与时代审视的双重抒写中体现强烈的历史感与现实感，有时不乏诗人的细腻敏感，有时颇显学者的冷峻凛冽，有时还有点儿黑色幽默。你给自己最初设定的是"赋形者"角色，这是你的诗观吗？和你早期诗歌比较，你的新诗集《你我面目》有哪些新的探索？

胡：我从 20 世纪 90 年代末开始写诗。最初是凭着本能写。后来发现，写诗是一种在形式约束里去创造，在形式的束缚中探求自如的语言状态。大概在 2008 年，当时我在泰国宋卡王子大学普吉岛分校教书，与国内的诗歌语境拉开了距离。我开始重读中国的古典诗歌。同时，我迷恋上了沃尔科特的诗。他的诗拥有让我感到陌生的海岛经验，容量很大，形式却比较整饬（有着一种古典的回声），在内容和形式之间有着一种让人着迷的张力。于是我试着写下了《普吉岛信札》。此后的许多诗，我都在一种比较整饬的形式中摸索。我终于从完全自由的状态，进入了一定的形式探索。比如，诗歌往往是四行一节，对每一行的长度逐渐也有了控制力。

从 2009 年开始写的组诗《惶然书》开始，我逐渐找到了一种我可以在其中游刃有余地书写的状态，特别是在诗歌主题上，慢慢有了自己的理解。不再是强硬地通过一些阅读经验进入对生活的领悟，更不再是通过文本的拼合、呼应、改造来完成一首诗。我的诗开始向生活敞开，同时又向着形式回归。我找到了一种隐忍、低沉、惶然的语调，对应着对生活的束缚、限度、幽深、不能的体验。我写下了一批自己感到满意的诗作：《书隐楼》《禁止入内》《占雪师》《叠影仪》《松鹤公园》《反讽街》《鞍山路》等。《赋形者》也是在这种情况下写出的，那是在 2010 年。诗中有三行诗句可以说总结了我当时的诗学：

> 生活，犹如麦穗鱼，被你收服在
> 漆黑的内部。日复一日，你制造轻易的形式，
> 抵抗混乱，使生活有了寂静的形状。

冷峻，是我当时对诗的一种认知。和我早年喜欢毕晓普的诗有一些渊源。冷峻背后潜藏着节制、智性，提防对世界的过度移情。这样的诗并不通过抒情推进，而是保持对现实经验的开放，与经验保持摩擦，让词语能够精准地抵达现实，抵达生活，也尽量抵达他人——这一点，我当时还没有能力做到，自我经验依然占据了诗的主体。诗中的他者经验，大多是旁观者视角中的。

我试图通过面具化的书写丰富突破自我的经验。于是我写了一组人物诗，都

是关于古典诗人的。那一段时间也受到了好友苏野的影响。这组诗包括《孟郊：仄步》《赵孟頫：寓形》《沈约：离群》《姜夔：自倚》《吴文英：须断》《叶小鸾》等。除了《叶小鸾》这首采用了第二人称进行创作。其他几首均采用第一人称。但诗中的"我"已经不再是现实中的经验自我，而是全然的他者，至少也是戴上面具的我。在仔细读完每个人的诗集后，我才开始写一首诗。每一首的间隔在一两个月。我慢慢习惯了非即兴地写诗。让经验、感情、思考、想象力沉淀一阵，让它们在我体内酝酿出一种气候、一种形态，我再动笔（在键盘上行动）。这一段探索，让我对不同心灵有了深入的理解、体悟，也获得了相应的赋形能力。形式是有生命的，能自己呼吸。我要做的是让一首诗获得具体而独特的生命。我特别喜欢描写孟郊的那几行诗："在干枯的歌行上独行。/ 小女在宜兴，是我理智的疾病。// 每一个儿子的死增加着我的麻木，/ 我是一只研磨不幸的砚台。"

但接下来我还是遇到了困难。写作这样的诗越来越容易，因为诗人的心灵、生命独一无二，而且诗人善于言说，容易被赋形。但对于普通人呢，对于身边沉默着的芸芸众生呢？他们如何才能进入我的诗？于是我开始思考伦理问题。2012年底，我正好去德国的波恩大学访学一年。让我又一次和国内的诗歌语境拉开距离。同时，全然陌异的生活环境，让我反思语言的限度，是对于他者的表达限度。在德国写诗不多，不过我翻译了米沃什、蒙塔莱、艾希三位诗人各自几十首诗。集中的翻译，让我对语言有了新的感受和理解。特别是米沃什让日常经验在诗里自由出入，蒙塔莱高度凝练、紧张的抒情，让我对自己先前的语言有所不满。在与抒情重新和解之后，我开始让更多日常经验渗透到我的诗里。这是诗集《你我面目》中的变化。我逐渐对临时的、碎裂的、异质的经验产生了兴趣，也试图让每一首诗在形式上显得更加散漫、敞开，惊讶于他者的陌异，并越来越能够理解他者的境遇。

崖：上一个问题你谈到自己不再满足于"赋形者"角色，开始思考伦理问题，我觉得这是值得认真探究的诗学问题。在《当代诗：走向伦理》一文中你试着突破对技术和形式本身的沉溺，试图克服技术诗学和形式诗学的禁锢，去观照光怪陆离、错综复杂、风云流变的当代生活，和在生活旋涡里盘旋漫游的他者。那么，这种伦理转向是否真的使自己的写作核心发生质的变化？

胡：走向伦理，在这一个阶段，是我对这个时代、自己的生活的体验与判断。在当代技术、数字媒介、消费主义、人工智能的冲击下，我们的生活日益碎片化、虚拟化，我们失去了与他者的有机联系，也让自我变得贫乏——以孤独甚至自私为形式。我们需要重建和他者的关系、与生活世界的关系。

当代诗歌在20世纪80年代完成了形式实验，在20世纪90年代获得了历史意识。21世纪以来，当代诗歌进一步走向更加真实、复杂、多维、完整的生活世界，甚至重新走向丰富的自然。孤独自我的语言实验和抒情被突破了，他者意识进入了诗歌文本的内部。诗歌文本不仅被打开了，同时也拥有了完整、开阔、丰富的书写形态，诗人和生活世界的关系变得丰盈而不可简化。当然，诗歌在现实生活中的位置一直不那么核心，不那么风起云涌。这是诗的命运。但总有无数的人需要诗。非常悖谬的是，当代社会信息急剧地膨胀，世界加速虚拟化。这对诗歌写作提出了更多的挑战。

从2013年开始，我有意识地写了一组关于他人的诗，诗题都是以"者"或"人"结尾。比如"滞留者""夜隐者""寂静的人""迟疑的人""陈旧的人""踩踏的人""渊默的人""任性的人""敷腴的人""灾人""煎熬的人""躺平的人""截屏的人""点赞的人""拉黑的人""分神的人"等。慢慢地，我不再计较自我与他者的疏离，而是让他们互为镜像，可以相互替换。总的趋势是，自我在诗中越来越弱化，或者被不断质疑，让他者的经验、他者的存在、他者的生活不断渗入诗歌中。这便是我所理解的"走向伦理"。这样一种追求，一直潜蕴在我的诗集《你我面目》中。

崖：有没有一个所谓的诗坛存在？这个诗坛是不是像"田纳西的坛子"一样把它置放于山顶，万物都围绕"它"而建立秩序？如果真正的诗人是"无限的少数人"，那么坚守的理由是什么？

胡：对我来说，并不存在什么诗坛。没错，诗人是复数的，但诗人的自我也是复数的。诗人与其混迹诗坛，不如探索自身的深度和广度——在语言和表达上，也在想象力和沉思上。诗人也有共同体，并在共同体里生活着。诗人内嵌在生活的共同体，有家人、朋友、恋人、同学、同事等。与他们的交往，可以带来对人生的体验和洞察。我喜欢"洞若观火"这个词，火焰激情而生动地燃烧。观火，需要忍受一定程度的炙烫。这火就是生活。趋近生活，才能体验其火焰般的力量、深邃和神秘。但不需要一群诗人一起来观火。正像里尔克说的，诗是经验。对我来说，诗是体验，是在语言中身体力行的结果。诗要在必要的时候才写。在我翻译的米沃什的《诗艺？》这首诗里有这么几句："诗歌应该写得稀少而又勉强，/写于难以忍受的强迫之下，又必须带着希望。"

在写诗时，诗人并不是群居动物。写作和音乐、电影不一样，是书写者独自成蛹的过程。在这个意义上，诗人的确是孤独的。诗人可以与很多诗人交往，甚至缔结深厚的友谊。我们的确需要、渴望友谊。但当诗人开始写作，就只能面对自己，面对自己内在的深渊，面对纸张或屏幕的深渊——在无形的深渊中，让语言成形，获得秩序。人工智能写诗构造出一个高度混沌的诗人主体——一个全数据运算的诗人主体，质疑了具有肉身存在的诗人。但只要我们的身体和头脑尚未完全被数据化、人工智能化，只要我们还能被称为"人"，传统意义上的诗人就还会继续存在，虽然诗人总是当代的。

诗人的秩序感源于诗歌文本。成熟的诗人的文本具有鲜明的可辨认性。他的诗歌文本具有独特的形式——语调、词汇、修辞、句法和结构，更具一以贯之的世界观。倘若，一个诗人没有可以被辨认出来的文本，就像江河不会流动，海鸥不会飞翔，大海不会汹涌。

人性复杂，许多诗人渴望诗坛，却会被诗坛伤到。大学时，我参加过学校文学社，认识了一些朋友，但校刊的编辑有很多束缚。我是游离者，和另一个朋友做了一本民刊《破茧》。大学毕业后，我对任何组织、社团失去了兴趣。我珍惜和同时代诗人的交往，包括一些前辈诗人，但都很随缘。有很多诗人，我至今不认识，没加过微信，更没见过面。一切顺其自然，该认识的终归会认识。诗人之间也会误解、分道扬镳，甚至相互伤害。但不可否认，与具体的诗人尤其是那些卓有成就的诗人的交往可以滋润我们的心灵。成熟诗人的心灵开阔、宁静、幽深，诗艺精湛、精准、神秘，让我敬慕，激发我去创造。当然，那些逝去的伟大的诗人，更需要我们去接近、竞争。

写诗，是为了澄清这个世界，是为了让生活的重力变得可以忍受，赋予它形式，从而超越它，是为了重建内心的秩序、生活的秩序。但圈子里的交往避重就轻，剑走偏锋，让诗人失去了修养内在秩序、结构生活秩序的时刻，成为一种消耗。史蒂文斯的《坛子轶事》的确是一首有关秩序感的诗。但围绕这个坛子的是"凌乱的荒野"。这既是自然的隐喻，也是人世的隐喻。自然和人世都是"荒野"，不定型，需要一个秩序立在其中。这个秩序就是诗歌或者是诗人。诗人及其诗歌，澄清了人世的有限、混乱、粗野甚至邪恶，从而使其向着秩序趋近。但秩序是到来中的，或者说在"坛子"的站立中临时构成的。秩序并不永恒。诗也不永恒。

诗人和诗歌的秩序决不能成为一种束缚、强迫的暴力。它的暂时性意味着语言的流动，也预示了诗对自身的悬置。诗歌是雪泥鸿爪，也是在沙滩上写字。在书写的过程中，诗人和语言之间获得了亲密，也获得了适合自己个性的句法、语调和结构。

诗人也要承认诗歌的永恒的失败，就像承认生命个体的必朽。诗人不是"无限的少数人"，也不是"无限的大众"。诗人就是忠实于自己的生命经验、忠实于诗的人。生命经验在与他人的交往中形成。但诗人自己的体验、沉思、想象都是一个亲自实践的过程，无可替代。

崖：新诗已经走过一百多年的历史，今天人们对于什么是新诗，何为新诗的"新"都有了越来越开放和包容的态度，如何理解诗歌的当代性？这是一种精神气质，还是语言革命？或者是对观念的颠覆？

胡：当代诗歌并非是"进步"的结果。诗歌史不遵循进化论。宋诗并不比唐诗"进步"，新诗也并不比旧诗"进步"。当代诗是生活、社会、时代巨变的产物——当然不是决定论的产物，却一定是与之呼应的。当代诗的复杂并不意味着开放和包容。只是我们的生活看似需要开放和包容罢了。古典诗歌和现代主义诗歌的诸多主题和形式，在当代诗里已经失去了。屈原、李白、杜甫、莎士比亚、但丁的世界都十分浩瀚，我们是否有底气说，我们的当代诗比他们的诗更开放和包容？当代诗的语法和结构更复杂、更精湛了？古典诗人的知识论、宇宙论甚至语言形式其实在很多维度上被当代缩减了。

杜甫没有使用手机的经验。但这是他的局限，还是他的幸运？当代诗只是在书写当代生活罢了。杜甫的诗极其精密，又极其开放，无论是语言还是经验。他的诗歌中的情感浓度和语言想象力，我们很难超越。在当代，我们只能发明出相应的语法、语调。但我们也因此舍弃、遗忘了很多。奥登就在《染匠之手》中讽刺过写作，如果一个年轻人毫无天赋，他就会梦想去写作。太多当代诗人并不太懂量子计算、纳米化学、生物打印、人工智能，也不太懂许多古代经典——虽然，我们比古人读了更多的外国翻译作品。当代诗人在个体的意义上练就自己的诗艺，但其书写与人类生活的真实形态到底相距多远？当代世界是一个全息社会，不像古代是个门阀—士人社会。当代诗并不是退出了人类生活的核心领域，而是我们的世界容纳了全体人类，变得浩大、驳杂。这对当代诗的确提出了挑战。

但我对当代诗并不悲观。当代诗是对当代生活现象和经验的回应。当代诗的当代性是一个十分含混的概念。曾经我把当代性理解为20世纪90年代以来对日常性、叙事性、个人性的追求。现在我不这样认为了。进入21世纪后，技术正在急剧更新，并迅速改变着我们的生活。我属于在网上开始写诗的第一代诗人。但是现在，数字技术、人工智能以超规模的方式席卷着我们的生活。我们现在接受的信息是超量的，超出了人类个体能够承受的范围。我们时代的精神分裂痛苦是空前绝后的。在这个语境里，当代诗该怎么写？我们肯定不能只写完全与当代生活同构的"叙述"、日常的诗。诗人需要敏感地体验自己的时代。我们既需要浸润在当代生活里，又要洞穿当代生活的体验，甚至超越它，才能安放我们不安、恍惚、分裂的心灵。我们也不可能再像古典诗人那样写诗了，唯有发明出与当代性匹配的语言和精神，才能写出与当代性匹配的诗。

当代诗的晦涩，多少得归因于当代诗的世界观、宇宙论的驳杂、混乱和悖谬。但我并不觉得古典时代的读者都能理解谢灵运和杜甫。特别是杜甫，他的读者是晚了几个世纪才大批量到来。如果读者理解了当代世界本身的驳杂、混乱和悖谬，大概就不太会认为当代诗晦涩了。但我们为什么要对读者提出这个无理的要求呢？杜甫在写他精密的格律诗时会希望同时代的大多数读者都能理解吗？波德莱尔的诗甚至惹来了道德审判。我们不能被加速度的现代性蒙蔽了，希望所有的理解在当下实现。写诗，需要耐心。我们也要给读者一些耐心。

我期待诗歌的当代发明，让当代人的心灵寻找到秩序。对于未来，我们不能乞灵于现有的科幻小说和科幻电影。诗歌，应该形成自己的独一无二的想象力。

新的诗意和诗艺的形成总是艰难的，也不太容易被接受。因为知识论、宇宙论变了，修辞、语调和结构也变了。但在人工智能尚未彻底改造、取代我们的身体和头脑之前，我们还需要感受、体验这个世界。我们还需要形成当代的情感，让我们辨认自己的处境，安顿我们的心灵。我们正在经历一个虚拟的共同体——数字共同体。人和人的关系发生了变化，他者开始变得虚拟，甚至无足轻重。而自我越来越混沌，越来越敏感，恍惚迷离，分神涣散，又越来越封闭，甚至自恋，以自我为中心，与他者为敌。当自我失去爱的能力，也不再坚韧。

虚拟的共同体排斥情感，消解注意力，摧毁爱和联结。所以，这些年我在思考"情感技术"的问题。当代诗的情感回应了当代生活的危机，但也不仅仅是抵抗、回退，而是要探寻出新的语法、修辞和情感表达。当代诗要在两个维度上重建自身的"姿态"：朝向他人的伦理技术，朝向世界的宇宙技术。只是书写诗人个体感受到的当代生活经验是不够的。当代诗需要让我们新鲜地体验在数字共同体中与他人遭遇的困境和可能，需要发明出区别于数字认识论的朝向整个世界的宇宙论。默温说，诗就是初次看待世界的方式。除了默温，我在策兰、多多等诗人身上的确看到了当代诗的可能。当代诗人既是洞若观火的，又必须是天真烂漫、生气勃勃的。我们通过当代诗歌理解了自己在当代生活中的处境，也燃起了对生命、世界本身的激情和惊讶。

在这个意义上，当代诗和传统宇宙论的和解是可能的。和解不是简单地回退，而是激活。

崔：诗意对城市、对人的生活有什么样的影响？你生于浙江德清、求学于陕西西安，曾任教于泰国，在德国做过访问学者，现就职于同济大学，请谈谈"异乡人"身份对创作视角的影响吧。

胡：从波德莱尔开始，现代诗人就归属于城市。城市经验是现代诗人的核心经验。迅速、短暂、恍惚、迷离、分神，是主要的城市经验。但我有着漫长的乡村生活经验。我十六岁前都生活在乡村，浙北京杭运河边的一个村子。缓慢、迟钝、封闭的乡村让我变得敏感，也越来越压抑。因为这不是纯粹的乡村，报纸和电视里传输着大量城市经验，让我与乡村之间产生了隔膜和疏离。十九岁以前，我在老县城读高中，但那只能算是一种城镇经验。城镇与具有地铁、大型商场、咖啡馆、酒吧、电影院的都市之间差距可谓天壤之别。2000年我去西安读大学。那时候网吧已经开始流行起来。我申请了一个QQ号，开始在网上写诗，玩各种诗歌论坛，认识了许多诗人。这弥补了西安当时没有地铁的缺陷。地铁不仅是一种交通工具，也是一个现代时间感的载体，人与人之间高速相遇和"别离"。但对我们这一代诗人而言，网络是真正的当代事物。它会迅速抹除城乡差异，甚至国内和国外的差异。但是，乡镇浩瀚的地理空间是一个障碍。在肉身层面，生活在乡镇，和生活在都市，体验依然是不同的。在乡镇，时间更迟缓，空间更寂静，而人更具有孤立感，是坚定、清晰的孤立感，与都市里恍惚迷离的孤独感很不一样。这种时空感上的差异是网络不能完全抹除的。这让我能够对古典诗人，比如陶渊明、谢灵运、鲍照、王维、杜甫、韦应物、孟郊、姜夔，具有强烈的认同感。也让我能够对隐居于夏威夷毛伊岛的默温惺惺相惜。乡村的局限是，当代的文学、艺术等在这里并没有多少土壤，但乡村的土壤能够养育那么多人和其他动物，就足够我们去赞美。

我并不完全是乡村之子。我自从开始阅读现代诗，就感觉到身上某种不安的经验变得清澈了，我开始理解了我自己的一些体验，比如犹疑彷徨、自我厌弃、渴望出走、钟情漫游。后来，我在都市经验里找到了这些经验的起源。现代诗人或作家属于大都市，波德莱尔、福楼拜、普鲁斯特、策兰属于巴黎，艾略特、庞德、伍尔夫属于伦敦，叶芝和乔伊斯属于都柏林，曼德尔施塔姆和布罗茨基属于圣彼得堡，阿什贝利属于纽约，帕慕克属于伊斯坦布尔。这些年，我对都市经验越来越好奇。我的很多诗是写给上海这座都市的。我有许多关于街道、公园和小区的诗：《反讽街》《鞍山路》《松鹤公园》《杨浦公园，一块砌进湖堤的墓碑》《北茶园》《国定支路》《安顺路》《勇兴杂货铺兼快递站》《彰武路，鞍山八村》《分神的人在夏朵》《惊讶的人在一座城》等。我的确并不彻底属于都市。乡村经验在我身上冲出了一个缺口，甚至是伤口，以至于让我对都市经验并不完全信任，有时候则充满疑惑、厌弃。

感谢命运赐予我那么漫长的乡村经验，让我得以在比较中，去看待、体验城市经验。

我不是很喜欢"诗意"这个词，它容易被某种标签利用。在中文里，这个词意味着某种因循守旧的、形成既定模式的诗歌形态。我在最源初意义上去理解诗。一个城市，需要有诗人去辨认其中的经验，去创造对它的表达。一个城市需要有诗的呼吸。当然，很多时候，我们只看到遗憾。

崔：在新诗历史上，大学与新诗创作和新诗教育的关系非常密切，各地高校诗歌创作无疑构成了当代新诗发展的内在环节和重要场域，并在某种程度上反映了新诗创作的精神面貌。你是否赞成在大学普及诗歌教育？以你在大学的教学经验而言，诗歌写作有窍门可以教吗？

胡：这不足为奇，新诗和大学一样，都是现代性的产物。大学是继承、传授、生产知识的场所。新诗也可以成为一种知识。作为知识的新诗，是可以传授、教育的。

对我而言，诗是感性、想象的植物，并不在知识的土壤中生长起来。诗，通过语言，依赖于感性和想象，还有诗人的癖性，尤其是控制力而生长起来。诗，属于那些对语言极其敏感的人。缺少这一敏感，再怎么教、怎么学，也无济于事。

人人学诗的时代不是没有过，但对很多人来说可能是灾难。写诗，成了一种强迫，诗就隐遁而逃了。普及化的教育往往与诗的追求背道而驰，成为一种极具暴力的形式。

我赞成诗人的自我教育，那是一种个体选择的内在教育，一种坚定的求索。如果，自我的教育倾注在语言、感性、经验和想象力上，一个人就会成为诗人。

作为大学知识学习意义上的诗歌教育是不够的。现在的大学教育，缺乏的不是诗歌教育，反而是逻辑学、伦理学、修辞学。把诗歌的教育留给诗人自己吧。

我经常引用诗人朱朱的一句话，年轻人是神。年轻人敏感，富于想象力，他们是大海，是暴雨，是平原上隐秘闪烁的星辰。他们创造出新的诗歌语法。当然，他们还需要探索，接受人世和传统的考验。那只是时间问题，这中间还有神秘的偶然性。

崔：数字时代，诗歌的传播变得更为迅捷便利，线上线下的诗歌活动非常频繁，与此同时，一些网络平台对诗歌的批评声音众声喧哗，甚至出现对诗人的"网暴"现象，对此你怎么看？

胡：诗人不会千人一面。媒介不会铁板一块。诗人具有智慧和洞察力，会看到新兴媒介的潜能和未来。本雅明在20世纪30年代在广播电台做主播，希望抢夺当时新兴的广播媒介这个"声音王国"，通过声音的绽放，来开掘历史、故事、记忆的潜能。互联网也有着无限的潜能，它造就了一个新的主体，一个星丛般渗透、撕扯、抗争的主体。在这个时代，做一个远离互联网的隐逸诗人会显得十分矫情。但利用互联网谋取利益、名誉甚至权力，也会显得可耻。互联网，是一个充满潜能的媒介，我们也不能忘记，它又是一个渗透了大量的权力、资本的媒介。

数字时代的危机是明显的。在人机互动中，人性越来越机器化。世界变得虚拟，自我变得失落、封闭，他者成为自我的私人。在虚拟的伦理里，人与人之间甚至形成了暴力关系。与此同时，信息的超量，让人的主体越来越精神分裂。在这种情形中，对语言的历史的怀念显得那么动人。人是语言动物。在数千年的语言使用中，人类获得了丰富的甚至过量的情感、经验表达。诗，是一个提纯、赋形的过程，让语言得以呈现生命、世界的本真形态。

我的"内卷时代三部曲"《点赞的人》《拉黑的人》《截屏的人》探讨过这个数字时代的症候。很多人在其中走向狭隘，我写过："渊默处陪着一个雷声，无从平息朋友圈的失意，/这辽阔的慢风，允许我们狭隘。"在人还没有被彻底数字化、机器化之前，我依然期待开阔、友善和爱。

崔：作为一名译者，你在翻译西方诗歌过程中有什么体会或感受？你在吸收中国古典诗歌传统与借鉴西方现代诗歌技法上有什么经验可分享？有没有哪些外国诗人对你影响比较大？

胡：在这个时代，任何生机勃勃的语言都是内化的翻译的语言。诗人做翻译，不应该被"信达雅"所束缚去做那种亦步亦趋的翻译。所谓"信达雅"的翻译难以抵抗人工智能的挑战。人工智能让翻译似乎变得越来越容易，而让诗的翻译变得更难。诗人的翻译，是在声音、精神、心灵上用母语重塑另一个诗人的声音，让他的声音在母语中回荡。诗人的翻译不是在两门语言之间搭建一座桥，让人们自以为是地自由往来。诗人的翻译是摆渡，是怅惘徘徊，深入母语和外语的丛林，风尘仆仆地归来，但内心孕育着甜蜜的风暴。诗人的翻译，让语言，让词语和句法，焕发出新鲜的活力。所以对我来说，翻译诗，比翻译散文和小说，快乐得多。我翻译了奥登的随笔集《染匠之手》、米沃什的散文集《旧金山海湾景象》，但在散文随笔里，诗人的发挥余地并不大。我以后应该不会再翻译整本的散文随笔集了。

我平时读外文诗，读到兴致之处，就忍不住会去翻译。译完一首打动我的诗，就像是在辽阔的波澜起伏的海上遇见了海鸥的翔集，让我无比愉悦。翻译是诗人的内在冲动。翻译，就来自这么一种冲动。简单点儿说，是一种语言的冲动。在深处，这是一种生命的冲动。在语言的大海中，突然遇到一个同样漂泊的人，希望与之同行，甚至要将他带回自己的家乡。那些承诺了语言的自由、生命的敞开的诗，都是会在我这里产生冲动的。

洛威尔把自己的翻译集命名为《模仿集》，翻译是一种内在的模仿动机，是声音、精神层面的模仿。模仿不是复制，而是创造。我陆陆续续译过二三十位诗人的作品。但出版的不多，只有辛波丝卡和洛威尔的诗集，而且是应邀翻译的，老实说，体验并不太愉快，因为翻译的过程中，我感到了某种强迫和别扭——这与诗歌的精神背道而驰。对于我，翻译是要伴随写作始终的。翻译服务于写作，激发写作。我是作为诗人在翻译。在翻译中我重新理解自己的母语，让母语获得更多的可能性。接下来，我会一直翻译，但不一定急着出版。

最近，我在翻译西方诗人翻译的中国古典诗歌。比如阿瑟·韦利、大卫·辛顿的翻译，我和诗人厄土在合作翻译罗伯特·白英的《白驹集》。这些翻译更新了中国古典诗歌。古典并不是凝固的，它需要被我们激活、更新，赋予当代形态、诗的形态。我也喜欢宇文所安阐释的中国古典诗歌。任何不能活在当下的传统，其实已经死去了。记忆有时候是我们的负担。

我已过了被某一位特定的外国诗人影响的年龄。写诗和阅读，就像是蛇蜕的过程。阅读过的诗就像蜕下的皮。往前游走的是那条咝咝作响的蛇。我面向自己的生活、时代写诗，每写一首诗，我都在寻找合适的形式。当然我也会继续重读一些外语诗集。比如我一直在重读策兰的作品，最近在读默温的诗。我的诗《午夜两点半的月亮》，就是深夜被默温的诗感动后写下的。我在重读里尔克、特拉克尔和阿米亥的作品，他们对于世界的领悟方式，对我来说依然具有无限潜能。我也在读大卫·辛顿翻译的谢灵运、孟郊的诗。但我已经不再受到某一位诗人影响而写诗。真正的影响是被打动的时刻，而不是效仿的时刻。通过大卫·辛顿的翻译，我再一次被谢灵运、孟郊的诗打动，让我去重新思考生命和事物之间的隐秘呼应。在被打动的时刻，我翻译了大卫·辛顿翻译的孟郊《寒溪》的第一首。很难想象，这是孟郊的诗："清澈而敞开，如最高贵的 / 情感，这溪水是为我们设置的陷阱。// 再次变得明亮，简俗而清浅，/ 它的心在夜晚冰结，流满 / 这个清晨。"

崔：笔名"胡桑"有什么含义？除了写诗，你平时还有哪些兴趣爱好？对你来说，诗歌写作需要凭借灵感，还是说这是一门手艺活儿？需要反复做修改吗？接下来有什么创作计划？

胡：我的家乡浙江湖州盛产桑树。我从小就在桑树地里到处穿梭、漫游。我曾在散文集《在孟溪那边》写过桑树。桑树是普通的，又是浩瀚的，与生活息息相关。我心目中的诗就是这样的。我写不出探讨书写行为、语言游戏的诗，也写不出复现前世文人生活、在典故里理解世界的诗。我的诗，应该是随着生活赋形的。艾略特说，诗人需要逃避个性。我觉得只说对了一半。在诗人成长的过程中，逃避个性，进入语言和想象的领地，的确可以让诗的面目迅速变得开阔，进入与他人联结的同一个世界、这一个世界。但诗人终究不能消除个性。个性就内嵌在每一个诗人的身体和头脑中，形成对语言、感性、经验、想象的偏爱。诗人的任务是将个性发挥到极致，找到与之匹配的语言形式。诗最终是神秘的，诗人要深入自己的呼吸、听觉、视觉、触觉、味觉，还有抽象的痛感和幸福感。诗源于一个内在的决定。

写一首诗的时候，我会提前构思良久，直到能够把握这首诗的形式，才动笔（敲打键盘）写下来。我会反复阅读已写下的诗行，让气息保持连贯，让句法、修辞保持张力，特别是要与生活、生命、时代和解。每一首诗要有当下的新鲜感，又仿佛有着来自永恒的陈旧气息。在网络时代，发表对我来说没有太多诱惑。我写好一些诗，会发布在公众号"赋形者"上，但不是全部。发布后，也有可能继续修改。

我的生活很简单。偶尔我会去旅行，但是不多。写诗之外，我还做翻译，也写学术论文。我的阅读极其驳杂，并不局限于诗歌。我在中文系的比较文学专业工作，教学和研究偏于欧洲文学和哲学。但工作的时候，我没有想到写诗。在夜深人静时，写一首诗，我要凝思很久，要让自己的身体、语言状态回到诗的感受和想象上来，仿佛成了一只翔游的海鸥。

每个阶段，我都会有自己的思考和写作重心。修辞和意义之间的断裂问题，我在我的第一本诗集《赋形者》里已经基本解决。最近十年，我一直在写人与他者的遭遇、交往和联结，或者说，这是一个伦理书写阶段。我的第二本诗集原本叫作《亲自生活》，但由于一些神秘的原因，正式出版的名称是《你我面目》。

写诗不能完全是即兴的。每个阶段需要有一定的主题，甚至形成系列诗。我发现，这些年我一直写的"者""人"系列，慢慢出现了变体，即"××的人在××"，比如《分神的人在夏朵》《惊讶的人在一座城》《看海的人在洞头》。我试图探究人和空间之间的幽深关系。接下来，我想在宇宙论方向上进行一定的探索，让诗歌语言向着宇宙整体敞开。当然，在关于生活的细节书写上，我也想做一些尝试。

在若即若离中，我书写，并理解着这个世界。我也感激这个世界。我喜欢陆忆敏的一句诗"隔渊望着人们"。

王东东,1983年3月生,诗人、学者、译者。现为山东大学文化传播学院副研究员,硕士生导师。著有诗集《空椅子》《云》《世纪》,翻译诗集《一只脚在伊甸园:缪亚诗选》等。曾获北京大学未名诗歌奖、"诗东西"青年批评奖等奖项。

诗歌在这个时代比哲学更重要

——王东东答诗人崔丽娟

崔丽娟(以下简称崔):东东,你好。在我持续做的系列诗人、批评家访谈人选中,你是我访谈的第一位"80后"。我觉得直接用名字来称呼显得更为亲切。作为一位青年诗人、学者、译者,你在各方面体现出良好的综合素养。如果从1960开始,以十年为代际划分的话,在"60后"至"00后"之间,"80后"正处于中间线。处于这样承上启下的年龄阶段,你会更关注前二十年的成熟诗人,还是更关注后二十年的青年诗人?如果不反对我暂时以此作为代际划分的话,你对这两个阶段诗歌创作整体水平作何评价?

王东东(以下简称王):我基本都会关注。但这个问题可能遗忘了,还有更年长的诗人也在创作中,如多多,他是当代诗歌中仍然在持续自我推进的人,在不断超越自我也超越时代方面,多多应该是当代诗歌中的典范性人物。另外,如郑敏、昌耀,甚至还有海子、骆一禾,都以不同方式丰富了中国当代的诗歌传统和精神资源。这样来看,这个时代——我们生活在其中——并不贫瘠,也才能不让人难堪。我想有这些人物在，我们才能树立一个当代的标准，或者说为当代树立一个标准。否则，就像撑竿跳，总不能越跳越低吧？按照这样的视野、标准或参照，你所说的"十年—代际"问题可以看得更清楚，至少可以摆脱对代际的迷信。如果能够结合时代精神和社会文化的流变谈论代际问题也许会更有意义，至少可以使之摆脱文学政治或"诗歌政治"的色彩。

我读大学时已进入21世纪初，那时"80后"诗歌运动已开始了，我经常逛诗歌网站和论坛，有一段时间，写了就发在论坛里，还可以看到不断有新诗人出现和成名，写出代表作，其中也有不少"70后"甚至"60后"。可见年龄和潮流、流派并不能完全对应起来。这可能也是21世纪以来的一个好现象吧。尤其现在，大家对于代际文化好像已不再焦虑？观察20世纪的情况，代际确乎关涉到文学地位、活动场域和文学政治，只不过这一代际更多是时代的区分力量，而非被区分的诗人年龄。但经由批评家的努力，二者也可以相互渗透。对作为"朦胧诗人"的"50后"的推出，更多是出生于民国但有豪气的批评家，而"60后"作为"后朦胧"诗人或"第三代"诗人，是自己推出自己，这是最有干劲儿的一帮人，后来分化出的作为"90年代"诗歌/诗人的"60后"，则是由年长一代的"50后"批评家推出的，如陈超、唐晓渡、程光炜、耿占春等，其中尤以程光炜最能代表诗歌批评的学术化转型及其体制化力量。在对"90年代"诗歌进行反思尤其系谱学考察时，这一点无可回避，相信以后的研究者会更多注意到。"60后"批评家却没有为"70后"诗人做同样的工作，以至于"70后"的经典化过程似乎遥遥无期，小说领域也有这种情况，但要好得多。如果说"70后"比较尴尬的话，和他们的写作成熟于一个迅速体制化的时代有关；"70后"批评家暂时还没有顾及或惠及"80后"诗人，不过这种情况以后可能会变化。作为"80后"，我们这一代好像一开始也是自己推出自己，和"第三代"诗人一样充满干劲儿。

对你的问题，我的回答是我个人准备多关注"90后"这一诗人群体，我相信他们在21世纪20年代会有更佳表现：一般而言，诗人在二十来岁可以成名，三十来岁可以写出更好的作品，四十来岁就要学会关心更年轻的诗人……另一方面也要看到，现在情况不同了，各代诗人都进入了自己解放自己、自己理解自己的状态，不再以代际或群体意识要求自己。与以前场域的分裂或不断裂变相比，也许，这是一个聚变时代吧。那么，就看会发生什么核聚变吧，而以前，他们好像生活在不同时代。

崔：有诗歌批评家并不赞成做任何代际划分。在这里我是以你的"80后"诗人承上启下的身份设计这个问题，不否认你的回答丰富了我的认知。基于你对"90后"有更多关注，也任职于高校，那么试问，你觉得大学课堂可以培养出诗人吗？诗歌写作有窍门可以教、可以学吗？对大学校园诗人有什么建议和期待？

王：作为"现当代文学"这一学科有机构成的一部分，诗歌同样有自己的知识体系，可以说被现代大学"知识化"了。从知识化到实践化的距离并不远，这些知识可以帮助受教育者一窥实践的秘密。其实我们自己最早对文学的接触又何尝不是如此呢？但无疑培养作家是一个更难的任务，相对于培养文学评论家。现在创意写作的兴起也许可以慢慢改善这一状况。我也在不同程度上参与和讲授了创造性写作和诗歌写作方面的课程，并且看到了希望：我经常在大学生（本科生）中发现有天赋的年轻诗人，关键是在他们毕业之后如何持续写作，像我在河南师大"发现"的几个青年诗人，张亚琼、崔雪悦后来都考上了研究生，她们的写作就有可能走得更远。陈志伟思想很活跃，但思想兴趣慢慢大于了写作兴趣。来山东大学威海校区这边不到两年，我也发现了不少写诗的好苗子。对于诗人来说，诗歌应该是一种终生的自我教育。

崔：你的很多诗歌，比如《谒比干庙》《阮籍》《过郁达夫故居》《在袁崇焕故居》《高颐阙》《拟鲁迅诗意》《明代中叶的一个梦》《燕行录》《铸剑》等以历史题材（人物）作为抒写对象，或许与你对历史典籍勤奋阅读、深入思考有关。诗人、批评家西渡指出：《谒比干庙》可能是当代诗中一首不可多得的力作。此诗利用比干剜心的传说，对一种文明内部的根本缺陷作了沉痛的反思，读来有剜心之痛。你在借鉴历史表现当代生活经验方面技高一筹，对这类创作题材是如何考虑的？

王：历史并非简单的逝去之物，而是一场活生生的戏剧。关键是，它还在上演，每时每刻，持续到现在。或许我可以直接说，历史是一场正在上演的戏剧，就在我们身边？！对于我们的中国历史，尤其如此。不仅仅是时代侵入了戏剧，历史也通过侵入时代入侵了戏剧。历史是时代生活的导演，甚至是那个主角，我们有时也在其中出演了角色。我回避成为主角，但深深知道，我们有时就是在这一历史的戏剧中写诗的人，历史的戏剧也是时代的戏剧。

置身于历史，抑或在历史的戏剧中写诗，犹如站在舞台上的演员。在这里就发生了戏剧独白诗、戏剧性的诗甚至剧诗，它需要一种敏感的共情能力，仿佛诗人拥有了不同身份和化身。不过这更多是技术层面的原因，我想要谈谈其他层面。在这一类诗中，除了诗性的移情力量，我还想通过一种共通感连接起民族的感性生存和集体无意识，不仅有人性洞察，还要有文化判断、精神诊断和文明批判，也就是说，还要体现出一定的文化想象力和对文明的判断力。然而，短诗有时很难满足这一理想，我们知道短诗的一个重要功能是诗艺训练，——虽然我觉得写作短诗也要有经典意识，至少要朝向经典。——因而我一直尝试写作长诗、剧诗甚至诗剧。《谒比干庙》就是一个例子，当然这是一首短诗，诗人西渡很准确地指出了这首诗的主题。诗人田桑对这首诗也有细致论述：

> 这首诗其实是历史想象的鲜活样本。遭受剖心之刑的比干，不但没有死，而仍然"在马上狂奔，身体微汗"，和我们一起"穿越雾霾在大地上疾驰"，共赴"同一个地点：新地，或心地"。诗歌一上来就有一种夺人的气势，借助于深远的想象力，呈现出一幅惊心画面，一个与神话故事中的刑天极为神似的形象。试想，得有多大的悲愤、多大的顽强生命力，他才能像不死鸟一样，跟随诗人在大地上疾驰？对于这首诗，确实值得从"历史想象力"这个角度好好阐释一番，而不要陷入概念化的"知识考古"中去。东东对词语的敏感和修辞技艺也在这首诗中展现得很充分，比如"穿越雾霾"其实就是穿越历史，把诗人"谒比干庙"的过程，描写成与比干共赴一场聚会的大地之旅，很妙。另外，"新地"与"心地"，用词语的谐音技巧，巧妙地暗示出"心"之境，实际上才是这段旅程的最终目的地。

抱歉，我引用了这么多，但是我想，这些话帮助我回答了你的问题。也许我可以再补充一下，这类诗最初的触动可以是一个让人倾心不已的人物，也可以是文物考古、遗址或名胜，但我感到史诗、剧诗或诗剧等大型作品是这类诗的前景，这既和创作方法有关，更是源于思想命题本身的逻辑展开。比如与《谒比干庙》对应的大型作品，应该是《牧野》《首阳山》或《羑里》。我甚至觉得，必须要追溯到文明源头进行文明批判。殷墟和甲骨文显然是中国最重要的学术发现之一。诗人不能只是外行，作为文明批判者，他还必须熟悉相关的研究，人类学、宗教学、神话学、考古学，甚至比较哲学。殷商恰恰是新文学作品很少表现的，鲁迅的《故事新编》有所涉及，尤其是其中的《采薇》，鲁迅的这些作品某种程度上也是回应顾颉刚的疑古派思维的，但是鲁迅有更高远的文化思考和文明关怀。商周革命将宗教中国转化为了人文理性的中国，尤其经过孔子的阐释。孔子对神的态度其实有点儿模棱两可，《论语》里一方面说："祭神如神在。"另一方面又说："始作俑者，其无后乎。"这就遗忘了商代末期仍然大规模存在的人祭，人俑恰恰是用来代替人的……我要说的是，商周革命的转型为何没有导向基督教式的一神论模式呢？而是直接从多神论跳到了人文理性或曰礼乐文明？神为何被废黜了呢——至少要先于尼采近三千年？孔子说"久矣吾不复梦见周公"，在周、孔这两个人这里其实蕴涵了中国文明的秘密和玄机，其中也有文明再造和转化的契机。这一大型作品，不管是史诗、诗剧或剧诗，在智识、见解或主题方面应该是一部汤因比式的《历史研究》。

崔：你的诗文兼具思辨、感性和伦理承担，既有感染力又发人深省，阅读时有一种酣畅淋漓的痛快感觉。这些年很高兴看到你获得不少奖项，在获得周梦蝶诗奖时，你的答谢词是："对于我个人，诗仍是那轻盈而带翅膀的神圣之物，是对我的擢升。缪斯是我的守护天使。古代大师并非要摧毁我们，而是在保护我们。使我们在与当代社会斗争时也能够获得胜利。会飞的精灵、古代大师和后代们会一起为我们鼓掌。"你理想中的诗歌有哪些必备要素？

王：我理想中的诗歌要有这些特点或要素：感性的丰沛、思想的精确和精神的美妙。但一个人有时候想写不同的诗，所以诗观也不妨在变化，在不同阶段有不同倾向吧。获奖答谢词中的话，有一个指向是想超越布鲁姆提出的"影响的焦虑"，我想，历史意识、诗歌精神，尤其传统本身可以帮助我们做到这一点，最终成就自我。

诗歌的方法与哲学正好相反，诗歌要达到具体，而哲学则要达到抽象和普遍。关于诗和哲学的关系我谈了很多，尤其在与诗人木朵的对谈《与天空中滚动的雷电对视》（2011年），这里不能再重复。可以简单地说，在我们的时代，诗歌其实比哲学更重要。这就和诗歌的方法有关。哲学也要从当今时代的生存表达——诗和艺术就是这一表达——中汲取营养。也许可以说，诗歌应具有思想能力但最终又要超越思想形态。即使想要表达"普遍主题"的诗歌，比如历史题材的诗，也要求诗人能够洞察个人生活和个体情境。

我想，仍然以上一个问题中的"重写经典"为例好了。我2004年的《诗》中的"虚无的铭文"，其实就和鲁迅《野草》中的《墓碣文》有关。但对鲁迅的集中书写开始于2016年，那年我写下了《拟鲁迅诗意》和改写自鲁迅《女吊》的《复仇》，2020年我又写了一篇《拟鲁迅诗意》和剧诗《铸剑》。同样是《拟鲁迅诗意》，重心却不同，其一说："而我们早就忘记了，从地狱中可以带回什么。"其二则说："菩萨从窗外经过，留下烦恼。"分别对应于鲁迅的不同心情，也可以说是他的一中一西两种文化资源。对于《铸剑》，诗人江汀有一段很有意思的评论：

> 首先，在本期《白鲸》杂志中，让我感到惊喜的是王东东的剧诗《铸剑》。请注意，东东兄自己称其为剧诗，而非中文语境里常见的诗剧。初次读到这首诗时，我就和东东兄有过交流，他举例说，"拜伦称自己的《该隐》为戏剧诗，叶芝也写过这种戏剧诗。"我非常赞赏他的这种文体意识。从文本内容来看，《铸剑》重述了我们熟知的鲁迅的同名小说，而王东东做了一次"重述经典"，他沿用了故事的基本脉络，但改变了故事的矛盾冲突。鲁迅的主题是"复仇"，而王东东剧诗的重心却几乎全部在抒情者眉间尺的身上。在王东东这里，眉间尺呈现的形象为"一个诗人的头 / 被我抱在怀里 / 你死了还不忘抒情 // 一个哲学家的头 / 被我抱在怀里 / 你死了还不忘思想"。

也有人跟我说，我把眉间尺写成了哈姆雷特。在 2016 年左右，我曾经发愿要把鲁迅的所有作品改写成诗歌，现在来看这是不可能完成的任务。这顶多是我个人的鲁迅罢了。虽然我感觉诗人身份其实是鲁迅最原始、本真的身份（没有之一），也就是说，存在着一个诗人鲁迅，鲁迅本质上是一个诗人，新诗中的鲁迅存在其实比我们理解的大得多。

崖：在进行诗学研究时，你肯定不止一次思考过新诗有哪些标准，对新诗该如何评价等这些诗学问题，是否可以把你的思考结果和我们分享？在这过程中，厘清诗与真，诗与善，诗与美，诗与思的关系是否有助于矫正新诗的方向？请简言之。

王：这些问题都很有难度。新诗的标准应该至少包含生存、语言、文化这三个层面，可以参考我应诗人郑小琼之邀，在 2017 年广东诗歌创作高级研修班的讲课记录《现代诗歌写作的观念和实践》。新诗的生存经验应该从反叛转向修养。在语言层面，一首诗也可以自成一个语言体系，不管是松散或精微，其语言体系的精密程度是有差异的。

在你说的这几种关系中，诗与善的关系在当代受到忽略最深。这不仅是诗歌的伦理感知与书写的内部问题，而且还包含着文如其人、知人论世的外部观察。换言之，不仅仅是如何写出好诗的问题，而且还牵涉到诗歌在当代的文化位置和文化影响力。新诗总不能只是一种边缘文化、亚文化甚至反文化吧？

崖：诗人、批评家、学者、教师、译者，这几项你怎样排序？在多重身份中如何转换自己的角色？即便是批评家中也是有两种批评家：诗人批评家或诗评家。这不算咬文嚼字吧？你更钟情于自己哪一个身份？

王：我愿意这样排序，诗人、学者、教师、译者、批评家。

对于我来说，其他身份都应该是诗人身份的分身或化身。当然这并不意味着其他工作就没有自己的独立意义。在这几个分身中，我比较钟情于学者这一身份。学者应该是"人类的教师"，我信奉这一说法。这意味着学者也应该直面这个世界的混乱，并使之恢复和谐，但首先是思想的和谐。正是思想的混乱导致了世界的混乱。让我说得更明白一些吧，现代学者应该是"哲学王"的化身，而不是"王者师"的化身，也就是说应自觉放弃权力。对一个诗人来说，还有什么工作，可以比从事学者式的思想工作更有诱惑的呢？

我理想中的学者是一个人文主义者，我想可以参照欧文·白璧德的定义说，人文主义是对于何谓完善之人的追寻。这也应该是现代诗教的最高理想。历史上很多伟大的人文主义者都是伟大的人道主义者，如孔子、托尔斯泰、泰戈尔，但伟大的人道主义者并不一定都是伟大的人文主义者。不过放眼国内，你会发现具有人文意识的诗人并不多，有不少诗人还处于动物状态。

可能你比较看重诗歌评论这个工作，但可惜它在我的工作中占比并不大，我想，理想的状态是不要超过五分之一。

崖：2019年12月6日，拾壹月论坛在郑州举办"新诗与中国现代文化的方向"座谈会。据我所知，最初研讨会的题目"新诗与中国现代文化的建设"是你的建议。或许你是想从文化学或文化哲学的眼光来研究新诗，希望在做诗歌批评时也会有自觉的文化意识或文化观照。"新诗与中国现代文化的方向"确实有很多东西值得研究。你的观点有新的发展变化吗？

王：我对拾壹月论坛的参与主要是提供论题或曰简单的理念设计，在这里要感谢诗人夏汉和诗人子非花，他们做了不少其他工作。我很了解办会的辛苦，也具体操办过"新时期诗歌批评暨多多诗歌研讨会""新世纪诗歌批评与百年新诗理论：21世纪中国现代诗第十届研讨会"这样的大型会议。

强调文化学、文化哲学的眼光，并不是要做成文化研究，而是要考察诗歌对文化的塑造能力。我现在倾向于用诗歌教化甚至现代诗教来描述这一点。具体可参见《"新诗与中国现代文化的方向"座谈会纪要》，以及我的一篇文章《漫谈一种现代诗教》，这里不好再重复论述。

崖：在新诗遭遇诸多质疑的当下，亟须真正的批评，更需要真正理解批评。作为诗人、诗歌批评家如何看待二者的关系？在批评中你坚持什么原则？

王：二者首先是一个时间分配问题，只要能处理好这一问题，就会发现对于同一个人来讲，诗歌创作与诗歌批评并不相悖，而是可以相互启发和促进的。也就是说，"段位"都能够不断提高。从事批评可以让一个诗人迅速找到自己写作的位置，——作为一个诗人可能是孤僻的——，在让自己的头脑变得更活跃的同时，让自己的态度变得更坚定从容。批评是对于诗人智识的考验。当然我这里说的是必要的批评。

我愿意用诗人乔亦涓对我一篇文章的阅读感受来描述批评的原则："客观，诚实。"

崖：对于"当代诗歌阅读何以成为问题"你是否有解决问题的建议或良策，面对不同的诗歌文本，阅读的可靠途径在哪里？或者诗歌根本就不需要去"读懂"而只需要去体会即可。

王：对于这一问题，我是这样理解的，在诗歌创作与诗歌接受之间是有着时间落差甚至历史落差的，也可能是长期的诗歌教育甚至诗教的结果。

我在课堂上经常对学生说，其实正是古典诗歌塑造了我们，正是古代大师和天才诗人们一起塑造了我们的生活趣味和生活方式，我们的一举一动、一言一行，甚至我们的性情、身影和面容。一个最简单的例子是，我们通常看到月亮就会想到故乡，但这真的是我们自己的想法吗？这难道不是李白对于中国人集体无意识或审美直觉的塑造吗？"举头望明月，低头思故乡。"当然也不仅是李白，应该是古典诗人全体，杜甫也写过"露从今夜白，月是故乡明"，该诗的创作时间比李白创作《静夜思》的时间晚，应该是受到李白的影响，因为杜甫很崇拜李白。德国汉学家顾彬就很诧异李白为何会将月亮和故乡联系在一起，毕竟他更熟悉艾兴多夫那种以月亮象征超验世界的诗。另一个例子是，就连中国人定情也要用一两句诗，"死生契阔，与子成说。执子之手，与子偕老。"张爱玲小说中的范柳原和白流苏也是如此。

对于你的问题我没有焦虑，虽然我也做一点儿诗歌教育的工作。我们每个人都是维特根斯坦定义的犹太人，也即那些理解别人比理解自己理解得更好的人。但是，对自己的理解，又何尝不是基于对别人的理解呢？后人对我们的理解也是如此，只有在某种程度上理解我们，他们才会充分理解自己。

崖：有人说不读外国诗，很难写出具有现代性的诗歌。新诗之所以被诟病"读不懂"是不是与其诞生背景（出身）有关？我看过《白鲸文丛》中你的翻译诗集《一只脚在伊甸园：缪亚诗选》，作为译者，如何处理翻译体与母语的关系？

王：我觉得如果有"读不懂"这种现象，与普通读者的懒惰有关，他们可能就是不读者。大部分人的审美习性和直觉是由以前的诗人和艺术家塑造的，是因袭的，因而诗人根本无须焦虑，——后人同样会对我们这些20世纪以来的"现代诗人"感同身受。还有，说读不懂新诗的人，又真的读得懂古诗吗？

你说的外语经验和新诗的诞生背景是另一个问题，值得认真对待。但从一个长时期的历史视角来看，20世纪以来的白话新诗无非是中国诗歌传统演变复兴新生的一部分，犹如唐诗宋词元曲一样。关于翻译与母语的关系，我发明了一个词"译写"来描述张枣对史蒂文斯的创造性改写，这里不再重复。后来我看到做翻译研究的学者也在用"译写"一词来研究汉语古诗的英译，这让我感到很高兴。译写是一种翻译策略，其中已有创造性改写的成分。不仅是翻译，汉语写作也已经吸收、转化甚至"内化"了外语经验，现在的西方语言对汉语起的作用，可能不会弱于佛经翻译中的梵语。

李浩，1984年7月生于河南，诗人。著有诗集《奇迹》等。曾获宇龙诗歌奖、北京大学未名诗歌奖、杜克大学雅歌文艺奖、谢灵运诗歌（双年）奖等奖项。现居北京。

我的世界就是诗歌
——李浩答诗人崔丽娟

崔丽娟（以下简称崔）：李浩老师你好，在我这两年持续做的诗人、批评家系列访谈中，基本上以"60后"为重点访谈对象，"70后"选择了几位，你是我访谈的第二位"80后"诗人，前一位是王东东老师，你们都很优秀。这些年很高兴看到你获得不少奖项，也看到不少诗歌批评家关注你。咱们开门见山吧，你自己怎么评价"80后"诗人的创作？

李浩（以下简称李）：有时候，获得一些外在的认可和鼓励，也是很有必要的。我们都知道，不断地写出好作品，对任何一位诗人来说，是更为重要的。别人尊重你是因为你写下的作品，对一个诗人来说，他的作品就是他的坟墓。如果你没有征服人心的作品，你即便是将自己打扮成一辆无坚不摧的坦克，也是不管用的。虽然，今天这个时代，大批精英者与崇拜精英者的头脑已经渐渐沦丧为资本链条上的排泄物，人文精神堕落不堪，为此，我只能感到痛心和惋惜。一直以来，我始终坚定地认为：真理只为真理所动，这样的认知在奥古斯丁和托马斯·阿奎那的思想里早已被启示出来。如果你的作品触及不到人心世界中最根本的东西，可能就会跟人的世界发生不了持久的联动，即：人之链。

您已经访谈的二十多位对象，他们的谈论非常丰富，从整体的气象来看，感觉向阅读者伸来了一双双正在进行中的"火焰之手"。在您的这批访谈者中，他们也在不同程度地参与进您个人的文学史当中，就像布鲁姆主编的《巴黎文学地图》《罗马文学地图》《都柏林文学地图》《伦敦文学地图》等那样，它在您的精神里，就像一座桥连接着不同向度上的、期待被遇见的每一个世界。这是很奇妙的事情。您访谈的王东东，当然也是中国当代青年诗人群体中不可忽视的一位，他在诗歌创作、新诗研究，以及翻译方面，做得都很出色。大概是2014年，我至今记得，他发给我的他对布罗茨基诗歌的译本，带给我在阅读上的那份喜悦、想象与馈赠。还有他在诗学思想与写作上自觉地意识到的"总体写作"，我认为也是极其有价值的。他的那首近作《铸剑》（剧诗），以布鲁姆在《影响的剖析》中贡献的方法，让我读到他以诗性思维创造文本方式进入鲁迅的一次尝试，也是"诗的锻造"，就像勃朗宁、麦尔维尔和叶芝对雪莱诗歌中的那座"孤塔"（雪莱：远离人群，好比身居孤塔）的内化是一样的精神契约与个人内在隐秘的传统路径。

2018年的时候，我突然对民刊的兴致勃发起来，想以此来考证我对"禁区写作"的探索，并计划撰写一批关于"禁区写作"的文论，这个诗学上的思想与我的诗歌写作、对汉语神学的建构，自然是密不可分的整体。我当时便约来了戴潍娜、厄土、范雪、飞廉、黄茜、昆鸟、黎衡、蒙晦、工强、徐钺、余旸、张伟栋这些青年诗人的诗歌，将他们的作品编在一起，命名为"世界的光"。我的想法非常简单，我想通过我们的努力，能让更多热爱诗歌的朋友，对诗歌尚未形成判断能力的朋友和愿意做诗歌研究的朋友等，能够读到真正意义上的当下极具探索性的好诗，让那些杰出的青年诗人和他们杰出的文本，能够得到互相阅读、反馈、探讨与公正的对待。从某种意义上来讲，这也是帕斯所践行的"写作，即行动"，也是对写作上可能性的直接挺进。不料一年之后，疫情开始爆发，整个世界各个领域的人物几乎都处于一种时时被颠覆、失语的状态。我除了在家里埋头读书、写诗、努力上班，这件事情也被搁置了。也就是在前几天，诗人阿西告诉我，《世界的光》可能有希望被印出来，他将诗稿交给了诗人黄礼孩，现在他在参与制作这本集子。这要谢谢阿西和黄礼孩两位兄长,祝愿朋友们的诗歌,能够早日被更多的陌生朋友读到。严肃地讲,我一直认为将诗人按照他们出生年代的代际划分是一件很暴力的行为。我对我们这一代诗人,一直保持着阅读的热情,从《世界的光》(但愿以后能将其继续编下去),这本集子里的诗人,您应该可以看得出来我对我们同代人中的优秀写作者的敬重与珍视。我对他们的具体评价,我希望自己将来能以单独的文论体现,在这里,我对朋友们的写作更多的是祝愿,希望我能第一时间读到他们的新作。

崔:尽管你认为将诗人按照他们出生年代进行代际划分是一件很暴力的行为,但为方便提问,在此我还是想借用代际的概念。如果从1960年开始,以十年为代际划分的话,在"60后"至"00后"之间,"80后"正处于承上启下的中间位置。处于这样的年龄阶段,你会特别关注"90后""00后"这些更年轻的诗人吗?比如,2022年2月,青年诗人赵卫峰、赵学成主编的《中国90后诗选》有一定代表性。2022年8月,由清华大学教授、诗人、诗歌批评家西渡的博士生、青年诗人王家铭编的《那无限飞奔的人:清华学生诗选》的出版也颇受关注。

李:我一直保持着强烈的兴趣和好奇心阅读比我更年轻一些的诗人的作品,它们有的来自网络,有的是他们寄给我的,我都会慢慢地、认真地读,期待从他们身上学到更多的写作活力。我支持王家铭、赵卫峰、赵学成等青年诗人,能够走出来参与主编一些诗人的作品集,我认为这是友善的行为。我从不轻易论断同行们的写作,即便是我长达二十多年以来一直跟踪阅读的一批诗人。我会将我从他们身上发现的问题,或者是他们在文本中启发给我的问题,或者某些作品中完美的遗憾等那些我意识到的东西,用来反思自己的写作、弥补自身的不足、矫正自己的诗技以及心灵。当我真正想谈论他们的时候,我会写一些我认为与我的诗学、思考、写作之间隐秘相关的文章。不是为了写文章,是为了记录自己写诗的过程中,那些有趣的奇思妙想、语言经验,以及遇到的困惑。

崔:创作与批评是一种什么关系,你是否经常研读诗歌评论文章和学术著作?会不会特别重视诗歌批评家及同行对你作品的评价?我读到好几位批评家评论你的《在林中》一诗,是同行解读的那几个意思吗?同行的批评哪些让你最受教益?

李:我觉得"怀疑"是写作的一个起点,是认识真理的开始,也是对世界保持冲动、热情、好奇、激情、勇敢探险的动力,这样的动力,其实是人类共有的精神活动。所有对当下诗歌质疑的声音,意味着关心诗歌的人多起来了,也是好事情。我觉得好的文学、好的诗歌、好的艺术,最神奇的地方就是它们能够并且一直能够经得起读者与时代的考验,更令人保持期待的是希望它们还可以激活新的艺术诞生。我们今天仍然在从屈原、杜甫、李白、苏东坡、荷马、毗耶娑、蚁垤、但丁、塞万提斯、莎士比亚、乔伊斯、鲁迅等作家身上研发文学养分、人文精神和创造力,或者说在他们独自开创的河流中获得新生。当代很多重要的诗人,都是从事新诗批评、研究与翻译的,他们的批评从某种程度上来说,是与那些杰出的诗歌作品共同构建整个新诗的形成的,西方很多大诗人也是如此。至于一些诗歌批评家对我诗歌的评价,我一直心存感激,尤其是当你走进某个写作的阶段里,你在你的写作中的某个维度上推进了那么一点点的工作,也是希望及时听到在写作上走得很远的同行、诗友们的批评。从他们的诗歌声音里,从他们个人积累的诗歌经验里,吸取、矫正、开掘自我的诗歌新世界。我有时候,在处理一些复杂的诗歌经验的时候,我会用多年的时间来琢磨一个词的使用问题,当我将一个词进行剥蚀、变形、重新再写的时候,我会兼容来自各种诗歌内在的不同思想与能量,将自己的个性和指向的私密经验,放在诗歌表面路径与深层的多边空间的中间,让它们在节奏、音韵、气质、质量、体积、形式、气息等方面,可以互为启示、运动、支撑。当然,这只是我能够说出的一点点想法。《在林中》那首诗,写作地点是在我出生的河南乡村和武汉珞珈山下的风光村里,写完定稿于2008年,是我早期很重要的一首诗。我记得,好几年前,诗人、翻译家程一身跟我约稿的时候,从我选给他的三五首诗作中,读到这首诗的时候,也是非常激赏、意外,在这里谢谢他的激励。这首诗,能够被那么多诗歌小伙伴们再次发现、重读、欣赏,尤为重要的是他们还写了一些非常个人化、极具才华的阅读感受和自己的真知灼见,这些对我是非常珍贵的。那些小伙伴,也在从当下的诗人、研究者中见证这首《在林中》不断地被更多人接受的过程。被你阅读的诗歌,任何人都可以以自己的经验方式参与到那个人的写作之中。诗人完成了一首诗之后，这首诗其实跟诗人已经没有什么关系了。它属于任何一个读者，你完全可以不喜欢，这没关系，但是好诗是有翅膀的，总有一天它们会飞到任何它喜欢的人那里去。它也是没有国界、种族的，不受任何形式的文明制约。我从来不去要求自己去写什么，我永远坚持写我自己最喜欢的作品。我个人很希望优秀的诗人，参与到诗歌批评的工作中去。我记得武汉大学教授、诗歌批评家荣光启跟我聊天时非常认真地告诉我："我写诗，是为了更好地理解诗歌，读懂诗歌。"他这样做，让人很尊重。对我而言，小说、戏剧、非虚构等各类文体，我只钟情于写诗这一条道路，我写的其他文字，是我的诗歌溢出的一部分作品。其实，我很喜欢阅读当下中外的学术著作，包括哲学的、神学的、小说的、戏剧的、电影的、诗歌的、物理学的等，只是我有我的选择，我觉得诗人应当从各种门类、学科之中，提取与他的语言世界共同生长的新鲜能量与知识。您提到的创作与批评之间的关系，我觉得当世界上的公正与捍卫公正、敢于殉道的人，以及追求真理的人越来越少的时候，我们只能信任曾经存在过的或者诞生于当下的属于人类的伟大创造。

崔：诗歌对当下生活意味着什么？你的诗歌有一种独特的气质，有点儿像神话也有点儿宗教意味。在创作中你注重表达什么？追求什么风格？

李：您问到的这些问题，我甚至都没有认真考虑过。我在一次访谈中，谈到的是，"我希望自己每写一首诗，都像一个神话。"这是我对写诗的理想追求，希望自己写下的每一首诗，都能像每一个神话那样神奇、那样不可能。也在告诫自己，诗之艰难，劳无所得。简单地说，写作是一个人的战争，你只能走你自己的路，即窄门中的窄门，在此之中只写属于你自己的作品。永远不要跟任何人接近，就是要走出他们所有人的视线，去写自己的诗，去走没人走的路，因为你永远只是一个人。对于一个诗人来说，我现在的理解是，你的诗歌和你经历的生活应该是等同的，当它们互相博弈的时候，会给诗人带来多重的重负。

崔：不久前，读到著名评论家、诗人一行在其《诗艺四论》中论及"当代诗中语言可信度问题"，颇受启发，他提出诗人在语言上应处理好"超越真理"与

"经验真实"的关系。诗歌是围绕语言展开的艺术，要求语言对时代经验的高度吸附与精准的审美表达，这好像涉及一个诗学层面的问题，即诗歌语言的真实性，除了源于诗人主体的真诚之外，还要求其内容具有真实性。对此你如何理解？

李：当你几十年如一日地并且未来依然能够沉浸在诗歌写作当中时，你一定能够理解，在写作中永远都不要放过自己、永远跟自己过不去——那种追求极限的崎岖步伐，意味着什么。我的诗，用别人的话说"很难懂"，经常会给一些人带来阅读上的障碍和困扰。通过综合经验对自身的节制、调整，那个专注于诗歌的手艺人、匠人再一次、反复地重整工作——如何将一首诗中的一个句子和一个词语修复成原先活着的样子，或者将其更新至一个新的象征，让它们在一首诗歌中重获新生，从死去中复活过来，那种化腐朽为神奇的技艺，那是你一生所追求的艺术阶梯。还有就是我在一首诗歌的写作中，让我更为欣喜的是那些不可控的语言、词语、句式、意象，从无中自发地降落在你的某一首诗中的某一个细微的部分，使这首诗如此完美地飞起来，正如佩索阿所言，"写下，即永恒"，你的那个心愿，仿佛在此刻突然被另一个不知道的世界成全。

崔：中国当代诗歌观念的一大进步或许是人们对于什么是新诗，何为新诗的"新"都有了越来越开放和包容的态度。请你说说什么是新诗？写好新诗需要具备哪些必要能力？

李：对于一个写作者来说，如何写出有别于他人的诗歌、从未发生过的诗歌，如何创造出一条属于自己的河流，延长或者拓宽新诗史的经纬，我想这也可以称作一个诗人（写作者）贡献的新诗。对于新诗的讨论数不胜数，其学术成果也在积极参与、影响着新诗的进程，我在这里不必多说。对于一个优秀的诗人来说，站在自己的道路上，不断地创造出自己杰出的文本，并且一直充满生机地写下去，我认为这样的写作必将会为新诗带来崭新的面貌和气象。至于写好新诗需要具备怎样的能力，我个人认为，首先你得足够热爱这门手艺，愿意投身其中，穷尽你一生的时间、心力和才能去辛勤劳作，用你所有的精力和宽阔的心胸去细细研读所有对你有效的文本，从那些文本中提取能够融入你个人的文学经验，简而言之，就是博采众长、永不间断地精进，从他人那里不停地吸收能够淬炼自己的玉石，再者就像里尔克在《马尔特手记》里写的那样："……说到诗：是不会有什么成绩的，如果写得太早了。我们应该一生之久，尽可能那样久地去等待，采集真意与精华，最后或许能写出十行好诗。因为诗并不像一般人所说的是情感（情感人们早就很够了），——诗是经验。为了一首诗我们必须观看许多城市，观看人和物……必须去感觉鸟怎样飞翔，知道小小的花朵在早晨开放时的姿态。我们必须能够回想：异乡的路途，不期的相遇，逐渐临近的别离……必须回忆许多无与伦比的情爱的夜晚……如果回忆很多，我们必须能够忘记，我们要有大的忍耐力等着它们再来。因为只是回忆还不算数。等到它们成为我们身内的血、我们的目光和姿态，无名地和我们自己再也不能区分，那才能实现，在一个很稀有的时刻有一行诗的第一个字在它们的中心形成，脱颖而出。"里尔克的写作，对于走进他诗歌里的朋友来说，是生生不息的。

崖：刚才你谈到用别人的话说你的诗"很难懂"。你会在意一般读者的感受而降低写作难度吗？阅读对你写作产生什么影响？在诗歌写作上受到哪些中外诗人的指引？

李：有时候，我也希望读者能够读进我的诗歌，而诗歌与读者之间是互相寻找的。读者能否喜欢，并不是诗人追求的。诗人的工作，就是写作，夜以继日地写。诗歌对我来说，它是我生命的一部分，所有不可能的事情，都可以在诗歌中发生，诗歌在这一点上，总是在启发我创造诗歌，洞察现实生活，处理复杂的现实经验。关于阅读，我记得十年前，我写过的一个小文，在其中一个段落中梳理了我那个时期的写作和个人的阅读，现在读起来，依然感动、丰盈、纯粹，我觉得我依然站在过去的基石上向我的诗歌理想艰难地迈进：在阅读中，我总是在浩瀚的书籍里亲近并珍惜那些给我带来喜悦，并强化我的生命力的人物，当然，这必须是来自高贵灵魂的。在传统中，最近有一种强大的力量一直在吸引我，在遥远的地方召唤我，那就是唐诗。我一直在努力积淀自身的能量，试图走进唐诗与之融为一体，我深知这是一个理想。这可能是我以及将来的时代需要穷尽全部生命去完成的事业，在这里，我不断地要求自己做一个"死者"。

在现当代汉语诗歌中，我的一部分反省的时间是潜在闻一多、李金髪、戴望舒、徐志摩、卞之琳、冯至、穆旦、海子、多多、王家新、西川、李建春、肖开愚，以及商禽、郑愁予、痖弦、洛夫等前辈诗人的思考与探索的成果中，吸纳其中的营养，不断地让自己在他们中清醒，以接受我认可的光照。在现代世界诗歌的版图中，我深感我们天生就处在最低处。西方诗人中，我尤喜意大利诗人夸西莫多、萨巴、翁加雷蒂、蒙塔莱，永恒的但丁是"我的祖父"，我是他根脉的一部分；波兰诗人米沃什、亚当·扎加耶夫斯基；爱尔兰诗人叶芝、谢默斯·希尼；英国诗人艾略特、拜伦；德国诗人荷尔德林、诺瓦利斯、哥特弗里德·本恩；奥地利诗人策兰、里尔克；俄国诗人普希金及苏联诗人曼德尔施塔姆、茨维塔耶娃、阿赫马托娃；美国诗人布罗茨基、爱伦·坡、埃兹拉·庞德、惠特曼、狄更生、弗罗斯特；瑞典诗人托马斯·特朗斯特罗姆；西班牙诗人洛尔卡；葡萄牙诗人佩索阿；等等。啊，就简单到这里吧。这些诗人以及那些没有被列举的诗人，我面对他们的作品，在他们各自的生命中，深思他们在各个阶段所面对的问题。

崖：进入互联网时代，诗歌的传播变得更为便利迅捷，线上线下的诗歌活动非常频繁。中国诗歌网开设"每日好诗"和"好诗推荐"网上直播，吸引了众多诗歌爱好者的关注。你曾在一家文学杂志担任编辑，对互联网的巨大冲击是否感同身受？

李：对于这些问题，每个人有每个人的看法。从文化传播的角度来讲，有更多的平台，传播优质的诗歌和优秀的诗人，让普通读者、诗歌爱好者、大众，接触到当下的优秀诗歌，面对大的社会环境来说，也是有意义的。这里面，需要一大批很有眼光的诗人、编辑站出来贡献他们的时间和精力，参与到那些平台的工作之中。无论是网络，还是文学期刊，有价值的东西，能够得到及时的发现与传播，我认为这也是有必要的。对于写作者来说，那是另一回事，首先那些东西，对我没有产生过干扰，我专注于自己的写作、阅读，以及内心的世界。我偶尔从那些新媒体平台上，读到它们推出来的好诗，我也会感到欣喜的。我觉得大诗人，都是沉溺在大海的最底部进行工作的。

崖：接着上面的话题我们继续：作为文学刊物的诗歌编辑，选稿、编稿是日常工作之一，发表的诗歌是怎么挑选出来的呢？依你的经验判断，一首好诗有哪几条标准？有诗人说，上纸刊发表很难，也有诗人说，他从不主动投稿纸刊。对此，你怎么说呢？

李：好诗的标准有很多，我个人可以喜欢其中某一类作品，但是我喜欢的作品肯定是和我的个人精神、美学趣味有内在关联的。在杂志上发表作品，我建议写作者不要将此当作自己的写作目标。在杂志上，刊发出来的作品，是要经过杂志的要求、编辑的要求、文学本身的要求等，综合来判定的。写作是一件极其个人、私密和自由的精神运动，也是人类最为宝贵的精神生活。我认为一个写作者，更为重要的是如何来承担他写作的天职，这是我更为关心的。捷克斯洛伐克诗人霍朗在隐士般的生活中留下了十四卷诗歌、散文和翻译文集，我在想这是不是当下那些具有雄心的诗人应当继承的人文精神呢？

崖：你如何处理创作与生活的关系？是用零散时间还是整块时间创作？写完之后雪藏一段时间冷处理、反复修改还是马上发表？接下来还有什么新的创作计划？

李：诗歌，更像是一种隐秘的生活。有时候，我会觉得我做任何事情，都是为了更好地写作，都是为了写作这一件事情。那么，你经历的事情、你做的事情，也都在慢慢地进入你的肉身之中，帮助你转化成你的文学经验。我所知道的是，诗人在世上生活，需要学习的东西很多，你还要训练自己在每一件小事中保护你的心灵和元气。尤其是不要被那些事情分裂你，你要像一棵树一样独立于森林中、悬崖上。我不是一个发表欲很强的人，每当我写下一首诗，都会存在电脑里或者打印下来放很长时间。我会在不同的季节，不同的心情，不同的天气，不同的文风，不同的城市中反复阅读、推敲那些诗歌中不足的地方，自己不满意的地方。那些作品，在几年之后，在十几年之后，当它们通过了自我的考验，我才会考虑是否发表。譬如，偶尔碰到杂志编辑的约稿，便顺手选几首发给他们，没有碰到就继续存放起来，基本不会再读了。我相信它们总有一天会和喜欢它们的那些人相遇。我一直如此。现在已经成了我的习惯。

2022年接到您的访谈邀请的时候，我正在写一首长诗，曰《神游》，这首诗是在李白的《大鹏赋》的冲击下诞生的。我写完之后,大病一场,整个脑子里都是坑,长期有气无力,耽误了一些事情。我现在在构思一部诗剧,这部作品是受到日本蜷川幸雄导演的戏剧《哈姆雷特》、俄罗斯诗人列夫·鲁宾施坦因、法国剧作家安托南·阿尔托带给我的天启,也可以说成是他们送给我的礼物,我在等待时机动笔,我不能说太多。完成这个访谈,我想我应该回到我写作的小世界里,"与世隔绝"。

杨碧薇

杨碧薇,1988年4月生,云南昭通人,女。中央民族大学文学博士,北京大学艺术学博士后。著有诗集《立锥》《下南洋》《去火星旅行》等。曾获《十月》诗歌奖、陈子昂诗歌奖等奖项。

抒情言志与社会实践

——杨碧薇答诗人崔丽娟

崔丽娟(以下简称崔):碧薇你好,以我平时对你的"一知半解"开门见山就提问了:你兴趣广泛,多才多艺,摇滚、民谣、电影、摄影等艺术是否与你的诗歌写作形成某种对位关系?现在有不少诗人已经有意识地把诗歌与音乐、戏剧、绘画、书法、摄影等艺术进行跨界融合。或许在某种意义上,诗人身份恐怕指代的是一个更为综合的艺术活动者的身份。对于诗歌纯粹文本性的深掘与综合艺术互相渗透而呈现出多元跨媒介融合趋势,你有什么深切体会?

杨碧薇(以下简称杨):首先,谢谢丽娟老师。您采访过很多人,这次从跨学科的角度开启话题,又正好契合我的特质。钱锺书曾以"出位之思"来讨论诗画问题;不同艺术之间的通约性,就是诗性,正如海德格尔之见,"一切艺术本质上都是诗"。与诗的紧密关系,也让我与其他艺术更加亲近,您提到的摇滚、电影、摄影等,我都下过一点点功夫。我中学时代喜欢上摇滚,大学玩过三年乐队,这段经历没让我变成职业音乐人,但对我更多地了解音乐,以及后来摸索建立自己的批评坐标，都颇有助益。电影方面，我从小受家父引导，他认为大部分电视剧没必要看，而好电影不能错过。依然是高中阶段，我暗恋的男生想报考北影，我便也开始系统地阅片，按照电影史里的名单，把重要的导演作品按时间顺序看下去。长此以往，我积累了比一般人略多的阅片量。后来，我去北大做博士后，从事电影学研究，对电影的认识又多了一些。摄影则是我"身边的事物"，我父亲喜欢摄影，家中常备几台相机。我的母校昭通一中曾开设兴趣班，我选修了摄影课。至今我还记得读纽约摄影学院的教材时那种醍醐灌顶的快感。因为家里有摄影氛围，我比大多数人更早地接触到数码相机。那个手机摄影尚未普及的年代，我的青春是在挎着单反相机走南闯北里度过的。

因各种机缘凑巧，我与以上艺术触电较早，对其关注与操练，也算是日积月累。但我深知自身精力与才华有限，不可能在每个领域成为行家。而且，我的兴趣看似不少，但基本都属于文艺范畴。这也就是说，我对世界的认知是偏狭的。文艺给了我独特的视角，亦带给我必然的局限。离开文艺，我什么都不是，既不能为社会创造物质财富，也不能让一首诗去阻止坦克。对此，我在诗里说"我知道我一生的孔雀，不过是美和无用"（《因此我不能……》）——可我必须与这局限性共存，它塑造了我；如果没有它，我就不是我了，我的生命将是匮乏的，苍白的，缺乏根基的。

回到诗歌上。别的艺术与我的创作并没有形成严谨的"对位关系"，"对话关系"倒是有的。我会注重诗歌的声音，《傍晚乘车从文昌回海口》就有音律上的反复调试；还会营造一些富有镜头感的画面，"你侧脸的候鸟旋进慢镜头，泅过楼宇和桑田"（《秋日的第一场电影》），就是用影像思维创作的……邦吉梅朵评论我的诗歌时谈到，这是一种艺术的"位移"。我喜欢"位移"，能移动，说明还有敞开性，还没僵化。在从事批评与研究时，我也有意识地往跨学科的方向靠，在"位移"中建立独属于我的学术坐标。我的博导敬文东教授是先于我本人，最早发现我这一特质的人，在七八年前，他便半开玩笑地说，希望我能成为桑塔格那样的批评家。我写过一些以诗歌为轴心，对摇滚、民谣、电影、摄影等进行观察与讨论的文章，有一部分已结集为2020年的《碧漪或南红：诗与艺术的互阐》。这本书只是个开头，我在自序里说："关于这个学科生长点，我还有不少想法；

姑且先将以往拙文汇编成此书，十年后再看。"

在有限的观察中，我注意到，能进行新诗的跨学科创作的仍然是少数。原因可以找出很多。首先是个人。只对写作感兴趣的诗人大有人在，其他艺术不在他们关注的范围。这背后可能也有一些教育因素：在很长时间里，我们的教育重在培养人的应试能力，而非综合素质，培养通才不是应试教育的目标。其次也与学科的细化有关，学科的纵深发展必然导致分化，带来交流的壁垒，造成知识与生存的内卷，大多数人一辈子只能埋首于一个专业，很难匀出精力去把另外的行当也做好。从这个角度看，现代人是典型的单子式个体，社会分工的格子间与信息茧房就是我们的生存现实。

我喜欢的芬兰导演阿基·考里斯马基的电影里，就有这样的人，他们没什么爱好，生活单一、重复、孤独，若得不到爱与尊重，又没有兴趣和信念在背后支持，就容易铤而走险。《火柴厂女工》《薄暮之光》都在讲这样的故事，揭示出当代人类境遇的普遍性。结合当下的汉语语境，"诗人"这一指称在约定俗成的意义中，尚不是"更为综合的艺术活动者的身份"，我也不是；一般情况下，诗人只是诗人，不能代表画家、导演、摄影家。在我的判断里，汉语新诗发展到现阶段，还不具备广泛深入的跨界能力。仅仅是汉语面临的现实、新诗本身的问题，已为诗人带来巨大的考验。对于自我要求高的诗人来说，"纯粹文本性的深掘"就需要付出十分艰苦的努力。我的朋友刘义就如此总结他面临的写作困境：首先是母语修养的问题，其次是触及本质的能力，第三是新技艺的发明之难。刘义的总结无疑是在提示我们新诗写作之难，在今天，"纯粹文本性的深掘"与"综合艺术的互相渗透"还很难在同一名汉语诗人身上共存。一些诗人擅长文本的营造，另一些则更擅长用其他艺术来为诗歌调味，如新诗的吉他弹唱。但要让二者珠联璧合，完成度极高，是很难的。我还没见到过谁诗歌造诣比肩杜甫，吉他弹奏水平也达到亨德里克斯的弹奏水平的人。这么表达，或许是我太苛刻了，要求太高了。真正的创作者都明白，要在某个领域突破极小的一步都很难，更别提跨界了。说这些，我并非反对跨界，我本身爱好就挺多的，但我常常提醒自己：在精力的使用上还是要有侧重，不要搞多了，搞杂了，到头来啥都不行。我们期待优秀的跨界作品出现，同时更要尊重在自身领域脚踏实地地钻研的人。这些人身上的专业精神，是这个浮躁时代的稀缺品。至于汉语新诗的高质量跨界、与其他艺术及媒介的更多结合，还需要时间，也只能交给时间。

崔：一直以来，诗歌都是人类表达丰富情感的重要载体，在当下这个年代，还有多少人关注诗歌呢？诗歌之于青年，或青年之于诗歌，究竟意味着什么？古今中外很多诗人都写过爱情诗，情诗问题也是中国新诗史中的一个学术问题，爱情诗是否更容易得到年轻诗人的青睐？请就此谈谈你的见解。

杨：这个问题引人深思。我觉得这年头喜欢诗歌的青年并不多。不信，咱们去北京三里屯或上海外滩做个抽样调查，逮住路过的年轻人，问问他们喜欢诗歌吗。我曾在文学场域以外的场合向在座的年轻人提出这个问题，得到的回答并不意外：他们对新诗的了解，仅限于课本上的徐志摩、艾青等，最晚近的，也不过是海子、顾城等少数几位。

诗歌之于青年的意义应该有一个"标准答案"，即充分肯定诗歌的教化作用及正面影响，但我的看法算不上乐观，我认为在当下，诗歌并没有对广泛的青年群体产生影响。说到这里，我想起我近年来关注的一本刊物《中国青年研究》。在我印象中，这本专门研究青年与青年社会发展问题的核心学术期刊上，还没有刊登过诸如"诗歌与青年""青年诗人生存状况调查"之类的学术文章。《新约》里说"叩门就开门"，我认为诗歌的意义只会对主动寻求它的人显现。如果一个人从不接触诗歌，那诗歌对他的个体生命来说，是毫无意义的。人们寻求意义的途径多种多样，不一定非得通过诗歌；何况，并不是每个人都在主动寻求意义，很多人从不寻求意义，也能过完一生。

至于我本人，其实挺喜欢和诗歌圈以外的人交流，他们为我展示了另外的世界，让我放下幻想，充分认识到：热爱诗歌的人并不多；在社会结构中，诗歌是非常小众也无比边缘的一部分。有了这个认识，我反而坦然了，不被那种虚无的崇高感绑架了。虽然我心中依然充满神圣的诗歌信念，但我深知诗人更应该学会和诗之外的世界相处——这个看似与诗相反的世界恰恰是培育诗的土壤；也只有在它的映照下，诗的神圣性才得以确立。另一方面，这是一个兴趣分野和分层都很明显的时代，社会变化太快，消费主义在换着花样塑造人们的兴趣，不管你愿不愿意，都必须承认兴趣的多样化是时代的事实。诗歌很难再像20世纪80年代那样，占据文化生活的核心。不过，它总是能吸引一部分人，比如你我。每一代人里，总有喜欢诗的。爱诗的青年自然会受诗影响，诗会向他显现独特的力量。至于不爱诗的，那就不爱了呗。

再来说情诗，它在汉语新诗里的出现并不特殊，因为抒情是人的本能，中国文学有源远流长的抒情传统，"诗言志""诗缘情"都强调了诗与情的关系。说到汉语新诗史与情诗，就绕不开徐志摩。新诗发展到今天，回头去看徐志摩，难免会觉得他技巧稚嫩，语言简单。但他作为早期的新诗诗人，他为新诗这一文体的型构提供了独特且重要的东西，他对爱与美的关注，化为浓情投注到新诗里。直到今天，人们提到新诗，常常会联想到抒情、浪漫、新鲜……这些质素早就经徐志摩发扬光大了。2022年11月，我受邀参加徐志摩国际青年诗歌论坛，在会上，我谈到徐志摩"为中国人带来的，不只是绮丽的诗篇、传奇的罗曼史，更重要的是一种全新的视野"，谈到"徐志摩当年为何从经济学转向文学。这一看似轻松平常的转变，里面蕴含着深刻的思想豹变。他毕生追求的爱、自由与美，就是一种面向个体、面向人类、面向文明的真情与深情，甚至是面向未来的解药"。从这一视角推衍开来，新诗中的情诗，又与《诗经》里的情诗，与古典名篇《孔雀东南飞》《琵琶行》《江城子·乙卯正月二十日夜记梦》等皆有所不同，它是经过了现代性洗礼的。典型的现代情诗，是穆旦的《诗八首》，是昌耀的《冰湖坼裂·圣山·圣火——给S·Y》……

"爱情诗是否更容易得到年轻诗人的青睐"，这个我不好说，我只是一个个体的写作者，不是某个群体的官方代言人。就我个人情况而言，哪怕是在二十多岁时，情诗也只是创作的一部分，没占到二分之一，也没占到三分之一，恐怕连四分之一或五分之一都没有占到。当然，年轻人因为处于特定的生命阶段，写情诗是再正常不过的；我接触到的青年诗人，或多或少都涉猎过情诗。不过我认为，在汉语新诗的疆域里，情诗的写作群体因为太广泛了，反而没有形成某种独属于青年诗人的小传统。反之，每一代青年诗人，其情诗写作往往是个体行为，与自身经验密切相连，而不是受某种传统、流派的召唤。在新诗里，我们会看到这样那样的诗学主张，却想不起哪个流派或群体提出过明晰的、专门针对情诗的主张。

也就是说，情诗写作行为是自发的、松散的，还没有哪一代青年诗人为情诗贡献出普适性的范式以及标志性的特质，一代人的情诗小传统更是无从谈起。有一些诗人写出了情诗的名篇，如徐志摩、戴望舒，但也没有形成强有力的、持续性的传统。关于情诗写作，我最后要补充的是，年轻人写情诗不奇怪，难的是人不再年轻后，还能保持爱情的纯粹，还有情诗的创作力。树才老师的《雅歌》我就觉得很难得。

崖：你在《碧漪或南红：诗与艺术的互阐》一书中概述新诗阐释有"四难"："大众对新诗的理解之难""专业读者（如学者、批评家）对新诗的阐释之难""诗人对新诗的阐释之难""新诗自身的阐释之难"。你身兼诗人、批评家，那么，诗人与批评家处于哪种状态才可以被称为互相"懂得"？当你作为诗人，从批评中收获到什么？当你作为诗人批评家，开展诗歌批评时坚持什么原则？出发点和落脚点在哪里？

杨：金庸写过一个很有趣的人物，叫周伯通，他有一项绝技：左右手互搏。您说到诗人与批评家的互相"懂得"，我便想起周伯通的左右互搏。一个既写诗，又做批评的人，应该是擅长左右"互搏"的，其创作思维与批评思维正如左手与右手，是相互协调、相互锻炼，甚至是可以相互挑逗并愉悦对方的。

需要承认的一点是：新诗批评至今仍是一个尴尬的常识。说它尴尬，是因为在很多时候，新诗批评仍需自证。您见过数学自证其合法性吗，见过物理学自证吗？当人们投入数学或物理学的学习中时，潜意识里是认可了这门学科的合法性的。新诗批评却有迥然不同的际遇，虽然中国古代已有诗话传统，但新诗诞生一百余年来，围绕着新诗批评，却依然有大量的非议。悲哀的是，对新诗批评的否定与漠视，很大一部分是来自诗人群体内部。只写诗、不读批评乃至轻视批评的诗人不在少数，在他们看来，诗人会创作就够了，至于理论和批评方面的学习，只有坏处，没有好处。我没有深究过这种看法的由来，但它一定是与天才论有关，背后可能还逡巡着反智主义的身影。它能长时间地存在并深入人心，可能恰好暴露了我们文化里的某些痼疾。从新诗角度来说，新诗的诞生背景是现代性的兴起，因此它也比别的文体更强调现代式的个体性，因而是一种很容易激起人的自恋的文体，但事实是，大部分诗人既非天才，亦非智者。本来，后天的理论学习可以弥补天赋的不足，让人突破先天的局限，写得更好，更上层楼，遗憾的是，很多人在理论和批评的大门前止步了。

　　我写诗比较早，五岁时写下了人生的第一首诗，中学阶段也零星地读过一些诗论。但我正儿八经地学习并从事新诗批评，也是读研后的事了。在读研之前，我也常常听到这样的论断，诸如"学术是对创作的一种伤害""中文系培养不了作家，只能培养学者""搞理论和批评会害了写诗"等。如此不负责任的论断，也在我们中文系当成段子来流行，不得不说，确实会对一些人造成潜移默化的影响。正在这个时候，我遇到了宋遂良老师，当时他受邀来为我们做一次讲座，在提问环节，我表达了自己的困惑。我说我考研考到中国现当代文学专业，是因为对写作感兴趣，我一直在坚持写作，尤其是新诗的写作，但我们专业的教育目标，显然是要把学生培养成学者、批评家，而不是作家或诗人。我很疑惑该往哪个方向走，深入的理论学习是否真的会干扰自己的创作思维。现在回想起来，宋老师的回答好棒，他说，如果你想在两个方面都做得很出色，做出理想的成果，就要比别人多付出双倍的努力。言外之意，创作与学术在本质上是不会互相干扰的，这个回答打消了我的疑虑，还极大地鼓励了我。事实证明，我这些年来能在两种思维间切换自如，创作与学术彼此激发、互相反哺，这个过程给我极大的享受，让我一次次体验到非同寻常的乐趣。我并不是特例，新诗的诗人批评家其实不少。我朋友赵目珍就有一个"批评家诗人"的群，里面有一百余人，其中有"40后"的徐敬亚等前辈，也有"90后"的李海鹏等友人，对了，咱俩也都在群里。这充分说明诗人从事批评、批评家从事写诗的情况并不罕见，同一个人身上创作与批评并进的传统并没有在新诗里断层。

　　诗歌是一个很特别的文类，诗歌批评家往往自身就是诗人。我们很难找到没有任何诗歌写作经验，却能把诗歌批评做得极为出色的例证。优秀的诗歌批评难度极大，它要求批评家具备敏锐的感知力、扎实的学养、宏大的视野、深刻的洞见、前瞻的眼光、灵巧的辩论力、强大的说服力、精美的语言、老辣的修辞……此外，还要有充满共情力的体察、对人类境遇的密切关注与悲悯、异于常人的想象力；他最好还是文体学家，能建构自己的批评话语体系，打造独属一家的批评文风。

以上种种，无疑对诗歌批评家提出了极高的要求，用诗人、批评家胡亮的话来说，就是"侥幸的批评家"，一个人能成为批评家，是非常难得的。回到基本原则上，在我看来，诗人批评家要坚持的原则，即诗的原则，我们不妨称之为诗的伦理。紧扣文本是最重要的一点——大话、空话、废话谁都会说，这不是批评家要做的事。批评家要做的是条分缕析，是深入了解文本，吃透研究对象，并在宏大视野的基础上，综合运用各种研究方法对研究对象进行有效的批评。至于批评的出发点，其实是不尽相同的。就我个人经验而言，有两点比较常见：一是兴趣；二是问题意识。首先，我得对研究对象抱有兴趣；其次，我得先有一个或几个疑问，带着疑问去展开批评和研究。诗歌批评的落脚点也有千千万，因为每一篇文章研究的内容都是不一样的，达到的效果也都不一样，我认为至少要做到让剖析的问题清晰化，而不是让读者读后一无所获，不知所云，更不是把批评家自己也绕进去。

崖：新诗的窘境还在于，一些圈内人纷纷赞誉的好诗，读者却觉得晦涩难懂，不知所云。提高写作难度与降低阅读难度是不是一个伪命题？口语入诗是不是解决问题的办法之一呢？诗歌语言与日常语言最根本的区别何在？写作中如何保持对语言的激情和敏感？

杨：一路写过来的人都有切身体会：写作是逐渐进阶的过程。一开始写得简单稚嫩，后来就越来越难。有时我们会听到写诗多年的诗人朋友说，现在写诗没以前快了。这是一个正常现象——写到一定时候，写作速度放慢是好事，它往往意味着作者对自己要求更高了，不想再写从前那样简单的东西了。关于写作难度，我想起我的博导敬文东教授在分析杨政诗作《苍蝇》时提出的一个概念"表达之难"。在他看来，新诗的表达之难是与其现代性息息相关的，表达之难根本上是一个现代性事件。表达之难，敦促着新诗走向复杂。在持续的写作中，提高写作难度是必然的，身为诗人就应该有这样的抱负。要分辨的是，提高写作难度与降低阅读难度并没有必然的关系。提高写作难度，并不意味着一定在给读者设置阅读障碍。有的诗可能乍一看朴实无华，但背后又包含着不小的写作难度，需要长时间的功力，张执浩的《咏春调》《写诗是……》，泉子的《真实》《深情》《天越来越寒凉后》等小诗都有非一日可达的内力。而有的诗看上去繁复夸张，却是不折不扣的纸老虎，甚至是一种表达的病症，是功力欠佳、火候不准的产物。在这个问题上，我认为诗人要关注的是写作本身，为不同的题材寻找最贴切的表达方式，而不是被某种观念绑架，也不是为了迎合读者，刻意去降低写作难度。好的文学生态应该是多维互动的，既要有作者与批评家的对话，又要有读者与作者的交流。从读者方面来说，不能坐等作者的写作降维，而是要有积极的态度，通过持续深入的阅读来提高自己的理解能力。

所以，我们跳到您的第二个小问题。口语并非万能药，在一些合适的题材和语境中，口语能激发成倍的活力，但它未必适用于所有写作，我的看法还是要对症下药。硬用一个标准去套所有诗歌，无异于美学的暴政。一直以来，很多人对学院诗人有某些僵化的认识。其实，学院出身的诗人也各有不同。比如，我明显属于更民主的那拨儿，并不排斥口语，我就用偏口语的形式写过《妓》《松绑》等诗。有学院背景的诗人里，臧棣、袁永苹、杜鹏等人也都不排斥口语。我在鲁院课堂上就听臧棣讲过轩辕轼轲、尚仲敏的诗，我的同龄人袁永苹、杜鹏也都创作过口语诗。臧棣还在《诗，必须写得足够骄傲》一文中提到，作为诗人，他要求自己具有开放的心态："开放意味着在诗的表达方面，我只看重诗的活力。口语也好，修辞也罢，只要有助于强化和深化当代汉语诗性的表现力的方式、方法、手段、措施，我都愿意吸收过来。"这也是我的态度，如果所有人的诗都写成一个样，就不好玩了；不仅不好玩，那一定是文化的灾难。

诗歌语言与日常语言最根本的区别，我认为首要的是陌生化。诗歌语言就是要发现日常用语中被忽视的东西，重新刺激它们的活力，释放它们的潜力；就是要发明新的感受。至于写作中如何保持对语言的激情和敏感，对我来说也是个难题。工作任务、生活琐事、健康状况……很多因素都会遮蔽人对诗的感受，磨损人的诗心。身为诗人，并不是时时刻刻都有对语言的激情和敏感的。我自己的应对方法其实也很笨，如果没有感觉，就暂时放一放，有时一放就几个月。这个阶段我会做其他事，阅读、听音乐、看电影，或者纯粹地去感受周围的一切，用心生活，花时间与亲人、朋友们相处。前提是，无论我做什么，心里仍有一根线在提着，不时提醒自己：我最终要回到创作上来，要自觉地恢复对语言的感觉。神奇的是，只要我这么想，就能做到，诗没有辜负我，激情和敏感会再次回到我身上。

对此，我的解释只能是，所谓"功夫在诗外"，可能语言也在语言之外。

崖：作为年轻一代诗人、批评家、学者，你拥有完整的高等教育背景，体现出良好的综合素养，现任教于鲁迅文学院，从事文学教育工作。很多综合性大学的中文系、文学院开设有创意写作课，写诗是依靠天赋别才，还是需要经过严格的后天训练？大学课堂可以培养出作家或诗人吗？

杨：说到创意写作课，我有一些遗憾。我不是创意写作专业出身的，在我报考硕士、博士的年代，中国已有一些大学开设了这门专业，但还远没有普及；又因为各种原因，我没有报，而是选择了纯学术型的中国现当代文学专业，从事文学的学术研究。这并非特例，我认识不少同龄人，也有很强的创作能力，也和我一样选择了学术之路。以我们师门为例，王辰龙、张媛媛、肖炜等，既写诗，也做学术，两方面都很出色。我也有一些朋友上过创意写作专业，他们大多是有着较为良好的创作基础的，其中一些人的创作成果已经十分突出。与学术型的硕士、博士相比，他们在论文上的科研压力要小得多，但又有创作的要求。可以说，不同专业的培养各有侧重。

我在北大做博士后期间，给学生教过写作课。北大的学生学习态度积极主动，懂得该怎样学习，擅长提问，很多时候还会给我启发，促使我思考，让我很享受教学的过程。来到鲁院工作后，我接触的写作者就更多了，他们来自全国各地，年龄、职业、境遇各不相同，这给我提供了一个无距离地接触、观察文学现场的机会。在教学过程中，我阅读过大量的学员诗歌，逐渐摸索出一些门道，发现大部分人在写作初期存在的问题是相似的。这么来看，在基本层面上，写作是可教的，有一些普遍规律可循。而"大学课堂可以培养出作家或诗人吗？"就是一个不成问题的问题，因为这么多年的事实已经摆在面前：从大学里，尤其是从中文系走出来的诗人或作家并不少，其中有许多都非常优秀。写作课不一定能培养出大师，但至少能帮人厘清基础问题，让你在创作上少走弯路，高效地掌握基本的写作技巧。更理想的情况，是写作课能教给人终身受益的技巧，以及学习的，尤其是自学的方法，让人在脱离教学环境后仍能自行摸索，不断进步。对此，我将教学中总结的经验与心得整理成了一本关于新诗教育的书，期冀能有合适的出版机会。

这本书旨在教人学懂弄通新诗的基本知识，包括新诗的阅读、理解、鉴赏、写作。另外，我也做过相关的网课，投放在腾讯视频上。想要快速了解新诗、走进新诗的朋友，可以先去看视频。

不可否认的是，写诗又确实需要天赋。如果大家都经过了严格的后天训练，学习积累在同一个层面，那么要拼的就是"别才"了。在我看来，"别才"还不仅仅是天赋，也包括人的视野、胸襟等，它是一种综合的写作素养，既关乎先天，又关乎后天，缺一不可。从这个角度说，写作又太"偶然"了，它是一种包含着各种偶然性的神奇际遇，可遇而不可求。天赋、学养、性情、命运……各样因素合在一起，才能造就一名优秀的诗人，别忘了，很多时候，写作还需要运气。屈原、曹雪芹这样的大师，生前都没有运气；而一些水平很一般的写作者，却在生前就获得爆红的机会。可以说文运一事，与玄学无异。我们掌控不了文运，但能把握自己的写作，与其追求虚无缥缈的目标，不如多花些精力在写作上。

崔：随着自媒体的兴起和社会文化语境的变迁，诗歌写作及其传播方式的改变给当代诗歌带来重要影响。你在自媒体平台相对活跃，自己也做过相关网课投放在腾讯视频上，网络平台宣传推广及线下分享活动等是否有助于诗歌繁荣发展？

杨：我前几年写过一些文章，零碎地谈过相关问题。其中有一篇，讨论的是新媒体旋风下的新诗与民谣。我认为，随着新媒体的普及，民谣与新诗的关系耐人寻味。一方面，民谣在向新诗学习，从新诗中汲取可用的文学资源，直接或间接地变为歌词，或者牢牢抓住"诗意"来做文章。这些尝试表明，民谣对新诗采取的态度是积极靠拢的。另一方面，新诗对语言的要求越来越高，在很多时候，对语言本体的追求甚至盖过了诗意，成为写作的首要目标。在这种情况下，音乐性在新诗里越来越被边缘化，甚至被新诗残酷地抛弃。总的来看，新诗对民谣的态度并不积极，这既与新诗自身的文体特性、规律有关，又在一定程度上暴露出新诗在当下社会发展中的封闭性。

新媒体（包括自媒体）的普及已是不争的事实，但不同的行业、群体的反应是有差别的，一些人明显嗅觉灵敏，抓住了自媒体发展的风口，而另一些人就迟钝得多。在我眼中，新诗对新媒体的反应，可归入迟钝的行列。虽然近年来新诗也在尝试开疆拓土，破圈搭桥，但与其他一些行业相比，效果还是有明显差距的。我谈的这些只是呈现客观事实，并不代表我在批评新诗。相反，作为一名长期浸泡在新诗现场的写作者和研究者，我十分清楚新诗这一文体具有其他任何事物无法取代的独特性，它既不属于大众流行文化的范畴，也很难被商品化。在普遍情况下，新诗的诞生需要创作者沉寂下来，而不是陷入喧哗。如此一来又有一个悖论：沉寂显然不利于新诗的传播推广。

无论我们对新诗抱有怎样的希望，都要以认清它的文体特性为前提。《星星·诗歌理论》曾邀请我和李壮、李啸洋等诗人，就新诗如何破圈、传播的问题展开了一场讨论。我的主张是不要焦虑，我认为："新诗在创作上没有必要刻意迎合读图时代。自媒体时代，众声喧哗……人们的爱好越来越多样化，有壁垒是正常的。对新诗来说，存在即合理，首先还是要有扎实的文本，其次，也可试着拓展一下关注和表达的边界。"再结合您的提问，宣传的手段也可以"拓展边界"，在尊重新诗文体特性的前提下，网络宣传、线下分享活动等，当然有助于新诗的推广。至于是否有助于传播意义上的"诗歌大繁荣"，我的态度是顺其自然。在大众文化占据主导、娱乐多样化、娱乐分层的当下，新诗基本不可能成为大众关注的重心（除非有某些极为特殊又极为偶然的条件催化），我们也不必为此焦虑。该写什么，该做什么，遵循本心就行。其实我个人的实践就是最好的例子。您注意到我在自媒体平台相对活跃，我确实常常更新公众号。我是在2016年开通个人公众号的，平时主要是分享我和朋友们的文艺创作及批评研究，也会发布文学活动资讯。这些尝试有一定的宣传效果，比如我发布了自己的或朋友的诗，会有读者来求购相关诗集；发布文学活动资讯，也会有人慕名来看。但是这种以专业为主的自媒体平台很难破圈，受众只有很小的一部分——而这正是我对自己公众号的定位，我不需要那么多喧哗。公众号开通至今我没接过广告（尽管我的公众号后台常常会收到广告邀请），我也不发软文和心灵鸡汤。

崖：在我有限的阅读视野里看到过诗歌选本是以代际为划分依据的。倘若从"20世纪60年代出生的诗人"（简称"60后"诗人）开始，对诗人群体以十年为代际进行划分的话，"60后"诗人到"00后"诗人这五代诗人中，你们"80后"

诗人正好处于承上启下的阶段。你是否赞成做这样的代际划分？作为"80后"诗人，你更关注前二十年的成熟诗人，还是更关注后二十年的青年诗人？为什么？

杨：我在很多场合都提到过，这样的代际划分并不严谨。同时要承认，我也免不了使用代际划分，因为在当下的语境里，它已经成了一个约定俗成的提法。我们之所以这样提，主要是为了研究和讨论的便利；如果把时间线稍微拉长一点儿，代际划分确有其相对的合理性。你看，"00后"的诗与"50后"的诗放在一起，明显有肉眼可见的差异。若把这两个群体的诗歌混合起来，你大概率能辨认出其代际。在一定程度上、在特定的时间范围内，代际，或时代的变更，是可辨识的，也是值得研究的。我的朋友陈丙杰就出版过一本诗学专著《内心的火焰：中国80后诗歌研究》，这也是国内首部以"80后"诗人为研究对象的书。另一位朋友子禾也出版了非虚构文集《异乡人：我在北京这十年》。他是甘肃庆阳人，出生于1984年，高中毕业后来北京上学、工作，在这座城市生活了整整十年。我们年纪差不多，他属于"85前"，我属于"85后"，读他的书，我都常常有一种陌生感。他在书里写到了各种城中村，而我2015年来北京时，那些村子基本都已被拆迁改造了，除非到一些比较偏的远郊，否则是很难看到城中村的。这也就是说，短短几年间，北京的变化非常大，城市面貌、房价物价、人口构成等，都在持续的变化中。所以，子禾那一代人在北京的生活也是不可复制的，如果他不写，这些人的故事很可能就此湮没在历史的洪流里了。

但代际划分的边界必然是松动的，可疑的。一个出生于1969年的人，写的诗就真的与1970年出生的人的诗有天壤之别吗？他们其实也是同时代人，分享的是同一个语境。从长远来看，时间单位如此小、间隔如此密集的代际划分，就站不住脚。电影学界也曾以代际来划分导演，大众比较熟知的是第五代导演，张艺谋、陈凯歌都被划入了第五代。而对我个人影响最大的还是第六代，比如贾樟柯、娄烨、王小帅、管虎、张元……我的青春期是在第六代导演的电影中度过的。话说回来，很多导演未必赞同自己被划入某某代，这种简单粗暴的划分法，抹杀了他们创作的丰富性。第六代导演之后，中国电影很少再用代际来命名导演了，曾经有过第七代导演的提法，但很快就偃旗息鼓了。电影学界意识到，在短期内就划分出这么多代导演，是很不科学的。长此以往，将来的命名岂不是要千秋万代了。

这种情况也同理于新诗，更何况代际划分背后往往隐含着一种进化观，似乎后面的就比前面的好，但你能拍着胸脯说今人的小说就一定胜过了《红楼梦》吗，"90后"写的东西就一定比"60后""70后"先锋吗？不加思考地承认并使用代际划分，是在给思维设限，让自己陷入思维的惰性。

我在阅读时，并没有基于"80后"的身份来进行选择。我对任何一代人都没有偏见。如果说我仅仅是诗人，那么尚有审美偏激的余地，但我对自己的定位是：不只是诗人，还是专业的诗歌批评者和研究者，我还需要面对与自己的审美口味差异极大的文本。我必须广泛阅读，力求对当代汉语新诗有更全面的把握。只有这样，我的批评才能更有底气。这是我的阅读期望，而在实际的操作中，我又能明显地感知到自己的局限性。和很多人一样，我们在写作中隐含着这样的愿望：向经典看齐。在某种程度上，经典是权威的同义词，它为我们提供理想范例，向我们发出强有力的召唤，让我们自觉或不自觉地朝向它。因此，每一代人对前代人的关注是"天生注定"的；对我来说，阅读成熟诗人的作品正是这样一种必然。后来我逐渐意识到，在前代（成熟）诗人之外，还应该关注同时代人以及比我年轻的诗人。在很多时候，同代人的"确立"只能靠同代人。为此，近年来我也在做关于同代人的批评。比如《诗性、克制和无我——简论新一代藏族青年诗人》《新诗小传统下的青年诗歌》等。2022年12月，我受北京大学文学讲习所邀请，要讲一堂诗歌课，选择的研究对象正是冯娜、张慧君等青年女诗人。课后，我也将授课心得整理成一篇小文章《一堂关于"女性"的诗歌课》，发表在《诗歌月刊》2023年第3期上。这样的研究我还会继续做下去。

崖：你是云南昭通人，你家乡蓝天白云，好山好水，似乎有很好的诗歌写作土壤，诞生了不少好诗人。你五岁就开始写诗，后来在我家乡广西上大学，在海南读硕士，又去北京读博士、博士后，请谈谈地域对创作的影响。

杨：2019年，我参加了首都师范大学"写作困境与突破路径：女性诗歌写作的主体自觉"的学术研讨会，会后，我根据现场速记，把发言整理成了一篇随笔《我的故乡与诗歌》。这篇介绍性的文章浅表地谈到了地域和写作的关系，还有许多东西，文中没谈，现在借这个契机，正好展开来谈。

在生活中，我的云南身份是常被关注的一点，但在新诗语境中，云南与我身份形象的绑定并不密切。与我绑得更紧的是摇滚、旅行、女性等，可以说，它们已成为我摆脱不了的标签。无论别人与我私交如何、对我的写作熟不熟悉，只要贴上这些标签，似乎对我的认识就不会错到哪里去。真正将我的文本与云南或昭通结合起来谈的，只有霍俊明、朱必松等少数几位批评家。

这种印象的成因是多方面的。其中既有评论者们对摇滚、旅行等标签的渲染，有读者的"偷懒"，也有我自己的原因——有意识地避开地域性，是我过去数年内的写作策略。当我开始严肃地写诗时，地方性、地域写作等命题早已是那个阶段新诗里的"显学"，很多人都在写，都在谈。而云南这个题材，更是被很多前辈写过了，尤其在云南本土，不仅前辈们写，年龄比我稍大一些的以及我的同龄人也在写，大家都写得不错。那么，我还能写什么？当时我已不在云南定居了，每年也就是假期会回去一下，加上对这个题材的兴趣不大，我索性就放下了。当时我更想写的，是与我自身贴合得更紧的经验，是更能凸显我本人特质的事物，其中就包含摇滚和旅行，直到现在，我对这几个题材仍然有很浓的兴趣。

反过来看，我这种反地域的写作，未尝又不是对当时火热的地方性写作的一个反向回应——写作者反地域的同时，也在受地域影响。反地域也好，摇滚也好，不同的维度，都在促使我更深刻地认识自己。写作的乐趣之一正在于此：通过写作，人可以更深度地梳理与自己的关系，学习与自己相处，与自己在人生道路上漫步。落实到具体的地域上，在不同地方的生活，都给我留下了独特的经验和难以磨灭的记忆，这些东西也转化到了我的诗歌里，正如吴辰在评论我的诗时说的，"杨碧薇把沿途的风景都装进了心里，她的诗里同时具有山和海两种气质：山的沉郁，海的张扬"。其实，不只是我，每个诗人都是自身经验的集合，这里面必然包含地域经验。

这几年，因为回云南比较少，我反而对云南题材产生了兴趣。与前些年相比，我也觉得自己更有能力去处理这一题材了。故乡是一座富矿，还有大量宝物我没去挖掘。这其中既有我早年的云南生活经验，又包含着我离开云南后对云南的体认与情感。如果说，没离开故乡时，我对它的认知只是一个内视角，那么现在，我的视角与身份都变得更加立体多层了。简单地说，在处理云南这一题材时，我觉得自己有了更大的自由度：我有"内"身份，又有"外"旁观。更重要的是，乡愁开始召唤我，我自觉有了足够的底气，去触碰、寻找并建构另一个文学原乡。于是我写下了和昭通有关的长诗《小镇》和《辛亥新春》。

崖：你刚才主要是讲故乡云南，其实关于海南、海洋的题材，你的诗歌也不少，诗集《下南洋》里就有不少海南和海洋方面的诗。姜涛说，《下南洋》是一部诗体的游记，具有当代抒情诗难得的整体感。……"南方本位"作为一种文化意识，不仅体现于自然与历史的展现上，更是充溢在浓郁的语言感性中。胡亮说，我不愿过多谈论杨碧薇的"南洋想象"或"南方想象"，这是因为，她无论置身何处都能娴熟于这样的左右"互搏"。你在广西、海南生活了七年，这段经历对创作有什么具体影响，为什么想到如此集中地抒写海洋？

杨：与云南相比，华南又是另一个世界。华南地区的生活带给我的创作影响，主要聚焦于诗歌观念上。经历与阅读，都会影响并塑造诗歌观念，而我对海洋的书写，和经历、阅读都分不开。在广西、海南的七年，我也常常往广东及南洋去。无论是华南，还是南洋，和我故乡的差异都很明显。而正是种种看得见的看不见的差异性，促使我打破思维局限，刷新我对世界的认知。

但假若我一直待在华南，恐怕也不会写下这些诗。这些写作背后的推力，是另一个异质性的北方。来到北方生活后，我更直观深入地感受到地域差异性之大，进一步体会到不同文化在面对与自己相异的文化时可能会持有的傲慢与偏见。虽然同样是在汉语的现实下，虽然在后现代与"后技术"的合谋下，人类生活在不断趋同，但不可否认，地域差异在汉语语境中依然广泛地存在，对写作者来说，它是一把双刃剑，你可以默认它对你的拘囿，也可以将它改造为另一个出口，一旦找到这个口，闯出去，你的写作就别有洞天。我的选择正如你所见，是"闯出去"，是果断地书写与我的故乡完全不同的海洋。

另一方面，阅读与研究，也在影响我的诗歌观念。在研究中，我发现，古典汉诗对海洋的书写很有限，很多时候还是概念化的，例如唐诗里有"海上生明月，天涯共此时""长风破浪会有时，直挂云帆济沧海"，其中的海洋形象都是模糊的，并不细致，也不可感。我想，这必定与古代的交通条件有关。由于交通不便，很多古人一辈子都没有见到大海的机会，对海洋的认识只能从道听途说中、从书本中来。《红楼梦》里，大观园众儿女都羡慕薛宝琴，就是因为宝琴小时候便随家人走南闯北，她甚至还写过许多怀古诗。其次，古人的海洋意识也与现代人有差别，我们不能以现代人的意识去要求古人。新诗显然更看重海洋书写，如郭沫若在《浴海》中写道"无限的太平洋鼓奏着男性的音调"。他还有《立在地球边上放号》等诗，也都提到海洋。在他笔下，自我命运、社会命运与海洋是拴在一起的。可以说，海洋是带着现代中国的诏谕，参与到汉语新诗里的。海洋，既是一道风景，又是一种观念。

遗憾的是，新诗诞生百余年来，对海洋的书写还没有充分展开，至于南洋，写的人就更少了。这让我反思：新诗贵在"新"，这一命名本身就强调它与旧诗的不同。但新诗书写中，或许仍然隐藏着看不见的套路，在潜移默化地影响着我们的思维，限制了我们放开手脚去开疆拓土。无论怎样，海洋或南洋为我留出了巨大的书写余地。南洋是一片旖旎多姿的区域，与中华文明有着这样那样的联系，同时又有极大的差异。正是这种种相似、不同、似曾相识与陌生感的交织，勾起了我的好奇，让我决定用诗的方式去探究它、表现它。我在随笔《南洋观看，中国想象，世界梦想》中说，写作《下南洋》是一次漫长的行程。这组诗得益于我多年的东南亚游历经验，在创作过程中，我亲自走访，并查阅了大量资料。……从北往南，从过去到当代，南洋地区的华人群体经历了什么，中华文明在遥远的海上如何演变、生存并发展？这只是一个简要的缘起，因为，随着写作的推进，我的构思原点一次次位移：对东南亚本土历史和现状的观照，中国与东南亚诸国的区域关系，也必然地进入了我的视线。这样一来，这个题材就越扩越大，越写越开。比如我写过一首《栴檀晚钟》，栴檀是老挝首都万象的旧称，这首诗正是以老挝的历史为背景。在《栴檀晚钟》里，我虚构了暹罗部队兵临城下，万象王国即将毁灭的最后时刻：一位无名的公主登上了西萨格寺，以自杀的方式殉国。在叙述时，我使用了第一人称，以公主的口吻说话，也把我自身的情志寄托其中。写的时候，我在想，在中国历史上，历代士人遭遇乱世，会有怎样的选择？儒家的追求是舍生取义，留取丹心照汗青，我诗里的万象公主也做出了一个儒家的选择。因此，这首诗，以及《下南洋》里的很多诗，不只是在写南洋诸国，也在写我们自身，写这个后现代现实下共同的人类境遇。对此，我在《南洋观看，中国想象，世界梦想》中亦有陈述："从 2017 年至今，《下南洋》写了四年半，目前仍在继续。其间经历的疫情，让我切实地体会到人类命运共同体的含义。于我而言，在全球转型的大背景下，用汉语写作有了更重要的意义，也有更严肃的使命。汉语是我生存的现实，借用这一伟大的语言，我思考着以下问题：中国当代知识分子该如何定位自身，该用何种眼光看待当今的中国与世界，我们应致力于构建一个怎样的未来。"

再这样谈下去，话题就扯远了。是时候总结了：写海洋和南洋，是我自身经历与阅读研究的双向选择；这个选择恰好容纳了安静书斋，又有着广阔天地，让我一次次体验到诗的冒险、乐趣与意义。

崔：接着上面的问题，我们从地域边疆跨越到汉语疆界来谈你具体的写作。诗集《下南洋》《去火星旅行》，一看书名就有行走特征，旅游的视角让你的诗歌天马行空，独具魅力，在汉语诗歌的疆界方面，你做了哪些尝试和拓展？

杨：您说的"疆界"可以有多重理解，我就讲两个方面吧。首先，这些年我比较关注汉语新诗里的异域书写和边疆书写。2017 年我开始写《下南洋》，并于 2021 年由长江文艺出版社出版了诗集《下南洋》，而这个系列并没有完成，我以后还会写。"下南洋"本身就包含着丰富的意义：地理、时间、历史、政治、文化……这是一个很大的写作宇宙，也是一个让我尽情玩乐、探索的乐园。在边疆方面，2021 年我写了一组新疆题材的诗。我只去过新疆两次，一次是去吐鲁番，一次是去喀什，这两个地方给我留下了美好的印象，带给我书写的冲动。另外，我也写过与新疆有关的论文。2018 年，我在朋友秦晓宇的电影工作室看了王丽娜执导的电影《第一次的离别》，这是一部儿童片，讲述的是维吾尔族儿童的生活。丽娜是新疆沙雅人，这部影片就是在沙雅拍摄的。我看了后很喜欢，写了一篇影评，发表在 2019 年第 7 期的《电影评介》上，后来收入了我的批评集《碧漪或南红：诗与艺术的互阐》里。2020 年 7 月 20 日，这部影片正式登陆院线，成为疫情以来电影院重新开放后公映的首部影片。2021 年我写的一首诗《第一次的离别》就是以这部电影为故事背景的。2022 年，我写了一篇研究新疆题材的汉语新诗的文章,以沈苇、蒋浩、李之平、苏仁聪等人的诗为例,2023年又将此文做了一些调整,还未发表。这些研究从不同角度打开了我的视野,让我对新疆有了更多的了解,也帮助了我的创作。

云南是我想写的另一个边疆。我刚才提到了《小镇》《辛亥新春》这两首长诗,《辛亥新春》以我的故乡昭通为背景,写的是百年前的昭通。我虚构了一个"革命+爱情"的故事,穿插了昭通的风土人情和历史掌故。对我来说,这首诗是一段经历的总结;写完后,我对故乡的理解、感情都更加立体纵深了。至于《小镇》,接下来我会写一篇文章详谈。现在我"重写"云南,还意味着写作方式上的变化:以前我零星地写过云南题材的诗,更多是依赖于自身体验,而现在我要用写《下南洋》的方式——我写《下南洋》时,不仅亲自走访,还查阅过大量资料,包括电影、书籍等;对于云南,我也意识到我应该补充自身经验之外的养料。前不久,我读了朋友孙骁的专著《废坏与整饬:雍乾时期云南吏治变迁研究(1726—1799)》,就很有收获。这本书不仅向我展示了一个特定历史时空下的云南(这个"云南"于我而言是陌生的),还刷新了我关于"边疆"的认识。书中提到,改土归流是云南与内地政治一体化的开端,雍乾时期云南地区作为文化边疆区域的属性实际上已逐步减退。清代云南频发的疆臣贪腐案,恰恰证明了这种一体化——雍乾以来,云南逐渐成为一处"被想象的边疆"。从政治一体化出发,孙骁更多地看到的是云南与内地的"同",这明显有异于我们在文学领域对云南的"不同"(也即异质性)的期待视野与表现手段。孙骁是我的同龄人,与我恰好构成了有趣的对位:他是北方人(祖籍山东,长在甘肃),定居于云南;而我是云南人,定居于北方。他主要研究清代政治史与边疆史,在人生经历、治学路径等方面,都为我提供了对角线式的参照。这次阅读再次提醒我:从不同的角度、用不同的方法、带着不同的期待视野去理解同一个事物,会看到不一样的风景;诗也如此,需要我们对它有"全面的发现",哪怕最终我们选择写下的只是"片面的生动"。

其次,我比较关注技术的发展。和海洋/南洋一样,科技也是新诗里被长期遮蔽的题材。汉语诗歌是农耕经验的好朋友,田园的、和谐的、纯美的事物,都是汉语诗歌宴席上的常客。两相对比,科学/科技明显受到了汉语诗歌的冷遇,可它又的确是我们今天生存的现实。以科技为背景,我写过《英雄美人》《漂亮男孩》《去火星旅行》《雪后初霁》《孤独星球》《帕米尔高原》等诗。其中，《英雄美人》是颇受欢迎的一首，很多朋友向我表达过对它的喜爱。如题所示，这首诗表现的是两性关系，我想重点探讨的是未来的两性权利。我读过一则报道，科学家认为未来男性会消失。这首诗就是以这一观点为入口，以女性崛起为大背景，我构造了一个未来的女性世界，到那时，男性已经消失了，"男"字本身也成为不再被使用的古汉语词语。《帕米尔高原》是将新疆题材与科幻元素相结合，我虚构了这样一种可能：在未来，人类与地外文明建立了联系；那时，人们还可以把自己的记忆存入银行，需要时也能随时取出来。

北野武在他的《北野武的小酒馆》里曾感叹，现代人享受着科技的便利，而大部分是不懂科技的；科技的发展只需极少数人推动，然后造福全人类。对此我深有同感，我是文科生，并不懂科技，我每天与电脑、手机打交道，却说不清楚它们的工作原理。我关注科技，主要也是集中在伦理学、社会学等层面。人文社科看似与科技不搭边，但又有很深的联系，是殊途同归的。当今社会，知识的细化加强了学科的区隔，但我们回头看历史上，墨子、亚里士多德、达·芬奇等先贤，都具有打通人文与技术的能力。金观涛在《消失的真实》里提到，20世纪的科学革命深刻地改变了人类的生活，尤其是相对论和量子力学的出现，遗憾的是哲学家们并不太关心科技发展，对其知之甚少。人文精神衰落了，科技却在日新月异地发展，这就引发了一系列问题。我喜欢的另一位哲学家韩炳哲，也很关注这些问题，他很多书里都谈到当下的技术/社会变革，比如互联网上的点赞技术，是当今"透明社会"的交际模式。这些哲学家的研究令我心有戚戚。近来有关ChatGPT（一种人工智能程序）的新闻一度风起云涌，大有要将世界重新洗牌之势。我还写了一篇文章，以李南的诗为例，在新一轮技术焦虑的背景下来谈新诗。不久，这篇文章应该会与大家见面。

聊起来就忘了时间，也该收尾了。其实，在这次访谈交流中，我逐渐意识到，我的诗歌不完全是个体情志的表达，还始终与我对世界的思考连在一起。对我来说，诗歌不只是抒情言志的第一通道，还是社会实践的重要方式，这是我这次访谈的重要收获。

李海鹏，1990年3月生于辽宁沈阳，获中国人民大学文学院中国现当代文学专业博士学位。现为南京大学准聘副教授。著有诗集《转运汉传奇》《励精图治》。曾获未名诗歌奖、光华诗歌奖等奖项。

齐达内说过，没有人生下来就会做马赛回旋
——李海鹏答诗人崔丽娟

崔丽娟（以下简称崔）：海鹏，你是我诗歌系列访谈迄今为止唯一一位"90后"诗人，我们的访谈就由这个话题切入吧。为了把脉"90后"的诗歌特征，我集中研读了赵卫峰、赵学成主编的《中国90后诗选》，有选择地阅读了一些优秀的"90后"诗人的诗集，并关注一些诗歌刊物所编发的"90后"诗歌集萃等。陆续可见的批评文章越来越认可"90后"诗人这一群体日趋走向成熟。在你身上确实体现出同龄诗人的不少优秀特质，作为同龄诗人，个人感受如何？

李海鹏（以下简称李）：崔丽娟老师好，首先谢谢您的邀请。作为目前访谈中唯一一位"90后"诗人，我很荣幸，也感觉压力山大。正因如此，我在访谈开始前特别想申明的是，虽然我是目前受邀参与访谈的唯一一位"90后"，但我的言论无疑只是我个人的看法，如果哪句话不慎说出了一点儿代际性的心声，也只是纯属巧合而已。

如果放眼新诗史的话，那么我们现在所称的"90后"诗歌这一概念无论在诗

学层面还是史学层面实际上都尚不成立。这一点我们只要想想诸如朦胧诗、第三代诗、"90年代"诗歌等诗学概念便会明晰。粗看起来它们似乎都是以时间或代际而划分的概念,但是这三个概念实际上具有清晰的诗学内涵,隶属于这一概念范畴中的诗人们整体上共享着某些可以共通的诗学追求与观念。相比之下,"90后"诗歌这一概念并不具有这样的状态,至少时至当下,它仍旧面目相当模糊、驳杂,并未被梳理出相对成立的、可供辨认的共性诗学内涵。我看到过一些试图完成这项工作的文章,包括我自己也写过一篇论"90后"诗歌的万字长文,但坦率地讲,这些工作所抵达之处,距离让这个概念成立都还相去甚远,我想这是目前的基本情况。

其实无论从诗人还是诗歌研究者的视角观之,我都觉得"90后"诗人们的写作无疑是向度驳杂、分岔歧出的,但是这驳杂与分歧中又隐含着某些可被归纳和提炼的诗学共性,我们所经历的或许是诗歌写作前提的一次深刻转变,只是目前研究界的工作还不够(当然,诗人也有必要参与进来)。如果这一工作日后有了实质性的进展,或许"90后"诗歌可以生成为一个真正成立的概念,尽管我觉得在这归纳与生成的过程中,很可能有一些同样优秀的写作会被遮蔽与过滤掉,就像"90年代"诗歌并不能涵盖所有优秀的20世纪90年代诗歌文本一样。但这一归纳与生成的工作仍然有必要也有意义。

如果把思路再往前推进一步,我想造成"90后"诗歌写作如此驳杂分歧的原因是多方面的,比如网络时代海量阅读资源的唾手可得使我们不必再像长辈们那样辛辛苦苦去找书甚至抄书,我们畅游其中各自啜饮一瓢,就能启发彼此差异巨大的诗歌灵感;比如对于当下语境的认知以及未来路径的选择存在着不同的看法与立场(重要的是它们都各有道理且难以兼容);再比如日常生活前所未有的多样性与多层次性甚至多次元性、后人类性,等等。如果杞人忧天一点儿,透过上述原因,我会对"90后"诗歌的驳杂面貌表示一点儿结构性的担忧。我担心这驳杂、热闹的表象背后,是否意味着某些时代共识的达成变得越发艰难与不可能,其代价是否指向某种匮乏,某种新诗史上曾经多次或强或弱地出现过的文化合力的丧失?文本内部的热闹与活力,是否对应的反倒是一代人精神性与社会性维度的碎片与乏力?暂且不说更广泛的读者群体(或许这只是一种虚构),当"90后"

诗人们读到彼此差异明显的文本时，所感受到的更多是知音式的新奇，还是隔绝式的陌生？我们彼此不同的写作向度是否已陷入平行宇宙式的关系之中？从某种意义上讲，"90后"诗人确实比我们的诗歌长辈与兄长们都要更深地陷入这些问题之中。相形于此，"90后"诗歌这个概念成立与否，倒显得次要了。当然我说了这么多，可能只是杞人忧天而已。

崔："90后"作为"网生一代"，伴随着互联网终端普及而成长。媒体报道，人工智能软件ChatGPT（一种人工智能程序）可以模仿人类写论文、写方案、写代码、编程序乃至聊天、写诗⋯⋯这让人联想到早在几年之前，人工智能微软小冰横空出世，唱歌、主持、写诗，并有诗集《阳光失了玻璃窗》在出版社出版，引起一阵轰动。ChatGPT真能写诗吗？写的是诗吗？

李：据我所知，小冰的出现似乎并未在歌唱界和主持界引发什么恐慌，那么我觉得真正的诗人也会保持信心的。记得前一阵ChatGPT刚出现的时候，诗人张小榛在朋友圈晒过她和ChatGPT的对话，让我印象深刻，至少在这段对话里，它的诗写得确实还不行，我想这也代表了人工智能目前的水平。那么，写得还不行的诗是诗吗？这个问题见仁见智，因为好多人写的诗其实也是还不行的诗，那这些人写的诗是诗吗？也就是说界定一首诗是不是诗的标准，究竟是文本的艺术水准还是作者的创作伦理？我个人对这个问题的看法也时有摇摆，并不稳定，但在比较苛刻的状态下，我会比较认同学院里的一位长辈有一次说的话，他说一个诗人或作家、艺术家，如果你的创作不是一流的，那你就不是诗人或作家、艺术家。如果按这个标准，我觉得人工智能目前写的还不是诗，每个时代真正配得上这些身份认定的人也只是极少数，并不是说你写过几首诗就是诗人，诗歌爱好者和诗人其实还是有区别的。所以说，人工智能写诗这件事，我觉得目前给诗人们提供的启示之一应该是某种自省。

人工智能的工作是建立在数据基础上的。正如诗人王敖所说，相比于很多早就开始不进步的人，人工智能招人喜欢的地方是它一直在进步。所以，如果哪天它真写出我认可的好诗，我个人在情感上是会开心的，并且愿意去和它多聊聊关于诗的一切话题，把它当成一个值得尊敬的、可以平等对话的诗友，尽管在人工智能获得需要写诗这类自由意志之前，诗歌还只能是属于人类的精神活动，但这不妨碍和它聊聊。而且就算哪天人工智能既获得了写诗的能力又获得了写诗的意志，我也不认为这是人类诗歌的终结，只是多了个诗歌的同伴而已。因为说到底，写诗不是竞技，人工智能的诗歌意志的获得并不意味着人类诗歌动机的毁灭，一起写就行了。如果未来某个时代最伟大的诗人是某个人工智能，虽然听起来比较科幻，也不是不可接受，至少能刺激我们更加努力。长久以来，人类的语言只能用于人类内部交流，其实也挺无聊的，多个可以深入对话的对象也没什么不好，虽然这肯定会增加人类世界的不确定性，但人类世界的不确定性因素古往今来就层出不穷。

崔：前面我们聊到面对人类细微复杂的情感，人工智能其实还是无能为力的。诗歌一直都是人类表达丰富情感的一个重要载体，古今中外的诗人留下许多脍炙人口的情诗。情诗研究是中国新诗史中一个学术问题，作为年轻诗人、评论者，请你就此谈谈你的理解。

李：谈及这个问题，我头脑中首先反应的是爱尔兰诗人希尼的那个关于情书和情诗的著名表述，大意是：一封好的情书可以是私密的，它只属于恋爱的双方；但是一首好的情诗是要具有公共性的，它能被恋爱双方之外的读者们所共享。也就是说，情书可以全然是对恋爱双方私密经验的复刻和呈现，它的活动范围划定在双方的范围之内即可，但是情诗需要从私密经验中升华出来，乱用个德勒兹的理论，它需要对这被划定的范围完成一次"去疆界化"，由此才能成立。我很大程度上认同希尼的看法，我觉得古今中外好的情诗基本上都符合这一公共性的要求。比如但丁写给贝阿特丽采的情诗便上升到了神学的高度，这样的书写机制恰好呼应着当时中世纪神学统治下的"知识型"（我前一段读了约翰·拉纳的《马可·波罗与世界的发现》一书，里面讲到马可·波罗在这本行纪中使用了大量当时欧洲社会流行的小说笔法，因此当时的读者一度是将这本书当成虚构作品来看，这样的书写方式也是对当时社会的公共性的呼应。福柯所说的"知识型"实际上就是对不同时代不同的公共性形态的一种描述），这正是这些情诗公共性之所在。也正因为但丁这些情诗所符合的是中世纪的公共性，因此被神学化的贝阿特丽采在诗中的地位远远高于但丁，二者并不对等。对于我们这些习惯了以平等为基础的现代意义上的恋爱观念的人来说，如果不深入研究，确实很难正确理解这些情诗中的爱情模式。

也就是说，不同时代的公共性之间往往存在着显著的差别，这会让我想到中国新诗史中的某些东西。在中国新诗史上，围绕情诗问题而展开的最著名论争，或许非因汪静之发表《蕙的风》而引发的一系列论争莫属。《蕙的风》中多是情诗（"蕙"字的使用，其实投射的便是汪静之的女友傅慧贞，二人相恋，但不为家里所容，由此分手），胡梦华在《时事新报·学灯》上发表文章批评这些情诗中的很多都"不道德"，鲁迅由此专门写文章回击胡梦华，还在小说《补天》中专门在女娲的两腿之间放置了一个著名的"古衣冠的小丈夫"来讽刺他，这便成了"油滑"的开始（有趣的是，最近有学者爬梳史料发现，汪、胡两位安徽绩溪同乡的论战很可能是一场双簧）。这一围绕情诗的论争，所关涉的自然是作为"五四"时代新道德中核心内容的恋爱观念。"五四"时代是一个"立人"的时代，如何将青年塑造为具有独立人格的现代主体，则构成当时的公共性之一义。也就是说，在那个时代，私人性恰好构成了公共性的重要内容。郁达夫的《日记九种》将自己与王映霞私密的恋爱过程公之于众，由此开启中国文学出版日记的先河，也内在于这一语境之中（不过作为女主角的王映霞对此并不高兴）。当时另一位明确反对汪静之情诗的诗人是闻一多，并且他认为新诗先不宜写情诗，不过据陈子善考证，后来闻一多的《奇迹》一诗的写作，却恰好与其在青岛大学时期经历了一场"古井生波"又无疾而终的恋情有关，这倒也颇为有趣。时至今日，中国新诗中的情诗应该说是数量可观了，如卞之琳的《无题》、舒婷的《致橡树》、海子的《日记》等。但如果要我选一首最好的，我肯定会选穆旦的《诗八首》，我认为这既是中国新诗中情诗的巅峰，也是中国新诗的一个巅峰之作。这组诗以八首诗的篇幅构建了现代意义上的恋爱的全过程，它是关于恋爱的一个理式，每一个具有恋爱经历的现代人都会在其中看到自己的影子，这正是其公共性的证明。这组诗中特别吸引我的是频频出现并且喜欢捉弄人的上帝形象，它颇有些唯名论上帝的意味，也勾连着20世纪40年代战争的历史语境。

总之，要把情诗写出公共性的高度，着实不易。在个人趣味上，我不喜欢只写两个人在一起岁月静好、你侬我侬的情诗，我期待读到的是探讨爱情在各种各样的语境中如何被挤压、形塑、生长与期许的情诗（2021年暑假我写过一首诗叫《八月，南京城》，算是在这个方向上的一次努力吧）。因为在这样的作品中，爱情不是自私的，而是自觉的，它对于读者的心智构成一种开启与滋养，而非封闭与流失。不好的情诗则往往会如此，就像不好的爱情关系一样。

崖：参加第三十四届青春诗会，出版诗集《转运汉传奇》，在各大报刊发表诗文，获得各种诗歌奖……成为诗人是你从小的愿望吗？哪些人或哪些事对你写诗产生影响？参加青春诗会最大的收获是什么？文学研修班、改稿会等学习交流活动对诗人成长关系大不大？

李：谢谢您的肯定，我只是刚刚摸到点儿门槛，其实有好多的写作计划都还远远没有完成。我会继续努力，随着时间带来的智慧与教训慢慢前行。对于我这种大学之后才知道什么是学术论文的人，成为诗人肯定不是我从小的愿望，不过据我妈回忆，我挺早就会背唐诗了，上学以后对语文、英语的兴趣也一直远大于数学，或许是有点儿文科思维吧。我中学以后开始喜欢瞎写点儿不合格律的诗词还有流行歌词什么的，那时候也读过一点儿新诗，读不懂不说吧，觉得新诗还不怎么押韵，挺不好的（插一句，其实我高中时候是历史课代表，高考最想学的是历史，但是被历史老师劝退了，说我成绩挺好，还是选个赚钱的专业）。真正对新诗着迷是到了大二以后，其实相比于很多诗友来说，我起步算是晚的了。开始喜欢写诗的原因，当然是和我就读的中央民族大学的老师以及朱贝骨诗社关系密切，我在一些其他的访谈和回忆文章里谈到过更多相关的细节，这里不赘述太多，只说一点。从我个人的阅读史来讲，大概在2010年我读到了李双志翻译的胡戈·弗里德里希的《现代诗歌的结构》，这本书对我影响很大，自己当时刚开始认真尝试写新诗不久，对中国新诗的认识也还相当有限和肤浅，经由这本书倒是首先比较直接地领会到了西方现代诗歌的艺术魅力，相当触及灵魂，就特别想写出书里说的那种诗。这么多年过去，我的想法肯定发生过很多变化了，自认为也早已超越了以这本书里之所讲为诗歌准绳的阶段，但还是会时不时地拿出来这本书重新翻翻，工作以后，也推荐给了很多对现代诗感兴趣的学生们。

很荣幸能参加青春诗会以及一些其他的官方、非官方组织的诗歌改稿会、交流会之类的活动。首先这些活动在各地举办，能趁机去不同的地方看看，本身就是一种挺好的生命体验。此外，参加这些活动有时候会遇到聊得来的同行，而且这种"聊得来"不一定体现在诗歌层面，也可能体现在比如生活态度、工作伦理甚至单纯的脾气相投等方面，这或许算是某种意义上的"功夫在诗外"吧。我觉得这些活动议程中安排的诗歌讨论，对于一个写作者来说很难起到决定性的作用，但是有些言谈确实偶尔会有不同程度的启发，前提是我们自己平时的阅读思考与写作已经为此做了足够充分的准备，唯其如此，启发才可能发生。所以在这个意义上，我个人倒是不太建议自己赶太多这类"场子"（当然这么说也是大言不惭，得有人邀请才行），自己在家多读多写多想最重要，稳定真实的生活状态其实是写作最好的滋养。遇到召开于风景形胜之处、内容和人员也比较有趣的活动，偶尔去去倒是挺好。颜炼军师兄给我讲过一个张枣说过的传神比喻：一个诗人如果太过热衷于参加各地各类的诗歌活动，那他的状态会特别像一个移动的废墟。我深以为然。尤其是如果活动的晚宴上喝多了酒，第二天还得一早起来开会，这种废墟感就更加强烈。

崔：你写诗是反复修改还是一蹴而就？写出来是放一段时间还是马上发表？你更重视技巧还是语言，语言是技巧的一部分吗？

李：我写诗的过程非常谨慎缓慢，或许也正因如此，完成以后就很少修改了，更不会反复修改。我比较信任马雁说过的一句话"每写下一个字都是冒着生命危险"，所以写作的过程对我而言不是心智的游戏，而是生命的冒险。生命只有一次，没人会拿生命开玩笑，所以写作的时候自然就不会草率。当然了，尽管如此，也并不意味着每次的探险都会成功，失败的作品往往是反复修改也难以让自己满意，我的处理方式一般是放弃，不会拿出来示人了。有的时候，一首诗刚刚完成，自己就有信心确认它的好坏，这样的作品往往会比较快地拿出来发表；与此相对，对有些诗的确认不会这么直接，那么一般会先放一段时间，沉淀一下再做判断。

在完成一首诗的过程中，诗人要负责的东西有很多，它们并不是非此即彼或者说更重视哪一个的问题，而是都得重视，有一项处理不好，整首诗可能就会出问题甚至彻底失败。所以说，我觉得技巧、语言、形式、内容等都需要处理得当，而且它们之间也并不是分析性的关系，我用这几个词分别概括，本身就是有问题的。在这个意义上我对蕻弦的《静安寺》印象很深，这首诗写的是上海静安寺的商业景观，好玩的是他是用佛经的语气和节奏来写的，用高度宗教化的形式来写高度散文化的内容，又和"静安寺"这个地名很好地匹配，颇具匠心。新诗不同于旧诗，新诗没有一定的形式，每一首都需要诗人赋予一个恰当的形式，所以才更考验诗人"形式的自觉"，这是诗歌创造力的一个重要考量标准。

崖：你更看重自己哪个身份？写诗的兴趣大，还是研究诗歌兴趣更大？你同时还做与诗歌相关的翻译工作，这些志趣大概对你构成相互促进、相互提升的作用和影响，是吗？

李：我对这几样的兴趣都挺大的，倒没有明显的拉踩。而且就我个人的体验而言，我同意您的判断，这些志趣在我这里并未构成对我的肢解，而是拧成了一股合力，在我身上构成了互相促进与提升的作用和影响。举个例子吧，因为和友人一起翻译但丁的《新生》，所以注意到了王独清的译本，对相关史料、文献深入进去以后，还发现了点儿好玩的问题，于是写了篇王独清译《新生》的学术论文，写完这篇论文以后，对王独清的身世、对 20 世纪 20 年代至 40 年代语境的更迭、对人的生命与历史的关系产生了很多具体的感触，于是在 2022 年花了不少心血完成了《王独清》这组诗。这组诗的写作过程中，我自己觉得特别好玩的一个地方是，我借鉴了王独清诗里的很多句法和形式，并在自己的诗里进行了新的转化和编排，这种感觉有点儿像从一首老歌已有的元素出发，进行重新编曲，最后完成一个新的作品。我自己倒也没更看重哪个身份吧，一定要说的话，诗人略重于研究者，最后是译者。只是自我看重没有意义，但愿自己在这三个方面都能保持进步，多做出些真正有效的成绩。说起翻译，我计划每年都能翻译一篇自己认为有价值的诗学文章，并且希望以后攒多了能够结集出版。这方面王敖那本译著《读诗的艺术》一直是我的榜样，这本书对我一度产生过很多影响，它在很大程度上符合我理想中的诗学译文结集的样子。

崔：2022 年，新媒体大众流量逐渐从微信公众号平台转移到抖音、快手、小红书、B 站等平台，网络让诗歌出圈成为一种现象。诗歌和诗人的尊严在大众传媒时代该如何体现？现在网络上针对诗坛、诗歌、诗人的批评可谓众声喧哗，你做诗歌批评坚持什么原则？

李：我觉得不管什么行业，如果特别在意如何去体现自身的尊严，那才是真的没什么尊严可言，实心做事就好。如果你是真的体会到了诗歌的吸引力，我相信即使社会对你乱石加身也不会让你轻易改变，更何况当下时代里诗歌只是边缘而已，并不是不允许存在。其实如果一个人精力和才能都足够的话，一辈子可以做很多事情，可以实现很多价值，诗歌和它们之间并不是矛盾的关系。诗人是一种古老的身份，但它并不特别。当所有诗人都不再执着于自己的诗人尊严时，诗歌会发生一些好的变化。

我的诗歌批评兴趣大致分为这么几个方面吧：其一是在艺术探索或者观念探索上有新意的作品，其实很多年轻诗人在这方面可能性更多，所以我这些年陆续写过不少关于年轻诗人的评论；其二是对既有的新诗史认知能构成某种矫正或者观照的文本；其三是和自己感兴趣的问题意识能够契合的文本，比如我未来几年特别想关注的是当代新诗中的地域书写问题，希望能在这方面多做出一些有效的搜集整理与深度研究工作。

崔：2023 年春节，我偶然看到你对中央民族大学朱贝骨诗社充满感情的一篇回忆文章。的确，中央民族大学有很好的诗教氛围。不少大学开设创意写作课，写诗是天赋别才，还是后天训练更重要？你受过完整的高等教育，大学教育背景对你写诗产生的影响大还是童年经历对你的影响大？

李：我觉得这两个东西跟写作的关系并不在一个维度上，没法放在一起比较。从诗歌写作技能的养成看，肯定是大学的教育背景对我影响更大，而且这种教育背景的影响并不一定体现在专业学习上。我是恰好学了中文相关专业，影响较为直接一些，但对于好些学习其他专业但诗写得非常优秀的诗人来说，教育背景对于诗歌写作的影响可能更多来自其他方面。我觉得童年经历对我写诗没什么影响，只是我后来诗歌写作的一方面题材和内容而已，它构成我历史意识的一部分。

对于写诗来说，天赋别才和后天努力都很重要，缺一不可，其实很多行业也都是一样的，天赋只是个好的起点，齐达内说过，没有人生下来就会做马赛回旋。有天赋、天赋高更可能让你在后天的正确努力中进步神速、成为真正的诗人，但如果只是学会写诗，或者说写出合格的、还不错的诗，我觉得倒也不需要什么天赋，多花点儿心思琢磨琢磨都差不多可以。这一点各行各业还是一样的，要求创造性的行业会更明显一点儿，比如音乐人，比如球星，比如厨师，比如理发师。我认识一个教吉他的老师，他当年学吉他时，问过他的老师一个问题，自己手指太短，能不能弹吉他？老师回答他，手指短肯定会影响你成为吉他大师，但是不会影响你弹吉他。

崔：这个问题直接一点儿吧，你平时喜欢阅读什么书，阅读重要还是老师的指导更重要？请用简短的几句话表达你的诗观。

李：我平时读书比较杂，文史哲类的都挺喜欢，也包括一些偏门好玩的书，我对理论性的和经验性的文字都感兴趣，有一些诗歌写作的灵感确实是从这些拉杂的阅读中得来的。因为在大学里从事学术研究工作，一些非常专业的书肯定要精深研读的；如果作为平时休闲的阅读，我更喜欢一些历史类或者小说戏剧之类的书。我觉得在一个诗人写作的学徒期，得到好老师真正正确的点拨是非常重要的，他们会根据你的趣味和可能性来推荐可能对你有帮助的书，并且告诉你这些书正确的读法，根据这些建议回去用功，往往大有裨益。因此，我觉得在写作的学徒期，老师的指导非常重要，当然，这里所说的老师不是职业意义上的，而是教育意义上的。学徒期过了以后，自己的一些问题意识、形式自觉、诗歌追求大体上建立了，其实好多问题就可以自己慢慢体会与解决了，老师指导的重要性相应会下降一些（但不是说没有，只是偶尔你实在想不通的时候帮你参谋参谋）。不仅写诗，做学术研究情况也差不多，因此好多导师与学生之间都有这样的关系意识：学生跟自己求学时，是师生关系；学生毕业以后，就是同行或者同事了。这一点，各行各业也还是一样的，所谓出徒是也：出了徒，凡事就得自己努力去解决了，总回来麻烦师傅肯定不好。

我的诗观，如果简单来说的话主要有三点：一是我希望自己的诗里站立的是一个积极的主体,以此来矫正长期以来在当代新诗中弥散性的"消极主体"所带来的问题与弊端。我希望能写出一种说"是"的诗,我不想诗的深刻只能是围绕着说"不"展开。二是在与中国文学传统的关系上,我希望自己从中选取、由此激活的部分是传奇小说,尤其是明代的传奇小说,比如"三言二拍"里的一些故事。在接受中国作家网访谈时,我也谈到这个写作的追求,大意是这些传奇故事的"叙事形态和传奇色彩,以及回应明代社会语境的方式,对于我自己的写作极富启示意义",如果说我的写作抱负中有汉语性这个维度的话,那么它可能就来自这些东西,"我更能从中找到自己的写作与当下语境之间的对话关系"。三是希望自己的写作能够赓续和发扬中外文学中与海洋相关的意识与书写,这并非局限于自然意义上的海洋,而是希望能够勾连于古典的航海时代以及近现代的海权意识、海商意识等,总之是古往今来以海洋而串联起的人类历史、生存的图像与思辨以及由此可以演绎的文学风格与美学。我的诗观的养成,与我 2013 年 5 月完成的《转运汉传奇》关系密切,当时是无意识的,但是这首诗完成以后,逐渐启发了自己这些观念的自觉。所以有的时候文本和观念之间的关系挺有趣的,并不一定是一个诗人在观念层面想得特别清晰了才会诞生相应的文本,有时候实际上正相反,在写诗的过程中,一些观念得以珠胎暗结,后来逐渐厘清、澄明,最终导向了观念上的自觉。

崔:你如何界定诗人身份?现实生活中,介意别人称呼你为诗人吗?当有人不断质疑诗歌是不是已经很边缘化,你做何所思何所感?你对诗歌的前景有何预判?抱歉,最后这个问题有点儿大又有点儿严肃了。

李:经过这几年在大学里的诗歌教学,我的体会是人的审美感受力的差别并没有那么大,这方面似乎也不需要太多的训练。我的学生们对诗歌的了解并不足够深厚,但是他们对好诗的品味非常健康。我由此觉得诗教的侧重点可能更多地应该在其他方面。所以,好的诗歌其实挺容易被辨认的,只要不是受困于文学的权力或者别有用心,写作者之间挺容易达成关于好诗的共识的,我对此抱有信心。我生活中的朋友还挺多的,大家各行各业,聚在一起时善意地开开玩笑,我不会介意,主要是别人打趣我为诗人时,我也可以打趣他们别的,其实好多职业、身份如果用来打趣的话,都挺有喜感的。诗人是个古老的身份,但是它并不特别,所以在面对现实中各行各业的朋友时,诗人真的不用这么敏感,要有自信,我认为真诗人在社会上并不是个小丑,所以要做就做真诗人。

对诗歌的前景如何预判,说实话我真的不知道。不过这让我想起个好玩的事:六七年前,我在美国访学,正好西川来我待的大学参加活动,和他一起玩了几天。我当时就问过他这个问题,他的回答让我颇为震惊。他说,写到哪儿算哪儿呗,你操心这事干吗?这么多年过去,再次想到他的话,觉得也挺有道理的。人世上的事如果预判有用,那就不会有这么多问题了——诗,写到哪儿算哪儿也挺好的,我们的新诗历程并不是在预判中走过的。